ЛЕДОВИТЫЙ ОКЕАН

Восточно-сибирское море

Лаптевых море

Бериногово море

Индигирка

Ленa

Магадан

Камчатка

Я   Р   О   С   С   И   Я

Охотское море

Сахалин

Ленa

Комсомольск

Красноярск

Амур

Хабаровск

Байкальское озеро

Чита

Иркутск

Владивосток

Улан Батор

М   О   Н   Г   О   Л   И   Я

СЕВЕРНАЯ
КОРЕЯ

К   И   Т   А   Й

Дайрен

ЯПОНИЯ

Пекин
Тяньцзин

Порт-Артур

Сеул

ЮЖНАЯ
КОРЕЯ

essentials of RUSSIAN

LEO TOLSTOY

ANTON CHEKOV

ESSENTIALS OF
RUSSIAN

FOURTH EDITION

A. V. GRONICKA
University of Pennsylvania

H. BATES-YAKOBSON
George Washington University

Prentice-Hall, Inc. *Englewood Cliffs, New Jersey*

PRENTICE-HALL INTERNATIONAL, INC., *London*
PRENTICE-HALL OF AUSTRALIA, PTY., LTD., *Sydney*
PRENTICE-HALL OF CANADA, LTD., *Toronto*
PRENTICE-HALL OF INDIA (PRIVATE) LTD., *New Delhi*
PRENTICE-HALL OF JAPAN, INC., *Tokyo*
PRENTICE-HALL DE MEXICO, S. A., *Mexico City*

Current printing (last digit):

11   10   9   8   7   6   5

Library of Congress Catalog Card No.: 64-14018

Printed in the United States of America
C-28770

PREFACE

This fourth edition of the *Essentials of Russian* has developed from the text's intensive and extensive use by colleges and universities throughout the United States, by institutions of higher education abroad, by the United States Armed Forces Institute, by individual study groups, and on radio and television programs. The basic organization and approach of this book have proved their effectiveness and have been retained.

Important revisions in this new edition center on the Sixteenth Lesson, aiming at a clearer, more systematic and comprehensive presentation of the Aspects of the Russian Verb. In Part B of this lesson, the verbs have been arranged in a novel fashion according to the type of their aspect-formation, an arrangement that is certain to facilitate greatly their memorization. The various shadings of meaning of the perfective verbs have been brought into far sharper focus by linking them to the meaning and function of the prefixes by means of which they are formed. The verbs of motion have been presented in greater depth in a separate grammar unit.

In close conformity with these changes and additions, the reading units and exercises of this lesson have been recast in such a way as to emphasize these improvements in the presentation of grammar while at the same time enhancing their former liveliness and functionalness of context. These revisions have also resulted in the lightening of the *Common Expressions and Idioms* and, especially, the verb-vocabularies of several subsequent lessons.

The many valuable suggestions that have reached us over the years from students and teachers have been included throughout the fourth edition. Our sincere gratitude goes out to these thoughtful and knowledgeable users of our text.

The two introductory units have been recast to conform with up-to-date principles of pronunciation drill. Many examples of Russian script have been added and the script exercises revised and their number greatly increased. These changes and additions provide far closer guidance of the student in his acquisition of a correct pronunciation and of proper habits in the writing of Russian script.

We wish to thank Messrs. Harry Charly and Ripley S. Sims of the United States Armed Forces Institute for permission to reproduce the script material on pages 6-7. This material was prepared by the Institute for individual study purposes.

Review readings, vocabulary building units, the two appendices of poetry and song and of grammar tables that had been added to the third edition have stood up well to the test of time and have therefore been left unchanged. All indices and vocabularies have been brought into conformity with the revised grammar presentation and the new reading materials.

The revisions of the fourth edition, arising from the rich experience with the text in the course of fifteen years, will, it is hoped, satisfy its faithful users and win new friends for *Essentials of Russian.*

Once again on the occasion of the appearance of a new edition, the authors extend their sincere gratitude to their colleagues and students for constructive suggestions for the improvement of the text, and to Hilde von Gronicka, who, with unflagging devotion to an intricate and laborious task, has seen still another edition go to press.

A. v. G.

H. B. Y.

CONTENTS

CONTENTS

CONTENTS

TABLE OF READING EXERCISES

TABLE OF ADDITIONAL READING UNITS

essentials of RUSSIAN

ВВЕДЕНИЕ I

INTRODUCTION I

The Russian alphabet—System of handwriting—Capitalization
Punctuation—Syllabification—Stress

The Russian alphabet as we know it now was established under Peter the Great. It is based on the Church Slavonic alphabet, the so-called "Cyrillic" (кириллица). This alphabet was introduced into Bulgaria in the tenth century and displaced the first Slavonic alphabet, the "Glagolitic," which was devised in the middle of the ninth century by the monk St. Cyril, who brought Christianity to the Slavs (first to the Slavs of Greater Moravia).

The alphabet set up under Peter the Great was somewhat simplified by the elimination of certain letters in the decree on the new orthography enacted on October 10, 1918.[1]

The Russian alphabet as currently used in the Soviet Union consists of 32 symbols.[2] Each symbol stands for one basic sound, with few and relatively minor exceptions. Thus the Russian alphabet must be considered one of the more "phonetic" alphabets.

This phonetic quality and the fact that Russian sounds have their approximate equivalents in the English language greatly simplify the task of mastering the Russian phonetic system. Moreover, changes in the sound value of any one symbol that occur under certain conditions can be summarized and explained in a relatively short set of simple rules (see Introduction II). Thus, once the student has memorized the basic sound for which each symbol stands and has acquainted himself with the few phonetic rules, he will find himself able to pronounce and spell Russian words with considerable accuracy. Of course, finesse in Russian pronunciation can be acquired only under the guidance of the trained teacher or by intelligent imitation of a native speaker. Russian language records are also a valuable help.

---

[1] This decree was based on a far more radical reform proposed by the Russian Academy in 1917.

[2] The symbol Ё is not counted.

Russian Letters Printed	Russian Letters Written	Names of Letters	Transcription and Approximate English Sound Equivalents[1]	Examples	English Transcription	English Meaning
А а	_Аа_	ah	*a* in father	а	(a)	and, but
Б б	_Бб_	beh	*b* in boy	бáба	(bába)	woman
В в	_Вв_	veh	*v* in voice	Вóлга	(Vólga)	Volga
Г г	_Гг_	geh	*g* in go	гром	(grom)	thunder
Д д	_Дд_	deh	*d* in day	да	(da)	yes
Е е	_Ее_	yeh	*ye* in yet[2]	éст	(yest)	(he) eats
Ё ё	_Ёё_	yo[3]	*yo* "yaw" in yawn[2]	ёлка	(yólka)	Christmas tree
Ж ж	_Жж_	zhe	*zh* "s" in measure	женá	(zhená)	wife
З з	_Зз_	zeh	*z* in zero	задáча	(zadácha)	problem
И и	_Ии_	ee	*i* "ee" in feel	и	(i)	and

2

Letter	Cursive	Name	Sound	Russian		English
И й	$\mathcal{U}\,u$	Short ee (ee krátkoe)	i "y" in boy (only after vowels)	трамвáй	(tramváĭ)	streetcar
К к	$\mathcal{K}\,\kappa$	kah	k "c" in Scot	кáша	(kásha)	gruel
Л л	$\mathcal{L}\,\iota$	el	l in lamp	лáмпа	(lámpa)	lamp
М м	$\mathcal{M}\,\iota\iota$	em	m in map	мáма	(máma)	mother
Н н	$\mathcal{H}\,\kappa$	en	n in now	нос	(nos)	nose
О о	$\mathcal{O}\,o$	oh	o "aw" in shawl	он	(on)	he
П п	$\mathcal{N}\,n$	peh	p in speak	пол	(pol)	floor
Р р	$\mathcal{P}\,p$	err	r, fronted, strongly trilled	рот	(rot)	mouth
С с	$\mathcal{C}\,c$	es	s in less	стол	(stol)	table
Т т	$\mathcal{T}\,m$	teh	t in stop	там	(tam)	there
У у	$\mathcal{Y}\,y$	oo	oo in moon	урóк	(oorók)	lesson
Ф ф	$\mathcal{F}\,\phi$	ef	f in fun	фáбрика	(fábrika)	factory

Russian Letters Printed	Written	Names of Letters	Transcription and Approximate English Sound Equivalents I	Examples	English Transcription	English Meaning
Х х	*Xx*	kha	*kh*, "ch" in Scotch pronunciation of "lo*ch*"	хата	(kháta)	hut
Ц ц	*Цц*	tseh	*ts* in cats	центр	(tsentr)	center
Ч ч	*Чч*	cheh	*ch* in chair	чай	(chái)	tea
Ш ш	*Шш*	shah	*sh* in she	школа	(shkóla)	school
Щ щ	*Щщ*	shchah	*shch* in rash choice	щи	(shchi)	cabbage soup
Ъ ъ	*ъ*	hard sign (tvyordîi znak)	indicates hardness of preceding consonant transcription — ' [4]	отъёзд	(otʹézd)	departure
Ы ы	*ы*	"yerry"	*î* "i" in till	ты, вы,	(tî), (vî),	thou, you.
Ь ь	*ь*	soft sign (myakhkîi znak)	indicates softness of preceding consonant transcription ʸ	мать пальтó	(matʸ) (palʸtó)	mother overcoat

Э э	*Ээ*	reversed "e" (e oborótnoe)	*e* in let	э́то	(éto)	this
Ю ю	*Юю*	yoo	*yoo*, "yu" in yule²	люблю́	(lyooblyoo)	I love
Я я	*Яа*	ya	*ya* in yard²	я	(ya)	I

¹ Deviations in pronunciation under certain conditions are explained in the section on "Pronunciation Rules," pp. 10–13. Throughout the text the Moscow, Central, or literary dialect serves as the norm of pronunciation.

² This pronunciation applies only when the symbol is used in *initial* position or when it follows a *vowel*. For an explanation of its pronunciation when it follows a *consonant* see Introduction II, p. 12.

³ This symbol is always stressed.

⁴ The new orthography of 1918 has eliminated this symbol except as a mark which separates a hard consonant from a soft vowel within a word. In that position it was sometimes replaced by an apostrophe.

Note. The system of transcription will be used only in the Introduction. It is furnished as a help to self-instruction. The experienced teacher may well disregard it and ask the student to imitate his pronunciation without attention to the transcription, which at best is only an approximation of expert or native enunciation.

II. THE SYSTEM OF HANDWRITING

The system of Russian script as set forth in the "Table of Russian Letters" contains a considerable number of familiar Latin symbols. This makes its mastery relatively simple. Nevertheless, there are some characteristic peculiarities which have to be carefully observed and practiced.

a. Note that, although many of the symbols are identical in form with Latin symbols, they stand for different sounds:

ℓ stands for English "v", *л* for "p", *р* for "r", *с* for "s", *у* for "oo", *х* for "kh"

b. The following is a stroke by stroke analysis of the formation of Russian Letters:[1]

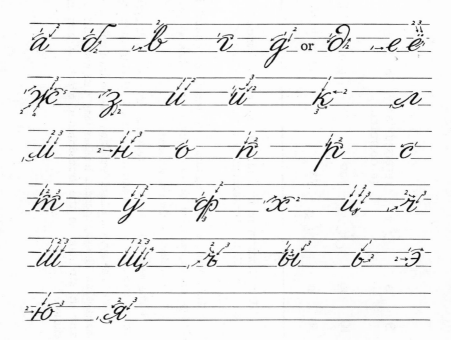

---

[1] The student will find further stroke by stroke guidance in forming Russian Letters in the Exercises of this Lesson (See p. 9).

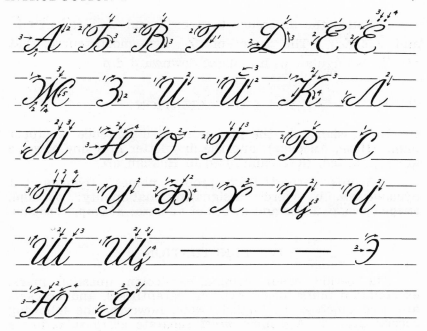

c. It is very important to set off the letters _м, л, я_ from the preceding letters by a clearly marked arch or hook, thus:

ла́мпа, фами́лия, и́ли, мы́ло.

Мы слу́шали.

d. In rapid writing, the up and down strokes of _и, т, ш, п_ are likely to run into each other. To prevent confusion, a line is often placed below the _ш_ (sh) and above the _т_ (t), thus:

ты пи́шешь, лети́шь

e. Notice how the letters _л, м, я_ are joined to a preceding _о_.

ол: по́ле, го́льф.

ом: дом, рома́н. оя: моя́, роя́ль.

f. Notice the difference between *l* and *ч*: *гольф* and *чай*. The "head" of *l* is a smooth curve; that of *ч* is angular, with a slight downward dip.

III. CAPITALIZATION

In Russian only the first word of a sentence, a proper name (Ива́н, Аме́рика), and the first letter in a line of verse are capitalized. NOT capitalized in Russian are:

a. Words derived from proper names: Пу́шкин but пу́шкинский. b. Words designating nationality: ру́сский, америка́нец. c. Titles and modes of address: до́ктор, това́рищ.[1]

IV. PUNCTUATION

The period, colon, comma, semicolon, question mark, exclamation mark, dash, hyphen, parantheses, and brackets are used much as in English. Note, however, the following special uses: a. A comma *must* separate *every* subordinate clause from the rest of the sentence. b. The dash often replaces quotation marks, especially when dialogue is reported without introductory phrases: — Он до́ма? "Is he at home?"

V. SYLLABIFICATION

a. A single consonant between two vowels goes with the following vowel: ка́-ша (ká-sha) gruel; же-на́ (zhe-ná) wife

b. Of two (or more) consonants the last one usually goes with the following vowel: ко́м-на-та (kóm-na-ta) room

c. й is never separated from the preceding vowel:

ча́й-ник (chaĭ-nik) tea pot

VI. STRESS

There is no simple set of workable rules on the position of stress in Russian. Throughout the text, the position of the stress on the Russian word will always be indicated. A change in the position of the stress can cause a change in the meaning of a word, thus:

---

[1] For an explanation of the principal forms of address, see Table XIX, Appendix II, p. 356.

у́же (óozhe) "narrower" as against у́же́ (oozhé) "already"
му́ка (móoka) "torment, suffering" as against мука́ (mooká)
"meal, flour"

VII. EXERCISES

1. Observe how some of the more complex letters are
written and practice by carefully imitating the patterns,
stroke by stroke:[1]

---

[1] Examples are taken from a Russian penmanship book and represent meticulously traced letters.

2. For a clear handwriting it is important to acquire the correct way not only of forming the individual letters, but also of joining them into words. Practice by imitating the patterns stroke by stroke. After you have written these words, read them aloud paying careful attention to their proper pronunciation.[1]

Мая, Рая, мой-мои, пай-пай,

на печи, съезд, подъезд, разъезд,

части машин, хороший чай.

Чугун, цех, цена, цинк, щит, щука,

урожай. Строители ели ягоды.

Наша семья.

3. Read and write all Russian words given in the "Table of Russian Letters."

4. a) Practice the sounds Д and Т, and write the Russian words:

| да | дом | дул | yes, house, (he) blew |
| там | том | тут | there, volume, here |

---

[1] It is advisable that the teacher read and repeat the exercises aloud, having the students repeat by ear. Only after such aural practice should the students be asked to *read* the exercises. In self-teaching it is very important to refer constantly to the "Table of Russian Letters" and never to read or practice the exercises of this or the following lessons without being certain of the proper pronunciation of every letter.

b) Practice the sounds З and С, and write the Russian words:

зáла	зóна	зимá	hall, zone, winter
сáло	сон	сúла	fat, dream, force

c) Practice the sounds В and Ф, and write the Russian words:

вáза	вáта	вéра	звук	vase, cotton, faith, tone
фáза	фат	фетр	фунт	phase, fop, felt, pound

d) Practice the sounds Б and П, and write the Russian words:

бáба	бúтва	боб	бýхта	woman, battle, bean, bay
пáпа	пúво	поп	пýсто	father, beer, priest, empty

e) Practice the sounds Г, К, and Х, and write the Russian words:

горá	корá	хор	mountain, bark, chorus
гарáж	капитáн	халáт	garage, captain, dressing-gown
грозá	крот	хрáбрый	thunderstorm, mole, brave
флаг	мак	страх	flag, poppy, fear
глазá	крáска	хлам	eyes, colour, trash

f) Practice the sounds Ж, Ш, Щ, Ч and Ц, and write the Russian words:

жар	шар	жук	щýка	heat, ball, beetle, pike
жест	шесть	щекá	gesture, six, cheek
час	чýдо	числó	hour, miracle, number
цáпля	центр	ценá	heron, center, price
ключ	отéц	борщ	key, father, borshch
чугýн	шум	ищý	cast iron, noise, I search
лицó	шóрох	нúщий	face, rustle, beggar

Щи и кáша, пúща нáша cabbage soup and gruel are our food

g) Practice the sounds У, Ы, Ю, and Я, and write the Russian words:

усы́	зýбы	мýзыка	сын	moustache, teeth, music, son
ю́мор	я мóю	я даю́	ую́т	humor, I wash, I give, comfort/coziness

ВВЕДЕНИЕ II

INTRODUCTION II

Principal Rules of Pronunciation—Principal Forms of Address

I. PRINCIPAL RULES OF PRONUNCIATION[1]

A. Russian vowels may be conveniently classified as soft or hard

	Soft Vowels		Hard Vowels
я	(as in *y*ard)	a	(as in *f*ather)
e	(as in *y*et)[1]	э	(as in *l*et)
ё	(as in *y*a*w*n)[1]	o	(as in *la*w)
ю	(as in *yu*le)	y	(as in m*oo*n)
и	(as in f*ee*l)[1]	ы	(as in t*i*ll)
й	(i kratkoye, short i); never initial; always the second element in a diphthong like the *y* in sa*y*		

A *soft* vowel has the following characteristics:

 a. In initial position or after a *vowel* it has a strong initial "y" glide, very much like the *y* in yes. Я ем (*Ya yem*) "I eat."

 b. When following a *consonant*, except ж, ш, and ц, it "palatalizes" that consonant. A "palatalized" or "softened" consonant "is produced by flattening the mouth resonator (i. e. by bringing the tongue up against the roof of the mouth) and is subsequently marked by a raised timbre."

 A *hard* vowel has no such initial "y" glide and does not palatalize a preceding consonant.

---

[1] After ж (zh), ш (sh), and ц (ts), these three soft vowels, though written e, ё, и, are pronounced like their hard equivalents:

e is pronounced like э (l*e*t)   in жесть (zhest') "tin";
ё is pronounced like o (sha*w*l)   in жёлтый (zhóltiĭ) "yellow";
и is pronounced like ы (t*i*ll)   in жизнь (zhîzn*y*) "life."

12

B. Russian consonants may be conveniently classified as voiced or voiceless

Voiced Consonants	Voiceless Consonants	Resonants
б (as in *b*oy)	п (as in s*p*eak)	л (as in *l*amp)
в (as in *v*oice)	ф (as in *f*un)	м (as in *m*ap)
г (as in *g*o)	к (as in scot)	н (as in *n*ow)
д (as in *d*ay)	х (Scotch: lo*ch*)	р (as in t*r*ill)
з (as in *z*ero)	т (as in *t*op)	
ж (as in a*z*ure)	с (as in le*ss*)	
	ш (as in *sh*e)	
	ц (as in ca*ts*)	
	ч (as in *ch*air)	
	щ (as in ra*sh* *ch*oice)	

C. Typical changes in the sound value of consonants

1. *Unvoicing*:

Voiced consonants before *voiceless* consonants or in *final* position are pronounced as *voiceless, though retaining their original spelling*:

	Before Voiceless Consonants			In Final Position		
б as п:	трýбка	(tróopka)	pipe	гроб	(grop)	coffin
в as ф:	втóрник	(ftórnik)	Tuesday	готóв	(gatóf)	ready
г as х:	мя́гкий	(myakhkiĭ)	soft	Бог	(bokh)	God
г as к:	....	....		юг	(yook)	south
д as т:	пóдпись	(pótpisʸ)	signature	год	(got)	year
ж as ш:	лóжка	(lóshka)	spoon	нож	(nosh)	knife
з as с:	блúзкий	(blískiĭ)	near	глаз	(glas)	eye

Briefly, the difference between the *voiced* and the *voiceless* consonants is that in producing the former, the vocal chords in the throat (larynx, glottis) are used (i. e. are made to vibrate), making a buzzing sound, while in producing the latter, the chords are out of action[1].

---

[1] An effective way of determining the type of consonant involved is to close the ears with one's fingers and pronounce the consonant. If a local hum is heard, the consonant is voiced; if not, it is voiceless. (Examples in English: "d" as against "t," "b" as against "p.")

2. *"Palatalization" or "Softening"*:

Consonants, when followed by a *soft* vowel or by ь (soft sign), become "palatalized" or "softened"; that is, they are produced by flattening the mouth resonator (pressing the tongue up against the roof or *palate* of the mouth) and are subsequently marked by a raised timbre.[1] This process of palatalization or softening is particularly strong with the consonants д, л, н, and т.[2] Palatalization will be indicated in our transcription system by a small, raised ^{y}. This symbol must never be pronounced as a distinct, separate letter, but rather as a kind of "y" glide such as is heard, for instance, in the words "few" or "pew" directly after the "f" or "p", though it is not quite as strong in Russian. (This "y" glide is also called "jotation" by some phoneticians.)

Examples

Д as in "*d*uke," not as in "do"			Л as in "fai*l*ure," not as in "*l*amp"		
день	(d^{y}en^y)	day	поле	(pól^{y}e)	field
дюжина	(d^{y}óozhina)	dozen	любить	(l^{y}oobít^y)	to love
дядя	(d^{y}ád^{y}a)	uncle	неделя	(n^{y}ed^{y}el^{y}a)	week
			гольф	(gol^{y}f)	golf

Н as in "*n*ew," not as in "*n*ose"			Т as in "*t*une," not as in "*t*op"		
нет	(n^{y}et)	no	тепло	(t^{y}epló)	warm
ничего	(nich^{y}evó)	nothing	тихий	(tíkhiĭ)	quiet
нюхать	(n^{y}ookhat^y)	smell	тюк	(t^{y}ook)	bale
кухня	(koókhn^{y}a)	kitchen	тятенька	(t^{y}át^{y}en^{y}ka)	daddy
день	(d^{y}en^y)	day	работать	(rabótat^y)	to work

3. *Pronunciation of* Г:

Г in the Genitive endings -ого and -его is pronounced like "v" in "voice": ничего (nich^{y}evó) "nothing" (*Lit.*: "of nothing"). *Yet in the stem of a word, as for example in* много (mnógo) "much," *the symbol has its normal value.*

---

[1] Compare with statement on "soft" vowels given on p. 11.

[2] Only the consonants ж, ш, ц are never palatalized. Soft vowels following these consonants are hard (cf. p. 11, fn. 1).

4. *Consonant clusters*:

In consonant clusters one consonant is often dropped in pronunciation, though not in spelling. Thus in the word здравствуйте (zdrá[v]stvooĭtʸe) "How are you?; good day," the first в is not pronounced, and in счастливый (schas[t]livîĭ) "happy, fortunate, lucky," the т is virtually inaudible. More-over, the сч in счастливый is pronounced like щ (shch). In солнце (so[l]ntse) "sun," the л is not audible.

D.   Effect of the stress on vowels

Only *stressed* vowels receive their full value as indicated in the Table (pp. 2-5).[1] Unstressed vowels tend to neutralize into comparatively muted sounds, as do the unstressed vowels in many English words, as for instance the "e" in "belong" or the "a" in "arise." This distinction between the stressed and un-stressed vowels is particularly striking in the case of o. Stressed, it has its full value comparable to the "aw" in "law." Unstressed o *in a syllable immediately preceding the stressed syllable*, has the same sound as a. In all other positions, unstressed o has a sound value comparable to the sound of "a" in "arise." This sound will henceforth be designated by the symbol ə in our transcription.

Example

молоко (məlakó) milk; молодой (məladóĭ) young; золото (zólətə) gold

1. Practice in the *unvoicing* of Russian consonants:[2]

трубка	(tróopka)	пробка	(própka)	гроб	(grop)
всегда	(fsʸegdá)	завтра	(záftra)	здоров	(zdaróf)
лёгкий	(lʸ'okhkiĭ)	мягкий	(mʸ'akhkiĭ)	сапог	(sapók)
водка	(vótka)	редко	(rʸetkə)	народ	(narót)
ножка	(nóshka)	дрожки	(dróshki)	муж	(moosh)
низкий	(nískiĭ)	резкий	(rʸeskiĭ)	раз	(ras)

[1] The differentiation of all the minute nuances in the sound of the various unstressed vowels would bring a confusing complexity to our system of transcription. Therefore we retain the symbols of the stressed vowels, except in the case of unstressed o.

[2] For English meanings of Russian words see Russian-English Vocabulary.

2. Practice in *palatalization*:

a. Observe the palatalization or "softening" of a Russian consonant when it is followed by a soft vowel. Read the following words until fluent in their pronunciation:

Hard	Soft	Hard	Soft
Ма́ша	мяч	мо́шка	мёд
му́шка	ми́шка	мы́шка	ми́ло
ра́ма	ря́са	ров	рёв
рука́	рю́мка	рысь	рис
пора́	перо́	пы́тка	пить
сын	си́ла	быть	бить
выть	вить	буты́лка	бюрокра́т

Д in да, дя́дя, дед, сядь
М in ма́ма, се́мя, сам, семь
П in па́па, пя́тка, суп, сыпь
С in сэр, сер, са́ло, сядь, суда́, сюда́, лес, лось

b. Read the following words containing the "soft" sign; observe its palatalizing or "softening" effect on the preceding consonant:

шью	пью	пьёт	пье́са	пьян
льёшь	семья́	дьяк	чья	бьют
вьёшь	вьюн	соль	день	жарь
судья́		пять	вьюга	

3. Practice in the pronunciation of *consonant clusters*:

счáстье (schást^ye)   счастли́вый (schas[t]liví̆)
щётка (shch^yótka)   ещё (yeshch^yo)   ще́пка (shch^yepka)
объясня́ть (əb^yasn^yát^y) здра́вствуйте (zdrá[v]stvooĭt^ye)
с удово́льствием (s oodəvol'stviem) до свида́ния (də svidáni^ya)
счастли́вого пути́ (schas[t]lívovo pootí)

4. For a final review of Russian sounds read the following until fluent. Write (do not print) the words:

ло́вко (lófkə) ла́вка (láfka) ко́жа (kózha) ка́ша (kásha)
бить (bit^y) быть (bît^y) ми́ло (mílə) мы́ло (mîlə) вал (val)
вол (vol) вёл (v^yol) круг (krook) крюк (kr^yook) крик (krik)

мёд (mʸot) медь (mʸetʸ) мо́дный (módnîĭ) дива́н (diván)
дю́жина (dʸóozhina) где (gdʸe) всё (fsʸo) в кино́ (f kinó)
без сло́ва (bʸes slóva)

честь (chʸestʸ)	шесть (shestʸ)	жесть (zhestʸ)
царь (tsarʸ)	шар (shar)	жар (zhar)
тря́пка (trʸʼapka)	тра́вка (tráfka)	сядь (sʸatʸ) сад (sat)
да́ча (dácha)	дочь (dochʸ)	брат (brat) брать (bratʸ)

Мо́лотов (Mólətəf) Ломоно́сов (Ləmanósəf) звоно́к (zvanók) я́сно (yásnə) объясня́ть (əbʼʸasnʸátʸ) учени́ца (oochʸenítsa) учи́тельница (oochítʸelʸnitsa) щётка (shchʸótka) ещё (yeshchʸo) ще́пка (shchʸépka) ничего́ (nichʸevó) мно́гого (mnógəvə) сча́стье (shchástʸe) споко́йной но́чи (spakóĭnəĭ nóchi) здра́вствуйте (zdrá[v]stvooĭtʸe) до свида́ния (də svidániʸa)

мы (mî) ты (tî) вы (vî) дым (dîm) сын (sîn)

НАШ ПЕРВЫЙ РАЗГОВОР OUR FIRST CONVERSATION

This exercise can be expanded at the discretion of the teacher by introducing a greater number of parts of, and objects in, the classroom and by adding the names of those actually present to the fictitious ones.

Это ко́мната. — *Это ко́мната.* — This is a room.

Это класс. — *Это класс.* — This is a classroom.

Это окно́, а там дверь — *Это окно́, а там дверь.* — This is the window and there is the door.

Тут стол, а там стул. — *Тут стол, а там стул.* — Here is the table and there is the chair.

— Что на столе́? — — *Что на столе́?* — — What is on the table?

— На столе́ кни́га. — — *На столе́ кни́га.* — — On the table is a book.

— Мы на уро́ке. — — *Мы на уро́ке.* — — We are having class.
   Lit.: We are at lesson.

— Кто э́то? — — *Кто э́то?* — — Who is this?

— Это учи́тель, господи́н Джонс. — — *Это учи́тель, господи́н Джонс.* — — This is the teacher, Mr. Jones.

— Кто э́то? Это студе́нт Пётр Ивано́в? — — *Кто э́то? Это студе́нт Пётр Ивано́в?* — — Who is this? Is this the student Pëtr Ivanof?

— Нет, э́то студе́нт Пи́тер Бра́ун. — — *Нет, э́то студе́нт Пи́тер Бра́ун.* — — No, this is the student Peter Brown.

— Пётр Ивано́в тут? — — *Пётр Ивано́в тут?* — — Is Pëtr Ivanof present?

— Да, вот он! — — *Да, вот он!* — — *Lit.:* Is Pëtr Ivanof here?
Yes, here he is!

— Студе́нтка Смит тут? — — *Студе́нтка Смит тут?* — — Is Miss Smith present?
   Lit.: Is the girl student Smith here?

— Да, вот она́! — — *Да, вот она́!* — — Yes, here she is!

18

ПЕ́РВЫЙ УРО́К

FIRST LESSON

Present tense of "to be"—Question form—Negative sentence—
Adverb—Conjunctions a *and* и

I. COMMON EXPRESSIONS

До́ма	At home	На заво́де	At the plant (factory)
До-свида́ния!	Good bye	На рабо́те	At work
Здра́вствуйте!	How are you! How do you do! Hello!	Спаси́бо!	Thank you!

II. READING: ГРАЖДАНИ́Н СЕМЁНОВ ДО́МА?

Звоно́к.
Ве́ра Алексе́евна[1] открыва́ет дверь.
— Здра́вствуйте! До́ма граждани́н Семёнов?
— Сейча́с... Он и́ли до́ма и́ли на рабо́те... Нет, сего́дня он не до́ма, а на рабо́те.
— Где рабо́тает Пётр Ива́нович?
— Он рабо́тает на заво́де. Он меха́ник.
— Спаси́бо, това́рищ. До-свида́ния.

III. VOCABULARY

а	and, but	нет	no
бы́стро	quickly	он,	he
быть	to be	она́	she
где	where	(он) отвеча́ет	(he) answers
граждани́н	citizen	(она́) открыва́ет	(she) opens
гражда́нка	citizeness	рабо́та	work
да	yes	(он) рабо́тает	(he) works
заво́д	plant, factory	сего́дня	today
звоно́к	bell	сейча́с	in a minute, now
и́ли	or	там	there
ме́дленно	slowly	това́рищ	comrade, friend
меха́ник	mechanic	(он) чита́ет	he reads
не	not		

---

[1] For an explanation of the principal forms of address, see Table XIX, Appendix II, p. 356.

IV. GRAMMAR

A. The verb

1. The present tense of the verb "to be" (<u>быть</u>) is generally not expressed:

Он сегóдня на завóде.	He [is] at the factory today.

When a noun is linked to another noun, the form of "to be" is replaced by a dash:

Москвá — гóрод.	Moscow [is] a city.
Ивáн — студéнт.	Ivan [is] a student.

2. Russian does not have an exact equivalent of the progressive or of the emphatic forms of the verb:

Он рабóтает.	He works, is working, does work.

3. A *question* is expressed by:

a. The introduction of an interrogative:

Кто он?	Who [is] he?
Где он?	Where [is] he?

b. The inflection of the voice:

Он рабóтает?	Is he working?
Он читáет?	Does he read?

c. Placing the verb before the subject:

Отвечáет онá?	Does she answer?
Рабóтает он сегóдня?	Is he working today?

In this form of the question, the particle ли may be introduced, usually immediately after the verb:

Рабóтает ли он?	Is he working?

4. ЛИ can also be used in the meaning of "whether, if": я не знáю рабóтает ЛИ он. I do not know whether he is working.

5. In the *negative* sentence, не is placed before the verb or directly before the word which is to be negated:

Он **не** рабóтает дóма.	He does not work at home.
Он рабóтает **не** дóма, а на завóде.	He does not work at home, but at the plant.

6. It is very important not to confuse **не** meaning "not" with **нет** meaning "no": Нет, он **не** читáет. *No*, he does *not* read.

B.   The adverb

The Russian *adverb*, like the English, does not change in form (it is not declined). Its position in the sentence is not rigidly fixed.

It often stands between the subject and the verb:

Он читáет **бы́стро.**	He reads quickly.
Он **мéдленно** отвечáет.	He answers slowly.

Or can introduce the sentence:

Сегóдня онá рабóтает.	Today she is working.

C.   Conjunctions а and и

а and **и** are both translated by "and."

а, however, is a *separating* conjunction, used to bring out *contrast*:

Он рабóтает, **а** онá читáет.	He works *and* (but) she reads.

When used after a *negative*, it must be translated by "but":

Он **не** читáет, **а** рабóтает.	He is not reading, *but* working.

и is a *joining* conjunction, the exact equivalent of our "and," "also":

Он рабóтает **и** онá рабóтает.	He works *and* she works.

V.   QUESTIONS
(Based on the Reading Exercise)

1. Кто открывáет дверь? 2. Дóма ли Пётр Ивáнович? 3. Где Пётр Ивáнович? 4. Пётр Ивáнович механик? 5. Где он рабóтает?

VI. GRAMMAR EXERCISES

a. Read in Russian and translate into English:

1. Он. 2. Она́. 3. Она́ чита́ет. 4. Он чита́ет бы́стро. 5. Она́ чита́ет ме́дленно. 6. Он рабо́тает. 7. Пётр Ива́нович рабо́тает. 8. Она́ рабо́тает до́ма. 9. Пётр Ива́нович сего́дня не рабо́тает. 10. Он сего́дня до́ма. 11. Она́ открыва́ет дверь. 12. Где́ това́рищ Ивано́в? 13. Он на заво́де. 14. Спаси́бо, това́рищ! 15. До свида́ния!

b. Change the following sentences into the various possible question forms.:

1. Она́ отвеча́ет бы́стро. 2. Он рабо́тает ме́дленно. 3. Това́рищ Ивано́в рабо́тает сего́дня на заво́де. 4. Гражда́нка Ве́ра Алексе́евна до́ма. 5. Она́ чита́ет до́ма.

c. Replace the dash by the proper conjunction, **a** or **и**:

1. Ива́н — Пётр до́ма. 2. Он не до́ма, — на заво́де. 3. Он чита́ет не бы́стро, — ме́дленно. 4. Ве́ра — Алексе́й на заво́де. 5. Пётр рабо́тает на заво́де, — Ве́ра до́ма.

VII. PRACTICE IN RUSSIAN SCRIPT

Граждани́н Семёнов до́ма?

Звоно́к.

Ве́ра Алексе́евна открыва́ет дверь.

— Здра́вствуйте! До́ма граждани́н Семёнов?

— Сейча́с... Он и́ли до́ма и́ли на рабо́те...

Нет, сего́дня он не до́ма, а на рабо́те.

— Где рабо́тает Пётр Ива́нович?

— Он рабо́тает на заво́де. Он меха́ник.

— Спаси́бо, това́рищ. До-свида́ния.

ВТОРОЙ УРОК

SECOND LESSON

Gender of nouns—Nominative case—Article—Pronouns and pronoun-adjectives: он, э́тот, тот, мой

I. COMMON EXPRESSIONS

До́брый день	Good day
До́брое у́тро	Good morning
Как пожива́ете?	How are you?
Как вы пожива́ете?	How are you?
Хорошо́, спаси́бо	Fine, thank you
Ничего́, спаси́бо	Quite well, thank you
А вы?	And you?
О́чень хорошо́!	Very well!
Как жена́?	How is your wife?
Как рабо́та?	How is the work?
Вот но́вость!	That is news!
Как фами́лия?	What is the last name?
Как ва́ша фами́лия?	What is your last name?
Что э́то?	What is this?

II. READING[1]: РАЗГОВОР

— Здра́вствуйте, Ива́н Серге́евич!
— Пётр Ива́нович! **До́брое у́тро!**
— **Как пожива́ете?**
— **Ничего́, спаси́бо.**
— **Как жена́?**
— Хорошо́, спаси́бо. Вот фотогра́фия: моя́ жена́, мой дом . . .
— Дом? **Вот но́вость!**
— Да, э́то мой дом. Тут сад, а там по́ле. Это окно́ — ку́хня, а то окно́ — моя́ ко́мната.
— А э́то зда́ние — го́спиталь?
— Нет, э́то зда́ние не го́спиталь, а музе́й.
— А э́то кто?

---

[1] For words and phrases in bold type in this and the following Reading Exercises, look under Common Expressions or in the Grammar section of the lesson, *not* in the Vocabulary.

SECOND LESSON

— Это мой товарищ.
— Как фамилия?
— Чёхов.
— Он не инженёр?
— Да, он и инженёр, и доктор, и поэт...
— Да, он гений!
— Да, энёргия, мой друг! Он работает день и ночь.
— Ну, до-свидáния.
— До-свидáния.

III. VOCABULARY

вот	here is, are[1]	музéй	museum
гéний	genius	ночь	night
гóспиталь (m.)[2]	hospital	пóле	field
день (m.)	day	поэт	poet
дождь (m.)	rain	сад	garden
дóктор (m.)	doctor	тут	here
дом	house	ýтро	morning
друг	friend	хорошó	good, well
женá	wife	фамúлия	last (family)
здáние	building		name
инженéр	engineer	фотогрáфия	photograph,
как	how		snapshot
кóмната	room	энéргия	energy
кýхня	kitchen		

IV. GRAMMAR

A. The noun

1. The Russian noun has three *genders*: *masculine*, *feminine*, and *neuter*.

2. The ending of a noun indicates its gender.[3]

Masculine are:

Hard 1. Nouns ending in a *consonant* дóктор doctor
Soft { 2. Nouns ending in й музéй museum
{ 3. Nouns ending in ь[4] дождь rain

---

[1] Вот is used when pointing to a place, person, or thing. Тут simply designates location, usually without exclamatory force.

[2] Masculines ending in -ь (soft sign) will be marked (m.) in vocabularies. The change of initial "h" to Russian "г": *H*eine becomes Гéйне; *H*egel becomes Гéгель; *H*itler: Гúтлер, etc.

[3] For exceptions see Lesson 22.

[4] Since the ending -ь is common to both the masculine and the feminine genders, masculines ending in -ь will be marked (m.): дождь (m.) "rain."

Feminine are:

Hard	1. Nouns ending in **a**[1]	ко́мната	room
Soft	2. Nouns ending in **я**	ку́хня	kitchen
	3. Nouns ending in **ь**[2]	дверь[2]	door

Neuter are:

Hard	1. Nouns ending in **o**	ме́сто	place
Soft	2. Nouns ending in **e**	по́ле	field
Soft	3. Nouns ending in **ё**	ружьё[3]	rifle

3. Notice that all of the above nouns are given in the *nominative* case. This is the basic form in which nouns will appear in the vocabularies. It is the case of the *subject* of the sentence. It answers the question *"who?" "what?"*:

My friend is at home. *Who* is at home?: *My friend* (subject of sentence, *nominative* case!)

The *nominative* case can also be the case of the *predicate* noun:

This is *my house*. What is this?: *My house* (predicate noun, *nominative* case!)

4. There is no *article* in Russian:

до́ктор { the doctor
a doctor
doctor

B. Pronouns; pronoun-adjectives

1. The following table presents the nominative case of pronouns and pronoun-adjectives (demonstrative and possessive). Note that the Russian possessive pronoun renders both the English possessive pronoun and the English possessive adjective; e. g. **мой** renders both "mine" (pron.) and "my" (adj.).

---

[1] See footnote 3 on preceding page.
[2] See footnote 4 on preceding page.
[3] This ending is always stressed.

(Noun)	*Masculine* (дом)		*Feminine* (комната)		*Neuter* (окно)	
Personal Pronoun	он	he, it	она́	she, it	оно́	it
Demonstrative Pronoun- Adjective	э́тот тот	this that	э́та та	this that	э́то то	this that
Possessive Pronoun- Adjective	мой	my mine	моя́	my mine	моё	my mine

2. **Он, она́, оно́,** refer to animate beings and inanimate objects in accordance with their *grammatical* gender:

учи́тель — он, да́ма — она́, стол — он, дверь — она́,

ружьё — оно́.

3. The pronoun-adjective **э́тот, э́та, э́то** "this" (pl.: **э́ти** "these") when used as an adjective agrees, like all adjectives, in gender, number and case with the noun to which it refers. But the form **э́то** is also an impersonal verbal expression — uninflected and indeclinable — and means "this (that) is," "these (those) are":

Этот, тот дом	This, that house
Эта, та ко́мната	This, that room
Это, то окно́	This, that window
(Эти, те ко́мнаты	These, those rooms)[1]

BUT

Это, то дом ..	This, that is a house
Это, то ко́мната	This, that is a room
Это, то окно́	This, that is a window
(Это, то ко́мнаты	This, that are rooms.)

V. QUESTIONS

(*Based on the Reading Exercise*)

1. Как пожива́ете? 2. Как жена́? 3. Как рабо́та? 4. Что на фотогра́фии? (What is in the photograph? *Answer*: На фо-

---

[1] The plural is taken up systematically in later lessons.

тогра́фии мой дом. На фотогра́фии моя́ жена́, etc.) 5. Это
зда́ние — го́спиталь и́ли музе́й? 6. Кто э́тот господи́н? 7. Как
фами́лия? 8. Он меха́ник? 9. Рабо́тает он на заво́де?

VI. GRAMMAR EXERCISES

a. Write out all nouns given in the Reading Exercise. Give their
gender and English meaning, thus: **дом** — masculine — ''house.''

b. Read the following sentences. Substitute the proper pronouns
(**он, она́, оно́**) for the forms in bold type. Translate into English.

1. **Этот дом** — мой; **эта ко́мната** — моя́. 2. **Это зда́ние**
не го́спиталь, а музе́й. 3. **Мой друг** рабо́тает сего́дня на за-
во́де, а **моя́ жена́** до́ма. 4. **Граждани́н Семёнов** сего́дня на ра-
бо́те, а **гражда́нка Семёнова** до́ма. 5. **Никола́й Ива́нович** не
чита́ет. 6. **Мой това́рищ** рабо́тает на заво́де день и ночь.
7. **Пётр Ива́нович** — инжене́р и́ли до́ктор? 8. **Мой друг**
бы́стро отвеча́ет «Он и инжене́р и до́ктор и поэ́т. Он
ге́ний!»

c. Give the Russian equivalents of the words in parentheses:

1. Вот мой (doctor). 2. Это мой (friend). 3. Это мой
(house). 4. Тут моя́ (room). 5. До́брое (morning). 6. Она́ моя́
(wife). 7. Он — (engineer). 8. Тут мой (house), а там (hospital).
9. Он (poet), а не (doctor). 10. Серге́й Андре́евич мой (friend).
11. Вот (news)! 12. Это моя́ (photograph).

d. Replace the words in parentheses by the proper forms of the
pronoun-adjectives мой, моя́, моё:

1. Вот (my) сад. 2. Это (my) до́ктор. 3. Он (my) друг.
4. Она́ (my) жена́. 5. Тут (my) това́рищ. 6. Там (my) дом.
7. Это (my) гара́ж. 8. Вот (my) фотогра́фия. 9. Как (my)
фами́лия? 10. Там (my) го́спиталь.

e. Replace the words in parentheses by the proper forms of the
pronoun-adjectives э́тот, э́та, э́то, тот, та, то:

1. Что э́то? (This) — дверь. 2. А что э́то? (This) — окно́.
3. (This) дверь тут, а (that) окно́ там. 4. Что э́то? (This) —
дом. 5. (This) дом — музе́й, а (that) — го́спиталь. 6. (This)
окно́ — ку́хня, а (that) моя́ ко́мната. 7. Что э́то? (This)
— по́ле, а (that) — сад. 8. А что э́то? (This) моя́ ко́мната.
9. А кто э́то? (This) — мой друг. 10. А кто э́то? (This) —
моя́ жена́.

VII.   PRACTICE IN RUSSIAN SCRIPT

Разговор.

— Здравствуйте, Иван Сергеевич!

— Пётр Иванович! Доброе утро!

— Как поживаете?

— Ничего, спасибо.

— Как жена?

— Хорошо, спасибо. Вот фотография: моя жена, мой дом...

— Дом? Вот новость!

— Да, это мой дом. Тут сад, а там поле. Это окно—кухня, а то окно—моя комната.

— А это здание—госпиталь?

— Нет, это здание не госпиталь, а музей.

— А это кто?

— Это мой товарищ.

— Как фамилия?

— Чехов.

— Он не инженер?

— Да, он и инженер, и доктор, и поэт...

— Да, он гений!

— Да, энергия, мой друг! Он работает день и ночь.

— Ну, до-свидания.

— До-свидания.

REFERENCE TABLE I

Cases

(This table is for reference only and need not be memorized.)

There are *six* cases in Russian. They are the *nominative, genitive, dative, accusative, instrumental,* and *prepositional* (or *locative*).

Cases and main uses:	For further explanation see:
Nominative: used as the case of the *subject*	Lesson 2
used as the case of the *predicate noun*, always answers the questions *"who?" "what?"*	Lesson 2
Genitive: used to denote *possession*, answers the questions *"whose?" "of what?"*	Lesson 6
also used in *negative* expressions	Lesson 6
also used with certain *prepositions*	Appendix
Dative: used as the case of the *indirect object*, denoting the *recipient* of something, answers the questions *"to whom?" "to what?"*	Lesson 7
also used with certain *prepositions*	Appendix
Accusative: used as the case of the *direct object*, denoting the *person* or *object directly* affected by an action, answers the questions *"whom?" "what?"*	Lesson 3
also used with certain *prepositions*	Appendix
Instrumental: used to denote the *instrument* or *agent* by which an action is performed, answers the questions *"by whom?" "by what?" "with what?"*	Lesson 8
also used with certain *prepositions*	Appendix
also used as the case of the *predicate noun* with certain verbs	Lesson 21
Prepositional: always preceded by certain *prepositions* ..	Lesson 4
often indicates *locality*, answers the questions *"where?"*	Appendix
(never *"where to?"*), *"about whom?" "about what?"*	Lesson 4

REFERENCE TABLE II

Vowel Mutation Rules A, B, C

There are in Russian three rules of special importance. They explain many of the "irregularities" in the declension of the Russian noun, pronoun, and adjective, as well as in the conjugation of the Russian verb. They will be referred to frequently.

Rule A: After the consonants г, к, х, ж, ч, ш, щ, ц the *soft* vowel я generally changes to its *hard* equivalent a, and the *soft* vowel ю to its *hard* equivalent y.

Rule B: After the consonants г, к, х, ж, ч, ш, щ (not ц!) the *hard* vowel ы generally changes to its *soft* equivalent и.[1]

Rule C: After the consonants ж, ч, ш, щ, ц the *hard* vowel o, if *unstressed,* generally changes to the *soft* vowel e.

Examples to rule A:
я to a: лежа́т, у́чат, спеша́т, пи́ща, ца́пля.
ю to y: бегу́, сижу́, учу́, пишу́, ищу́.

Examples to rule B:
кни́ги, ру́ки, ти́хий, ножи́, рабо́чий, карандаши́, ве́щи.

Examples to rule C:
све́жего, горя́чей, хоро́шего, това́рищем, у́лицей.
But when the stress is on the vowel we have:
ножо́м, плечо́м, большо́го, плащо́м, отцо́м.

---

[1] Notice, however, that after ж and ш the vowel и, though always written и, is pronounced hard (i. e. like ы): жить (zhît^y) "to live"; пиши́ (pishî)! "write"!

ТРЕТИЙ УРОК

THIRD LESSON

Accusative singular of masculines and neuters — Indeclinable neuters — Present tense of the first conjugation — Double negative — Use of что

I. COMMON EXPRESSIONS AND IDIOMS

По-ру́сски	In Russian, Russian
В Росси́и	In Russia
Вот кто мно́го рабо́тает!	Here is someone who works a lot!
Так мно́го, как ...	As much as
Це́лый or весь день	The whole (entire) day

II. READING: ИНЖЕНЕР БРАУН

Сего́дня инжене́р Бра́ун[1] мой гость. Он америка́нец, а я ру́сский. Он хорошо́ понима́ет **по-ру́сски**. Я спра́шиваю го́стя:

— Вы не скуча́ете в Росси́и?

— Нет, я не скуча́ю. Я рабо́таю на заво́де. Когда́ я конча́ю рабо́тать, я чита́ю журна́л и́ли слу́шаю ра́дио.

— А я сейча́с так мно́го рабо́таю, что я **ничего́**[2] не чита́ю и **никогда́** не слу́шаю ра́дио.

— Да, **в Росси́и** все мно́го рабо́тают. Вы зна́ете до́ктора Че́хова[3]?

— Да, коне́чно. До́ктора Че́хова все зна́ют!

— **Вот кто мно́го рабо́тает! Никто́** не рабо́тает так мно́го, как до́ктор Че́хов! —

III. VOCABULARY [4]

америка́нец	an American	журна́л	periodical, magazine
все	all, everybody	когда́	when
гость (m.)	guest	коне́чно	of course

---

[1] Бра́ун "Brown" (proper name).
[2] Ничего́ pronounce "nichyevo."
[3] Note that proper names are declined in Russian.
[4] Remember to look for boldfaced words in "Common Expressions" and "Grammar" sections, not in the "Vocabulary" sections.

по-ру́сски	in Russian, Russian	ру́сский *ая = fem.*	a Russian, Russian (adj.)
ра́дио	radio	что	what, that[1]
Росси́я	Russia		

Personal Pronouns

Person	Singular			Plural	
First	я	I	мы		we
Second	ты	thou, you	вы, Вы[2]		you
Third	он, -á, -ó	he, she, it	они́		they

Verbs

знать (I)[3]	to know	— скуча́ть (I)	to be bored
конча́ть (I)	to end, finish	—слу́шать (I)	to listen (to)
понима́ть (I)	to understand	—спра́шивать (I)	to ask (a question)
рабо́тать (I)	to work		

IV. GRAMMAR

A. Noun. Accusative case (іѵ)

1. *Its use.* One of the principal uses of the *accusative* case is to express the *direct* object; that is, the person or thing immediately affected by the action expressed in the verb. It answers the question "whom? " "what? "

Он чита́ет журна́л.   He is reading the periodical.
Он зна́ет э́то ме́сто   He knows this place.

2. *Its form.* The *accusative singular* of masculine nouns

---

[1] Consult note on p. 35 for the use of что.

[2] The personal pronoun ты is used when addressing relatives, close friends, children, and animals. Otherwise the polite personal pronoun вы should be used. The capitalized form of Вы is used mainly when addressing one person in writing. It is *always* followed by the *plural* form of the verb. See p. 35.

[3] For an explanation of the use of this device of indicating the conjugation of a verb see p. 35.

dicate *inanimate* things, and of *all* neuter nouns, is like their nominative:

		Hard[1]	*Soft*	*Soft*[1]
Masculine	Nominative	стол	музе́й	дождь
	Accusative	стол	музе́й	дождь
Neuter	Nominative	ме́сто	по́ле	ружьё
	Accusative	ме́сто	по́ле	ружьё

The *accusative* of masculine nouns that indicate *animate* beings (persons, animals, but *not* plants) has the ending -a when "hard" and -я when "soft":

	Hard	*Soft*
Nominative	до́ктор	гость
Accusative	до́ктора	го́стя

Он хорошо́ зна́ет до́ктора.   He knows the doctor well.
Он спра́шивает го́стя.   He asks the guest.

When a soft *neuter* noun has the stress on the ending, the **e** of the ending appears as **ë** in the nominative, accusative and instrumental cases: Nom. ружьё; Acc. ружьё; Instr. ружьём "the rifle." Some neuter nouns of foreign origin such as ра́дио "radio," метро́ "subway," пальто́ "overcoat," кино́ "movie" and a few others, never change in form (are *not* declined). Adjectives modifying them, however, are declined.

B. Verb

Russian verbs fall into two basic groups according to the type of endings which they take in their conjugation. We shall call these two basic groups the *first* and *second* conjugations, respectively. In this lesson is introduced the *present* tense of the regular *first* conjugation.[2] The regular verb чита́ть "to read" is used as an example.

1. To conjugate this type of verb in the present tense, drop from the infinitive form чита́ть the ending -ть.[3]

---

[1] See Introduction II for an explanation of the terms "hard" and "soft."

[2] For the *second* conjugation, see Lesson 8.

[3] The infinitive of Russian verbs usually ends in -ть; sometimes in -ти or -чь.

2. To the resulting stem **чита-** add the personal endings **-ю, -ешь, -ет, -ем, -ете, -ют,** thus:

Person		Singular
First	я чита́-**ю**	I am reading; I read
Second familiar	ты чита́-**ешь**	you are reading; you read
Third	он, она́ оно́ чита́-**ет**	he, she, it is reading; reads

Person		Plural
First	мы чита́-**ем**	we are reading; we read
Second familiar and polite	вы чита́-**ете**	you are reading; you read
Third	они́ чита́-**ют**	they are reading; they read

Note: Beginning with this lesson, verbs are given in a special section of the Lesson-Vocabulary. Verbs of the *first* conjugation, unless irregular, will be given in the vocabulary followed by the Roman numeral I, thus: **чита́ть**(I) to read.

C. The double negative

The *double negative,* avoided in English, is used in Russian. The negative particle **не** is *never* omitted no matter how many other negative words are used and it always immediately precedes the word it negates:

Он **ничего́ не** чита́ет.	He does not read anything.
	Lit.: He nothing not reads.
Никто́ не чита́ет.	Nobody reads.
	Lit.: Nobody not reads.
Он **никогда́ не** чита́ет.	He never reads.

Note that the **не** usually *follows* the other negative parts of the sentence: **никто́ не чита́ет; ничего́ не зна́ет.**

Use of что

Что is used both as an interrogative pronoun:

Что он чита́ет?	*What* is he reading?

and as a conjunction:

Я так мно́го рабо́таю, **что** я ничего́ не чита́ю.
I work so much *that* I read nothing.

The conjunction **что** is *always* preceded by a comma.

Что, the interrogative pronoun is always stressed;
Что, the conjunction is never stressed.

V. QUESTIONS

1. Кто — инженéр Брáун? 2. Понимáет ли он по-рýсски? 3. Где рабóтает инженéр Брáун? 4. Когдá он читáет журнáл? 5. Когдá он слýшает рáдио? 6. Мнóго ли мы сейчáс рабóтаем? 7. Читáем ли мы сейчáс? 8. Слýшаем ли мы сейчáс рáдио? 9. Как все рабóтают в Россúи? 10. Кто знáет дóктора Чéхова?

VI. GRAMMAR EXERCISES

Exercise with Grammar A

Read and supply endings wherever necessary:

1. Где мой (дом)? 2. Я слýшаю (рáдио). 3. Ты читáешь (журнáл). 4. Инженéр Брáун — мой (гость). 5. Ты спрáшиваешь (гость). 6. Я знáю э́то (здáние). 7. Знáешь ли ты (дóктор) Чéхова? 8. Я не рабóтаю так мнóго как э́тот (дóктор). 9. Это здáние — (завóд), а то — (гóспиталь). 10. Товáрищ Брáун — (инженéр), а товáрищ Чéхов — (дóктор). 11. Он спрáшивает (дóктор). 12. Он не понимáет (друг).

Exercises with Grammar B

a. Conjugate in the *present* tense.

1. Я рабóтаю на завóде.   2. Я читáю журнáл.

b. Supply the correct *present* tense forms of the **verbs in** parentheses:

1. Где ты (рабóтать)? 2. Что он (читáть)? 3. Онá (слýшать) рáдио. 4. Мы (знать) э́то здáние? 5. Онú (спрáшивать) дóктора. 6. Вы сегóдня не (рабóтать)? 7. Ты (скучáть) в Россúи? 8. Да, я не (понимáть) по-рýсски. 9. Онú (рабóтать) цéлый день. 10. Мой гость хорошó (понимáть) по-рýсски.

Exercise with Grammar C

Change the following sentences into the negative, using the words in parentheses:

1. Онá читáет (ничегó). 2. Сейчáс рабóтает (никтó). 3. Он слýшает рáдио (никогдá) 4. Ты скучáешь (никогдá).

VII. TRANSLATION INTO RUSSIAN

1. What is Doctor Petrov reading? 2. He is reading a periodical. 3. He reads slowly. 4. He does not understand Russian very well. 5. Do you understand Russian? 6. Yes, I understand Russian well and read Russian very quickly. 7. Do you (pl.) listen to the radio? 8. Yes, we listen to the radio, and when we listen, we are never bored. 9. I ask Mr. Pavlov: Do you know the mechanic, Mr. Chekhov? 10. Yes, he answers, I know Mr. Chekhov very well. 11. How does he work? 12. He works well and very quickly, day and night. 13. Fine, thank you, Mr. Pavlov! 14. You are my friend. 15. I ask and you answer quickly. 16. Thank you! Good bye.

VIII. PRACTICE IN RUSSIAN SCRIPT

Инженер Браун.

Сегодня инженер Браун мой гость.
Он американец, а я русский. Он хорошо понимает по-русски. Я спрашиваю гостя:

— Вы не скучаете в России?
— Нет, я не скучаю. Я работаю на заводе. Когда я кончаю работать, я читаю журнал или слушаю радио.

— А я сейчас так много работаю, что я ничего не читаю и никогда не слушаю радио.

— Да, в России все много работают. Вы знаете доктора Чехова?
— Да, конечно. Доктора Чехова все знают!
— Вот кто много работает! Никто не работает так много, как доктор Чехов! —

ЧЕТВЕРТЫЙ УРОК | FOURTH LESSON

Prepositional singular of masculines and neuters—Prepositions
в, на, о — *Verbs* **кушать, есть** *"to eat"* — *Use of* **где** *and*
когда — **есть** *"there is," "there are"*

I. COMMON EXPRESSIONS AND IDIOMS

Утром	In the morning
Днём	In the daytime, during the day
Вечером	In the evening
На обед	For dinner
«Русский Народ»	"The Russian People"
О чём?	About what?

II. READING: ГОСПОДИН ПЕТРОВ

Моя фамилия — Петров. Мой друг Иван и я работаем в городе. Мой друг — доктор. Он работает в госпитале. Я работаю в банке.

В здании, где я работаю, есть ресторан. Мой друг и я часто там обедаем.

На обед в ресторане мы иногда едим суп. Иван всегда ест мясо, а я часто ем только сыр, хлеб и масло.

Я работаю целый день, а вечером я всегда дома. Дома я думаю об отдыхе. Дома моё место на диване! Я слушаю радио или читаю. Я часто читаю журнал «Русский Народ». Сейчас в журнале я читаю о поэте Пушкине[1].

Утром я опять в городе и опять работаю целый день в банке.

III. VOCABULARY

банк	bank		**город**	city
вечер	evening		**диван**	divan, sofa
всегда	always			

---

[1] Aleksàndr Sergéyevich Púshkin (1799-1837) is generally considered the father of modern Russian literature and its greatest representative.

иногда́	sometimes	рестора́н	restaurant
ма́сло	butter	суп	soup
ме́сто	place, room	сыр	cheese
мя́со	meat	то́лько	only
наро́д	people, nation	хлеб	bread
опя́ть	again	ча́сто	frequently, often
о́тдых	rest		

Verbs

де́лать (I) to do   обе́дать (I) to dine

ду́мать (I) to think   (Cf. "Grammar" B and D.)

IV. GRAMMAR

A. Noun. Prepositional case

1. *Its use.* As the name implies, the prepositional case can be used only after certain prepositions.

With the preposition о (об, о́бо)[1] it renders the English preposition "about," "concerning":

Ты ду́маешь о дру́ге. — You think about [your] friend.

Он ду́мает об о́тдыхе. — He thinks about rest.

With the prepositions в (во)[2] "in" and на "on," this case serves to express the *position* of an object or person. It answers the question "where?":[3]

Я рабо́таю в го́роде. — I am working in the city.

На столе́ хлеб и ма́сло. — On the table are bread and butter.

2. *Its form.* The *prepositional* singular of masculine and neuter nouns ends in -e.

---

[1] Об is used before vowels: об о́тдыхе, о́бо before certain double consonants: о́бо мне́ "about me."

[2] Во is used before certain double consonants: во мне́ "in me."

[3] For the use of в and на with the *accusative* see Grammar Section A of Lesson 5.

important exception are neuter nouns in -ие (зда́ние),
~~и~~d in -и:

		Hard	Soft	Soft
Masculine	Nominative	стол	музе́й	дождь
	Prepositional	столе́	музе́е	дожде́
Neuter	Nominative	ме́сто	по́ле	зда́ние
	Prepositional	ме́сте	по́ле	зда́нии.

B. Verb. The verbs ку́шать **and** есть **"to eat"**

1. Both **есть** and **ку́шать** mean "to eat." **Есть** is by far the more widely used term.

Я **ем** суп.	I eat soup.
Мы **еди́м** до́ма.	We eat at home.

Ку́шать is found only in polite forms and is usually used in the second person:

Вы **ку́шаете** там?	Do you eat there?

2. *Conjugation in the present tense of the "irregular" verb* **есть** *"to eat"*:

Person	Singular	Plural
First	Я **ем**	мы **еди́м**
Second	ты **ешь**	вы **еди́те**
Third	он, она́, оно́ **ест**	они́ **едя́т**

C. Где and Когда́ as interrogative adverbs and as conjunctions

Где "where" and **когда́** "when" are used in Russian as they are in English:

a. as *interrogative* adverbs:

Где вы обе́даете?	Where do you dine?
Когда́ вы обе́даете?	When do you dine?

b. as *conjunctions,* joining two clauses:

Я зна́ю, **где** вы обе́даете.	I know where you dine.
Я зна́ю, **когда́** вы обе́даете.	I know when you dine.

Remember that in Russian dependent clauses are *always* set off by commas.

D.   Есть "there is," "there are"

Есть *must* be used whenever the fact of the existence of a person or a thing is to be established:

1. **Есть** хлеб?   Is there bread?

    Да, **есть** or simply: **Есть!** Yes, there is!

On the other hand whenever the existence is not in question, есть is *not* used:

2. Где хлеб?   Where is the bread?

    Хлеб на столе́.   The bread is on the table.

Notice that in these sentences the existence of bread is not questioned, the query refering to its location only. (For the negative "there is, there are *not*," see Lesson 6, Grammar Section C.)

V.   QUESTIONS

1.Кто рабо́тает в го́роде? 2. Где рабо́тает до́ктор Ивано́в? 3. Где рабо́тает Петро́в? 4. Есть ли рестора́н в зда́нии, где Петро́в рабо́тает? 5. Ча́сто ли Петро́в и Ива́н там обе́дают? 6. Что они́ иногда́ едя́т на обе́д в рестора́не? 7. Всегда́ ли Ива́н ест мя́со? 8. Что Петро́в ча́сто ест на обе́д? 9. Где Петро́в ве́чером? 10. Что де́лает Петро́в ве́чером? 11. Что он ча́сто чита́ет? 12. О чём он чита́ет сейча́с в журна́ле «Ру́сский Наро́д»?

VI.   GRAMMAR EXERCISES

Exercises with Grammar A

a. From the Reading Exercise write out all nouns,[1] giving their *gender, case,* and English meaning, for example:

фами́лия   feminine   nominative   "last name"

---

[1] Leave out those in "idiomatic" expressions.

b. Supply the correct case forms of the nouns in parentheses:

1. Они рабо́тают в (го́род). 2. В (зда́ние), где я рабо́-
таю, есть (рестора́н). 3. Ты сего́дня обе́даешь в (рестора́н).
4. Когда́ я рабо́таю, я не ду́маю об (о́тдых). 5. Они́ чита́ют
в (журна́л) о (до́ктор) Че́хове. 6. Она́ сего́дня не рабо́тает
на (заво́д). 7. На (стол) хлеб, сыр и ма́сло. 8. До́ма моё ме́-
сто на (дива́н). 9. Мой дом в (го́род). 10. Мой друг рабо́тает
в (го́спиталь), а я в (банк).

Exercise with Grammar B

In the following phrases supply *present* tense forms of **есть** or
ку́шать "to eat," according to context:

1. Утром я ..... сыр, а ве́чером я ..... мя́со. 2. Она́ .....
суп. 3. ..... он хлеб? 4. Да, он ..... и хлеб, и ма́сло и сыр.
5. ..... вы суп? 6. Да, мы иногда́ ..... суп. 7. Ты ..... в
рестора́не и́ли до́ма? 8. Утром я ..... до́ма, а днём и ве́чером
я ..... в рестора́не. 9. Они́ ча́сто ..... тут. 10. А где ты ..... ?
11. Вы тут никогда́ не ..... ? 12. Да, мы ча́сто тут .....

Exercises with Grammar C and D

Supply **где** or **когда́** according to context (state whether they
are used as interrogative adverbs or as conjunctions) and place **есть**
"there is, are" wherever necessary:

1. ..... рестора́н в зда́нии? 2. Да, в зда́нии, ... я рабо́-
таю ..... рестора́н. 3. ..... я чита́ю, я никогда́ не скуча́ю.
4. Он не зна́ет, ... до́ктор Че́хов. 5. Он спра́шивает дру́га,
..... журна́л. 6. ..... вы ку́шаете? — В рестора́не. 7. ..... тут
ра́дио? 8. Да, ... ! 9. ..... вы слу́шаете ра́дио? — В ко́мнате.
10. ..... вы слу́шаете ра́дио? — Ве́чером. 11. ..... он до́ма,
он никогда́ не рабо́тает. 12. ..... он рабо́тает? — На заво́де?
13. Я не зна́ю, ... он рабо́тает. 14. ..... хлеб и ма́сло? —
На столе́. 15. ..... хлеб на столе́? Да, ... !

VII. TRANSLATION INTO RUSSIAN

A

1. My name is Petróv. 2. I am a doctor. 3. I work in a
hospital in the city. 4. In the building where I work [there]
is a restaurant. 5. I often eat there. 6. For dinner I eat soup
and meat. 7. Sometimes I eat only bread, butter, and cheese.
8. My friend Iván always eats bread, butter, soup, and meat.
9. When you work all day, in the evening you think of rest.

10. In the evening my friend Iván and I are frequently at home. 11. We listen to the radio or read. 12. Now I am reading about the poet Púshkin in the periodical "Russian People." 13. In the morning we are again in the city and work all day.

B

1. Where do you (sing. fam.) eat? 2. I often eat at home and sometimes at the restaurant. 3. What do you (pl.) eat? 4. When do you (sing. pol.) eat? 5. We always eat soup and meat for dinner and sometimes bread and butter. 6. Where do you work? 7. In the morning and during the day, I work in the bank. 8. In the evening I work at the hospital. 9. Where is the periodical? 10. There on the table! 11. What does Mr. Chekhov read in the periodical "The Russian People"? 12. I don't know what he is reading about. 13. Of course, he is again reading about the engineer, Mr. Pavlov. 14. Mrs. Semyonova always thinks about rest—in the morning, in the daytime, in the evening. 15. At home her (её) place is on the sofa. 16. In the evening she is always at the movies. 17. She never works, never reads, and never listens to the radio. 18. She is bored all day long.

ПЯТЫЙ УРОК

FIFTH LESSON

Prepositions в, на — *Present tense of the "irregular" verbs*
класть, жить, идти, éхать

I. COMMON EXPRESSIONS AND IDIOMS

Идёт снег	It is snowing
Идёт дождь	It is raining
Ну!	Well!
Ну и день!	What a day!
Ничего́!	It does not matter!
Вот как!	Is that so!
Как поживáете? }	How are you?
Как живёшь? }	
Или ... и́ли	Either . . . or
Что идёт в кино́?	What is playing at the movies?
Ехать так éхать!	If we want to go, we had better go!
Иду́!	I am coming!
Едем?	Are we going (leaving)?
На автомоби́ле	By car, in the car
На метро́	On the subway
Сегóдня вéчером	This evening

II. READING: ЕХАТЬ ТАК ЕХАТЬ!

— Ну, Па́вел Никола́евич, éдем?

— Да, да сейчас ..... А вы зна́ете **идёт снег!** Или э́то дождь? ..... **Ну и день!**

— **Ничего́!** Мы éдем **на автомоби́ле.** А Ко́ля то́же éдет в го́род?

— Нет, Ко́ля тепéрь **живёт** в го́роде.

— **Вот как!** ..... Здра́вствуй, Ма́ша[1] **как живёшь?** А ты éдешь в го́роде?

— Нет, я сейча́с **иду́** на уро́к, а пото́м **на** собра́ние. А вы сего́дня не рабо́таете, това́рищ Петро́в?

---

[1] Ма́ша is an endearing diminutive form of Мари́я "Mary."

— Конечно, я работаю. Я сейчас еду прямо **на** завод.
А куда вы **идёте сегодня вечером,** Павел Николаевич?
    — Я ещё не знаю. **Или в** театр **или на** концерт **или в**
кино. А **что** сегодня идёт в кино?
    — Я не знаю . . . . . Ну, Павел Николаевич, **ехать так ехать!**
    — Хорошо, хорошо . . . . . **Иду!** До-свидания Маша!

III. VOCABULARY

автомобиль (m.)	auto, car	**прямо**	straight, directly
гараж	garage	**снег**	snow
ещё	yet, still,	**собрание**	meeting, gathering,
	more		collection
концерт	concert	**студент**	student
куда	where, whereto	**театр**	theater
но	but	**теперь**	now, nowadays
поезд	train	**тоже**	also, too
потом	afterwards, then	**трамвай**	streetcar
		урок	lesson

(*Verbs* are in Grammar B.)

IV. GRAMMAR

A.   Prepositions в (во) and на (continued)

1.   In Lesson 4 it was explained that **в** and **на** with the
prepositional case express *position* (location). Now we must
remember that these same prepositions when used with the
accusative case express *direction* (motion) *into* or *on* a place,
respectively. They answer the question "where to?"

Я еду в город.   I am going (driving) into the
                                        city (down town).

Он кладёт журнал **на стол.**   He puts (places) the periodical
                                        on the table.

2. *Special uses of the preposition* **на**:

a. **На** with the *prepositional* case often renders the
English preposition "at":

Он **на** концерте.   He is at the concert.
Она **на** уроке.   She is at [her] lesson.

b. **На** with the *accusative* often renders "to," "into":

Мы идём **на** концéрт.	We are going to the concert.
Они идýт **на** урóк.	They are going to [their] lesson.

The preposition **на** instead of **в** is ordinarily used when attendance at a function is expressed:

на концéрте, **на** урóке, **на** обéде.   At the concert, lesson, dinner.

B.   "Irregular" first conjugation verbs

Many first conjugation verbs have endings that differ slightly from those we studied in Lesson 3. Instead of ending in -ю, -ешь, and so on, these verbs have the present tense endings -ý, -ёшь, -ёт, -ём, ёте, -ýт when stressed, and -у, -ешь, -ет, -ем, -ете, -ут when unstressed. At the same time their stem consonants usually change, as we can see in the sample verbs класть "to put" and жить "to live":

Present tense of класть "to put, place":

Person	Singular	Plural
First	я кладý	мы кладём
Second	ты кладёшь	вы кладёте
Third	он, онá, онó кладёт	они кладýт

Present tense of жить "to live":

Person	Singular	Plural
First	я живý	мы живём
Second	ты живёшь	вы живёте
Third	он, онá, онó живёт	они живýт

C.   The "irregular" verbs идти and éхать

Present tense of идти[1] "to go":

Person	Singular	Plural
First	я идý	мы идём
Second	ты идёшь	вы идёте
Third	он, онá, онó идёт	они идýт

---

[1] See also Lesson 8.

Идти́ means "to go on foot." There are, however, some important idiomatic expressions using идти́, such as:

Идёт снег.	It is snowing.
Идёт дождь.	It is raining.
Что идёт в кино́?	What is being shown in the movies?
По́езд идёт.	The train is going, running.
Трамва́й идёт.	The streetcar is going, running.

In order to express the English "to go" in the meaning of "to go by vehicle," "to ride," the verb е́хать must be used in Russian.

Present tense of е́хать[1] "to go by vehicle," "to ride":

Person	Singular	Plural
First	я е́ду	мы е́дем
Second	ты е́дешь	вы е́дете
Third	он, она́, оно́ е́дет	они́ е́дут

Note that е́хать has the stress on the first syllable throughout its conjugation, in contrast to идти́, which has it on the last. Also notice the д in the conjugational forms instead of the x of the infinitive.

"Irregular" verbs such as the above that do not follow exactly the conjugational pattern of the regular first conjugation (see Lesson 3: чита́ть) will be given in *four "key" forms*:

Infinitive	First Pers. Singular	Second Pers. Singular	Third Pers. Plural
класть	я кладу́	ты кладёшь	они́ кладу́т

Of these forms, the *second* person *singular* is the key to all forms not explicitly given, and fixes the position of the stress for all persons, except the *first* person *singular*:

ты кладёшь:	он, -а́, -о́ кладёт;	мы кладём;	вы кладёте
ты живёшь:	он, -а́, -о́ живёт;	мы живём;	вы живёте
ты идёшь:	он, -а́, -о́ идёт;	мы идём;	вы идёте
ты е́дешь:	он, -а́, -о́ е́дет;	мы е́дем;	вы е́дете

---

[1] See also Lesson 8.

When a verb is completely irregular, its full present tense conjugation and all other irregular forms will be given either in the grammar section or in the Lesson-Vocabularies.

V. QUESTIONS

1. Куда́ мы идём сего́дня? 2. Как мы е́дем? 3. Идёт ли дождь? 4. Идёт ли снег? 5. Едет ли Ко́ля в го́род? 6. Где живёт тепе́рь Ко́ля? 7. Едет ли Ма́ша в го́род? 8. Куда́ е́дет Ма́ша? 9. Рабо́тает сего́дня това́рищ Петро́в? 10. Куда́ е́дет това́рищ Петро́в? 11. Едет он на метро́ и́ли на автомоби́ле? 12. Куда́ идёт Па́вел Никола́евич? 13. Зна́ет ли он, что идёт сего́дня в кино́?

VI. GRAMMATICAL EXERCISES

Exercises with Grammar A

a. From the Reading Exercise write out all nouns, giving their *gender, case,* and English meaning. (For pattern see Lesson 4.)

b. Supply endings wherever necessary:

1. Мой автомоби́ль в гараж—'. 2. Утром, я е́ду в го́род—. 3. Ве́чером мы идём в теа́тр—. 4. Вы е́дете на автомоби́л—. 5. Я рабо́таю в ба́нк—. 6. Он ду́мает о дру́г—. 7. Что идёт сего́дня в кин—'. 8. Сейча́с она́ на уро́к—. 9. Сего́дня ве́чером мы идём на собра́ни—. 10. На собра́ни— никто́ не скуча́ет. 11. Идёте вы на концёрт—? 12. Нет, я е́ду в го́род и иду́ в музе́—, а пото́м на уро́к—.

c. Supply the prepositions в or на according to context:

1. Он е́дет . . в. . . го́род. 2. Я иду́ . . На . . уро́к. 3. Она́ кладёт журна́л . На . . . стол. 4. Хлеб . На . . . столе́. 5. Ты живёшь . в. . . го́роде? 6. Мы идём сего́дня ве́чером . На . . концёрт. 7. До́ма моё ме́сто . На . . дива́не. 8. Едешь ты . На . . теа́тр и́ли . На . . кино́? 9. Автомоби́ль . . в. . . гараже́. 10. Они́ тепе́рь . На . . концёрте и́ли . На . . уро́ке? Они́ . На . . собра́нии.

Exercises with Grammar B and C

a. Conjugate in the *present* tense:

1. Я живу́ в го́роде. 2. Я кладу́ журна́л на стол. 3. Я иду́ на собра́ние. 4. Я е́ду в го́род.

[handwritten top margin: На – on top of it / b – inside of it]

b. Supply the correct *present* tense forms of the verbs in parentheses:

1. Кто (идти) в музей? 2. Ты (ехать) на автомобиле? 3. Они (ехать) на собрание. 4. Мы (идти) на урок. 5. Она (идти) в госпиталь. 6. Где (жить) инженер Петров? 7. Он (жить) тут. 8. Я (жить) в городе. 9. Я (спрашивать) друга: 10. Что (идти) сегодня в кино? 11. (Идти) снег или дождь? 12. (Идти) поезд? 13. Нет, поезд сейчас не (идти). 14. Что вы (класть) на стол?

VII. TRANSLATION INTO RUSSIAN

A

1. Pável Nikoláyevich, are we going *[handwritten: едем]* downtown (into the city) today? 2. No, it is raining and snowing. 3. What a day! 4. It doesn't matter! 5. We are going by car. 6. Is Kólya also going? 7. No, Kólya lives in the city now. 8. Másha, are you going downtown? 9. Yes, now I am going to the museum and in the evening to a meeting. 10. Aren't you going to the theater? 11. No, not today. 12. Comrade Petróv, are you working today? 13. Yes, I am driving straight to the plant. 14. Well, Pável, well Másha, if we want to go, we had better go!

[handwritten right margin: 1. едем / 2. идёт / 6. едем or идёт / 7. в городе / 8. едешь / 9. в музей На собрание (both accus) / 10. в театр (accus) / 13. На завод (accus)]

[handwritten center: toward the theater]

B

1. Where does Comrade Petrov live? 2. Citizen Petrov lives in the city. 3. Where do you live? 4. We also live in the city. 5. Do they live in this (этом) house? 6. No they live and work in a hospital. 7. Are you going to the museum today? 8. No, today I am going to the theater. 9. What is playing at the movies? 10. I never know what is playing at the movies. 11. Are you (pol.) driving down town by car today? 12. No, today I am going on the subway. 13. My car is again in the garage. 14. But my friend Pavlov is going by car. 15. Do they always put the magazine on the table? 16. No, they sometimes put this magazine on the sofa or on a chair. 17. He puts the bread and the meat on the table. 18. Where do you (sing. fam.) put the butter? 19. Always on the table, of course! 20. Fine! Thank you!

ADDITIONAL READING MATERIAL
Based on the vocabulary and grammar of preceding lessons

ГОСПОДИН СОКОЛОВ

Моя фамилия — Соколов. Я — доктор. Мой брат Иван — инженер. Мы работаем в городе. Утром Иван едет в город на автомобиле. Когда он в городе, он идёт прямо на завод, где он работает.

Утром я тоже еду в город, но на метро. Я работаю в госпитале. Мой друг Павел работает в банке. В здании, где работает Павел есть ресторан. Павел, я и Иван часто обедаем там. Павел иногда ест или суп или хлеб и масло. Я всегда ем только мясо.

На заводе Иван работает быстро и хорошо целый день. В госпитале никто не работает много и я целый день думаю об отдыхе. Когда Иван кончает работать, он идёт на собрание. Он скучает дома вечером!

Вечером я часто дома. Дома я слушаю радио или читаю. Иногда вечером я еду опять в город. В городе я иду или в театр или на концерт или в кино. Но когда идёт снег или дождь я всегда дома.

Когда мой друг Павел кончает работать, он в городе и идёт иногда на урок, а иногда на собрание.

ШЕСТОЙ УРОК | SIXTH LESSON

Genitive singular of masculines and neuters—Negative expressions with the genitive — Ско́лько, ма́ло, мно́го *with the genitive—Prepositions* без, по́сле, у — *Translation of "to have"—Verbs* мочь, уме́ть *"to be able"*

I. COMMON EXPRESSIONS AND IDIOMS

Чита́ть по-ру́сски	To read (in) Russian
Чита́ть по-англи́йски	To read (in) English
Я совсе́м не уме́ю чита́ть.	I cannot read at all.
Мне всё равно́, что ты ду́маешь.	It's all the same to me (I don't care) what you think.
Мне и до́ма хорошо́.	I am just as happy at home.
Ни ... ни	Neither . . . nor

II. READING: СЕГО́ДНЯ ПРА́ЗДНИК

Сего́дня никто́ не рабо́тает. Сего́дня пра́здник. Мой брат и я до́ма. Брат чита́ет у окна́, а я слу́шаю ра́дио.

— Что ты сейча́с чита́ешь? — спра́шиваю я бра́та.

— Ди́ккенса.

— По-ру́сски и́ли по-англи́йски?

— Коне́чно, по-ру́сски; я о́чень пло́хо чита́ю по-англи́йски.

— А я совсе́м не уме́ю чита́ть по-англи́йски!

— Ты так ма́ло чита́ешь, что я не зна́ю, уме́ешь ли ты чита́ть по-ру́сски!

— Мне всё равно́, что ты ду́маешь! Ты идёшь сего́дня ве́чером на собра́ние в клу́бе?

— Нет, сего́дня у меня́ в клу́бе нет собра́ния. ← Pred. Nominative

— А что ты де́лаешь у́тром?

— Я не зна́ю. У́тром я ничего́ не де́лаю.

— А куда́ ты идёшь по́сле обе́да?

— Никуда́! Мне и до́ма хорошо́!

Я хорошо́ зна́ю бра́та. Он никогда́ не скуча́ет. Он мо́жет чита́ть без о́тдыха, це́лый день.

III VOCABULARY

брат	brother	потому́ что	because
здесь	here	почему́	why
клуб	club	пра́здник	holiday
никуда́	nowhere	профе́ссор	professor
обе́д	dinner	совсе́м	completely,
перо́	pen, feather		entirely
письмо́	letter	так	so, thus
пло́хо	badly	учи́тель (m.)	teacher
по-англи́йски	English,		
	in English		

Verbs (See also Grammar D.)

писа́ть; пишу́, пи́шешь, пи́шут   to write

IV. GRAMMAR

A. Noun. Genitive case

1. *Its use*:

a. One of the principal uses of the genitive case is to indicate *possession*. It answers the questions "whose?" "of what?":

Дом до́ктора	The doctor's house
Журна́л учи́теля на столе́.	The teacher's magazine is on the table.

b. In *negative* expressions the *genitive* is used instead of the *accusative* to express the *direct* object:

Positive	Я зна́ю го́род.	I know the city.
Negative	Я **не** зна́ю го́рода.	I do not know the city.
		Lit.: I know not of the city.

c. Нет (не+есть) "there is (are) no" is always used with the *genitive* case:

Здесь **нет** стола́.	There is no table here.
Нет ме́ста.	There is no room (space).

but:	Это не стол (*Nom.*)	This is not a table.
	Это не до́ктор (*Nom.*)	This is not a doctor.

genetive case of partition

d. Ско́лько "how much, how many," **ма́ло** "little," "few," **мно́го** "much," "many," "a lot" are always followed by the *Genitive* case:

Ско́лько хле́ба?	How much (of) bread?
Мно́го хле́ба	Much (of) bread
Ма́ло мя́са	Little (of) meat

2. *Its form*:

The *genitive* singular of masculine and neuter nouns has the ending -a when hard and -я[1] when soft.

		Hard	*Soft*	*Soft*
Masculine	Nominative	стол	музе́й	дождь
	Genitive	стола́	музе́я	дождя́
Neuter	Nominative	ме́сто	по́ле	зда́ние
	Genitive	ме́ста	по́ля	зда́ния

Compare these endings with the accusative endings of the animate masculine nouns in Lesson 3.

B. Prepositions with the genitive case

The prepositions   **у**   at, near
                 без   without
                 по́сле   after

are always followed by the *genitive* case:

Я чита́ю **у** окна́.	I read at the window.
Он ест хлеб **без** ма́сла.	He eats bread without butter.
По́сле теа́тра мы е́дем домо́й.	After the theater we go home.

Note that the preposition **у** means "at," "next to" when followed by an inanimate noun; it means "at," "at one's home," "in one's possession" (See Section C) when followed by an animate noun.

Он **у** стола́.	He is (stands) at the table.
Она́ сейча́с **у** до́ктора.	She is now at the doctor's.
Сего́дня мы обе́даем **у** дру́га.	Today we are having dinner at [our] friend's home.

---

[1] For Vowel Mutation Rule, see p. 31.

C. Translation of "to have"

Another very important use of **y** with the *genitive* is in the translation of "to have":

У бра́та журна́л.   The brother has a magazine.
                            Lit.: At the brother's [is a]
                            magazine.

Note that the *direct object* ("magazine") of the English sentence becomes the *subject* in the Russian sentence, thus appearing in the *nominative*.

To express "I have, you have, he has," and so on, **y** with the *genitive* of the personal pronouns **я, ты, он,** etc., must be used:

У меня́	I have	У нас	we have
У тебя́ (fam.)	you have	У вас	you have
У вас (pol.)			
У него́	he, it has	У них	they have
У неё	she, it has	У кого́?	who has?

Есть "there is" is used when the fact of possession is in question:

Есть у бра́та журна́л?   *Has* the brother a magazine?
                            Lit.: *Is there* at the
                            brother's a magazine?
Да, у бра́та **есть** журна́л. Yes, the brother *has* a maga-
                            zine.

Negative context is rendered by means of **нет (не + есть)**:

У бра́та **нет** журна́ла.   The brother does not have a
                            magazine.

Notice that журна́л is in the *genitive* because **нет** must always be used with *genitive* (see above A1c). The Russian literally says: "At the brother's there is not of magazine".

У меня́ и у него́ нет хле́ба.   I and he do not have bread.
У тебя́ и у неё нет мя́са.   You and she do not have
                            meat.

Нет у вас дру́га?   Don't you have a friend?
У нас нет дру́га.   We do not have a friend.
У кого́ нет дру́га?   Who does not have a friend?
У них нет дру́га.   They do not have a friend.

D. Verb. The "irregular" verb мочь and the verb уметь

Present tense of мочь "to be able to," "to be in a position to":

Person	Singular	Plural
First	я могу́	мы мо́жем
Second (fam.)	ты мо́жешь	вы мо́жете
Third	он, она́ оно́ мо́жет	они́ мо́гут

Present tense of уметь "to be able to," "to know how to":

Person	Singular	Plural
First	я уме́ю	мы уме́ем
Second (fam.)	ты уме́ешь	вы уме́ете
Third	он, она́, оно́ уме́ет	они́ уме́ют

It is important to distinguish between the verbs мочь and уме́ть:

Мочь is generally used to render *physical ability*:

Вы не мо́жете е́хать в го́род; по́езд не идёт.
You cannot go downtown; the train is not running.
Я не могу́ писа́ть! Нет пера́! I cannot write! There is no pen!

Уме́ть is generally used to render "to know how," i. e. to show mental and/or physical *skill*:

Она́ тепе́рь уме́ет чита́ть по-ру́сски.   She knows now how to read Russian.
Я не уме́ю писа́ть по-ру́сски.   I cannot (do not know how to) write Russian.

V. QUESTIONS

1. Кто сего́дня рабо́тает? 2. Почему́ брат сего́дня не рабо́тает? 3. Что де́лает брат? 4. Что он чита́ет? 5. Почему́ он чита́ет Ди́ккенса по-ру́сски? 6. Уме́ете ли вы чита́ть по-англи́йски? 7. Мно́го ли вы чита́ете? 8. Идёт ли брат ве́чером в клуб? 9. Почему́ он не идёт в клуб? 10. Что де́лает он у́тром? 11. Куда́ он идёт по́сле обе́да? 12. Скуча́ет ли он до́ма? 13. Что он мо́жет де́лать це́лый день без о́тдыха?

автомобиль в гараже гар - in the garage

VI. GRAMMAR EXERCISES

Exercises with Grammar A

a. Supply endings:

1. Это ко́мната профе́ссор-. 2. Друг брат- сего́дня
до́ма. 3. Дом инжене́р- в го́род-. 4. Как фами́лия до́ктор-?
5. Ско́лько хлеб- на стол-'? 6. На столе́ мно́го хлеб-, но
ма́ло мяс-. 7. На обе́д он ест ма́ло суп-. 8. Я чита́ю в жур-
на́ле това́рищ- о поэ́те Пу́шкине. 9. Тут ма́ло мест-. 10. Это
журна́л до́ктор- Че́хова.

b. Change the following sentences to the negative:

1. Они́ слу́шают ра́дио. 2. На столе́ письмо́. 3. Он чита́ет
письмо́ дру́га. 4. В зда́нии есть теа́тр. 5. Я пишу́ письмо́.
6. Есть тут перо́? 7. Она́ кладёт журна́л на стол. 8. Утром
они́ едя́т суп. 9. Автомоби́ль в гараже́. 10. В клу́бе сего́дня
собра́ние.

Exercises with Grammar A and B

a. Give the correct case forms of the nouns in parentheses:

1. Автомоби́ль у (гара́ж). 2. Утром я рабо́таю на (за-
во́д) без (меха́ник). 3. По́сле (уро́к) мы идём обе́дать. 4. Я
сейча́с у (до́ктор). 5. Он сего́дня у (учи́тель)? 6. По́сле (чай)
они́ е́дут в клуб. 7. Очень пло́хо жить без (друг). 8. Что это
там у (зда́ние)?

b. Translate the prepositions in parentheses and supply endings:

1. Брат чита́ет (at) окн-'. 2. (After) обе́д- мы идём в
теа́тр. 3. Мой друг мо́жет чита́ть (without) о́тдых- це́лый день.
4. Я не могу́ писа́ть (without) пер-'. 5. Она́ сего́дня (at) до́к-
тор-. 6. Сего́дня мы обе́даем (at) това́рищ- Ивано́ва. 7. Они́
не мо́гут е́хать в го́род (without) автомоби́л-. 8. Эта ко́мната
(without) окн-'.

Exercises with Grammar C

a. Supply the correct case forms of the nouns in parentheses:

1. Журна́л у (инжене́р)? 2. Нет, у него́ нет (журна́л).

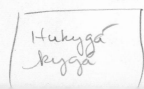
Никуда́
куда́ accent on á

3. Есть у вас (дом) в го́роде? 4. Нет, у нас там нет (дом).
5. Нет ли у (друг) (автомоби́ль)? 6. Нет, у (това́рищ) Ива-
но́ва нет (автомоби́ль). 7. Сего́дня у́тром у нас нет ни (хлеб),
ни (ма́сло), ни (сыр). 8. У (брат) сего́дня гость.

b. Translate the phrases in parentheses:

1. (I have) кни́га, а (you have) журна́л. 2. (They have)
всегда́ чай, хлеб и сыр. 3. (We have) сего́дня гость. 4. (She
has) то́лько дива́н и стол. 5. (He has) сейча́с уро́к. 6. (Who has)
журна́л «Ру́сский Наро́д?» 7. (I have) сего́дня пра́здник.
8. (Thou hast not) ра́дио? 9. Нет, (I have) ра́дио. 10. (They have
not) автомоби́ля. 11. (The guest has) фотогра́фия. 12. (The
brother does not have) стола́. 13. (Who does not have) хле́ба?
14. (The engineer has) гара́ж и автомоби́ль.

Exercises with Grammar D

a. Conjugate in the *present tense*:

1. Я могу́ идти́ в теа́тр. 2. Я уме́ю чита́ть по-ру́сски.

b. Give the correct *present* tense forms of the verbs in parentheses:

1. Мой друг (скуча́ть) без теа́тра. 2. Ты (писа́ть) письмо́
сейча́с? 3. Мы (мочь) е́хать в го́род на автомоби́ле. 4. Вы
(уме́ть) писа́ть по-ру́сски? 5. Вы (мочь) тепе́рь идти́ на уро́к.
6. Она́ (уме́ть) чита́ть по-англи́йски. 7. Она́ не (мочь) писа́ть
без пера́. 8. Я не (мочь) есть так мно́го су́па. 9. (Уме́ть) ты
чита́ть по-ру́сски? 10. Да, я (чита́ть) по-ру́сски, но ещё не
(уме́ть) писа́ть.

VII. TRANSLATION INTO RUSSIAN

A

1. My brother and I are at home. 2. We do not work
today. 3. Today is a holiday and nobody works. 4. I am lis-
tening to the radio, and my brother is reading Dickens. 5. He
reads [it] in Russian. 6. He cannot read English. 7. I read
English very well but I cannot read Russian. 8. I read very
little. 9. [My] brother thinks that I cannot read at all. 10. But
I don't care what he thinks. 11. I am now going downtown.
12. I ask [my] brother: "Where are you going today?"
13. "Nowhere! I am just as happy at home." 14. "Well, good
bye!" 15. My friend and I are having dinner at the club.
16. After dinner we are going to the theater.

B

1. How are you? 2. Quite well, thank you! 3. Why can you not go after the theater to the meeting at the club? 4. Because I cannot finish [my] lesson during the day. 5. I cannot work fast. 6. I don't know how to write Russian. 7. My wife does not write English. 8. Do you (pol.) know how to read and write English? 9. Yes, I am now writing a letter in English. 10. I always work at [my] brother's home. 11. Why do you not work in the house of [your] teacher? 12. Because [my] teacher does not own (have) a house. 13. He lives in the house of [my] brother. 14. Do you (sing. fam.) own a car? 15. No, I can live very well without a car in the city. 16. I can go on the subway. 17. And a streetcar also goes directly downtown. 18. Who does have a car? 19. The engineer Pavlov owns a car. 20. Where does he live? 21. He lives with us and is (just) now driving downtown. 22. Thank you! Good bye!

СЕДЬМОЙ УРОК | SEVENTH LESSON

Dative singular of masculines and neuters; preposition к (ко)
— *Nominative (and accusative) singular of adjectives* —
Дава́ть *"to give"*

I. COMMON EXPRESSIONS AND IDIOMS

Ра́но у́тром	Early in the morning
На дворе́	Out of doors, outside
	Lit.: On the courtyard
На́ небе ни о́блака	[There is] not a cloud in the sky
На за́втрак	For breakfast
К за́втраку	By breakfast time
На обе́д, к обе́ду	For dinner, by dinner time
На у́жин, к у́жину	For supper, by supper time
Даю́т	They give, one is given

II. READING: В КОЛХОЗЕ

Ра́но у́тром това́рищ Во́лков открыва́ет окно́. По́сле дождя́ на дворе́ хорошо́! Во́здух све́жий, не́бо си́нее: на́ небе ни о́блака!

Това́рищ Во́лков живёт и рабо́тает в колхо́зе.

В колхо́зе все за́втракают ра́но. К за́втраку това́рищ Во́лков идёт в большо́е, но́вое зда́ние. Это ку́хня. На за́втрак това́рищу Во́лкову даю́т чёрный и́ли бе́лый хлеб, ма́сло и сыр. Он пьёт горя́чий чай и́ли молоко́.

По́сле за́втрака това́рищ Во́лков е́дет в по́ле. День жа́ркий: на́ небе ни о́блака!

К обе́ду он е́дет обра́тно в колхо́з, а пото́м опя́ть рабо́тает в по́ле без отды́ха.

Ве́чером Во́лков идёт к това́рищу. Они́ иду́т в клуб. В клу́бе хоро́шее ра́дио. Там никто́ не скуча́ет.

III. VOCABULARY

бе́лый, -'ая, -'ое	white	но́вый, -'ая, -'ое	new
большо́й, -а́я, -о́е	big, large	о́блако	cloud
во́здух	air	обра́тно	back
горя́чий, -'ая, -'ее	hot[1]	плохо́й, -а́я, -о́е	bad
двор	court, yard	после́дний, -'яя, -'ее	last
жа́ркий, -'ая, -'ое	hot[2]	ра́но	early
за́втрак	breakfast	све́жий, -'ая, -'ее	fresh
како́й, -а́я, -о́е	which, what kind of	си́ний, -'яя, -'ее	blue
		сло́во	word
колхо́з	collective farm	у́жин	supper
		хоро́ший, -'ая, -'ее	good
молоко́	milk	чай	tea
не́бо	sky	чёрный, -'ая, -'ое	black

Verbs

за́втракать (I)	to breakfast, have breakfast
закрыва́ть (I)	to close
объясня́ть (I)	to explain
открыва́ть (I)	to open
пить; пью, пьёшь, пьют	to drink
у́жинать (I)	to sup, have supper

IV. GRAMMAR

A. Noun. Dative case

1. *Its use*:

a. The *dative* case is used to indicate the *recipient*. It is the case of the *indirect* object. It answers the questions "to whom?" "to what?":

Он пи́шет дру́гу письмо́.   He writes [his] friend a letter.

b. The *preposition* к (ко) is *always* followed by the *dative* case. When used with reference to persons, к (ко) generally means "to"; when used of things, к (ко) generally means "toward":

---

[1] "Hot" to the touch: горя́чий чай "hot tea."
[2] "Hot" as to temperature: жа́ркий день "hot day."

Я идý к дрýгу.	I am going to [my] friend.
Едете вы к брáту?	Are you going (riding) to [your] brother?
Я идý к окнý.	I am going to (toward) the window.

c. With other verbs[1] the English preposition "to" is usually rendered in Russian simply by the *dative* case *without any preposition*:

| Я даю́ брáту журнáл. | I am giving the periodical to [my] brother. |
| Я объясня́ю дрýгу урóк. | I am explaining the lesson to [my] friend. |

Note that the verb **отвечáть** is used with the *dative* and the verb **спрáшивать** with the *accusative*:

| Я спрáшиваю учи́теля. | I ask the teacher. |
| Я отвечáю учи́телю. | I answer (to) the teacher. |

Спрáшивать can also be used with **у** and the *genitive*:

| Я спрáшиваю у учи́теля. | I ask the teacher. |

2. *Its form.* The *dative* singular of masculine and neuter nouns ends in -у when hard and in -ю when soft:

		Hard	*Soft*	*Soft*
Masculine	Nominative	стол	музéй	дождь
	Dative	столý	музéю	дождю́
Neuter	Nominative	мéсто	пóле	здáние
	Dative	мéсту	пóлю	здáнию

B. Adjective

1. *Basic types of nominative singular endings*:

Masculine	*Neuter*	*Feminine*
a. нóвый	нóвое	нóвая
b[2]. большóй } дом	большóе } здáние	большáя } кóмната
c[3]. послéдний	послéднее	послéдняя

---

[1] Transitive verbs (verbs taking the direct object).

[2] Type (b) adjectives always have the stress on their endings.

[3] Type (c) adjectives are called "soft" because their endings always begin with a "soft" vowel; most of them designate place and/or time.

2. Note that the *accusative* of adjectives modifying *inanimate masculine* nouns and *all neuter* nouns is exactly like their *nominative*:

Nominative   но́вый стол; после́днее сло́во; большо́е зда́ние
Accusative   но́**вый** стол; после́дн**ее** сло́во; больш**о́е** зда́ние

3. *Changes in endings in accordance with vowel mutation rules* (p. 28):
    31

a. In accordance with Rule B, the masculine ending **-ый** changes to **-ий** after the gutturals **г, к, х** and the sibilant consonants **ж, ч, ш, щ**: ру́сский, горя́чий, хоро́ший, etc.

b. In accordance with Rule C, the *unstressed* neuter ending **-ое** changes to **-ее** after the sibilant consonants **ж, ч, ш, щ, ц**: горя́чее, хоро́шее, etc.
Stressed **-о́е** does not change: большо́е.

4. In the vocabularies the nominative singular forms will appear as follows: **но́вый, -ʼая, -ʼое** "new"; **после́дний, -ʼяя -ʼее** "last," "latest."

C. Verb

Present tense of the verb дава́ть "to give":

Person	Singular		Plural
First	я даю́		мы **даём**
Second (fam.)	ты **даёшь**		вы **даёте**
Third	он, -а́, -о́ **даёт**		они́ **даю́т**

VOCABULARY BUILDING

These units, placed at convenient intervals, suggest ways to organize vocabulary for easier assimilation.

Adjectives and Adverbs

Adj.	Adv.		Adj.	Adv.	
горя́чий	**горячо́**	hot (of things)	**жа́ркий**	**жа́рко**	hot (mainly of weather)
плохо́й	**пло́хо**	bad	**хоро́ший**	**хорошо́**	good, well

Antonyms

бе́лый	white	**чёрный**	black
холо́дный	cold	**горя́чий**	hot

хоро́ший	good	плохо́й	bad
мно́го	much	ма́ло	little
открыва́ть	to open	закрыва́ть	to close

V. QUESTIONS

1. Что де́лает това́рищ Во́лков ра́но у́тром? 2. Хорошо́ ли на дворе́ по́сле дождя́? 3. Како́й во́здух? 4. Како́е не́бо? 5. Где живёт и рабо́тает това́рищ Во́лков? 6. Ра́но ли он за́втракает? 7. Куда́ идёт това́рищ Во́лков за́втракать? 8. Что даю́т това́рищу Во́лкову на за́втрак? 9. Куда́ е́дет това́рищ Во́лков по́сле за́втрака? 10. Како́й день? 11. Куда́ он е́дет к обе́ду? 12. Что он де́лает по́сле обе́да? 13. Куда́ он идёт ве́чером? 14. Что есть в клу́бе? 15. Кто скуча́ет в клу́бе?

VI. GRAMMAR EXERCISES

Exercises with Grammar A

a. From the Reading Exercise write out all nouns in the *genitive* and *dative* cases. (For pattern see Lesson 4.)

b. Supply endings:

1. Я отвеча́ю дру́г—. 2. Он идёт к до́ктор—. 3. Мы пи́шем письмо́ това́рищ— Во́лкову. 4. Вы идёте сего́дня к учи́тел—. 5. К обе́д— он е́дет в колхо́з. 6. К у́жин— он идёт домо́й. 7. На за́втрак това́рищ— даю́т хлеб, ма́сло и сыр. 8. На обе́д я даю́ бра́т— суп и мя́со. 9. На у́жин мы даём го́ст— суп, мя́со и чай. 10. Этот студе́нт бы́стро отвеча́ет профе́ссор—. 11. Мы ме́дленно отвеча́ем учи́тел— по-ру́сски. 12. Я иду́ к окн—'. 13. Вы идёте к учи́тел— на уро́к? 14. Кто идёт к зда́ни—? 15. Мы сейча́с е́дем на автомоби́ле к по́езд—.

Exercise with Grammar B

Supply the endings and translate:

1. Горя́ч— чай. 2. Си́н— не́бо. 3. Хоро́ш— друг. 4. После́дн— уро́к. 5. Жа́рк— день. 6. Бе́л— и́ли чёрн— хлеб. 7. Больш—' зда́ние. 8. Но́в— дом. 9. Свёж— во́здух. 10. Хоро́ш— ра́дио. 11. Бе́л— дверь. 12. Бе́л— о́блако. 13. Больш—' ку́хня. 14. Бе́л— снег. 15. Свёж— мя́со.

Exercises with Grammar B and C

a. Supply the *present* tense forms of the verbs and the endings of the adjectives:

1. Я (давáть) брáту хорóш— перó. 2. Я (есть) бéл— и чёрн-- хлеб, свéж— мáсло и свéж— сыр. 3. Я (пить) горя́ч— чай. 4. Сегóдня мой брат ничегó не (пить) и не (есть). 5. Я (спрáшивать) брáта: Почему́ ты не (есть) и не (пить). 6. Брат не (отвечáть). 7. Дóктор (открывáть) нóв— журнáл и (читáть). 8. Инженéр Петрóв (мочь) читáть цéл— день. 9. На обéд мы (есть) суп и мя́со и опя́ть (пить) чай. 10. У нас в Россíи все (пить) чай.   *again*

b. Conjugate in the *present* tense:

1. Я даю́ брáту журнáл. 2. Я даю́ дру́гу письмó.   *letter*

VII. TRANSLATION INTO RUSSIAN

A

1. A large photograph. 2. My good friend. 3. A new garage. 4. The last building. 5. Fresh meat. 6. Fresh air. 7. A hot day. 8. Hot soup. 9. The last day. 10. Blue sky. 11. Black bread. 12. A white house. 13. He always reads the last word very slowly. 14. For breakfast they eat black bread and fresh butter. 15. They drink hot tea or fresh milk. 16.[There is]a large photograph on the table. 17. My teacher always reads the large Russian periodical "The Russian People." 18. The good student explains to [his] friend the new lesson.

B

1. I live and work on (in) a collective farm. 2. Early in the morning I open [my] window. 3. (It is) a beautiful (good) day. 4. There isn't a cloud in the sky. 5. The sky is blue; the air is fresh. 6. For breakfast I go into a big new building. 7. It is the kitchen. 8. Here I eat white or black bread, butter, and cheese. 9. Then I drive to (into) the field[s]. 10. I work all day without a rest. 11. For supper I ride back to the kolhóz. 12. I eat hot soup and fresh, good meat. 13. I drink hot tea or milk. 14. In the evening I go to [my] friend. 15. He also lives and works on the collective farm. 16. We read or go to the movies. 17. Early in the morning we drive again to the fields and work there all day.

Вечером

ADDITIONAL READING MATERIAL
Based on the vocabulary and grammar of preceding lessons

МОЙ ДРУГ ДОКТОР ЧЕХОВ

Сегодня целый день идёт дождь. Я сегодня не работаю, сегодня праздник. Мой брат и я сейчас дома. Брат пишет письмо, а я скучаю. Сегодня вечером я еду в город, в клуб. Я ещё не знаю как я еду в клуб. Или на метро, или на трамвае, или на поезде. У меня нет автомобиля, а автомобиль брата в гараже.

Сегодня вечером у меня собрание в клубе. На собрании я никогда не скучаю.

Вот журнал «Русский Народ». Я открываю журнал. Ну, вот новость! В журнале фотография доктора Чехова. Доктора Чехова я хорошо знаю, он мой друг. Я думаю, что он гений. Он не только доктор, но и инженер, и поэт. Он умеет работать! Иногда он работает и день и ночь.

В журнале пишут, что когда доктора Чехова спрашивают:

— Что вы делаете утром? —

— Я работаю всё утро, — он отвечает.

— А что вы делаете после обеда? —

— Конечно, работаю. —

— А куда вы идёте вечером?

— Никуда. Вечером я работаю дома: читаю, пишу... —

— Вы никогда не слушаете радио? —

— Нет, иногда я слушаю радио, но не так часто. Я слушаю радио, когда я ем, но не всегда. Дома у меня нет радио. —

— Вы совсем не думаете об отдыхе? —

— Я не могу думать об отдыхе. Я доктор, инженер, поэт! —

Да, думаю я, это энергия! Это мой друг Чехов! Он никогда не скучает!

ВОСЬМОЙ УРОК | EIGHTH LESSON

Instrumental singular of masculines and neuters; prepositions
между, над, перед, с (со) — *Present tense of the second*
conjugation — Review of the singular declension
of masculines and neuters

I. COMMON EXPRESSIONS AND IDIOMS

Домой	Home, homeward
Мне пора идти домой.	It is time for me to go home.
Очень жаль!	Too bad! It is a pity!
Надо быть . . .	One must be . . .
Идти пешком	To walk, go on foot
Совсём рядом	Very near; right next door
Да что вы говорите!	You don't say!
С трудом	With difficulty
Без труда	Easily; without trouble
Счастливого пути!	Happy journey! Bon voyage!

II. READING: Я ЕДУ В ЛЕНИНГРАД

— Ну, до-свидания! **Мне пора идти домой.**

— Куда вы спешите? Ещё рано!

— Нет, уже поздно. Вы забываете, что завтра рано утром я еду в Ленинград.

— Как вы едете? Поездом или пароходом?

— Я всегда езжу туда поездом.

— **Очень жаль,** что вы спешите. Но я понимаю, что **перед** отъездом надо быть дома не слишком поздно.

— Да, я сейчас еду **домой,** трамваем или на метро.

— Вы, конечно, можете идти **пешком.** Вы живёте **совсём рядом.**

— Нет, я живу теперь у брата..

— Вот как! А где живёт ваш брат?

— Его квартира **над** клубом «Красная Звезда». Это **между** домом инженера Брауна и зданием банка.

— Это американский инженер Браун?

— Да.

— Я хорошо́ зна́ю инжене́ра Бра́уна. Он интере́сный челове́к, но я с трудо́м понима́ю, когда́ он говори́т по-ру́сски. Мы с инжене́ром Бра́уном всегда́ говори́м по-англи́йски.

— Да что вы говори́те!? А на заво́де с инжене́ром Бра́уном все говоря́т то́лько по-ру́сски и без труда́ понима́ют инжене́ра Бра́уна ... Ну, до-свида́ния!

— До-свида́ния! Счастли́вого[1] пути́!

III. VOCABULARY

америка́нский, -'ая, -'ое	American	ма́ленький, -ая, -ое	small
ваш, ва́ша, ва́ше	your, yours	отъе́зд	departure
		парохо́д	steamship
его́	his, its	по́здно	late
её	her, hers	ря́дом,	alongside,
за́втра	tomorrow	ря́дом с	(+ instr.) next to
звезда́	star	сли́шком	too, excessively
интере́сный, -'ая, -'ое	interesting	счастли́вый, -'ая, -'ое	happy, lucky
кварти́ра	apartment	туда́	there, thither
кра́сный, -'ая, -'ое	red	уже́	already
		челове́к	human being, man, person

Verbs

забыва́ть (I)	to forget
лежа́ть; лежу́, лежи́шь, лежа́т	to lie, recline
спеши́ть; спешу́, спеши́шь, спеша́т	to hurry, be in a hurry

IV. GRAMMAR

A. Noun. Instrumental case

1. *Its use*:

a. The *instrumental* case, as its name implies, denotes the instrument or agent *by* which an action is performed. It answers the questions "by means of whom?" "by means of what?"

---

[1] Pronounce "Shchastlivəvə."

Он éздит пóездом.   He goes by train.
Он пи́шет перóм.   He writes with a pen.

Notice that the prepositions "by" and "with" are not translated here; the instrumental case is used without any preposition.

b. When the *instrumental* case is used with the *preposition* e (co), it renders "with" in the meaning of "along with," "in the company of":

Он идёт **с** брáт**ом** в теáтр.   He goes with [his] brother to the theater.

c. The *prepositions*   мéжду   between
                         над   above, over
                         пéред   in front of, before

are *always* followed by the *instrumental* case:

Стол **мéжду** окнóм и дивáн**ом**.
The table is between the window and the sofa.
Моя́ кóмната **над** гаражóм.
My room is above the garage.
Мой автомоби́ль **пéред** дóм**ом**.
My car is in front of the house.

2. *Its form*:

The *instrumental* singular of *masculine* as well as of *neuter* nouns has the ending **-ом** when "hard" and **-ем** when "soft":

		Hard	*Soft*	*Soft*
Masculine	Nominative	стол	музéй	дождь
	Instrumental	столóм	музéем	дождём [1]
Neuter	Nominative	мéсто	пóле	здáние
	Instrumental	мéстом	пóлем	здáнием

B. Verb. The second conjugation

The regular verb говори́ть "to speak, to say" is used as an example.

1. To conjugate this type of verb in the present tense, **drop** from the infinitive form говори́ть the three last letters **и́ть.**

---

[1] Note that whenever the stress falls on the *instrumental* "soft" ending, the e changes to ё. (Ср. also ружьём "with the rifle.")

[handwritten: add prefix: y (away), при (arriving), вы (out), в (in), от (from the border, starting pt.)]

2. To the resulting stem говор add the endings -ю, -йшь, -йт, -йм, -йте, -ят:

Person	Singular	Plural
First	я говор-ю	мы говор-йм
Second (fam.)	ты говор-йшь	вы говор-йте
Third	он, -á, -ó говор-йт	онй говор-ят

Verbs belonging to this class will appear in the vocabularies followed by the Roman numeral II, thus: говорйть (II) "to speak, to say." When a verb does not follow *exactly* the conjugational pattern of говорйть, it will be given in four "key" forms, as set forth in Lesson 5. Note that, in accordance with Vowel Mutation Rule A, the first person singular ending -ю changes to -y, and the third person plural ending -ят changes to -ат when preceded by a sibilant consonant (ж, ч, ш, щ, ц): лежáть; я лежý, ты лежйшь, онй лежáт.

Note that говорйть с (со) plus the *instrumental* renders "to speak with, to converse with." Говорйть can also be used to render "to tell," but in this meaning it must be used with the *dative* (without с):

Я говорю с учйтелем.
I am speaking (conversing) with the teacher.

[handwritten: идти foot / example loc]

But:

Я говорю учйтелю, что я не умéю читáть по-рýсски.
I am telling the teacher that I cannot read Russian.

3. *The verbs* ходйть *and* éздить:

[handwritten: habitual repetitious]

[handwritten: ездить loc / ходить foot]

a. When the action of going (on foot) is *repeated* or *habitual,* use ходйть (instead of идтй):

Он чáсто хóдит в теáтр.   He often goes to the theater.

b. When the action of riding, driving (going by a vehicle) is *repeated* or *habitual,* use éздить (instead of éхать):

Он всегдá éздит в гóрод на метрó.   He always goes downtown on the subway.

[handwritten: идти example]

c. Conjugation of

éздить: éзжу, éздишь, éздит, éздим, éздите, éздят
ходйть: хожý, хóдишь, хóдит, хóдим, хóдите, хóдят

[handwritten: ходить / ездить]

C. Review

Table of the full declension of *masculine* and *neuter* nouns in the *singular*:

	Hard	Hard	Soft	Soft	Soft	Soft
Nom.	стол	место	музей	гость	поле	здание
Gen.	стола	места	музея	гостя	поля	здания
Dat.	столу	месту	музею	гостю	полю	зданию
Acc.	стол	место	музей	гостя	поле	здание
Instr.	столом	местом	музеем	гостем	полем	зданием
Prep.	столе	месте	музее	госте	поле	здании

Remember that the *accusative* of *animate masculine* nouns ends in -a when "hard," and in -я when "soft," being identical with the *genitive*.

V. QUESTIONS

(In answering the questions identify yourself with the persons in the Reading Exercise.)

1. Рано ли сейчас? 2. Куда вы едете завтра утром? 3. Как вы едете? 4. Как вы идёте домой? 5. Можете ли вы идти пешком? 6. Где вы теперь живёте? 7. Где квартира брата? 8. Инженер Браун русский? 9. Хорошо ли говорит по-русски инженер Браун? 10. Брат понимает инженера Брауна, когда Браун говорит по-русски? 11. Как говорят с инженером Брауном на заводе? 12. Хорошо ли там понимают инженера Брауна?

VI. GRAMMAR EXERCISES

Exercises with Grammar A

a. Supply endings:

1. Я завтракаю рано утр—. 2. Я ем хлеб с масл— и сыр—. 3. Я еду в город трамва— или на метр—'. 4. Днём я работаю с профессор— в музее. 5. Вечер— мы ходим с гост— в кино или в театр. 6. Теперь я читаю с брат— очень интересный, русский журнал. 7. Я с труд—' читаю по-русски. 8. Перед отъезд—

[handwritten note at top: Before перед (instr) / after после (gen)]

мы говори́м с учи́тел— о Ленингра́де. 9. Едете вы в Ленингра́д пароход—? 10. Нет, мы всегда́ е́здим по́езд—.

b. Give the correct case forms of nouns in parentheses:

1. Мой но́вый дом ме́жду (теа́тр) и (банк). 2. Что э́то там пе́ред (зда́ние)? 3. Пе́ред (окно́) ма́ленький стол. 4. У меня́ но́вая кварти́ра над (клуб) «Кра́сная Звезда́». 5. Моё перо́ лежи́т вот там, на столе́, ме́жду (журна́л) и (хлеб). 6. Пе́ред (отъе́зд) он пи́шет письмо́ дру́гу. 7. Над (гара́ж) у него́ ма́ленькая ко́мната. 8. Над (о́блако) си́нее не́бо.

c. Translate the following sentences and explain in each case the use or omission of the preposition c:

1. Я е́ду трамва́ем. 2. Мы е́дем с бра́том в го́род. 3. Он говори́т с профе́ссором. 4. Ты ешь хлеб с сы́ром и́ли с ма́слом? 5. Вы пи́шете перо́м? 6. Они́ е́дут в Ленингра́д по́ездом и́ли пароходом?

d. Translate the prepositions in parentheses and supply endings:

1. Я пишу́ пер—'. 2. Он говори́т (with) учи́тел—. 3. Они́ е́дут по́езд—. 4. Это кино́ (between) музе́— и ба́нк—. 5. (Before) обе́д— и (after) обе́д— мы слу́шаем ра́дио. 6. (Above) го́род— большо́е о́блако. 7. Его́ но́вый автомоби́ль (in front of) до́м—. 8. Вы говори́те (with) профе́ссор—.

Exercises with Grammar B

a. Give the *present* tense forms of the verbs in parentheses:

1. Где (лежа́ть) перо́? 2. Почему́ ты (спеши́ть)? 3. Ты (забыва́ть), что я за́втра (е́хать) в Ленингра́д. 4. Они́ не (говори́ть) с до́ктором. 5. Мы всегда́ (забыва́ть), где (жить) това́рищ Петро́в. 6. (Понима́ть) вы, когда́ господи́н Бра́ун (говори́ть) по-ру́сски? 7. (Говори́ть) вы по-англи́йски? 8. Нет, я с трудо́м (говори́ть) и о́чень пло́хо (понима́ть) по-англи́йски.

b. Supply the correct form of идти́ or ходи́ть according to context:

1. Сего́дня он не ..... на уро́к. 2. Они́ ча́сто ..... на конце́рт. 3. Почему́ вы никогда́ не ..... в музе́й? 4. ..... ты

сегодня вечером на собрание? 5. К обеду мы всегда ..... в
этот ресторан.

c. In the above exercise supply correct forms of éхать or éздить
according to context.

Exercises with Grammar C (Review)

a. Decline in the *singular*:

1. чай. 2. дождь. 3. поле. 4. место. 5. народ*. 6. собрание.

b. Supply endings and translate the prepositions and Common
Expressions in parentheses:

1. Знаете вы доктор— Чехов—? 2. Никто не работает
(as much as) он. 3. Я работаю (in) банк—, а мой друг (at)
завод—. 4. (For dinner) мы всегда едим суп и мяс—. 5. Мы
едем (to) город (by car). 6. Он не знает, что сегодня (is
playing in the movies). 7. Мой брат может (all day) читать
(without) отдых—. 8. Он говорит, что я (cannot read at all).
9. (After) дожд—' на двор—' хорошо! Воздух свеж—, небо
син—, на неб— ни облак—. 10. (For breakfast) дают това·
рищ— чёрн— (or) бел— хлеб и горяч— ча—.

VII. TRANSLATION INTO RUSSIAN

A

1. Today my friend, Mr. Brown, and I are going to Leningrad. 2. "Are we going to Leningrad by steamboat or train?"
I ask [my] friend. 3. "By train, of course!" he answers. 4. In
the evening, before [our] departure, we go to a restaurant
right next door and have supper. 5. "It is already very late; it
is time to go!" 6. "You don't say!" 7. We eat quickly. 8. We eat
only soup with bread and cheese and hurry to the train. 9. We
take (go by) the subway. 10. In Leningrad we go to a friend
of Mr. Brown. 11. "What is his name?" I ask. 12. "Alexánder
Ivánovich Semyónov. He is a Russian, a very good engineer!"
13. "He lives in the building there, between the bank and the
movie." 14. Alexánder Ivánovich is at home. 15. We have
breakfast and then go by car to the plant where Alexánder
Ivánovich works. 16. We work all day at the plant without a
rest. 17. Only late in the evening do we go back home.

---

* Treated as an inanimate noun.

To me it is
time to go
(Мне пора)

B

1. I live in the city. 2. My new house is small. 3. But I have a large, new <u>kitchen</u>. 4. The house is between the bank and the hospital. 5. In front of the house is a large building, a garage. 6. My new, black, white, and blue car is in the garage. 7. I always drive to [my] friend by car or subway. 8. We never go (ride) by train or streetcar. 9. My friend is a professor. 10. There is someone who works a lot, day and night! 11. He never rides. 12. He always walks (goes on foot) to the museum, where he is now working. 13. But today it is raining. 14. It is a very hot day. 15. What a day! 16. This evening (today in the evening) we cannot go to the theater, the concert, or the meeting at the club. 17. But Pavel says: "It does not matter! I am just as happy at home. 18. I can speak with [my] friend Ivan. 19. We have a radio. 20. Do you have a pen?" 21. "Yes, I have a new pen. 22. It is there on the table between the radio and the magazine." 23. "Thank you! Now I can write my Russian lesson, or a letter to [my] teacher in English or Russian. 24. Thus (and so) I am never bored."

3. У меня кухня ←subject

8. ездим

10. Вот кто много работает!

11. habitual — never

14. очень жаркий день

16. не можем идти в театр, на концерт или на собрание в клубе.

20. Есть у меня перо. ← nom (subj)

5. Это — очень поздно. Мне пора идти домой. (To me it is time to go home)

4. с хлебом и сыром

5. В лен → граде

11. Как его

5. едм На завод

17. Только поздно едем обратно домой.

ДЕВЯТЫЙ УРОК

NINTH LESSON

Dative and prepositional of feminine nouns and adjectives—
Хотéть *"to want to"—Omission of personal pronouns*

I. COMMON EXPRESSIONS AND IDIOMS

Работать как машина	To work like a machine; work very hard
По дорóге dative	On the way
Универсáльный магазин	Department store
Что тут дýмать?	What's there to think? (It's obvious.)
Это хорóшая идéя!	That's a splendid idea!
Ну, прощáй!	Well, good bye!
Скóлько стóит?	How much does it cost?

II. READING: НОВАЯ СКАТЕРТЬ

Я работаю на большóй фабрике. Работа хорóшая, но скýчная. **Работаешь** цéлый день, **как машина!** Затó дóма молодáя женá, красивая квартира, удóбное крéсло . . .

По дорóге домóй я читáю в вечéрней газéте объявлéние: «Нóвая скáтерть — рáдость женé». Идý в **универсáльный магазин.** В окнé магазина красивая скáтерть. Я спрáшиваю:

— **Скóлько стóит** эта скáтерть?

— Эта скáтерть óчень дорогáя! — говорит продавщица.

— Ничегó! — отвечáю я молодóй продавщице. — «Нóвая скáтерть — рáдость женé», говорит объявлéние.

На ýлице я встречáю приятеля.

— Кудá **спешишь?** — спрáшиваю я.

— Я спешý в этот магазин. Женá говорит, что там сегóдня большáя распродáжа. Но я не пóмню, что онá **хóчет.**

— **Что тут дýмать!** — говорю я. — Вот в газéте **пишут:** «Нóвая скáтерть — рáдость женé».

— Да, это хорóшая идéя.

— Конéчно . . . **Ну, прощáй!**

— До-свидáния!

74

VOCABULARY III

вечéрний, -'яя, -'ее	evening (adj.)	объявлéние	advertisement
газéта	newspaper	прия́тель (m.)	friend,
дорóга	road, way	продавщи́ца	saleswoman
дорогóй, -áя, -óе	expensive, dear	рáдость	joy, happiness
		распродáжа	sale
затó	on the other hand, but then	скáтерть	tablecloth
		скýчный, -'ая, -'ое	boring, tiresome
кни́га	book	совéтский, -'ая, -'ое	Soviet
краси́вый, -'ая, -'ое	beautiful		
крéсло	armchair	удóбный, -'ая, -'ое	comfortable, convenient
маши́на	machine, engine	ýлица	street
		фáбрика	factory
молодóй, -áя, -óе	young	ценá	price

Verbs

встречáть (I)	to meet
пóмнить (II)	to remember

IV. GRAMMAR

A. Noun. Dative and prepositional of the feminine in the singular[1]

The ending for both cases is -e when the nominative ends in -a or -я:

Nominative	кóмната	кýхня
Dative	кóмнате	кýхне
Prepositional	кóмнате	кýхне

-и when the nominative ends in -ия or -ь:

Nominative	фами́лия	дверь
Dative	фами́лии	двéри
Prepositional	фами́лии	двéри

B. Adjective

The *dative* and *prepositional* cases of the *feminine* adjective have the ending -ой when hard and -ей when soft:

---

[1] For a statement on the use of cases, refer henceforth to the Reference Table of Cases, p. 30.

	Hard	*Accented*	*Soft*
Nominative	н**о́вая**	больш**а́я**	после́дн**яя**
Dative	н**о́вой**	больш**о́й**	после́дн**ей**
Prepositional	н**о́вой**	больш**о́й**	после́дн**ей**

Note that according to Vowel Mutation Rule C the *unstressed* -**ой** appears as -**ей** after the sibilant consonants **ж, ч, ш, щ, ц**: горя́ч**ей**, хоро́ш**ей**, etc.

C. Verb

1. The *present* tense of the irregular verb **хоте́ть** "to wish, want":

Person	*Singular*	*Plural*
First	Я хо**чу́**	мы хот**и́м**
Second (fam.)	ты хо́**чешь**	вы хот**и́те**
Third	он, -а́, -о́ хо́**чет**	они́ хот**я́т**

Note that **хоте́ть** in the *singular* has the *first* conjugation endings and in the *plural* the *second* conjugation endings. Also notice the change of the **т** to **ч** in the *singular*.

2. *Omission* of the *personal pronoun*:

a. It is quite common in Russian to omit the personal pronoun, especially in conversation:

Хо́чешь чита́ть? Да, **хочу́**!	Do you want to read? Yes, I want to.
Идёшь сего́дня в теа́тр?	Are you going to the theater today?
Нет, не **иду́**.	No, I am not going.

b. By omitting the third person plural pronoun, an *impersonal* meaning can be conveyed:

Что **говоря́т** о но́вой кни́ге?	What do they (people) say about the new book?
Говоря́т, что э́то о́чень интере́сная кни́га.	They say (people are saying) that it is a very interesting book.
Чита́ют э́тот журна́л?	Do people read this periodical? Is this periodical read?

Нет, не читáют.

No, people don't read (no **one** reads) this periodical; it is not being read.

VOCABULARY BUILDING

Time Expressions

вчерá	yesterday	сегóдня	today	зáвтра	tomorrow
когдá	when		иногдá	sometime(s), at times	
всегдá	always		никогдá	never	

ýтром	in the morning	вéчером	in the evening
днём	in the day (time); in the afternoon	нóчью	at night

вчерá ýтром	yesterday morning	вчерá вéчером	yesterday evening
сегóдня ýтром	this morning	сегóдня вéчером	this evening
зáвтра ýтром	tomorrow morning	зáвтра вéчером	tomorrow evening

V. QUESTIONS

1. Где вы рабóтаете? 2. Какáя этó рабóта? 3. Как вы рабóтаете цéлый день? 4. Хорошó ли дóма? 5. О чём вы читáете в вечéрней газéте? 6. Кудá вы идёте? 7. Что в окнé магазина? 8. О чём вы спрáшиваете? 9. Что говорит продавщица? 10. Что отвечáете вы молодóй продавщице? 11. Где вы встречáете приятеля? 12. Кудá он спешит? 13. Пóмнит ли он, что хóчет егó женá? 14. Что пишут в газéте? 15. Хорóшая ли это идéя?

VI. GRAMMAR EXERCISES

Exercises with Grammar A

a. From the Reading Exercise write out all feminine nouns and give their case and English meaning. (For pattern see Lesson 4.)

b. Supply endings:

1. Скáтерт— большáя рáдост— жен—'. 2. Онá ничегó не отвечáет молодóй продавщиц—. 3. Онá никогдá не дýмает о цен—'. 4. Он спешит к жен—'. 5. Он пишет брáту о нóвой машин— на фáбрик—. 6. Я пишý об интерéсной рабóт— дрýгу. 7. Он тепéрь в Росс—'. 8. Он там рабóтает на большóй, нóвой фáбрик—. 9. Где фотогрáф—? 10. Онá тут в книг—. 11. На фотогрáф— мой приятель. 12. Вот я в квартир—.

бра́та. 13. В ма́ленькой ко́мнат— у бра́та удо́бное кре́сло у
окна́. 14. Я ду́маю о после́дней но́вост—. 15. В газе́т— я чита́ю
о большо́й распрода́ж—. 16. Я иду́ к две́р—. 17. На у́лиц—
я встреча́ю дру́га. 18. Он говори́т, что сего́дня больша́я
распрода́ж—. 19. Я чита́ю дру́гу объявле́ние в газе́т—.
20. «Это хоро́шая иде́—», говори́т он.

Exercises with Grammar B

a. From the Reading Exercise write out all feminine *adjectives*
with the nouns they modify, giving their case and English meaning,
as follows (15 forms in all):

на **большо́й фа́брике**   Prepositional "large, big"
хоро́шая рабо́та   Nominative   "good"

b. Give the *dative* and *prepositional* case forms of the following
expressions:

1. больша́я ку́хня. 2. краси́вая ска́терть. 3. вече́рняя газе́та.
4. после́дняя фотогра́фия.

c. Supply endings:

1. Я чита́ю дру́гу объявле́ние в вече́рн— газе́те. 2. «Это
хоро́ш— идея», говори́т он. 3. Он даёт ска́терть молод—'
жене́. 4. Мы рабо́таем на больш—', но́в— фа́брике. 5. У него́
ма́леньк—, но́в— кварти́ра. 6. Я пишу́ жене́ об интере́сн—
рабо́те.

Exercises with Grammar C

a. Conjugate in the *present* tense:

1. Я не по́мню, где вече́рняя газе́та. 2. Я не хочу́ ду́мать
о рабо́те.

b. From the Reading Exercise write out all sentences or phrases
in which the *personal pronouns* are *omitted*. Translate them (4 in-
stances in all).

c. Translate the following:

1. Что идёт в кино́? 2. Идёшь в кино́? 3. Иду́! 4. Мно́го
говоря́т о но́вой кни́ге? 5. Говоря́т, интере́сная! 6. По́мнишь,
где она́? 7. Нет, не по́мню. 8. Зна́ешь до́ктора Че́хова? 9. Да,
зна́ю и ча́сто встреча́ю! 10. Рабо́тает день и ночь, как маши́на!

Exercise with Grammar A, B, and C

Give the correct *present* tense form of the verbs in parentheses
and supply endings:

k + dativ — moving toward a person

1. (Хотéть) вы жить в совéтск— Росс—'? 2. Да, я (хо-тéть), а они не (хотéть). 3. Кóля, почемý ты не (хотéть) жить дóма? 4. Потомý что я (хотéть) жить в нóв— квартир— брáта. 5. Мой брат (хотéть) рабóтать тут на нóв—, больш—' фáбрик—. 6. Сегóдня он (спешить) домóй. 7. На ýлиц— он (встречáть) дрýга. 8. Он (говорить) с дрýгом о больш—' распродáж—. 9. Он не (пóмнить), что жен—' (хотéть). 10. В вечéрн— газéт— объявлéние об óчень интерéсн— книг—.

VII. TRANSLATION INTO RUSSIAN

A

1. I live in a city. 2. I work at a new factory. 3. The work is tedious. 4. You work all day like a machine. 5. On the way home I meet a friend. 6. "Where are you hurrying to?" I ask [my] friend. 7. "I am hurrying to the new department store. 8. There is a big sale." 9. In the window of the store is a beautiful tablecloth. 10. We go into the store. 11. "How much does this tablecloth cost?" 12. "It is a very expensive table-cloth," the young saleswoman answers. 13. But we don't think of the price. 14. A beautiful tablecloth is a great joy to a wife. 15. "Well, good bye, my friend! I am hurrying home now to [my] wife. 16. Are you driving downtown to the club?" 17. "Yes, I want to listen to the new radio in the club." 18. "And (but) my wife and I are going to the theater tonight (today evening) after supper. Good bye!"

3. работа скучная
5. п дороге домой
9. магазина
13. о цене,
14. 14 ен = ра. ч
15. к жене
16. в город в клуб
17. Новое радио в клубе.
18. сегодня вечером
после обеда,

B

1. "What are you reading in the evening paper?" 2. "I am reading an advertisement. 3. They are writing about an apartment in the building downtown. 4. They say that it is a very large and beautiful [one], and not very expensive. 5. But it is right next to a movie house and above the club 'The Red Star'." 6. "You don't say! Too bad! Is there an apartment in a house with a garden? 7. Do you want to read the magazine?" 8. "No, thank you! It is a boring magazine. 9. I am reading in a Russian book about the poet Pushkin. 10. I read Russian with difficulty, but then the book is such an (такáя) interest-ing [one]. 11. Where is the periodical 'The Russian People'?" 12. "I don't remember. Oh, it is lying there, on the sofa! 13. Do you remember the engineer Chekhov? 14. He writes in the periodical about a very interesting new machine. 15. This machine can read and write Russian without difficulty and never forgets anything." 16. "That is news! How much does it cost?" 17. "Oh, it is a very expensive [one]." 18. "I don't care! (it's all the same to me!) The new machine is a joy to a stu-dent! 19. I am hurrying to the department store." 20. "That's a splendid idea! Happy journey!"

6. в доме с садом.
9. в русской книге о
14. В журнале об очень →

В 1. Что (О чём) — в вечерней газете? 3 о квартире в здании в городе.
4. красивая

ДЕСЯТЫЙ УРОК | TENTH LESSON

*Genitive singular of feminine nouns and adjectives—*Хотéть *"to want to,"* ждать *"to wait (for)"—Prepositions* для, из, óколо, от—*Cardinal numerals 1-4*

I. COMMON EXPRESSIONS AND IDIOMS

Вот я и дóма!	Here I am at home!
Идú сюдá!	Come here!
На кýхне	In the kitchen
Наконéц-то!	Finally! At last!
На это есть причúна.	There is a reason for it.
С нетерпéнием	Impatiently; with impatience
Что это за пакéт?	What kind of package is this?
Для когó?	For whom?
От когó? *gen.*	From whom?
Вот спасúбо!	Thanks so much!
Как интерéсно!	How interesting!
Я гóлоден, голоднá	I am hungry. (m., f., sing.)
Ужин ещё не готóв.	Supper is not ready yet.
Всё давнó готóво.	Everything has been ready for a long time.

II. READING: ВОТ Я И ДОМА

Вот я и дóма!

— Тáня,[1] ты где?

— Это ты, Мúша?[2] Я **на кýхне. Идú сюдá!** Здрáвствуй, мой дорогóй. **Наконéц-то** ты дóма! Как пóздно!

— Здрáвствуй, мúлая. Ты знáешь, что обыкновéнно я к ýжину не опáздываю, но сегóдня **на это есть причúна.**

— Вот как! Я **с нетерпéнием жду** объяснéния.

— Это длúнная истóрия! Сначáла я **хочý** ýжинать...

— Нет, нет. Я не **хочý ждать!**

— Ну, хорошó. Все знáют, что я серьёзный человéк и читáю **три** úли **четы́ре** газéты кáждый день. В газéте читáешь и о послéдней нóвости и о распродáже в магазúне . . .

---

[1] Тáня is an endearing form of Татья́на.
[2] Мúша is an endearing form of Михаúл.

— А, тепе́рь я понима́ю! **Что э́то за пакет ты де́ржишь
в руке́, Ми́ша? Для кого́?**

— Коне́чно, для дорого́й жены́.

— Ска́терть! **Вот спаси́бо!**

— Да, а вот письмо́ **от** сестры́ из Москвы́. Она́ там уже́
две неде́ли и живёт в гости́нице **о́коло** Кра́сной пло́щади.

— **Как интере́сно!** А что ещё она́ пи́шет?

— Это уже́ по́сле у́жина! Ты забыва́ешь, что **я го́лоден.**
Или у́жин ещё не **гото́в?**

— Коне́чно, всё давно́ **гото́во!**

— Так идём у́жинать ! . . .

III. VOCABULARY

бума́га	paper	неде́ля	week
вода́	water	обыкнове́нно	usually
вопро́с	question	объясне́ние	explanation
гости́ница	hotel	отве́т	answer
давно́	long ago	пакет	package
дли́нный,	long	пло́щадь	square, area
-'ая, -'ое		рука́	hand, arm
для	for[1]	серьёзный,	serious
исто́рия	story, history	-'ая, -'ое	
ка́ждый,	each, every	сестра́	sister
-'ая, -'ое		снача́ла	at first
ка́ша	porridge, gruel	час	hour
ми́лый,	dear, nice (one)		
-'ая, -'ое			

Verbs

держа́ть; держу́, де́ржишь, де́ржат	to hold, to keep
ждать; жду, ждёшь, ждут	to wait (for)
люби́ть; люблю́, лю́бишь, лю́бят	to love
опа́здывать (I)	to be late

IV. GRAMMAR

A. Noun. Genitive of the feminine in the singular

The genitive case has the ending **-ы** when hard and **-и**
when soft:

---

[1] "for" in the meaning of: "for the purpose of," "for the use
of," "for the benefit of," depending on context.

	Hard	Soft	Soft
Nominative	ко́мната	ку́хня	дверь
Genitive	ко́мнаты	ку́хни	две́ри

In accordance with Vowel Mutation Rule B the *genitive* ending -ы changes to -и when preceded by a guttural г, к, х or by a sibilant consonant ж, ч, ш, щ:

Nom. рука́. Gen. руки́; кни́га, кни́ги; ка́ша, ка́ши, etc.

B. Verb

1. Хоте́ть is followed by the *genitive* (instead of the accusative) when an *indefinite quantity* is expressed or implied:

Хоти́те вы воды́?	Do you want (some) water?
Нет, я хочу́ молока́.	No, I want (some) milk.
Я хочу́ ча́ю. *Genitive*	I wish (some) tea.
Они́ хотя́т са́хару. *genitive*	They want some sugar.

irregular — not ending of genitive case

Notice *partitive* forms ча́ю, са́хару; also сы́ру, су́пу, табаку́.

2. Ждать is generally followed by:
 a. genitive of inanimate objects;
 b. accusative of animate beings:

Я жду по́езда. (gen.)	I am waiting for the train.
Он ждёт бра́та. (acc.)	He is waiting for [his] brother.

C. Adjective. Genitive singular of the feminine

This case has the ending -ой[1] when hard and -ей when soft:

	Hard	Hard	Soft
Nominative	но́вая	больша́я	после́дняя
Genitive	но́вой	большо́й	после́дней

D. Prepositions with the genitive case

The prepositions для — for
из — out of, from
о́коло — near, about, approximately, next to
от — from *a person*

are *always* followed by the *genitive* case:

[1] Note that according to Vowel Mutation Rule C the *unstressed* -ой appears as -ей after the sibilant consonants ж, ч, ш, щ, ц: горя́чей, хоро́шей, etc.

(handwritten at top: чай / G чая (чаю))

Я де́лаю э́то **для** дру́га.	I am doing this for [my] friend.
Письмо́ **из** Росси́и	A letter from Russia (i.e. **out of Russia**) *out of country place*
Я чита́ю **о́коло** окна́.	I read near the window.
Я чита́ю **о́коло** ча́са. *close to an hour*	I read about an hour.
Письмо́ **от** бра́та.	A letter from my brother.

(handwritten margin: place / person)

Notice the difference in the meaning of **из** and **от**. **Из** is used to express motion from *within* a place. **От** is used to express motion *from the side* of some object or person, or to designate the *source* of something. Compare, for instance, the second and last sentences above. (Other prepositions with the *Genitive* were given on p. 53.)

E. Cardinal numerals "one" through "four"

1. Оди́н "one" agrees in gender, case, and number with the noun it modifies: оди́н стол "one table"; одна́ ко́мната "one room"; одно́ перо́ "one pen."

2. Два "two," три "three," четы́ре "four" are followed by the *genitive singular* of the *noun*:

> два стола́; три журна́ла; **четы́ре** до́ма

3. The numeral два "two" has a special form for the *feminine,* две: две ко́мнаты; две ку́хни; две кни́ги, etc.

Note that rule 2 applies only to the nominative and accusative of the numerals with inanimate objects. (In all other cases *plural* forms are used.)

(handwritten margin notes: 5 up to 20 / thru / genitive plural / 21 nom. sing / ending on 1 is sing. / 2, 3, 4 / gen. sing / 5 + up / gen plural)

V. QUESTIONS

1. Где жена́? 2. О чём спра́шивает жена́? 3. Ча́сто ли вы опа́здываете к у́жину? 4. Есть ли у вас сего́дня ве́чером на э́то причи́на? 5. О чём вы чита́ете в газе́те? 6. Что вы де́ржите в руке́? 7. Для кого́ э́тот паке́т? 8. Что в паке́те? 9. От кого́ письмо́? 10. Давно́ ли сестра́ в Москве́? 11. Где она́ живёт? 12. О чём забыва́ет ва́ша жена́? 13. Гото́в ли у́жин?

VI. GRAMMAR EXERCISES

Exercises with Grammar A

a. From the Reading Exercise write out all *feminine* nouns, giving their case and English meaning. (For pattern see Lesson 4.)

b. Give the correct case form of the nouns in parentheses:

1. У него письмо для (жена). 2. Наш гость всегда встречает доктора Чехова у (дверь) госпиталя. 3. Вы из (Россия)? 4. Мой учитель живёт около (площадь). 5. Без (жена) я в город не езжу. 6. Тут на столе нет (бумага). 7. После жаркой (ночь) сегодня утром идёт дождь. 8. У вас на столе очень интересное письмо от (сестра). 9. Я не могу идти на урок без (книга). 10. Эта скатерть для (сестра).

Exercise with Grammar B

Give correct forms of the words in parentheses:

1. Я (ждать) (трамвай) около музея. 2. Они (ждать) (друг) из Москвы. 3. Товарищ Волков (хотеть) (молоко), а не (чай). 4. Вечером мы (ждать) (гость). 5. На завтрак мы (хотеть) (каша) с молоком. 6. Я знаю, что ты (ждать) (письмо) от сестры. 7. Почему ты не (хотеть) (хлеб)? 8. Они (ждать) большой (распродажа) в магазине. 9. Я (хотеть) (вода), (молоко) или (чай). 10. Я не (хотеть) ни (хлеб) ни (суп).

Exercise with Grammar C

Supply suitable adjectives in correct case forms:

1. У них нет ..... бумаги. 2. Я жду приятеля около ..... фабрики. 3. Эта ..... скатерть для жены. 4. Она живёт около ..... площади. 5. Этот стол для ..... кухни брата. 6. Эта книга для ..... гражданки. 7. Мы спрашиваем о цене у ..... продавщицы. 8. Это письмо от ..... жены. 9. Это письмо из ..... России.

Exercise with Grammar D

Supply suitable prepositions, selecting them from the following: для, из, около, от:

1. Эта красивая скатерть ..... жены. 2. Это письмо ..... России. 3. А то письмо ..... брата. 4. Мы теперь живём в доме ..... фабрики. 5. Новый гараж ..... дома. 6. Интересная книга ..... учителя. 7. Сыр и масло на столе, там, ... хлеба. 8. Продавщица идёт ..... магазина.

Exercise with Grammar E

Translate the numerals in parentheses and supply endings of nouns wherever necessary:

1. У брáта (2) кóмнат—. 2. На нóвой, совéтской фáбрике рабóтает (1) америкáнец—. 3. Тут тóлько (1) фотогрáф—. 4. В трамвáе есть (2) мéст—. 5. Здесь в гóроде (3) теáтр—. 6. В клýбе «Совéтский Писáтель» (4) рáди—. 7. Я живý в Москвé ужé (2) недéл—. 8. На нéбе тóлько (1) бéлое óблак—. 9. У дóктора в гаражé (2) автомобил—. 10. У неё в кóмнате (1) дивáн—, (2) крéсл— и (1) стол—.

VII. TRANSLATION INTO RUSSIAN

A

1. On the way home I read in the evening paper about a big sale. 2. They say in the advertisement: "A new, beautiful tablecloth is always a great joy to [your] wife." 3. That is a splendid idea! 4. I walk (go) into the department store. 5. On a table is a large, beautiful, white tablecloth. 6. "How much does it cost?" I ask. 7. "It is a beautiful cloth," the saleslady answers, "and not a very expensive [one]." 8. Here I am, at home! But it is already very late. 9. I am never late for supper. 10. But today I have a reason for it—the big package in [my] hand. 11. Tánya opens the door. 12. "At last you are at home! 13. How late! 14. And what are you holding there, in [your] hand? . . . 15. A package! For whom?" 16. "Of course, for [my] dear wife!" 17. "Oh, a beautiful new tablecloth! Thank you [so much] . . . And from whom is that letter there?" 18. "That is a letter from [your] sister, from Russia. 19. But that is a long story and I am very hungry. 20. Let's go (we go) to supper (to eat supper)."

B

1. Where does the mechanic Petrov live now? 2. I have here a letter from Petrov. 3. He writes that he is now working on the collective farm "The Red Star." 4. He has been working (is working) there already for three or four weeks. 5. He usually works two or three hours in the morning and four hours after dinner. 6. He lives in a town not far (далекó) from the collective farm. 7. He has a small apartment without a sofa or a radio. 8. There are only two rooms in the apartment. 9. But there is a large table, and at the table two chairs, and next to the window a comfortable armchair. 10. And he has also a little garden. 11. Sometimes he breakfasts in his small kitchen and sometimes at the club. 12. For dinner and supper he always

goes to the club. 13. My friend Pavel often meets Comrade Petrov in the club. 14. There they talk about the latest (last) news (sing.) in the evening paper. 15. Today I am the guest of Comrade Petrov in [his] new apartment. 16. My place is in the armchair next to the window. 17. Above the table is a large photograph of Petrov's friend, the engineer Chekhov. 18. It is a very hot day, and we drink cold tea or milk, and eat only black Russian bread with butter and cheese. 19. The bell! Petrov opens the door. 20. It is his (егó) friend Ivanov. 21. He comes (goes) from the club and wants to go to the theater. 22. And so (thus), all of us (we all) drive downtown, go to the theater, and after the theater, late in the evening, we all go to the club to listen to the radio.

ADDITIONAL READING MATERIAL

Based on the vocabulary and grammar of preceding lessons

Я ЕДУ В ЧИКА́ГО

Сего́дня у́тром я е́ду в Чика́го. Уже́ по́здно и мне на́до (I have to) спеши́ть. Хорошо́, что я е́ду без жены́, ду́маю я. Моя́ ми́лая жена́ де́лает (does) всё о́чень ме́дленно, но зато́ о́чень хорошо́. Она́ никогда́ никуда́ не спеши́т и, коне́чно, всегда́ опа́здывает на по́езд!

Ну, вот, наконе́ц-то всё гото́во к отъе́зду.

— До-свида́ния, до-свида́ния! — говорю́ я жене́.

— Счастли́вого пути́! — отвеча́ет она́.

Вот я и в по́езде. У меня́ удо́бное ме́сто о́коло окна́. Я люблю́ е́здить по́ездом. В по́езде я никогда́ не скуча́ю. В Чика́го живёт мой хоро́ший това́рищ, инжене́р Петро́в. Петро́в ру́сский, но он давно́ живёт в Аме́рике и о́чень хорошо́ говори́т по-англи́йски. Я уме́ю немно́го чита́ть и писа́ть по-ру́сски, но говорю́ и понима́ю по-ру́сски с трудо́м.

Вот у меня́ письмо́ от Петро́ва из Чика́го. Он пи́шет, что у него́ больша́я, но́вая кварти́ра в го́роде, о́коло краси́вой пло́щади. Он рабо́тает це́лый день на фа́брике, зато́ ве́чером ду́мает то́лько об о́тдыхе. Он ча́сто хо́дит в теа́тр, в кино́, на конце́рт, е́здит с прия́телем в рестора́н обе́дать и́ли у́жинать. Петро́в лю́бит све́жий во́здух. но он не лю́бит гуля́ть, — он всегда́ е́здит на автомоби́ле. Да, мой друг Петро́в уме́ет жить!

ОДИННАДЦАТЫЙ УРОК | ELEVENTH LESSON

Accusative singular of feminine nouns and adjectives—
Prepositions **через, за, под**—*Past tense;*
translation of "to have" (past)

I. COMMON EXPRESSIONS AND IDIOMS

Ходи́ть в го́сти	To go visiting
Е́здить в го́сти	To go (drive) visiting
В дере́вню	To the village; to the country
В дере́вне	In the village; in the **country**
Че́рез день, два	In a day or two
Ка́ждый раз	Every time
В после́дний раз	Last time
На пра́здники	For the holidays
Чита́ть вслух	To read aloud
Помога́ть по хозя́йству	To help around the house (in the housekeeping)
Хоть це́лый день	Even for a whole day; for an entire day, if you please
То . . . . . то	Now . . . now . . .
В го́ру . . . . . по́д гору	Up hill . . . down hill

II. READING: У БАБУШКИ

За́втра Никола́й е́дет **в го́сти** к ба́бушке, в дере́вню.

Ба́бушка всегда́ жила́ в **дере́вне.** Она́ люби́ла приро́ду, дереве́нскую жизнь, све́жий во́здух... Она́ ре́дко приезжа́ла в го́род. Никола́й по́мнил, что, когда́ ба́бушка приезжа́ла в го́род, она́ не могла́ ни спать, ни есть, ни пить и **че́рез день,** два уезжа́ла обра́тно в **дере́вню!** И **ка́ждый раз** она́ говори́ла:
— Ну, э́то уже́ **в после́дний раз** я сюда́ приезжа́ю!

Оте́ц[1] и мать[1] Никола́я рабо́тали на фа́брике и не могли́ е́здить в го́сти к ба́бушке. Зато́ они́ обеща́ли **на пра́здники** присыла́ть вну́ка.

Никола́й люби́л шу́мную, городску́ю жизнь, но и у ба-

---

[1] For the irregular declension of these nouns see Lesson 15 and 23, respectively.

бушки в дере́вне он не скуча́л. В хоро́шую пого́ду он ходи́л
че́рез мост, в сосе́днюю дере́вню. Там жил прия́тель Никола́я,
кузне́ц Семён.

Сосе́дняя дере́вня была́ далеко́. Доро́га то шла в го́ру, то
под го́ру. Но Никола́й мог гуля́ть хоть це́лый день! А ве́чером
он и́ли чита́л вслух ба́бушке интере́сную кни́гу, и́ли помога́л
по хозя́йству.

III. VOCABULARY

ба́бушка	grandmother	мать	mother
внук	grandson	мост	bridge
вчера́	yesterday	муж	husband
высо́кий,	high, tall	оте́ц	father
-ʼая, -ʼое		пого́да	weather
гора́	mountain	приро́да	nature
городско́й,	city, urban	ре́дко	rarely
-а́я, -о́е		река́	river
далеко́	far, far away	ско́ро	soon, quickly
дереве́нский,	country, village	сосе́дний	neighboring
-ʼая -ʼое	(adj.)	-ʼяя, -ʼее	
дере́вня	village	сюда́	here, hither
жизнь	life	шу́мный,	noisy
кузне́ц	blacksmith	-ʼая, -ʼое	

Verbs

гуля́ть (I)	to walk, take a walk, stroll
обеща́ть (I)	to promise
помога́ть (I) (+dat.)	to help
приезжа́ть (I)	to arrive
присыла́ть (I)	to send
спать; сплю, спишь, спят	to sleep
уезжа́ть (I)	to depart, drive away

IV. GRAMMAR

A. Noun. Accusative of the feminine in the singular

The *accusative* case has the ending -y when hard and -ю
when soft. The *accusative* of *feminine* nouns ending in -ь,
however, is like their *nominative,* also ending in -ь:

	Hard	Soft	Soft
Nominative	кóмната	кýхня	дверь
Accusative	кóмнату	кýхню	дверь

B. Adjective. Accusative of the feminine

The *accusative* case has the ending -ую when hard and -юю when soft:

	Hard	Accented	Soft
Nominative	нóвая	большáя	послéдняя
Accusative	нóвую	большýю	послéднюю

C. Prepositions

1. Через "across, over" *always* takes the *accusative* case:

Он идёт **чéрез** ýлицу.　　He goes across (crosses) the street.

Пóезд éдет **чéрез** мост.　　The train crosses the bridge.

2. За[1] "behind" and под[1] "under" are followed by the *accusative* case when they indicate *motion* to a place and answer the question "where to?":

Я идý **за** дверь.　　I go (step) behind the door.
Я кладý газéту **под** кнúгу.　　I place the newspaper under the book.

location, position – instrumental

D. Verb. The past tense

1. To form the *past* tense of a verb of either conjugation (I: читáть or II: говорúть) drop the ending -ть of the infinitive. To the resulting stems (читá-; говорú-) *add* the following endings:

---

[1] For за and под with the *instrumental* see Lesson 12.

Singular

Person	Masc.	Fem.	Neut.
First	я чита́-**л**	я чита́-**ла**	not used
Second	ты чита́-**л**	ты чита́-**ла**	not used
Third	он чита́-**л**	она́ чита́-**ла**	оно́ чита́-**ло**

Plural

Person	All Genders
First	мы чита́-**ли**
Second	вы чита́-**ли**
Third	они́ чита́-**ли**

Note that the same forms serve to express both the simple past and the perfect tense when they denote a prolonged or repeated action or condition:

я, ты чита́л, чита́ла	I, you read, have read, have been reading

2. The past tense of the verb "to be" is formed regularly:

быть: был, была́, бы́ло, бы́ли

3. Irregular past tense forms will be given in the Lesson-Vocabularies along with the other forms of the verb.

4. Following are the irregular past tense forms of verbs that have already been introduced:

есть (to eat): **ел, е́ла, е́ло, е́ли**
идти́ (to go): **шёл, шла, шло, шли**
класть (to put): **клал, кла́ла, кла́ло, кла́ли**
мочь (to be able): **мог, могла́, могло́, могли́**

5. *Past tense of "to have":*

To form the *past* tense of "to have," use the construction explained in Lesson 6, introducing the *past* tense forms of the verb "to be":

Masc.	У бра́та **был** журна́л.	The brother had a magazine.
Fem.	У меня́ **была́** кни́га.	I had a book.
Neut.	**Бы́ло** у меня́ перо́?	Did I have a pen?
Plural all genders	Да, у меня́ **бы́ли** и кни́га и перо́.	Yes, I had both pen and book.

In the *negative* sentence, however, the verb is *always* in the *neuter* third person *singular* (**было**): У меня **не было** журнáла, кнѝги, перá. I did not have a magazine, book, pen.

У меня **не было ни** кнѝги **ни** перá. I had neither book nor pen.

This construction is used referring to a *person* whose "absence from a place" is emphasized: Брáта не было в теáтре against Брат не был в теáтре. Lit.: "There was *no* brother in the theater" against: "The brother was *not* in the theater."

VOCABULARY BUILDING: *Expressions of Place*

где	where	кудá	where (to), whither
тут	here	сюдá	here, hither
там	there	тудá	there, thither

V. QUESTIONS

1. Кудá éдет зáвтра Николáй? 2. Где всегдá жилá бáбушка? 3. Что онá любѝла? 4. Кудá онá рéдко приезжáла? 5. Почемý бáбушке было плóхо жить в гóроде? 6. Скóро ли онá уезжáла обрáтно в дерéвню? 7. Что онá говорѝла кáждый раз? 8. Где рабóтали отéц и мать Николáя? 9. Почемý онѝ не моглѝ éздить в гóсти к бáбушке? 10. Кудá онѝ обещáли присылáть внýка на прáздники? 11. Любѝл ли Николáй шýмную, городскýю жизнь? 12. У когó Николáй никогдá не скучáл? 13. Что он дéлал в хорóшую погóду? 14. Кудá он ходѝл гулять? 15. Почемý он ходѝл в сосéднюю дерéвню? 16. Как шла дорóга? 17. Мог ли Николáй гулять цéлый день? 18. Что он дéлал вéчером?

VI. GRAMMAR EXERCISES

Exercises with Grammar A and B

a. From the Reading Exercise write out *all feminine* nouns with their *adjectives* and *prepositions,* giving their case and English meaning as below:

бáбушка	Nominative	"grandmother"
к бáбушке	Dative	"to the grandmother"
деревéнскую жизнь	Accusative	"country (village) life"

b. Give the correct forms of the nouns and adjectives in parentheses:

1. Мой муж читáет (вечéрняя газéта). 2. Внук óчень любит (мйлая бáбушка). 3. Я éду в (сосéдняя дерéвня). 4. Бáбушка читáет внýку (интерéсная кнйга). 5. Мы едйм (горячая кáша) с молокóм и с мáслом. 6. Дорóга идет чéрез (большáя дерéвня). 7. Дóктор Чéхов любит (городскáя жизнь). 8. Мы идём на (большáя распродáжа) в магазйне. 9. Онй éдут на (нóвая фáбрика). 10. Автомобйль éдет под (горá). 11. Я плóхо пóмню (Крáсная плóщадь). 12. Этот поэт пйшет (нóвая кнйга). 13. Мы хорошó знáем (совéтская Россйя).

Exercise with Grammar C

Translate the *prepositions* in parentheses and supply endings wherever necessary:

1. (Across) ýлиц— бýло нóвое здáние. 2. Он шёл (over) мóст— к дóму дрýга. 3. Он кладёт перó (under) письмó йли (behind) кнйг—. 4. Дорóга шла (under) гор— [downhill]. 5. Почемý ты всегдá кладёшь журнáл (under) стол—, а не на стол? 6. Он кладёт пакéт (behind) двер—. 7. (In) два-три дня онá всегдá уезжáла обрáтно в дерéвню.

Exercises with Grammar D

a. Give the correct *past* tense forms of the verbs in parentheses:

1. Я (гулять) цéлый день в пóле. 2. Вы (знать) инженéра Брáуна? 3. Он (кончáть) рабóтать тóлько пóздно вéчером. 4. О чём вы (спрáшивать) учйтеля? 5. Где онй (рабóтать) в Россйи? 6. В клýбе никтó не (скучáть). 7. Вчерá мы (быть) на концéрте. 8. Что ты (дéлать) ýтром? 9. Он всегдá (обéдать) дóма. 10. Сестрá (жить) совсéм рядом.

b. Change the following sentences into the *past* tense:

1. Кто умéет говорйть по-англййски? 2. Я не люблю гулять. 3. Он всегдá забывáет егó фамйлию. 4. Онй обещáют приезжáть сюдá чáсто. 5. В жáркую ночь я не могý спать. 6. Я éду пóездом в Ленингрáд. 7. Онá идёт пешкóм. 8. Сестрá не мóжет гулять слйшком далекó. 9. Кузнéц Семён чáсто присылáет брáту свéжее мáсло из дерéвни. 10. Мать уезжáет в Москвý.

c. Give the complete *past* tense (all persons and genders) of the following:

1. Я идý домóй. 2. Я не могý спать. 3. Я в гóроде.

d. Change exercise C, a and b, of Lesson 6 into the *past* tense.

VII.   TRANSLATION INTO RUSSIAN
A

1. Here I am again, in the country! 2. I never could live in the city. 3. I can neither sleep nor eat there. 4. I have always loved nature and fresh air. 5. [My] father and mother have always worked in the city at a factory. 6. They could never go to the country. 7. But my grandmother lives in the country. 8. And here I am again at [my] grandmother's. 9. Yesterday I went (was) with [my] brother to (in) the neighboring village. 10. There lives my good friend, the blacksmith, Semyon. 11. (It is) far from grandmother's house to (до & gen.) the house of the blacksmith. 12. The road goes now uphill, now downhill and over a bridge. 13. My brother and I have always loved to walk and can walk all day. 14. Here in the country I am always hungry. 15. For breakfast I eat black or white bread and drink fresh milk or hot tea. 16. For dinner and supper I eat soup and meat, black bread with butter and cheese, and again drink tea. 17. In the evening after supper my brother and I usually help grandmother around the house. 18. Grandmother cannot read. 19. Sometimes I read aloud to grandmother. 20. Yes, it is very nice (good) to live at grandmother's.

B

1. "Masha, there is a large package from Russia, from Moscow." 2. "From whom and for whom is that large, beautiful package?" 3. "Of course for Masha from [her] sister in Moscow." 4. In the package was a large white and blue tablecloth, a small photograph, and a long letter from [my] sister. 5. Finally! We had waited four weeks for [that] letter! 6. My sister wrote on very bad paper, and her pen was also very bad. 7. We could not read [her] letter rapidly (fast), but only with difficulty. 8. My sister explained why she did not write. 9. "There is a reason for it," she wrote. 10. "I was working day and night in a large factory and was also helping around the house. 11. I had no energy to read or write and could only sleep when I was not working (did not work). 12. We always say here: 'There is much work here in the city, but little rest, little bread, and little meat!' 13. Now I live with Grandmother in the country. 14. I love life in the village — the blue sky, the fresh air. 15. Not very far from the village is a beautiful little river and a high mountain. 16. In good weather I walk on (по) a bridge across the river to (up to) the high mountain. 17. I love to live here, to walk (take walks) at (near) the river, but in a day or two we go (drive) back to the city and to work." 18. "Masha! Your sister writes that this beautiful tablecloth is from dear Grandma. 19. And she is sending the photograph of your brother because she knows that you always loved that photo. 20. She promises to write again in a week or two."

handwritten notes at top:
в
to play a game
to play an instrument
на

ДВЕНАДЦАТЫЙ УРОК | TWELFTH LESSON

*Instrumental singular of feminine nouns and adjectives —
Prepositions за, под, с (со) — Review of feminine singular
noun and adjective declensions and of prepositions*

I. COMMON EXPRESSIONS AND IDIOMS

Рабóтать над книгой *(over)*	To work on the book
С рáннего утрá	From early morning
С утрá до вéчера	From morning to evening
За зáвтраком	At breakfast
За ýжином	At supper
За обéдом	At dinner
Óколо недéли	About a week
Óколо гóда	About a year
Óколо мéсяца	About a month
Игрáть на скрúпке	To play the violin
Игрáть на роя́ле	To play the piano
Игрáть в кáрты	To play cards
Рабóтать под мýзыку	To work while music is playing
Все крóме меня́	All except me
Мне не мéсто	No place for me (to be in)
	Lit.: To me no place.
Сдаётся квартúра; кóмната	Apartment, room for rent
Простúте за беспокóйство	Sorry to have troubled you
	Lit.: Forgive for the disturbance.
Пожáлуйста!	Please! If you please!

II. READING: СДАЁТСЯ КОМНАТА

Сегóдня плохáя погóда. Утром шёл снег, а сейчáс идёт дождь. Я хотéл быть сегóдня цéлый день дóма и **рабóтать над книгой.** Но рабóтать я не мог. **За тóнкой стенóй** соседка **с рáннего утрá** игрáет на скрúпке. Вчерá онá тóже игрáла цéлый день без óтдыха. Днём я был на собрáнии. Приезжáю с собрáния — конéчно игрáет! Рабóтать бы́ло невозмóжно, и я цéлый вéчер **игрáл в кáрты** в клýбе!

handwritten: motorcar, dance, it was, game

94

Жил я тут в гости́нице о́коло неде́ли. Гости́ница пре-
кра́сная, ко́мната удо́бная и цена́ ко́мнаты не дорога́я. Но я
никогда́ не люби́л му́зыки и никогда́ не мог **под му́зыку
рабо́тать.**

В гости́нице, **все кро́ме меня́,** очеви́дно, лю́бят му́зыку.
Над ко́мнат**ой** сосе́дки, **с утра́ до ве́чера,** слу́шают ра́дио.
В рестора́не **за у́жином** и **за обе́дом** всегда́ игра́ют два́ ор-
ке́стра. Одна́ подру́га сосе́дки певи́ца. Она́ у́чит а́рию
за а́рией, пе́сню за пе́сней... Да, тут в гости́нице, **мне
не ме́сто!**

Я не по́мню, где я чита́л объявле́ние: «**Сдаётся ко́мната**
в кварти́ре инжене́ра». Тепе́рь мне всё равно́, где жить, то́лько
без му́зыки, пожа́луйста!

Еду трамва́ем к до́му инжене́ра. Звоню́. **За две́рью** го́лос:
— Кто там? — Это, очеви́дно, жена́ инжене́ра.

— **Тут сдаётся ко́мната?** —

— Да, да, одна́ ко́мната была́, но сейча́с в ко́мнате живёт
моя́ подру́га. Она́ — изве́стная певи́ца.

— Спаси́бо, — говорю́ я. — **Прости́те за беспоко́йство!**
До-свида́ния! —

Да, ду́маю я, хорошо́ что нет ко́мнаты в кварти́ре инже-
не́ра. В кварти́ре, где лю́бят му́зыку, **мне не ме́сто!**

III. VOCABULARY

а́рия	aria	пе́сня	song
год	year	подру́га	girl friend
го́лос	voice	прекра́сный,	excellent,
же́нщина	woman	-'ая, -'ое	beautiful
изве́стный,	famous	ра́нний,	early
-'ая, -'ое		-'яя, -'ее	
ме́сяц	month	скри́пка	violin
му́зыка	music	сосе́д	neighbor (masc.)
невозмо́жно	impossible	сосе́дка	neighbor (fem.)
о́пера	opera	стена́	wall
орке́стр	orchestra	то́нкий,	thin
очеви́дно	evidently	-'ая, -'ое	
певе́ц	singer (masc.)	туда́	there, thither
певи́ца	singer (fem.)		

Verbs

звони́ть; звоню́, звони́шь,   to ring, call by phone
   звоня́т
снима́ть (I)   to take off; to rent
учи́ть; учу́, у́чишь, у́чат (Acc.) to learn; to teach
   учи́ть дру́га (Acc.) му́зыке (Dat.!)
to teach the friend music, instruct . . . in music.

Use of cases with **игра́ть:** (I) *"to play"*:

Игра́ть на with the *prepositional* case means to play an instrument:

> **Игра́ть на скри́пке**   to play the violin

Игра́ть в with the *accusative* case means to play a game:

> **Я игра́ю в те́ннис, гольф**   I play tennis, golf.

IV. GRAMMAR

A. Noun. Instrumental of the feminine in the singular

The instrumental case has the ending -ой (-ою)[1] when hard and the ending -ей (-ею)[1] when soft. Here, however, as in the accusative, the *feminines* ending in -ь form an exception. Their *instrumental* case ends in -ью:

	Hard	*Soft*	*Soft*
Nominative	ко́мната	ку́хня	дверь
Instrumental	ко́мнат**ой** (ою)[1]	ку́хн**ей** (ею)[1]	две́рью

In accordance with Vowel Mutation Rule C, *unstressed* -ой (ою)[1] changes to -ей (-ею)[1] when preceded by the sibilant consonants ж, ч, ш, щ, ц:

Nom. ка́ша, *Instr.* ка́шей(ею)[1]; *Nom.* певи́ца, *Instr.* певи́цей(ею),[1] etc.

Note that when the stress falls on the *instrumental* soft ending, the e of the ending changes to ё. (Ср. семья́ "family," семьёй "with the family.")

B. Adjective

The *instrumental* case of the feminine adjective has the ending -ой (ою)[1] when hard and the ending -ей (-ею)[1] when soft:

	Hard	*Hard*	*Soft*
Nominative	но́вая	больша́я	после́дняя
Instrumental	но́в**ой** (ою)[1]	больш**о́й** (ою)[1]	после́дн**ей** (ею)[1]

---

[1] The ою, ею endings are virtually obsolete.

In accordance with Vowel Mutation Rule C, the *unstressed* -ой (ою)[1] changes to -ей (ею)[1] after the sibilant consonants ж, ч, ш, щ, ц: Nom. горя́чая, *Instr.* горя́чей(ею)[1]; Nom. хоро́шая, *Instr.* хоро́шей(ею)[1], etc.

C. Prepositions

1. *The prepositions* за *"behind" and* под *"under"*:

These prepositions are followed by the *instrumental* when they indicate *position* and answer the question "where?":

Кре́сло **за** две́рью.	An armchair is behind the door.
Газе́та **под** кни́г**ой**.	The newspaper is under the book.

2. **За** with the *instrumental* can also have the meaning of "for, after":

Я иду́ **за** вод**о́й**.	I go for (after) water (to fetch water).
Он идёт **за** газе́т**ой**.	He goes for the paper.

3. *The preposition* с (со):

It has been pointed out (Lesson 8) that the preposition **с (со)** is used with the *instrumental* case when meaning "with, along with, in the company of." However, with the meaning "from," this preposition always takes the *genitive* case:

Я снима́ю ска́терть **со** стол**а́**.	I take the tablecloth from the table.

Note that **с (со)** "from" is used as a complementary preposition to на "to":

Он идёт **на** конце́рт.	He is going *to* the concert.
Он идёт **с** конце́р**та**.	He is coming (going) *from* the concert.
Я е́ду **на** заво́д.	I am going (riding) *to* the factory.
Я е́ду **с** заво́д**а**.	I am going (riding) *from* the factory.

н*а* с
b из

---

[1] See the footnote on preceding page.

D.   Review and Summary

Prepositions

Motion towards	Rest	Motion from
в and acc. "into"	**в** and prep. "in"	**из** and gen. "out of"
на and acc. "on"	**на** and prep. "on"	**с** and gen. "from"
к and dat. "to"	**у** and gen. "at"	**от** and gen. "from"

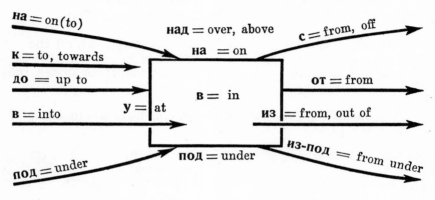

Illustrative Sentences:

Я **в** клу́бе (Prep.)	Я иду́ **в** клуб (Acc.)	Я иду́ **из** клу́ба (Gen.)
Я **на** концéрте (Prep.)	Я иду́ **на** концéрт (Acc.)	Я иду́ **с** концéрта (Gen.)
Я **у** брáта (Gen.)	Я иду́ **к** брáту (Dat.)	Я иду́ **от** брáта (Gen.)

Онá **за** двéрью (Instr.)	Онá идёт **за** дверь (Acc.)
Газéта **на** столé (Prep.)	Он кладёт газéту **на** стол (Acc.)
Газéта **под** кни́гой (Instr.)	Он кладёт газéту **под** кни́гу (Acc.)

Singular Declension of the Feminine Noun[1]

	Hard	Soft	Soft	Soft
Nom.	кóмната	кýхня	фами́лия	дверь
Gen.	кóмнаты	кýхни	фами́лии	двéри
Dat.	кóмнате	кýхне	фами́лии	двéри
Acc.	кóмнату	кýхню	фами́лию	дверь
Instr.	кóмнатой (ою)	кýхней (ею)	фами́лией (ею)	двéрью
Prep.	кóмнате	кýхне	фами́лии	двéри

---

[1] For Vowel Mutation Rule see p. 31.

Singular Declension of the Feminine Adjective

	Hard	Accented	Hard	Soft
Nom.	но́вая	больша́я	хоро́шая	после́дняя
Gen.	но́вой	большо́й	хоро́шей	после́дней
Dat.	но́вой	большо́й	хоро́шей	после́дней
Acc.	но́вую	большу́ю	хоро́шую	после́днюю
Instr.	но́вой (ою)	большо́й (ою)	хоро́шей (ею)	после́дней (ею)
Prep.	но́вой	большо́й	хоро́шей	после́дней

V. QUESTIONS

1. Кака́я сего́дня пого́да? 2. Почему́ вы хоте́ли быть сего́дня до́ма? 3. Почему́ вы не могли́ рабо́тать? 4. Когда́ сосе́дка игра́ла на скри́пке? 5. Где вы бы́ли днём? 6. Почему́ вы игра́ли весь ве́чер в ка́рты в клу́бе? 7. Где вы живёте неде́лю? 8. Кака́я у вас ко́мната? 9. Где слу́шают ра́дио с утра́ до ве́чера? 10. Когда́ игра́ют два оркéстра в рестора́не? 11. Кто, очеви́дно, лю́бит му́зыку? 12. Кто была́ подру́га сосе́дки? 13. Что она́ учи́ла? 14. Где сдаётся ко́мната? 15. Как вы е́дете к до́му инжене́ра? 16. Что спра́шивает го́лос за две́рью? 17. Кто сейча́с в ко́мнате?

VI. GRAMMAR EXERCISES

Exercises with Grammar A and B

a. From the Reading Exercise write out eight different *feminine* nouns modified by adjectives and/or used with prepositions, giving their case and English meaning, thus:

за то́нкой стено́й   Instrumental   "behind the thin wall"
на скри́пке   Prepositional   "on the violin"

b. Supply correct case forms of the nouns and adjectives in parentheses:

1. За (интере́сная рабо́та) я не скуча́ю. 2. За (то́нкая стена́) мой сосе́д игра́л це́лый день на скри́пке. 3. Кни́га там, под (вече́рняя газе́та). 4. Моё письмо́ под (си́няя кни́га). 5. Пе́ред (молода́я жена́) но́вая ска́терть. 6. Моя́ ко́мната над (больша́я ку́хня). 7. Журна́л ме́жду (но́вая кни́га) и (вече́рняя газе́та). 8. Ме́жду (стол) и (дверь) бы́ло кре́сло. 9. Вы рабо́таете над (ру́сская кни́га)?

Exercise with Grammar C

Supply suitable prepositions, choosing them from among the following: **за, под, с, на, в, из, пе́ред:**

1. Кре́сло . . . . . . две́рью. 2. Я иду́ . . . . . дверь. 3. Он
идёт . . . . . газе́той. 4. Ты спеши́шь . . . . . рабо́ту, а я иду́
. . . . . рабо́ты. 5. Она́ шла . . . . . уро́к, а мы шли . . . . .
уро́ка. 6. Шли они́ . . . . . теа́тр и́ли . . . . теа́тра? 7. Сего́дня
мы уезжа́ем . . . . . го́рода и е́дем . . . . . дере́вню. 8. Кузне́ц
шёл . . . . . водо́й. 9. Журна́л лежа́л . . . . . газе́той, а пе-
ро́ . . . . . газе́те. 10. Я спеши́л . . . . . конце́рта домо́й.

Exercises with Grammar D (Review)

a. Decline in the singular:

1. Кра́сная пло́щадь. 2. ру́сская кни́га. 3. удо́бная ко́мната.
4. после́дняя неде́ля. 5. сове́тская Росси́я.

b. Translate the prepositions in parentheses and supply endings wherever necessary:

1. Я не люби́л рабо́т— (at) шу́мн— фа́брик—. 2. (After)
рабо́т— я спеши́л (from) фа́брик— домо́й (to) жен—'. 3. Моя́
кварти́ра была́ (in) больш—', но́в—, но не дорог— гости́-
ниц—. 4. Я ча́сто ду́маю (about) счастли́в— жизн— (in)
дере́вн—. 5. Сего́дня мы е́дем (with) жен—' (to) ба́бушк—
(to) дере́вн—. 6. Я е́ду туда́ (without) жен—'. 7. (In) вече́рн—
газе́т— бы́ло объявле́ние (about) интере́сн—, но́в— кни́г—.
8. Ты опя́ть идёшь (to) конце́рт— слу́шать ску́чн— му́зык—?
9. Э́то письмо́ (from) бра́т— и́ли (from) сестр—'? 10. Нет, оно́
(from) подру́г— (from) сове́тск— Росс—'. 11. Она́ тепе́рь
живёт в Москве́ (next to) Кра́сн— пло́щад—. 12. Мы спра́ши-
ваем продавщи́ц— (about) цен—' краси́в—, бе́л— ска́терт—.
13. (For) кого́ э́то удо́бн— кре́сло? 14. Он сейча́с идёт
(across) у́лиц— (for) вече́рн— газе́т—. 15. Зна́ете вы из-
ве́стн—, молод—' певи́ц— Ба́рсову? 16. Коне́чно, она́ тепе́рь
изве́стн— «звезда́» америка́нск— о́пер— в Нью Ио́рке. 17. Мы
е́хали (across) ре́к— (to) сосе́дн— дере́вн—. 18. В жа́ркую
пого́д— мы люби́ли гуля́ть (at) рек—'. 19. Вот краси́в—,
бе́л— о́блако там (over) гор—'. 20. (In) кни́г— (about)
ру́сск— му́зык— интере́сная фотогра́фия изве́стной певи́ц—
Ба́рсовой.

c. Arrange alphabetically all prepositions studied up to this point, giving their case and English meaning; for example:

без	Genitive	"without"
в (во)	Accusative	"into, in"
в (во)	Prepositional	"in"

and so on. 23 forms in all, counting the various cases each preposition can be used with, e. g. **в** with accusative and with prepositional.

d. Form short Russian sentences with all of the above pre-positions.

VII. TRANSLATION INTO RUSSIAN

A

1. Today I wanted to work on [my] new book. 2. But I could not work. 3. A neighbor played the violin all day long. 4. I live in a fine (good) hotel. 5. My room is very comfortable. 6. But I do not like music and cannot work while music is playing. 7. Yesterday I read in the evening paper: 8. "Room for rent in the home of an engineer." 9. Now I am going there by streetcar. 10. I ring. A woman opens the door. 11. "How are you! Is there a room for rent here?" 12. "Did you read the announcement in the paper?" 13. "Yes. In the hotel, where I live [there is] music all day [long]. 14. I want a room in a house where there is no music." 15. "Oh! (Ax!) But my friend (fem.) is a famous singer." 16. "Does she live here now?" 17. "Yes! She studies song after song." 18. "Thank you! Good bye! Sorry to have troubled you!"

B

1. On the way home Nina meets her friend (fem.) Vera. 2. "Hello, Vera, how are you? Where (where to) are you going?" 3. "Oh, hello, Nina! I am quite well, thank you. 4. I am going to work in the factory there, across the street. 5. Are you coming (go on foot) from the theater or the concert?" 6. "Oh, no, I am coming from [my] lesson at Professor Ivanov's home. 7. You know, he lives now in a small hotel at (next to) the 'White Square.' "8. "Is that so!" 9. "Yes, I go every day to the lesson; I am learning lesson after lesson but cannot yet speak Russian. 10. Vera, do you remember Mrs. Semyonova? 11. She is our (на́ша) neighbor (fem.) in the new hotel, where we live now. 12. She is a very good friend (fem.) of [my] sister. 13. She, my sister, and I are going (driving) to Russia tomorrow. 14. I am now hurrying, because before departing (the departure) one must not [arrive] (be) home too late." 15. "Nina, that is a splendid idea! 16. My brother Tom lived in Russia about a year and now speaks Russian without difficulty. 17. He lived in a large, new hotel, spoke only Russian, went to the club "The Red Star" during the day, and in the evening (he) often went visiting. 18. At home he lay on the sofa and read a Russian book or a Russian magazine. 19. He can read aloud for an entire day, from early morning until evening, without rest. 20. Yes, my brother Tom is a person of (with) great energy!" 21. "Dear Vera, I am in a great hurry (I hurry very much)! Good bye!" 22. "Good bye, Nina! Bon voyage!"

ADDITIONAL READING MATERIALS

Review of Prepositions

ГРАЖДАНИН ДЫМОВ

По у́лице идёт граждани́н Ды́мов. Он идёт **с** рабо́ты **из** ба́нка. Ды́мов давно́ рабо́тает **в** ба́нке, **в** го́роде, а живёт **за** го́родом **у** сестры́. Ка́ждый день Ды́мов е́здит **в** го́род, **на** рабо́ту, **в** банк. Це́лый день он **на** рабо́те, **в** го́роде, **в** ба́нке, а ве́чером он спеши́т **с** рабо́ты, **из** го́рода, **из** ба́нка домо́й **к** сестре́.

Но сего́дня ве́чером **у** Ды́мова собра́ние **в** клу́бе, **в** го́роде и он не уезжа́ет **из** го́рода, а идёт **в** рестора́н у́жинать. Сейча́с Ды́мов идёт не **в** рестора́н и не **на** собра́ние **в** клуб, а он идёт **за** вече́рней газе́той **в** магази́н Ива́нова. Он всегда́ чита́ет вече́рнюю газе́ту **по́сле** у́жина. Магази́н Ива́нова **на** большо́й пло́щади не далеко́ **от** ба́нка, **ме́жду** зда́нием музе́я и теа́тром.

Рестора́н, куда́ Ды́мов идёт у́жинать, **че́рез** у́лицу **от** магази́на Ива́нова. Тут **в** рестора́не всегда́ игра́ет орке́стр. Ды́мов лю́бит есть **под** му́зыку. Ды́мов идёт **к** столу́ **о́коло** окна́, совсе́м ря́дом **с** орке́стром.

— Что вы хоти́те сего́дня **на** у́жин? — спра́шивают Ды́мова.

— Снача́ла ваш прекра́сный суп, пото́м ваш замеча́тельный бифште́кс. **К** у́жину я хочу́ немно́го вина́, пото́м коне́чно я хочу́ ко́фе. **Пе́ред** собра́нием я всегда́ пью ко́фе... — отвеча́ет Ды́мов.

Ды́мов ждёт у́жина **с** нетерпе́нием. Уже́ по́здно.

— Прости́те, — говори́т Ды́мов, — я о́чень спешу́. **У** меня́ сего́дня ве́чером собра́ние **в** клу́бе. Мне на́до быть **на** собра́нии... —

— Очень жаль, что вы спеши́те. Ужин ещё не гото́в. Вот вече́рняя газе́та.

— Спаси́бо, но я никогда́ не чита́ю вече́рней газе́ты **ни до** у́жина, **ни за** у́жином, а то́лько **по́сле** у́жина, — говори́т Ды́мов.

— Ах, так... сейча́с я иду́ **на** ку́хню. Мо́жет быть ваш у́жин уже́ гото́в.

— Хорошо́, — говори́т Ды́мов, — я жду. —

Вот идёт челове́к (waiter) **с** ку́хни, но у́жина нет!

— Очень жаль, — опя́ть говори́т он, — но... —

— Я не могу́ ждать, — говори́т Ды́мов, — но я не могу́ идти́ **на** собра́ние **без** у́жина! —

— Почему́ вы хоти́те идти́ на собра́ние сего́дня ве́чером? Вы сли́шком ча́сто хо́дите **на** собра́ние! Почему́ вы никогда́ не хо́дите **в** кино́? Сего́дня **в** кино́ идёт прекра́сный фильм. Игра́ет изве́стная «кинозвезда́» (movie star) Орло́ва! —

— Да что вы говори́те! Это не плоха́я иде́я! — отвеча́ет Ды́мов, — **на** собра́нии **в** клу́бе я всегда́ так скуча́ю. —

— Ну, а **на** фи́льме **с** «кино́-звездо́й» Орло́вой никто́ никогда́ не скуча́ет... А, вот и ваш у́жин! —

— Спаси́бо, большо́е спаси́бо и **за** хоро́шую иде́ю и **за** у́жин! —

ТРИНАДЦАТЫЙ УРОК

THIRTEENTH LESSON

*Hard adjective singular declension—Imperative mood—
Time expressions*

I. COMMON EXPRESSIONS AND IDIOMS

На полу́ ~ prep.	On the floor
По расписа́нию	According to schedule
Из го́да в год	Year in, year out; from year to year
Ро́вно в два часа́	At two o'clock sharp (exactly)
В четы́ре часа́ дня	At four P.M.
На три, четы́ре часа́	For three, four hours
В воскресе́нье	On Sunday
В понеде́льник	On Monday
Во вто́рник	On Tuesday
В сре́ду	On Wednesday
В четве́рг	On Thursday
В пя́тницу	On Friday
В суббо́ту	On Saturday
Да́же в воскресе́нье	Even on Sunday
Говори́, говори́!	Go ahead, talk all you want! (Talk, talk!)

II. READING: ЖИТЬ ПО РАСПИСАНИЮ

Граждани́н Петро́в о́чень заня́той челове́к. Живёт он в большо́м, но́вом зда́нии, в кварти́ре до́ктора Че́хова. Обстано́вка в ко́мнате Петро́ва проста́я, но удо́бная. Около большо́го окна́ удо́бное кре́сло. Пе́ред удо́бным кре́слом просто́й стол, а ме́жду кре́слом и просты́м столо́м, ла́мпа. **На полу́,** от стены́ до стены́, лежи́т ковёр.

Жил Петро́в **по расписа́нию. В понеде́льник** у́тром, он писа́л письмо́ сы́ну. **Ро́вно че́рез час** Петро́в конча́л писа́ть письмо́ и е́здил в конто́ру. Сообще́ние бы́ло удо́бное. Че́рез у́лицу от до́ма, где он жил, бы́ло но́вое метро́.

104

years – в + prep. (irregular) days, inst. , acc. (в) weeks на + prep months в + prep.

В конто́ре, Петро́в не спеши́л с но́в**ой** рабо́той. Рабо́тал он ме́дленно, зато́ хорошо́. **Во вто́рник, ро́вно в два часа́**, он слу́шал англи́йское ра́дио, а **в сре́ду** ве́чером всегда́ чита́л англи́йск**ую** газе́ту.

В четве́рг, в четы́ре часа́ дня, он всегда́ е́здил в клуб на собра́ние. **В пя́тницу** ве́чером он рабо́тал до́ма: **два** и́ли **три часа́** гото́вил англи́йск**ий** уро́к.

В суббо́ту, по́сле слу́жбы, он всегда́ ходи́л на уро́к англи́йск**ого** языка́.

В воскресе́нье ра́но у́тром Петро́в всегда́ ходи́л в це́рковь. **В воскресе́нье** никто́ не рабо́тает, но Петро́в **да́же в воскресе́нье** иногда́ е́здил в конто́ру, **на три, четы́ре часа́.** И так он жил **из го́да в год.**

— Слу́шайте, Петро́в, — говори́ла секрета́рша Петро́ва, — не рабо́та**йте** так мно́го! Ходи́**те** иногда́ в теа́тр, слу́ша**йте** му́зыку, игра́**йте** в те́ннис! Вы ещё молод**о́й** челове́к! —

— Хорошо́, хорошо́! — отвеча́л Петро́в. — **Говори́, говори́**! — ду́мал он. — Ты ду́маешь, я могу́ игра́ть в те́ннис, и́ли слу́шать му́зыку ! . . . Нет, я занят**о́й** челове́к **! . . .**

III. VOCABULARY

до (+ Gen.)	till, until	**слу́жба**	work, job
занято́й, -а́я, -о́е	busy	**сообще́ние**	communication
		сын	son
ковёр	carpet, rug	**це́рковь**	church
конто́ра	office	**часы́** (pl. only)	watch, clock
ла́мпа	lamp	**язы́к**	language, tongue
обстано́вка	furniture		
пол	floor	**воскресе́нье**	Sunday
по́чта	post office	**понеде́льник**	Monday
просто́й, - а́я, - о́е	simple, plain	**вто́рник**	Tuesday
		среда́	Wednesday
раз	one, one time, once	**четве́рг**	Thursday
		пя́тница	Friday
свобо́дный -'ая, -'ое	free	**суббо́та**	Saturday
секрета́рша	secretary (fem.)		

Verbs

гото́вить; гото́влю, гото́вишь, гото́вят	to prepare
петь; пою́, поёшь, пою́т	to sing

Seasons of yr – instrumental

IV. GRAMMAR

A. Adjective

1. *Declension of the hard adjective in the singular*[1] :

Case	Masculine	Neuter	Feminine (Review)
Nom.	но́вый	но́вое	но́вая
Gen.	но́вого	но́вого	но́вой
Dat.	но́вому	но́вому	но́вой
Acc.	{ но́вого / но́вый	но́вое	но́вую
Instr.	но́вым	но́вым	но́вой
Prep.	но́вом	но́вом	но́вой

The accusative of the *masculine* adjective is like the genitive when it modifies an *animate* noun, like the nominative when it modifies an *inanimate*:

я зна́ю хоро́шего до́ктора; я чита́ю ру́сский журна́л.

Adjectives ending in -о́й (молодо́й "young") are declined exactly like **но́вый,** except that the stress is on the ending throughout the declension.

2. *Peculiarities in the hard declension of the adjective* :

a. In accordance with Vowel Mutation Rule B, the vowel **ы** of the ending changes to **и** after г, к, х, ж, ч, ш, щ:

но́в**ый** but ру́сск**ий**, хоро́ш**ий**; но́в**ым** but ру́сск**им**, хоро́ш**им**.

b. In accordance with Vowel Mutation Rule C, the vowel **о** of *unaccented* endings changes to **е** after ж, ч, ш, щ, ц:

но́в**ый**, но́в**ого**, но́в**ому** etc., but хоро́ш**ий**, хоро́ш**его**, хоро́ш**ему**, etc.[2]

---

[1] For the declension of the soft adjective see the next lesson. For the *plural* declension of the adjective of both types (hard and soft) see Lesson 19.

[2] Yet большо́й, большо́го, большо́му, in spite of ш preceding о, since here the ending is *stressed*.

B. Verb. The imperative mood

1. *Verbs with stems ending in a vowel:*

To obtain the imperative form of a verb the stem of which ends in a *vowel*, drop the **second person singular** ending and add й for the *singular familiar* form, and йте for the *polite* and *plural* forms:

читáй!   read! (addressing a single person familiarly)
читáйте! read! (addressing a single person politely, or a group)

2. *Verbs with stems ending in a consonant:*

To obtain the imperative form of a verb the stem of which ends in a *consonant,* drop the **third person plural** ending and add и for the *singular familiar* form, and ите for the *polite* and *plural* forms:

ждать:	жди!	ждúте!	wait!
говорúть:	говорú!	говорúте!	speak!

However, if the *infinitive* stress is on the *stem* of the verb, add -ь, -ьте:

готóвить:	готóвь!	готóвьте!	prepare!

If the stem ends on *two* consonants, add the full endings: -и, -ите. простúть: простú! простúте! excuse!
чúстить: чúсти! чúстите! clean!
The imperative stress is on the same syllable as in the infinitive. The pronoun is used only for special emphasis: **Ты** читáй! *You* read!

3. *Irregular imperatives:*

Imperatives that do not follow *exactly* the above pattern will be given in the vocabularies along with the other forms of the verb. Following are such imperatives of verbs that have already occurred:

быть:	будь!	бýдьте!	be!
давáть:	давáй!	давáйте!	give!
есть:	ешь!	éшьте!	eat!
éхать:	поезжáй!	поезжáйте!	ride! drive! leave!
идтú	идú!	идúте!	go!

класть:	клади́!	кладите!	place! put!
писа́ть	пиши́!	пишйте!	write!
пить:	пей!	пéйте!	drink!

C. Time expressions

1. *Definite duration of time*:

Definite duration of time is expressed by means of the *accusative* case (without the use of prepositions):

Он рабо́тал весь день.	He worked all day.
Он чита́л два часа́.	He read [for] two hours.
Он жил здесь неде́лю.	He lived here [for] one week.

2. *Translation of "for" in time expressions*:

When "for" cannot be dropped from the English sentence without changing its meaning, it is rendered by **на** with the accusative.

Thus, one can say "He read *for* two hours," or "He read two hours." Here the "for" must be rendered simply by the accusative case as shown above under (1). Note that here the action expressed by the verb lasts "two hours."

But in the sentence "He is going to Russia *for* two weeks," the "for" cannot be dropped without distorting the meaning of the sentence. This "for" must be rendered by **на** with the accusative. Here the action expressed by the verb does *not* last "two weeks":

Он е́дет в Росси́ю **на две** неде́ли.

3. "In, within, after the lapse of" is rendered by **че́рез** with the *accusative*:

Че́рез год он хорошо́ говори́л по-ру́сски.	Within (after) a year he spoke Russian well.
Че́рез два часа́ мы е́дем в го́род.	In two hours we drive down town.
Че́рез неде́лю я бу́ду до́ма.	Within a week I shall be home.

4. "Per" or "a" (referring to time) is rendered by **в (во)** with the *accusative*:

Он е́здит в го́род раз **в** год.	He drives into town once a year.
Они́ пьют чай три ра́за **в** день.	They drink tea three times a day.

5. "At" and "on" (referring to time) are rendered by **в** (**во**) with the *accusative*:

Он éдет **в** час.

> He is going (leaving) at one o'clock.

Мы éдем **во** вто́рник.

> We are going on Tuesday.

VOCABULARY BUILDING

Masculine		Feminine Equivalent	
господи́н	Mr., sir	**госпожа́**	Mrs., lady
граждани́н	citizen	**гражда́нка**	citizen
сосе́д	neighbor	**сосе́дка**	neighbor
друг	friend	**подру́га**	friend
певе́ц	singer	**певи́ца**	singer
секрета́рь	secretary	**секрета́рша**	secretary
студе́нт	student	**студе́нтка**	student
учени́к	pupil	**учени́ца**	pupil
учи́тель	teacher	**учи́тельница**	teacher

V. QUESTIONS

1. Где жил граждани́н Петро́в? 2. Кака́я была́ обстано́вка в ко́мнате Петро́ва? 3. Что бы́ло о́коло большо́го окна́? 4. Что бы́ло пе́ред удо́бным кре́слом? 5. Что бы́ло ме́жду кре́слом и просты́м столо́м? 6. Что лежа́ло на полу́? 7. Как жил Петро́в? 8. Что де́лал Петро́в в понеде́льник у́тром? 9. Куда́ е́здил Петро́в у́тром? 10. Почему́ сообще́ние бы́ло удо́бное? 11. Что де́лал Петро́в во вто́рник? 12. Что де́лал Петро́в в сре́ду? 13. Куда́ е́здил Петро́в в четве́рг, в четы́ре часа́ дня? 14. Где был Петро́в в пя́тницу ве́чером? 15. Куда́ ходи́л Петро́в в суббо́ту, по́сле слу́жбы? 16. Куда́ е́здил Петро́в в воскресе́нье? 17. Рабо́тал ли он в конто́ре це́лый день в воскресе́нье? 18. Что де́лал Петро́в по́сле рабо́ты? 19. Что говори́ла Петро́ву секрета́рша? 20. Почему́ Петро́в не игра́л в те́ннис и не слу́шал му́зыки?

VI. GRAMMAR EXERCISES
Exercises with Grammar A

a. From the first three paragraphs of the Reading Exercise write out all adjectives, giving their gender, case, and English meaning, thus:

заня́то́й	Masculine,	nominative	"busy"
большо́м	Masculine,	prepositional	"big"

b. Give the singular declension of:

1. но́вый уро́к. 2. хоро́ший внук. 3. ру́сский журна́л. 4. го-

ря́чий чай. 5. чёрный хлеб. 6. свобо́дное ме́сто. 7. англи́йская газе́та. 8. большо́е зда́ние.

c. Give the correct form of the adjectives in parentheses:

1. Подру́га (молода́я) певи́цы то́же хорошо́ поёт. 2. Для (молодо́й) челове́ка нет ме́ста в го́спитале. 3. Днём, она́ встреча́ла му́жа о́коло (городско́й) музе́я. 4. До (но́вый) магази́на мы шли два часа́. 5. Без (но́вое) пальто́ он не хо́чет е́хать в го́род. 6. В магази́не нет (све́жее) мя́са. 7. Эта а́рия из (ру́сская) о́перы. 8. Он дал кни́гу (ми́лый) дру́гу. 9. Певи́ца пе́ла (ру́сская) пе́сню. 10. Я чита́л объявле́ние в (ру́сская) газе́те. 11. Мы говори́ли о (краси́вая) же́нщине. 12. Мой друг живёт в (большо́е, кра́сное) зда́нии. 13. Под (большо́й) столо́м был (краси́вый) ковёр. 14. До́ктор Че́хов жил в (но́вый, бе́лый) до́ме, в (удо́бная) ко́мнате. 15. Есть (свобо́дный) ме́сто в теа́тре?

d. Supply the correct endings:

1. Америка́нец скуча́ет без англи́йск— ра́дио. 2. Я зна́ю, что вы заня́т—' челове́к. 3. О́коло краси́в— по́ля был мой прекра́сн— дом. 4. Сестра́ поёт э́ту а́рию из ру́сск— о́перы. 5. На полу́, от удо́бн— кре́сла до больш—' дли́нн— стола́ лежа́л ковёр. 6. По́сле ску́чн— о́перы мы е́дем домо́й. 7. Вчера́ моя́ мать была́ в плох—' рестора́не. 8. Я спешу́ на больш—' распрода́жу. 9. Днём и но́чью рабо́тают на городск—' фа́брике! 10. Че́рез у́лицу от по́чты но́в— метро́. 11. Че́рез неде́лю ба́бушка е́дет в шу́мн— го́род. 12. Че́рез четы́ре неде́ли он уже́ чита́л англи́йск— газе́ту и англи́йск— журна́л. 13. Ваш сын сего́дня идёт на ру́сск— уро́к? 14. Я не хочу́ говори́ть с заня́т—' секрета́ршей. 15. В по́езде не́ было свобо́дн— ме́ста.

Exercises with Grammar B

a. From the Reading Exercise write out all imperative forms, giving their English meaning (5 forms in all).

b. Give all verbs hitherto learned in the singular and plural *imperative* forms. Check all *irregular* imperative forms.

c. Change the singular imperative forms to the plural (or polite) form and vice versa:

1. Не говори́ с секрета́ршей! 2. Слу́шай хоро́шую му́зыку! 3. Отвеча́й всегда́ бы́стро! 4. Иди́ туда́ пешко́м! 5. Ужина́й до́ма! 6. Обе́дайте в рестора́не! 7. Держи́те скри́пку! 8. Спеши́те на по́чту! 9. Не забыва́йте ба́бушку! 10. Чита́йте вслух!

d. Change to the imperative, familiar, and polite:

1. Я даю́ ру́сскую газе́ту сестре́. 2. Мы по́мним э́тот шу́мный го́род. 3. Но́чью я обыкнове́нно закрыва́ю окно́. 4. Вы не спра́шиваете о письме́. 5. Вы гото́вите хоро́ший обе́д.

Exercise with Grammar C

Translate the expressions in parentheses:

1. (On Monday) я хожу́ в конто́ру ро́вно (at two o'clock). 2. (On Tuesday) мы е́здим в дере́вню и встреча́ем сестру́. 3. (On Wednesday and Thursday) ва́ша подру́га была́ на фа́брике (at three o'clock). 4. (On Friday) я е́ду к подру́ге (for three weeks). 5. (On Saturday) они́ закрыва́ли магази́н. 6. «Сдаётся ко́мната (for three weeks)». 7. Певи́ца учи́ла но́вую а́рию (an hour a day). 8. У бра́та уро́к англи́йского языка́ (three times a week). 9. Я обе́дал в ру́сском рестора́не (once a week). 10. Мой друг слу́шает ра́дио (three hours a day). 11. (Within) три го́да он говори́л по-ру́сски о́чень хорошо́. 12. (In an) час я был в ба́нке. 13. Мы е́дем к сы́ну (in) две неде́ли. 14. Я е́ду в клуб .(for three hours). 15. По́сле за́втрака они́ всегда́ закрыва́ют рестора́н (for an hour). 16. Он е́хал трамва́ем (for two hours). 17. Он жил там (for a whole year). 18. Он чита́л (for a whole hour).

VII. TRANSLATION INTO RUSSIAN

A

1. Comrade Petróv lived in a large, beautiful building. 2. Now he is living in the apartment of [his] son. 3. He lives in a large, comfortable room. 4. Across the street is a new subway. 5. On Monday Petróv hurries downtown to [his] office. 6. The communication between the office and the house of [his] son is very convenient. 7. On Tuesday, Thursday, and Saturday Petróv dines at home. 8. On Monday, Wednesday, and Friday he dines in the city, in a good restaurant, exactly at one o'clock. 9. Breakfast and supper he always has at home with [his] son. 10. At his office comrade Petróv does not hurry with new work. 11. He works very slowly, but (for that) very well. 12. He never talks with [his] secretary about music or the theater. 13. On Sunday morning (in the morning) Petróv goes to church. 14. Then he drives to [his] office and works two or three hours. 15. In the daytime he always reads a Russian paper for three or four hours and then listens to the English radio. 16. And so Petróv lives from year to year according to a [set] schedule.

B

1. Mr. Semyonov was a very famous singer at the opera in Leningrad. 2. He had a wonderful voice. 3. He sang there for four years, three and four times a week. 4. He was always very busy and very serious, and often said impatiently: "You think I can play golf and tennis or listen to the radio or go visiting every evening! No, I am not a free man; I am a very busy person!" 5. For about a month Mr. Semyonov was at the opera in Moscow and sang there every Monday, Wednesday, and Friday. 6. They say that he even sang on Sunday! 7. Sometimes he went (drove) to the country for a week or two. 8. In the noisy city he lived in a large, new building with a beautiful garden. 9. In his apartment was a very large room. 10. On the floor lay a black and white rug from wall to wall. 11. Next to the door there was a small but very expensive table with an expensive lamp, and between the door and the large window there was a splendid piano. 12. Yes, Mr. Semyonov loved expensive furniture! 13. Mr. Semyonov taught music to his son Pavel when Pavel was still very young. 14. At first Pavel did not want to work. 15. Mr. Semyonov always said to [his] son: "Pavel, work while (пока) you are still young! 16. Play [your] violin and [your] piano! Never be late for (to) [your] lesson! 17. Every week read a Russian and an English book on music. 18. Go to the opera, go to the concert, but never listen to bad music! 19. Don't eat and sleep so much! Work, my son!" 20. Now Pavel can play the violin and the piano, but he does not love music. — And there is a reason for that!

ЧЕТЫРНАДЦАТЫЙ УРОК

FOURTEENTH LESSON

Soft adjective singular declension—Possessive pronoun-adjective singular declension—Future tense; translation of "to have" (future; abstract)

I. COMMON EXPRESSIONS AND IDIOMS

Зимо́й; о́сенью	In winter; in the fall
Весно́й; ле́том	In spring; in summer
Весь день	All day
На весь день	For the whole day
На всю неде́лю	For the whole week
На весь ме́сяц	For the whole month
На весь год	For the whole year
На всю зи́му	For the whole winter
На всё ле́то	For the whole summer
Про́шлая зима́, весна́, о́сень	Last (past) winter, spring, fall
Про́шлое ле́то	Last (past) summer
До ле́та ещё далеко́.	It's still a long time till summer.
На да́чу	To the summer home (house)
На да́че	At the summer home (house)
На слу́жбу	To (one's) work, job
Живу́т и в го́роде.	In the city one can also live.
Я челове́к рабо́чий.	I am a working man.
Име́ть возмо́жность	To have the opportunity
Име́ть удово́льствие	To have the pleasure
Это твоё де́ло!	That's your business (your worry)!

II. READING: ЖИТЬ НА ДАЧЕ

Тепе́рь февра́ль, после́дний зи́мний ме́сяц. Сего́дня на дворе́, совсе́м ле́тний день, а **до ле́та ещё далеко́**: февра́ль, март, апре́ль, май.

В на́шем кли́мате весна́ всегда́ ра́нняя, зима́ по́здняя, ле́то хоро́шее, а о́сень дождли́вая.

Зимо́й, в декабре́ и в январе́, ча́сто идёт снег. Я всегда́ **бу́ду по́мнить** зи́мний вид из окна́ мое́й ко́мнаты, — све́жий снег на на́шей у́лице, у две́ри на́шего до́ма . . .

113

Мы живём в го́роде, но **ле́том** моя́ жена́, наш сын и я **бу́дем жить** в дере́вне. Я, коне́чно, не **бу́ду жить на да́че** всё ле́то. Я заня́той челове́к. Но жена́ е́дет **на да́чу на всё ле́то.**

Про́шлое ле́то мы жи́ли у бра́та мое́й жены́. У её бра́та **свой ле́тний** дом в о́чень хоро́шем ме́сте. И сообще́ние ме́жду его́ **ле́тним** до́мом и на́шим го́родом о́чень удо́бное.

— Мо́жет быть мы **бу́дем име́ть возмо́жность** жить там опя́ть **ле́том,** — говори́т жена́. — **Весно́й** их сын бу́дет до́ма . . . —

— **Это твоё де́ло.** Он твой брат, а не мой, — отвеча́ю я.

— Коне́чно, он мой брат, а не твой. У тво**его́** бра́та сво**е́й** да́чи нет! —

— **Живу́т ле́том и в го́роде!** —

— Кто **бу́дет жить ле́том** в го́роде! Ты, очеви́дно, не по́мнишь, что **ле́том** я могу́ жить то́лько в дере́вне, на све́жем во́здухе! —

Я не **бу́ду спо́рить** с мое́й жено́й. **Ле́том** она́ не мо́жет жить в го́роде без све́жего во́здуха, а в дере́вне **бу́дет,** коне́чно, **скуча́ть** без хоро́шей о́перы, хоро́шего теа́тра, хоро́шего кино́!

III. VOCABULARY

вдруг	suddenly	ле́тний,	summer (adj.)
весна́	spring	-'яя, -'ее	
весь, вся, всё	all, everything	ле́то	summer
	everyone	мо́жет быть	perhaps
вид	view, type, kind	нача́ло	beginning
да́ча	country house,	о́сень	fall, autumn
	summer home	пла́тье	dress
де́ло	business, affair	по́здний	late
дождли́вый,	rainy	-'яя, -'ее	
-'ая, -'ое		тёплый,	warm
зима́	winter	-'ая, -'ое	
зи́мний	winter (adj.)	тепло́ (adv.)	
-'яя, -'ее	wintry	тру́дный,	difficult, hard
кли́мат	climate	-'ая, -'ое	
коне́ц	end	успе́х	success

дека́брь (m.)	December	март	March
янва́рь (m.)	January	апре́ль (m.)	April
февра́ль (m.)	February	май	May

(For remaining months see next Lesson-Vocabulary.)

Verbs

име́ть (I)   to have, possess
спо́рить (II)   to contradict, quarrel (followed by **с (со)** with the instrumental)
не спорь!   do not contradict! don't quarrel!

IV. GRAMMAR

A. Soft adjective declension in the singular

	Masc.	*Neut.*	*Fem. (Review)*
Nom.	после́дний	после́днее	после́дняя
Gen.	после́днего	после́днего	после́дней
Dat.	после́днему	после́днему	после́дней
Acc.	Nom. or Gen.	после́днее	после́днюю
Instr.	после́дним	после́дним	после́дней
Prep.	после́днем	после́днем	после́дней

The *soft* declension always has in its endings the soft equivalents of the hard vowels of the *hard* declension: for ы an и; for о an e; for а а я; for у а ю; (-ый : -ий; -ого : -его; -ая : -яя; -ую : -юю).

For the *plural* of the soft declension see Lesson 19.

B. Possessive pronoun-adjectives

1. The possessive pronoun-adjectives correspond to the personal pronouns as follows:

Personal	*Possessive*	*Personal*	*Possessive*
я	мой	мы	наш
ты	твой		
он	его́	вы	ваш
оно́			
она́	её	они́	их

2. In their endings the possessive pronoun-adjectives correspond to the gender, number, and case of the *thing possessed*:

Вот мой стол, моя́ кни́га, моё перо́; о́коло моего́ стола́, мое́й кни́ги, моего́ пера́; я даю́ э́то моему́ дру́гу, etc.

3. Thus we have the following declension of the possessive pronoun-adjective in the singular:

	Masc.	Neut.	Fem.	Masc.	Neut.	Fem.
Nom.	мой	моё	моя́	наш	на́ше	на́ша
Gen.	моего́	моего́	мое́й	на́шего	на́шего	на́шей
Dat.	моему́	моему́	мое́й	на́шему	на́шему	на́шей
Acc.	N. or G.	моё	мою́	N. or G.	на́ше	на́шу
Instr.	мои́м	мои́м	мое́й(ею)	на́шим	на́шим	на́шей(ею)
Prep.	моём	моём	мое́й	на́шем	на́шем	на́шей

Like **мой** are declined **твой** "your, yours" and the reflexive possessive pronoun-adjective **свой** "my own, your own," etc.

Like **наш** is declined **ваш, Ваш** "your, yours."

4. Third person possessives **его, её, их** never change in form; that is, they are not declined:

его́ стол; **его́** перо́; **его́** кни́га	his (its) table, pen, book
её стол; **её** перо́; **её** кни́га	her table, pen, book
их стол; **их** перо́; **их** кни́га	their table, pen, book
их стола́; **их** пера́; **их** кни́ги	of their table, pen, book, etc.

5. A form of **свой** must be used when the possessive reflects to a *third* person subject[1]:

Он чита́ет **свою́** кни́гу.	He reads *his own* book.
Он чита́ет **его́ кни́гу** would mean:	He reads *his* (not his own, but someone else's) book.

C. Verb

1. *The future tense*:

a. The future tense of the verb **быть** "to be":

Person	Singular		Plural	
1st	я бу́ду	I shall be	мы бу́дем	we shall be
2nd (fam.)	ты бу́дешь	you will be	вы бу́дете	you will be
3rd	он, -а́, -о́ бу́дет	he, she, it, will be	они́ бу́дут	they will be

b. To form the future tense of any verb,[2] use the proper form of **быть** together with the *infinitive* of the verb. For example the future of **чита́ть** is as follows:

---

[1] Свой can also be used with reference to first and second person singular and plural: Я чита́ю свою́ кни́гу, ты чита́ешь свой журна́л, etc.

[2] This formation holds only for the *imperfective aspect*. For *perfective* aspect see Lesson 16.

Person	Singular	Plural
1st	я бу́ду чита́ть	мы бу́дем чита́ть
2nd (fam.)	ты бу́дешь чита́ть	вы бу́дете чита́ть
3rd	он, -а́, -о́ бу́дет чита́ть	они́ бу́дут чита́ть

2. *Translation of "to have" in the future tense:*

a. Use the construction explained in Lesson 6, introducing the *future* tense forms of the verb "to be":

У бра́та бу́дет журна́л.	The brother will have a magazine.
У него́ бу́дут и журна́л и кни́га.	He will have both a book and a magazine.

b. Note, however, that in the *negative* sentence the verb is *always* in the *neuter* 3rd person *singular*:

У него́ не бу́дет журна́ла.	He will not have a magazine.
У него́ не бу́дет ни кни́ги ни пера́.	He will have neither a book nor a pen.

c. To express *abstract* possession, the verb име́ть "to have" should be used:

Я име́ю удово́льствие.	I have the pleasure.
Я име́л возмо́жность.	I had the opportunity.
Я бу́ду име́ть удово́льствие.	I shall have the pleasure.

VOCABULARY BUILDING

Noun	Adjective	
ве́чер	вече́рний	evening
весна́	весе́нний	spring
ле́то	ле́тний	summer
о́сень	осе́нний	fall, autumn
зима́	зи́мний	winter
дождь	дождли́вый	rainy
свет	све́тлый	light

Adverb	Adjective	
до́рого	дорого́й	dear, expensive
ми́ло	ми́лый	dear, nice
интере́сно	интере́сный	interesting
по́здно	по́здний	late
ра́но	ра́нний	early

V. QUESTIONS

1. Сейчас февраль или март? 2. Какой последний зимний месяц? 3. Какой сегодня день? 4. До лета ещё далеко?. 5. Какой месяц будет после февраля? 6. Какой месяц будет после марта? 7. Какой месяц будет после апреля? 8. Какая в нашем климате весна? 9. Какая в нашем климате зима? 10. Какое в нашем климате лето? 11. Какая в нашем климате осень? 12. Где мы живём зимой? 13. Где вы будете жить летом? 14. Где вы жили прошлое лето? 15. Почему вы не можете жить на даче всё лето? 16. Кто едет на дачу на всё лето? 17. Где дача брата жены? 18. Какое сообщение между его дачей и нашим городом? 19. Почему жена не может жить в городе летом? 20. Почему она будет скучать в деревне?

VI. GRAMMAR EXERCISES

Exercises with Grammar A

a. From the Reading Exercise write out all *soft* adjectives with their nouns, indicating their gender, case, and English meaning, as follows:

последний месяц	Masculine, nominative	"last month"
зимний месяц	Masculine, nominative	"winter month"

b. Supply the endings:

1. Я люблю зимн— воздух. 2. Сегодня свеж—, зимн— утро. 3. После жарк— погоды будет дождь. 4. Для занят—' человека нет летом отдыха. 5. Я не могу ехать на дачу без летн— пальто. 6. К моему хорош— другу едет жена. 7. В дождлив— день я обыкновенно дома. 8. В жарк— погоду мы ходим гулять в поле. 9. Я всегда буду помнить мою последн— ночь в деревне. 10. Она работает с ранн— утра до поздн— вечера. 11. Они любили играть в теннис ранн— утром. 12. Я ехал домой последн— поездом. 13. Я говорил с поэтом о его последн— книге. 14. Я готовлю свеж— чай сестре. 15. Мы говорим о соседн— доме.

Exercises with Grammar B

a. From the Reading Exercise write out all possessive adjectives along with the nouns they modify, indicating their gender, case, and English meaning, as follows (18 forms in all):

в нашем климате	Masculine, prepositional	"in our climate"
моей комнаты	Feminine, genitive	"of my room"

b. Supply the Russian equivalent of the English words 'in parentheses:

1. Вот (their) дом. 2. Это (my) место. 3. (His) фамилия — Петров. 4. К (my) жене едет (her) подруга. 5. Я люблю играть в теннис с (my) приятелем. 6. В (thine) квартире сейчас живёт (his) товарищ. 7. Присылайте вечернюю газету (my) внуку! 8. (Her) муж едет на службу. 9. Утром она спешит на (her own) работу. 10. Я был в театре со (my own) женой. 11. (Your) жизнь интересная, а (our) жизнь очень скучная. 12. Весной в (our) магазине всегда распродажа, а осенью в (yours). 13. Около (his) дома длинный белый мост. 14. Между (our) и (your) домом будет гараж. 15. Зимой (their) сын едет в Ленинград. 16. Летом он всегда ездит в гости к (his own) бабушке.

Exercises with Grammar C

a. From the Reading Exercise write out all verbs in the future tense and translate, as follows:

Я всегда буду помнить   I shall always remember.

b. Change into the future tense:

1. Я работаю на заводе. 2. Ты знаешь о новой распродаже? 3. Брат пишет письмо жене. 4. Моя соседка играет на скрипке. 5. Зимой они скучают и ждут лета. 6. Мы с приятелем обедаем дома. 7. Летом вы живёте на даче? 8. Ты слушаешь вечером радио? 9. Вы помните дождливую осень. 10. В феврале они всегда снимают квартиру в городе.

Exercises with Grammar C and Review

a. Give the correct forms of the words in parentheses:

1. У (друг) свой автомобиль. 2. У (моя жена) своя дача. 3. У (приятель) русская книга. 4. У (её муж) большой дом. 5. У (ваша подруга) новое зимнее пальто. 6. У (мой хороший приятель) большая новость. 7. У (его жена) новая скатерть. 8. У (молодой механик) хорошая работа. 9. Мой автомобиль сейчас у (доктор). 10. У (её брат) своя дача. 11. У (твоя соседка) новая скрипка. 12. Мой английский журнал теперь у (инженер).

b. Put the sentences into the past and future tenses.

c. Change the sentences into question form.

d. Change the sentences into the negative form.

VII. TRANSLATION INTO RUSSIAN

A

1. Now it is February, the last winter month. 2. It is still very cold, and it is snowing now. 3. In our climate spring starts late (is a late one) and winter begins early (is an early one). 4. The summer is fine, but fall is always rainy. 5. In winter we live in the city. 6. We love opera and theater, and often go in the evening to the movies or to the concert. 7. But in the summer my wife cannot live in the city. 8. My wife's brother has a big summer home in a beautiful spot in the country. 9. Last summer we lived there. 10. Our son also has a beautiful country home. 11. We shall live there this summer (acc.). 12. But I am a busy man and cannot spend (live) there all summer. 13. My wife, too, did not wish to live in the country all summer. 14. She is bored without the fine opera and theater of the big city.

B

1. "Hello, Peter, where are you hurrying?" 2. "Oh, hello, Paul, I am hurrying home. 3. Today we are going (driving) to Leningrad." 4. "Are you going in your big new car?" 5. "No, we are going by train." 6. "Will you live in the old house of your grandmother?" 7. "No, we shall live in the beautiful big house of the famous poet Ivanov. 8. He is a very good friend of my brother. 9. Each one will live his own life (по-своему). 10. You remember, Paul, my beautiful sister is a singer; she will, of course, study aria after aria. 11. She has a very fine (excellent) voice and has sung with great success at the club 'The Red Star.' 12. Perhaps she will now have the opportunity of singing (to sing) at a club or a restaurant or even at the opera in the big city [of] Leningrad! 13. I shall work at a large new plant. 14. My work will be interesting and not very hard. 15. I shall always have early breakfast (breakfast early), and shall never be late for work. 16. My brother will, of course, write from early morning until late [in the] evening; he is again writing a book. 17. But after work we shall have the great pleasure of going to the theater, the opera, and the concert." 18. "Well, Peter, your life in the big, noisy city will never be boring." 19. "No, Paul, it will be a very interesting one. 20. But I shall always remember our life here in this little village [of] Blinsk!"

ПЯТНАДЦАТЫЙ УРОК | FIFTEENTH LESSON

Singular declension of masculines in -ок *and* -ец *— Short form of the adjective — Declension of the interrogative pronoun — Reflexive verb*

I. COMMON EXPRESSIONS AND IDIOMS

В нача́ле, в конце́	In the beginning, in the end
Чем он бо́лен?	What is his sickness?
У него́ жар, температу́ра.	He has fever, temperature.
Он просту́жен.	He has a cold.
Он быва́л просту́жен.	He sometimes had a cold.
У отца́ боли́т (боле́ло, боле́ла) го́рло, голова́.	Father has (had) a sore throat, a headache.
У отца́ на́сморк, ка́шель.	Father has a cold, cough,
Принима́ть лека́рство	To take medicine
Быть пацие́нтом	To be a patient[1]
Смея́ться над (+ instr.)	To laugh at
Весели́ться до утра́	To have a good time (make merry) till morning
Чу́вствовать себя́[2] пло́хо, хорошо́	To feel (oneself) ill, well
Хорошо́ смеётся тот, кто смеётся после́дний.	He who laughs last laughs best.
Задава́ть вопро́с	To ask a question

II. READING: ПЕРВАЯ БОЛЕЗНЬ ОТЦА

Мой оте́ц **бо́лен** уже́ четы́ре ме́сяца: ию́нь, ию́ль, а́вгуст и сентя́брь.

Оте́ц лежи́т в го́спитале; мы ещё не зна́ем, **чем он бо́лен.**

В нача́ле а́вгуста он был о́чень **бо́лен,** но тепе́рь до́ктор **дово́лен** здоро́вьем отца́. Он ду́мает, что оте́ц бу́дет до́ма в октябре́, а **в конце́** ноября́ он бу́дет совсе́м **здоро́в.**

Эта боле́знь — пе́рвая боле́знь **отца́.** Иногда́, я по́мню, **он быва́л просту́жен.** Но да́же когда́ у **отца́ боле́ло го́рло** и́ли **был ка́шель** и́ли **на́сморк,** он не лежа́л в посте́ли, не ходи́л к до́ктору, не **принима́л лека́рства** ... Он **просыпа́лся,** как всегда́, ра́но у́тром, бы́стро мы́лся, **одева́лся** и е́хал в универ-

---

[1] Note the instrumental case in this construction.
[2] Note that себя́ does *not* change with the person.

121

ситет. А вечером, после работы он иногда ещё **встречался** с приятелем и **готов** был **веселиться до утра!**

Мой отец всегда был **занят** и всегда был **полон** энергии. Он часто **смеялся над** нашим доктором.

— Что делать, доктор? Не могу иметь удовольствия **быть** вашим **пациентом.** Я **рад** лечиться, но что делать? Я всегда **здоров!** Хорошо, что не всё так **здоровы,** как я! —

— **Смейтесь,** смейтесь, — отвечал наш доктор. «**Хорошо** смеётся тот, кто смеётся последний!» —

Теперь-то мы знаем, как **прав** был доктор!

III. VOCABULARY

болезнь	disease, illness	полный,	full
готовый,	ready,	-'ая, -'ое	
-'ая, -'ое	prepared	постель	bed
даже	even	правый,	right
довольный,	satisfied,	-'ая, -'ое	
-'ая, -'ое	pleased	ребёнок († о)	child
доллар	dollar	рубль (m.)	ruble
здоровье	health	строка	line
здоровый,	healthy, well	удовольствие	pleasure, joy
-'ая, -'ое		университет	university
кашель (†е) (m.)	cough	усталый,	tired
кусок († о)	piece	-'ая, -'ое	
		шляпа	hat

июнь (m.)	June	сентябрь (m.)	September
июль (m.)	July	октябрь (m.)	October
август	August	ноябрь (m.)	November

[See also grammar **D**]   *Verbs*

болеть (I)	to be sick, ill
болеть; болит; болят (used in the 3rd person only)	to hurt, pain, ache
бояться (II) with gen.	to be afraid of, fear
веселиться (II)	to be merry, to make merry
вставать, встаю, встаёшь, встают	to get up
лечить(ся), лечу(сь), лечишь(ся), лечат(ся)	to treat (oneself), to be in care of a doctor, to treat, heal
мыть(ся), мою(сь), моешь(ся), моют(ся)	to wash (oneself)
поправляться (I)	to get well, recover
чувствовать, чувствую, чувствуешь, чувствуют (себя)	to feel (oneself)

IV. GRAMMAR

A. Noun

A large number of masculine nouns the stem of which ends in -ок or -ец, and some others,[1] drop the o or e when a declensional ending is added:

Nom.	кусо́к "piece"	оте́ц "father"	день "day"
Gen.	куска́	отца́	дня
Dat.	куску́	отцу́	дню
Acc.	кусо́к	отца́	день
Instr.	куско́м	отцо́м	днём
Prep.	куске́	отце́	дне

This loss of vowel will be indicated in the vocabularies as follows: оте́ц (†e); день (†e); кусо́к (†o); звоно́к (†o); ковёр (†ё); Америка́нец (†e)

B. Adjective. Short form of the adjective

1. *Many Russian adjectives have a "short" form.* It is obtained by dropping the long adjective endings -ый, -о́й, -ий, -ие, etc., and adding the following short endings:

			Long Form	Short Form
No ending	for the *masculine*	singular	краси́вый	краси́в
-a	for the *feminine*	singular	краси́вая	краси́ва
-o	for the *neuter*	singular	краси́вое	краси́во
-e	for the *neuter (soft)*	singular	си́нее	си́не
-ы or -и[2]	for the *plural of all genders*	{ краси́вые краси́вы хоро́шие хоро́ши

2. The *short* form of the adjective cannot be declined. It can be used only in a *predicative* function:

Профе́ссор о́чень **бо́лен.**   The professor is very sick.
Э́та кни́га **интере́сна.**   This book is interesting.

---

[1] For instance: ковёр, ковра́ "rug"; лоб, лба "forehead." After л, н, and р the lost vowel e is often replaced by ь: лёд, льда́ "ice"; лев, льва́ "lion."

[2] In accordance with Vowel Mutation Rule B, after г, к, х, ж, ч, ш, щ. Also with soft declension adjectives.

The *long* form *must* be used whenever the adjective is used *attributively*:

Мы живём в **красивом** здании.   We live in a beautiful building.

It is also used when "one" is expressed or understood:

Какой он **здоровый**!   What a healthy *one* he is!

3. *Consonants in final position:*

The elimination of the long ending in the masculine forms of the adjective often leaves a group of consonants in final position. In such case е (ё) is usually inserted before the final л, м, or н; and о before all other final consonants; е replaces ь[1]:

больной, бо́л**ен**   sick, ill   удо́бный, удо́б**ен**   comfortable
у́мный, ум**ён**   clever   коро́ткий, коро́т**ок** short

But notice: по́лный, по́л**он**   full

4. The following *short* forms are particularly common:

бо́лен, больна́, больно́, больны́   sick, ill
дово́лен, дово́льна, дово́льно, дово́льны (+instr.) satisfied
го́лоден, голодна́, голодны́   hungry
гото́в, гото́ва, гото́во, гото́вы   ready
здоро́в, здоро́ва, здоро́во, здоро́вы   well, healthy
за́нят, занята́, за́нято, за́няты   busy
по́лон, полна́, полно́, полны́   full
прав, права́, пра́во, пра́вы[2]   right, correct
свобо́ден, свобо́дна, свобо́дно, свобо́дны   free
умён, умна́, умно́, умны́   clever

5. The following adjective is used only in its *short* form:

рад, ра́да, ра́до, ра́ды   glad, happy

C. Pronoun

Full declension of the *interrogative* pronouns кто "who" and что "what":

Nom.	кто	who	что	what
Gen.	кого́	of whom	чего́	of what
Dat.	кому́	to whom	чему́	to what
Acc.	кого́	whom	что	what
Instr.	кем	with whom	чем	with what
Prep.	ком	about whom	чём	about what

---

[1] The various exceptions to this general statement cannot be considered in this elementary text.

[2] The long form пра́вый, -'ая, -'ое also means "right" in a directional sense:

Я пишу́ пра́вой руко́й.   I write with the right hand.
Пра́вый бе́рег реки́.   The right bank of a river.

D. Verb

1. The Russian reflexive verb is characterized by the unchanging endings -ся or -сь.

-ся is added whenever the verb ends in a consonant, in й, or in ь. It contracts to -сь after vowels.

2. Conjugation of the reflexive verb одева́ться "to get dressed, to dress oneself":

PRESENT TENSE
Singular

я одева́ю + **сь**	I dress (myself)
ты одева́ешь + **ся**	you dress (yourself)
он, она́, оно́ одева́ет + **ся**	he, she, it, dresses (him-, her-, itself)

Plural

мы одева́ем + **ся**	we dress (ourselves)
вы, Вы одева́ете + **сь** (fam. & pol.)	you dress (yourselves)
они́ одева́ют + **ся**	they dress (themselves)

PAST TENSE

Singular я, ты, он одева́лся; она́ одева́лась; оно́ одева́лось

Plural мы, вы, Вы, они́ одева́лись

IMPERATIVE

одева́йся!   одева́йтесь!

Note: -ся, -сь are contractions of the reflexive pronoun себя́ "oneself, myself, yourself," etc. When the verb is used with a direct object other than "oneself," it does *not* take the ending -ся, -сь:

Я одева́юсь.   I dress *myself*.
but: Я одева́ю ребёнка.   I dress the *child*.

3. Not all verbs in -ся, and -сь are reflexive in their meaning:

начина́ться (I) "to begin" конча́ться (I) "to end"
просыпа́ться (I) "to wake up" Я просыпа́юсь. I wake up.

садиться: сажу́сь, сади́шься, садя́тся "to sit down"
Я сажу́сь за стол.   I sit down at the table.
                                  (N.B. no "myself" in English)

смея́ться, смею́сь, смеёшься, смею́тся "to laugh"

As their translation indicates these verbs are *not* "reflexive" in English, that is they do not use "self."

4. Some verbs in -ся or -сь express mutual (reciprocal) action: встречáться "to *meet*" (*one another*, not oneself!):

Я встречáюсь с приятелем.   I meet a friend.

Встречáться (I) must be used with **с (со)** and the *instrumental*, while the nonreflexive **встречáть** takes its direct object in the *accusative* case without any preposition:

Я встречáю приятеля.   I meet a friend.

V. QUESTIONS

1. Где отéц ужé четы́ре мéсяца: ию́нь, ию́ль, áвгуст и сентя́брь? 2. Почемý отéц в гóспитале? 3. Чем отéц бóлен? 4. Когдá был отéц óчень бóлен? 5. Довóлен ли тепéрь ваш дóктор здорóвьем отцá? 6. Когдá бýдет отéц совсéм здорóв? 7. Болéл ваш отéц чáсто? 8. Бывáл ли он иногдá простýжен? 9. Что у отцá иногдá болéло? 10. Бывáли ли у отцá чáсто кáшель и нáсморк? 11. Что он принимáл, когдá он был простýжен? 12. Что он дéлал ýтром? 13. Кудá он éздил? 14. С кем он встречáлся вéчером? 15. Был ли отéц всегдá зáнят? 16. Над кем чáсто смея́лся отéц? 17. Что он говори́л дóктору? 18. Что отвечáл отцý дóктор?

VI. GRAMMAR EXERCISES

Exercise with Grammar A

Give correct case forms of the Russian nouns in parentheses:

1. Мать скучáет без (ребёнок). 2. У моегó брáта в квартúре нет нóвого (ковёр). 3. Нáша сосéдка готóвила обéд (ребёнок). 4. Сегóдня моя́ женá и я идём в универсáльный магази́н за (ковёр). 5. Я спрáшивала свою́ подрýгу о её (ребёнок). 6. Я не мог мы́ться три (день); нé было горя́чей воды́. 7. Мы никогдá не хóдим в теáтр (день). 8. Он всегдá встречáлся с (американец) в клýбе. 9. У егó (отéц) был большóй и óчень краси́вый дом в гóроде. 10. Тепéрь дóктор óчень довóлен здорóвьем нáшего (отéц).

Exercises with Grammar B

a. From the Reading Exercise write out all *short* adjective forms, giving their gender, number, and English meaning, as follows:

бóлен   Masculine,   singular   "sick"

b. Replace the adjectives in parentheses by the correct *short* forms:

1. Сего́дня моя́ подру́га бу́дет о́чень (занята́я). 2. Э́тот ребёнок (больно́й), а тот (здоро́вый). 3. Все зна́ли, что наш оте́ц (у́мный). 4. Вчера́ собра́ние в клу́бе бы́ло о́чень (ску́чное). 5. В воскресе́нье я бу́ду (свобо́дный), а мой брат бу́дет (занято́й). 6. В на́шем кли́мате о́сень всегда́ (дождли́вая). 7. На́ша сосе́дка была́ (молода́я) и люби́ла весели́ться. 8. Твой ребёнок никогда́ не бу́дет (больно́й). 9. У́тром я всегда́ (по́лная) эне́ргии. 10. Э́то ме́сто бу́дет (удо́бное) для ребёнка.

Exercise with Grammar C

Change the following sentences into questions, replacing the bold face expressions by proper forms of кто or что and observing correct word order, thus: я чита́ю **но́вую кни́гу: что** я чита́ю?

1. Я всегда́ бу́ду по́мнить **кузнеца́.** 2. **Паке́т** на столе́. 3. **У бра́та** нет своего́ автомоби́ля. 4. Я не хочу́ принима́ть **лека́рства.** 5. Я ча́сто задава́л **э́тот вопро́с сестре́.** 6. Она́ лю́бит **своего́ ребёнка.** 7. Они́ всегда́ гото́вы спо́рить **с отцо́м.** 8. Вы дово́льны **свое́й жи́знью?** 9. На да́че **мы** бу́дем ча́сто встреча́ться **с америка́нцем.** 10. Мы бои́мся ду́мать **о его́ серьёзной боле́зни.** 11. В ма́рте мы ещё не ду́маем **о да́че.** 12. Оте́ц всегда́ гото́в весели́ться **с вну́ком.** 13. Сосе́дка смея́лась **над подру́гой.** 14. Мы смея́лись над **её исто́рией.**

Exercises with Grammar D

a. From the Reading Exercise write out all reflexive verbs, giving their English meaning, as follows:

Он просыпа́лся. He awoke (woke up).

b. Put the following sentences (1) into the present; (2) into the past; (3) into the future:

1. Он (мы́ться) у́тром, а ты (мы́ться) ве́чером. 2. Вы бы́стро (одева́ться). 3. Они́ (просыпа́ться) то́лько к за́втраку. 4. Мы (лечи́ться) у ва́шего до́ктора. 5. В Ленигра́де ты ча́сто (встреча́ться) с твои́м отцо́м. 6. На да́че она́ хорошо́ (поправля́ться). 7. Оте́ц (смея́ться) над вече́рней газе́той. 8. Она́ (чу́вствовать себя́) пло́хо. 9. Това́рищ Ивано́в всегда́ (мы́ться) горя́чей водо́й. 10. На парохо́де мы (весели́ться). 11. Ребёнок (боя́ться) до́ктора. 12. Мы (чу́вствовать себя́) о́чень хорошо́.

VII. TRANSLATION INTO RUSSIAN

A

1. Our father was always very healthy. 2. He was always full of energy and was always ready to have a good time (be merry). 3. Sometimes he had a (head) cold or a cough. 4. But he never stayed (lay) in bed. 5. As always, he woke early, dressed quickly, had breakfast, read his Russian paper, and went to the university. 6. He never went to the doctor and never took medicine. 7. He often laughed at our doctor. 8. He laughed and said: "I can't have the pleasure of being your patient, doctor. I would gladly (am glad to) be treated, but I am always so healthy." 9. But now he is very sick. 10. He has been (lies) in the hospital for four months, June, July, August, and September. 11. We do not know what his sickness is. 12. But our doctor says that our father is very ill. 13. He does not know when father will be at home again; perhaps (at) the end of October or (at) the beginning of November. 14. We shall all be very happy when father is (will be) well again.

B

1. It is already very late but Sonya is still lying in bed. 2. In her little room it is warm, but outside (out of doors) it is cold and it is raining. 3. Good weather or bad, when Sonya is well (healthy) she gets up early, is full of energy, and works from early morning till late [in the] evening. 4. But today Sonya feels ill; she has a headache and a sore throat. 5. But she has no temperature. 6. Perhaps she has only a cold, a simple cough, or a head cold. 7. It is time to get up! 8. Sonya always meets her dear friend Nina on the way to work; she is never late. 9. And so Sonya slowly gets up, washes, and slowly gets dressed (dresses). 10. She sits down at the table. 11. Usually, she eats a hearty (big) breakfast, but today she drinks only hot tea and eats a piece of black bread without butter. 12. Sonya gets up from (из за and gen.) the table and opens the window. 13. There is not a cloud in the sky now; it is warm outside now, and the air is fresh. 14. Suddenly Sonya feels quite well again. 15. "I cannot lie in bed all day, listen to the radio, and be bored," thinks Sonya; "I am a busy person and a healthy one! 16. And my friend Nina is waiting [for] me (меня) at the office." 17. Sonya puts on hat and coat, closes the window and the door, and goes quickly to the office. 18. She is again happy, healthy, and full of energy!

ADDITIONAL READING MATERIAL
Based on the vocabulary and grammar of the preceding lessons

У БАБУШКИ В ДЕРЕВНЕ.

Я ещё не знаю где я буду жить летом. Конечно, теперь только ноябрь и до лета ещё далеко.

Прошлое лето мы с братом жили у бабушки на даче. Зимой бабушка всегда жила в своём большом·городском доме. В начале июня она всегда говорила: — Летом мне не место в шумном городе. Хотите быть всегда здоровы и не болеть и не ходить к доктору, уезжайте летом из города. Природа лечит человека. —

Никто с бабушкой не спорил. Мы знали, что «бабушка всегда права».

Жизнь у бабушки в деревне шла по расписанию. Каждое утро все в доме просыпались рано, завтракали, а потом помогали бабушке по хозяйству. У бабушки всегда было много работы и в доме и на дворе.

Днём и вечером мы были свободны и могли делать что хотели. Днём в хорошую погоду мы иногда ездили к соседу играть в теннис или ходили гулять. Мы всегда очень любили природу. Я всегда буду помнить, какое это удовольствие гулять в поле или около реки. Летнее небо было всегда синее, а воздух свежий, здоровый ...

В плохую погоду мы тоже не скучали: мы читали вслух, играли в карты, слушали как бабушка играла на рояле. Я не умею играть ни на рояле, ни на скрипке, но мой брат хорошо играет на скрипке. Он часто играл с бабушкой; бабушка играла на рояле, а брат на скрипке.

Вечером мы иногда ездили в соседний город в кино. Бабушка в кино никогда не ездила. — Это городское удовольствие, — говорила она, — будете ездить в кино осенью или зимой. Летом надо быть на свежем воздухе целый день, а вечером надо идти рано спать.

Кто мог спорить с бабушкой? Конечно, она была права!

SIXTEENTH LESSON

ASPECTS OF THE RUSSIAN VERB

This Lesson has been given rather more than the usual space and has been divided into two parts, in order to introduce the student to this very characteristic feature of the Russian language as gradually and comprehensively as is feasible within the limits of this course. Another aim is to provide the greatest possible amount of illustrative material. Part A acquaints the student with the fundamentals, Part B with the more advanced characteristics of this important feature of the Russian Verb System.

PART A

I. COMMON EXPRESSIONS AND IDIOMS

После того́ как я поза́втракаю	After I have had breakfast
Две ча́шки ко́фе, ча́я	Two cups of coffee, tea
Купи́ть за полцены́	To buy for half-price, get a bargain
Де́лать поку́пки; ходи́ть за поку́пками	To go shopping
Смотре́ть програ́мму по теле-ви́дению	To watch a program on television
Я то́лько что прочита́ла	I have just finished reading
Попроси́ у неё его́ а́дрес!	Ask her for his address!
С тех пор как	Since (the time that) . . . .
Говори́ть по телефо́ну	To have a telephone conversation

II READING: В ПОНЕДЕЛЬНИК

Ка́ждую неде́лю в понеде́льник у́тром я пишу́ письмо́ бра́ту. Сего́дня понеде́льник и **по́сле того́ как я поза́втракаю,**

130

я бу́ду писа́ть письмо́ Петру́. Когда́ я писа́ла письмо́, я **услы́-шала** го́лос мое́й сестры́ Ма́ши:

— Та́ня, что ты де́лаешь? Ты уже́ за́втракала? Пила́ ко́фе?

— Спаси́бо, Ма́ша, я уже́ **поза́втракала** и **вы́пила две ча́шки ко́фе.** Сейча́с я пишу́ Петру́.

— Ты **написа́ла** Петру́, что я **купи́ла** но́вый автомоби́ль?

— Нет, я **написа́ла** Петру́, что ты **купи́ла за полцены́** но́вую обстано́вку на распрода́же.

— А пото́м ты **напи́шешь** о моём но́вом автомоби́ле? **Прочита́й**, пожа́луйста, что ты **написа́ла.**

— Почему́, Ма́ша, ты никогда́ не пи́шешь Петру́? Я пишу́ Петру́ ка́ждую неде́лю, а ты пи́шешь раз в год! Ты свобо́дна сего́дня у́тром, — **напиши́** Петру́ о твоём но́вом автомоби́ле.

— Нет, не могу́, сего́дня у́тром я о́чень занята́. Сего́дня понеде́льник, а в понеде́льник я всегда́ мо́ю пол в ку́хне, чи́щу свою́ ко́мнату и **хожу́ за поку́пками.**

— Вот как! А что ты бу́дешь де́лать **по́сле того́ как** ты **вы́моешь** пол, **вы́чистишь** свою́ ко́мнату и **сде́лаешь поку́пки?**

— Бу́ду ду́мать об о́тдыхе, коне́чно!

— Бу́дешь чита́ть и́ли **смотре́ть програ́ммы по телеви́-дению,** а не **смо́жешь написа́ть** письма́ Петру́!

— Ну, не бу́дем спо́рить! Я иду́ за́втракать. Я так голодна́.

— Ма́ша, ты зна́ешь, что вчера́ ве́чером Ве́ра звони́ла три ра́за и проси́ла **позвони́ть** сего́дня у́тром?

— Да, зна́ю. Она́ говори́ла с ба́бушкой, а **по́сле того́ как она́ поговори́ла** с ба́бушкой, она́ говори́ла це́лый час с Никола́ем.

— О чём они́ говори́ли с Никола́ем?

— Они́ **поспо́рили** о но́вой кни́ге Андре́ева. Ты чита́ла э́ту кни́гу?

— Да, **я то́лько что прочита́ла** его́ кни́гу. Очень интере́сно.

— Ты слы́шала, что Ве́ра была́ о́чень больна́? Но говоря́т, что до́ктор Че́хов **вы́лечил** Ве́ру в три дня!

— Да что ты говори́шь! Когда́ ты **уви́дишь** Ве́ру, **попроси́ у неё его́ а́дрес.**

— Я не ви́дела Ве́ры, **с тех пор как** она́ **купи́ла** дом в дере́вне.

— Ну, я ви́жу, что ты не о́чень голодна́ и не о́чень занята́: сиди́шь тут уже́ це́лый час, а я не могу́ **написа́ть** письма́ Петру́!

Verbs and their Aspects

Imperfective	Perfective	English[2]
вѝдеть; вѝжу, вѝдишь, вѝдят	увѝдеть (вѝдеть)[3]	I. to see; P. catch sight of
говорѝть (II)	поговорѝть (II) сказа́ть; скажу́, ска́жешь, ска́жут	I. to speak; P. finish speaking, to tell
де́лать (I)	сде́лать (II)	I. to do, make; P. finish, complete
за́втракать (I)	поза́втракать (I)	to have breakfast
звонѝть (L. 12)[4]	позвонѝть (звонѝть)	to phone, ring
лечѝть (L. 15)	вы́лечить (лечѝть)	I. to treat; P. cure
мочь (L.6)	смочь (мочь)	to be able
мы́ть(ся) (L.15)	вы́мыть(ся) (мы́ться)	to wash (oneself)
писа́ть (L. 6)	написа́ть (писа́ть)	to write
пить (L. 7)	вы́пить (пить)	to drink
покупа́ть (I)	купѝть; куплю́, ку́пишь, ку́пят	to buy
просѝть; прошу́, про́сишь, про́сят	попросѝть (просѝть)	to ask a favor, beg
слы́шать (II)	услы́шать (II)	I. to hear; P. to catch the sound
спо́рить (II)	поспо́рить (II)	to argue, quarrel
чѝстить; чѝщу, чѝстишь, чѝстят	вы́чистить (чѝстить)	I. to clean; P. to clean thoroughly
чита́ть (I)	прочита́ть (I)	I. to read; P. read through

---

[1] Except in Part B of this Lesson, this will be the system of arranging the verbs in all subsequent Lessons.

[2] The verb following an "I" renders the *imperfective* Russian verb; one following a "P," the *perfective*; when these letters are not used, the English verb renders *both* aspects of the Russian verb.

[3] The verb followed by a verb in parentheses is conjugated like the verb in parentheses, i.e. увѝдеть like вѝдеть.

[4] This indicates the Lesson of the first occurence of the verb.

IV. GRAMMAR

A. Basic characteristics of the Imperfective and the Perfective Aspects:

1. Most Russian verbs have *two* aspects: the *imperfective* and the *perfective*.

2. These ASPECTS represent different phases of an action or of a state expressed by a Russian verb.

3. The IMPERFECTIVE aspect can express:

a. an action or state which is CONTINUOUS (durative)

Он **читáет** цéлый вéчер   He is reading all evening

b. an action or state which is REPETITIVE (iterative)

Он **бýдет писáть** отцý кáждый   He will write his father every
день.   day.

c. an action or state which is HABITUAL

Утром он **читáет** газéту   Mornings he is (in the habit of) reading the newspaper

d. the general idea of an action or state without reference to the length of time it takes or to the specific point of its beginning or completion

Он лю́бит **читáть** газéту   He loves to *read* the newspaper

4. The PERFECTIVE aspect, on the other hand, focuses our attention:

a. on the COMPLETION of an action or state. It expresses *completed* action or state. It stresses accomplishment, the result, the goal attained

Он **написáл** отцý   He had written his father (has finished writing)

b. on the BEGINNING of an action or state

Онá **запéла**   She began to sing

Summing up we can state the following of the basic characteristics of the ASPECTS:

Verbs expressing *continuous, repetitive* or *habitual* phases of an action or state with no specific reference to the beginning or the end of the action are regarded as verbs of the IMPERFECTIVE aspect. Verbs which point to the particular phases of *completion* or *beginning* of an action or state are regarded as verbs of the PERFECTIVE aspect.

B.   Tenses of the Aspects:

1. The IMPERFECTIVE aspect of the verb appears in all *three tenses*: in the *present*, the *past* and in the *future*.

2. The PERFECTIVE aspect of the verb can appear only in the *past* and the *future* tenses. The form of the perfective which looks like a present tense form has a future meaning: **Я напишу́** means "I will write" *not* "I am writing."

3. The *past* tense of the PERFECTIVE verb is formed exactly as that of the imperfective verb, thus:

я написа́л, она́ написа́ла, они́ написа́ли, etc. (L. 11)

4. The *future* tense of the PERFECTIVE verb is formed like the present tense of the IMPERFECTIVE, thus:

я напишу́; ты напи́шешь; он напи́шет; мы напи́шем etc.

For a systematic comparison of the tenses in the two aspects and their formation see the ASPECT-TENSE TABLE (p. 352).

C.   The verbs говори́ть (Imperf.) and сказа́ть (Perf.)

The verb **говори́ть** has two meanings: "to speak" and "to tell." **Говори́ть** in the meaning of "to speak" has the perfective form **поговори́ть** which denotes termination of the process of "speaking":

Imperf.: Вчера́ я **говори́л** с мои́м дру́гом.
        Yesterday I spoke with my friend.
PERF.: Вчера́ я **поговори́л** с мои́м дру́гом.
        Yesterday I had a talk (finished speaking) with my friend.

Говори́ть in the meaning of "to tell" has the perfective form **сказа́ть** which denotes termination of the process of "telling", a one time, non-repetitive action:

Она́ всегда́ **говори́ла** бра́ту, куда́ она́ шла.
She always told her brother where she went.

За́втра она́ **ска́жет** бра́ту, куда́ она́ пойдёт.
Tomorrow she will tell her brother where she will go.

D.   The Imperative Mood of the Perfective Aspect.

The *perfective imperative* is formed exactly like the imperfective imperative (see Lesson 13) from the *proper future tense* form of the *perfective* verb.

In the negative command the imperfective is normally used:

Не ждите друга!   **Do not wait for your friend!**

V. QUESTIONS

1. Что вы всегда делаете в понедельник утром? 2. Что спрашивала Маша? 3. О чём вы написали Петру? 4. Часто ли пишет Маша Петру? 5. Что делает Маша в понедельник утром? 6. Что делает Маша, когда она думает об отдыхе? 7. Кто звонил вчера вечером? 8. Кто вылечил Веру? 9. Знаете ли вы адрес доктора Чехова? 10. Как давно Маша не видела Веры?

VI. GRAMMAR EXERCISES

Exercises with Grammar A and B

1. Write out all perfective verbs occuring in the *Reading Unit* of this Lesson. Supply their *imperfective* infinitives and English meaning.

2. Conjugate these *perfective* verbs in the *past* and *future* tenses.

Exercise with Grammar C

In the following Reading Exercise translate all bold type verbs with special attention to the nuance of meaning in which the verbs **говорить, поговорить, сказать** are used in the context. Indicate their *aspect* and *tense*:

Мери и Дороти **говорят по телефону**:

— Дороти, ты хочешь пойти сегодня вечером на лекцию профессора Брауна?

— О чём он **будет говорить**?

— На прошлой неделе он **говорил** о русском театре, а сегодня он **будет говорить** о русской литературе.

— Это очень интересно. Все **говорят**, что профессор Браун прекрасно **говорит**. Я не знаю, свободен ли Бил сегодня вечером.

— Ну, хорошо. **Поговори** с Билом, а после того как ты **поговоришь** с Билом, позвони и **скажи** мне, свободен ли он.

Через несколько минут Дороти звонит Мери:

— Мери, я **сказала** Билу о лекции профессора Брауна и он **сказал**, что с удовольствием послушает лекцию профессора Брауна.

— Прекрасно! До вечера!

Exercise with Grammar D

1. Give the *imperative* forms of *all perfective* verbs occuring in the above Reading Exercise.

2. Reread the Reading Unit introducing this Lesson. Write out the perfective verbs and give their *imperative* forms and their English meaning.

PART B

I. COMMON EXPRESSIONS AND IDIOMS

Мне не надо спешить на службу	I do not have to hurry to my job
Снимать квартиру	To rent an apartment
Закусить и выпить кофе	To have a snack (bite) and (drink) a cup of coffee
Сандвич с ветчиной, с сыром	Ham sandwich, cheese sandwich
Заходить к приятелю	To drop in on the friend
Узнать что нового	To find out what's new
Однажды	Once (upon a time)
Как только	As soon as
Заниматься спортом	To go in for sports
На спортивном поле	On the athletic field

II. READING: ВИКТОР ИВАНОВИЧ — ПОЭТ

Виктор Иванович Светлов — поэт. Каждое утро, когда он просыпается, он думает: как хорошо, что я не механик, не инженер, не доктор и не учитель. Утром везде все спешат на работу, а **мне не надо спешить на службу,** не надо рано

встава́ть, мы́ться, бри́ться, одева́ться, гото́вить за́втрак и на-
чина́ть ду́мать о слу́жбе с ра́ннего утра́.

Ви́ктор Ива́нович **снима́л кварти́ру** в це́нтре го́рода,
в но́вом до́ме на ма́ленькой у́лице, где не́ было большо́го
движе́ния. Ка́ждое у́тро, когда́ Ви́ктор Ива́нович просыпа́лся,
он встава́л, открыва́л окно́ и смотре́л, кака́я была́ пого́да.
В хоро́шую пого́ду Ви́ктор Ива́нович гуля́л в сосе́днем па́рке,
а в плоху́ю пого́ду он е́здил на такси́ в гла́вную городску́ю
библиоте́ку.

По́сле того́ как Ви́ктор Ива́нович **погуля́л** в па́рке и́ли
почита́л немно́го в городско́й библиоте́ке, он шёл в заку́-
сочную **закуси́ть** и **вы́пить ко́фе**. Обыкнове́нно Ви́ктор Ива́-
нович ел **са́ндвич с ветчино́й** и́ли **с сы́ром** и пил чёрный ко́фе.
По́сле того́ как он **съел** свой са́ндвич и **вы́пил** ча́шку ко́фе,
Ви́ктор Ива́нович шёл домо́й. По доро́ге домо́й он иногда́
заходи́л к своему́ прия́телю поговори́ть и **узна́ть что но́вого**,
а иногда́ встреча́лся в клу́бе с поэ́том Некра́совым и игра́л
в ка́рты.

Ви́ктор Ива́нович был весёлый, споко́йный челове́к. Он
никогда́ никуда́ не спеши́л и был о́чень дово́лен свое́й жи́знью.
Но **одна́жды** Ви́ктор Ива́нович **просну́лся** ра́но у́тром, потому́
что он **услы́шал** шум в сосе́дней кварти́ре.

— Что э́то за шум? — **поду́мал** Ви́ктор Ива́нович. — Кто
в на́шем до́ме так ра́но **встал** сего́дня? — Спать бы́ло не-
возмо́жно. Ви́ктор Ива́нович **встал, откры́л** окно́, **посмотре́л**
кака́я была́ пого́да. Шёл дождь. Ви́ктор Ива́нович **поспеши́л
закры́ть** окно́ и **на́чал** одева́ться.

Как то́лько Ви́ктор Ива́нович **помы́лся, побри́лся, оде́лся,
пригото́вил** за́втрак и **поза́втракал**, он **позвони́л** хозя́ину до́ма.

— Скажи́те мне, пожа́луйста, почему́ сего́дня тако́й шум
в сосе́дней кварти́ре? — **спроси́л** он хозя́ина.

— А, э́то ваш но́вый сосе́д. Он **снял** кварти́ру вчера́ в на́-
шем до́ме.

— Вот как! А кто он? Отку́да? Чем он занима́ется?

— Он спортсме́н. Изве́стный футболи́ст. **Прие́хал** сюда́
из шта́та Орего́н.

— Очеви́дно он **занима́ется спо́ртом** в свое́й кварти́ре!
Вы разреша́ете игра́ть в футбо́л в ва́шем до́ме?

— Нет, коне́чно, я не **разреши́л** господи́ну Гро́мову
занима́ться спо́ртом в свое́й кварти́ре. Как я мог ду́мать, что
он **захо́чет** игра́ть в футбо́л в кварти́ре ...

— Скажи́те, пожа́луйста, господи́ну Гро́мову, что он не
на спорти́вном по́ле!

— Да, да я сейча́с же э́то **сде́лаю**. Прости́те за беспо-
ко́йство!

III. VOCABULARY

библиотéка	library	скóро	soon
вездé	everywhere	спокóйный	quiet,
весёлый,	merry, jolly	-'ая, -'ое	peaceful
-'ая, -'ое		спортсмéн	sportsman
глáвный,	main, chief	таксú	taxi
-'ая, -'ое		футболúст	soccer player,
движéние	traffic		(footballer)
закýсочная	snack bar	хозя́ин	landlord,
кáрта	map		proprietor
откýда	whence, from	центр	center
	where	штат	state
пьéса	drama, play	шум	noise

Verbs

The verbs are here arranged according to their aspect—formation in keeping with their treatment in the Grammar of this part as well as for most effective memorization.

PERFECTIVES FORMED

1. By means of PREFIXES:[1]
ЗА-: хотéть (L. 9) — захотéть   I. to wish, want; P. to get the desire
ПО-: брúться; брéюсь, брéешься, брéются — побрúться to shave гуля́ть (I) — погуля́ть   to take a walk, stroll éхать (L. 5) — поéхать   to drive, ride идтú (L. 5) — пойтú   to go сидéть; сижý, сидúшь, сидя́т — посидéть   to sit слýшать (I) — послýшать   to listen to смотрéть; смотрю́, смóтришь, смóтрят—посмотрéть   to look
ПРИ : готóвить(ся); готóвлю(сь), готóвишь(ся), готóвят(ся) — приготóвить(ся)   to prepare (oneself)
С-: есть (L. 4) — съесть   I. to eat; P. eat up, consume
2. By loss of the syllable: -ВА-
встава́ть (L. 15) — встать; встáну, встáнешь, встáнут to rise

---

[1] These perfectives are conjugated like their imperfective forms.

дава́ть (L. 7) — дать; дам, дашь, даст, дади́м, дади́те, даду́т
   to give

закрыва́ть (I) — закры́ть; закро́ю, закро́ешь, закро́ют to close

открыва́ть (I) — откры́ть (закры́ть)   to open

одева́ть(ся) (I) –- оде́ть(ся); оде́ну(сь), оде́нешь(ся), оде́-
   нут(ся) to get dressed, to dress

спра́шивать (I) — спроси́ть; спрошу́, спро́сишь, спро́сят
   to ask, enquire

узнава́ть; узнаю́, узнаёшь, узнаю́т — узна́ть (I) to recognize

---

3. By change of the stem–vowel: А to И

встреча́ть(ся) (I) — встре́тить(ся); встре́чу(сь), встре́тишь-
   (ся), встре́тят(ся) to meet, meet with

разреша́ть (I) — разреши́ть (II) to permit

---

4. By change of the syllables: ИМА to Я and ИНА to А

занима́ться (I) — заня́ться; займу́сь, займёшься, займу́тся
   to occupy oneself with (+ Instr.), to study

снима́ть (I) — снять; сниму́, сни́мешь, сни́мут to take off, rent

начина́ть (I) — нача́ть; начну́, начнёшь, начну́т   to begin

---

5. By change to syllable: -НУ-

крича́ть (II) — кри́кнуть (I)   I. to shout; P. to cry out

просыпа́ться (I) — просну́ться (I)   to awaken

IV. GRAMMAR

A. Further functions of the perfective aspect

In Part A basic functions of the *perfective* aspect of Russian verbs have been discussed and illustrated: its use to express the *completion of an action or the termination of a state* and *the beginning of an action or state.*

Now we shall consider other phases of action or state which the perfective can also express:

1. An action limited to one *single* performance of *instantaneous* character, an action *suddenly begun and suddenly ended*:

Он кри́кнул: — помоги́те!   He shouted: "Help!"

2. The perfective verb with the prefix **по-** usually indicates, as would be expected, the *completion* or *termination* of a durative action:

| Он поговорил. | He had spoken, had finished speaking. |

However, this prefix **по-**, depending on the context in which it is used, can also give a perfective aspect verb the specific meaning of *informality*, or *lack of strain* or *intensity*, and of *brevity*. Thus the perfectives in the following sentences:

Я поработал около часа. Он немного погулял после обеда.
indicate that: "I worked (without strain or intensity) for about an hour."; "He strolled, took a walk after dinner."

Usually the perfectives used in this context are preceded or followed by the adverb **немного** "a little, for a while.":

Она **немного поспит, погуляет, почитает.**
She will sleep for a while, will take a short walk (stroll) and will read a little.

B.   Formation of the perfective aspect

   1. *By means of prefixes*:

Studying the perfective aspect of Russian verbs the student will have noticed that it is often derived from the imperfective by the addition of certain *prefixes*. Knowledge of the *meaning* of some of these will prove helpful in recognizing the exact shading of meaning of a perfective verb.

We have already learned the meaning which the prefix **по-** can convey. (Part B, sect. A, 2); we also know that the prefix **за-** denotes the *beginning* of an action or state (Part A, sect. A, 2).

Now let us look at the meaning of some other frequently used prefixes all of which denote the *completion* of an action or state, but with subtle nuances of meaning:

   a) the prefix **на-** literally means "on, upon." Used with the verb **писать** "to write" it expresses the completed phase of that verb as something that has been "put *down on* paper":

| Он **написал** письмо | He wrote (finished putting down on paper) the letter. |

   b) the prefix **про-** literally means "through." It lends to the perfective verbs the meaning of an action completed "through and through," "from one end to the other":

| Я **прочитал** журнал. | I read through the periodical (from cover to cover.) |

c) the prefix вы-. With verbs of motion it has the meaning of "out of": Я вы́шел из до́ма. I came out of the house. With other verbs it conveys the same idea of "out, out of" in the sense of thoroughness, of "getting something out" thoroughly, "emptying," "removing" completely:

Он вы́пил стака́н молока́.   He drank a glass of milk. Lit.: He drank *out*, emptied the glass of milk.[1]

2. Not all perfectives are formed by prefixation. There are some that are formed by:

a) a change of the *stem vowel* and / or the *consonant*:

Imperf.: получа́ть (receive);   Perfective: получи́ть
Imperf.: отвеча́ть (answer);   Perfective: отве́тить

b) dropping the syllable -ва- of the imperfective verb:

Imperf.: дава́ть (give); одева́ться (dress); открыва́ть (open)
Perfective: дать; оде́ться; откры́ть

c) a change of the syllable -има- of the imperfective to -я-:

Imperf.: занима́ться (occupy oneself with)
Perfective: заня́ться

d) introducing the syllable -ну indicates the sudden or momentary character of an action; it often heightens the dramatic effect of the action:

Он крича́л весь день   He shouted all day long

but: Он кри́кнул: — помоги́те! He cried out "Help!"

3. Finally there are perfectives which are completely unrelated in form to their imperfective aspect.
Imperf.: говори́ть; Perfective: сказа́ть "to tell"[2]

C. The Verbs ходи́ть, идти́ and е́здить, е́хать

There are certain verbs of motion, the so-called "double imperfective" verbs which have two imperfective forms, the "indeterminate" form which expresses repeated, habitual motion *without definite aim or direction* and the "determinate" form indicating motion which proceeds in a *specific direction*

---

[1] The student must remember that not every prefix can be attached indiscriminately to every verb. He must check the possible forms in the vocabulary.

[2] For a complete listing of verbs used in this text arranged according to their aspect-formation, see Table 15 in the Appendix.

and/or at a specific time. The student knows already the "double imperfective" verbs **ходи́ть** "indeterminate" and **идти́** "determinate" (to go) and **е́здить** "indeterminate'" and **е́хать** "determinate" (to drive, ride). (See Lesson 8)

The *perfective* aspect of **ходи́ть** which is **походи́ть** denotes the *completion* of the action of walking *without a definite direction or specific goal.* In certain context it can also imply brevity and lack of intensity of the action of walking:

Он походи́л по го́роду   He walked, strolled about the ciẗy.

The *perfective* aspect of **идти́** which is **пойти́** denotes the *completion* of the action of walking *in a definite direction and with a specific goal.*

Вчера́ он пошёл в шко́лу   Yesterday he went to school.

Likewise, the *perfective* aspect of **е́здить** which is **пое́здить** denotes the *completion* of the action of "driving, riding" *without* definite direction or goal, while the *perfective* aspect of **е́хать** which is **пое́хать** denotes the *completion* of that action *with* a definite direction and goal:

Он пое́здил по го́роду.   He drove about the city.
Он пое́хал в го́род.   He drove to the city.

However, when **ходи́ть** and **е́здить** appear with any other prefix but **ПО-**, then **ходи́ть** must take a prefixed form of **идти́** for its *perfective* aspect, and **е́здить** must take a prefixed form of **е́хать** for its, thus:

ПРИходи́ть has for its perfective **ПРИйти́** and
ПРИезжа́ть (I) has for its perfective **ПРИе́хать**
Imperfective: Он **ПРИхо́дит** домо́й ка́ждый день в пять часо́в ве́чера. He comes home every day at five P.M.
PERFECTIVE: Вчера́ он **ПРИшёл** домо́й в пять часо́в ве́чера. Yesterday he came home at five P.M.
Imperfective: Он **ПРИезжа́ет** в Москву́ в пять часо́в утра́ ка́ждый день. He arrives (by vehicle) in Moscow every day at five A.M.
PERFECTIVE: Вчера́ он **ПРИе́хал** в Москву́ в пять часо́в утра́. Yesterday he arrived (by vehicle) in Moscow at five A.M.

V.   QUESTIONS

1. О чём ду́мает Ви́ктор Ива́нович, когда́ он просыпа́ется? 2. Где живёт Ви́ктор Ива́нович? 3. Что он де́лает ка́ждое у́тро? 4. Что он де́лал по́сле того́ как он погуля́л в па́рке и́ли почита́л в городско́й библиоте́ке? 5. Что он де́лал по́сле того́

как он закуси́л и вы́пил ко́фе? 6. Куда́ он иногда́ заходи́л по доро́ге домо́й? 7. Что услы́шал Ви́ктор Ива́нович одна́жды у́тром? 8. Кому́ он позвони́л узна́ть почему́ сего́дня у́тром в сосе́дней кварти́ре был шум? 9. Что сказа́л хозя́ин? 10. Разреши́л ли хозя́ин господи́ну Гро́мову занима́ться спо́ртом в кварти́ре?

VI. GRAMMAR EXERCISES

Exercises with Grammar A and B

1. From the Reading Unit of Part B write out all the *Perfective* verbs which are in the *Past* tense and change them to the future tense. Give their English meaning, thus:

Past	Future	English Meaning
погуля́л	погуля́ет	he will take a walk, stroll, etc.

2. From the Reading Units of Parts A and B write out all *Perfectives* which are formed with the Prefixes ВЫ- and С- as well as those formed by dropping the syllable -ВА-. Group them according to their formation. Give the *Imperfective* form and English meaning of each, thus:

Prefix	Perfective	Imperf.	English Meaning
ВЫ-	вы́пила	пила́	she drank, etc.

3. a. From the following sentences write out *all* verbs, indicating their *aspect* and giving their English meaning, thus: **она́ встре́тит** Perfective "she will meet," etc.

b. Change the following sentences into the *past* tense:

1. Когда́ она́ встре́тит подру́гу в университе́те? 2. Ты посмо́тришь, что сего́дня идёт в кино́? 3. Утром мы хоти́м поза́втракать в рестора́не. 4. Ты хо́чешь поговори́ть с до́ктором. 5. Я встре́чу моего́ прия́теля на гла́вной у́лице в це́нтре го́рода. 6. Сего́дня на у́лице большо́е движе́ние; до́ктор не смо́жет е́хать в го́род на автомоби́ле. 7. Я спра́шиваю продавщи́цу: — ско́лько сто́ит э́то кра́сное пла́тье? 8. Скажи́те това́рищу Петро́ву закры́ть окно́ пе́ред отъе́здом!

4. a. In the following sentences replace all boldface *imperfective* verbs by corresponding *perfective forms,* thus:

Мы **бу́дем писа́ть** кни́гу по-ру́сски: мы **напи́шем** кни́гу по-ру́сски.

b. Put all *perfective* forms thus obtained into the *past* tense, thus:

Мы **напи́шем** кни́гу по-ру́сски: мы **написа́ли** кни́гу по-ру́сски.

1. Утром к отцу́ **бу́дет приезжа́ть** до́ктор Ивано́в. 2. Петро́в **бу́дет за́втракать** до́ма. 3. Когда́ ты **бу́дешь чи́стить** кварти́ру? 4. Подру́га **спра́шивает,** когда́ я куплю́ но́вую шля́пу. 5. Они́ **бу́дут говори́ть** о после́дней ру́сской кни́ге. 6. Вы **бу́дете открыва́ть** сего́дня магази́н? 7. Вы **бу́дете смотре́ть** програ́мму по телеви́зору. 8. Я **бу́ду встреча́ть** моего́ бра́та на гла́вной у́лице пе́ред зда́нием но́вого ба́нка. 9. Они́ **бу́дут гото́вить** свой уро́к в университе́те и́ли до́ма? 10. Я **бу́ду встава́ть ра́но.**

Exercise with Grammar C

In the following Reading Exercise spot all verbs of *motion*, (22 in all), give their aspect, tense and English meaning.

ИВАН ВОЛКОВ В ЛЕНИНГРАДЕ

Ива́н Во́лков ме́дленно шёл по у́лице большо́го го́рода. Вчера́ ра́но у́тром он уе́хал из до́ма и прие́хал в Ленингра́д то́лько по́здно ве́чером. Сего́дня всё у́тро он ходи́л по го́роду. Во́лков жил всегда́ в дере́вне. Он рабо́тал в колхо́зе и о́чень ре́дко е́здил в сосе́дний го́род.

— Како́е движе́ние! — ду́мал Во́лков. — Куда́ все они́ е́дут? Куда́ спеша́т? А куда́ я тепе́рь иду́? Посмотрю́ на ка́рту. (Вчера́ ве́чером Во́лков купи́л ка́рту го́рода за рубль.)

Во́лков смо́трит на ка́рту го́рода. — Я шёл по у́лице Ки́рова, тепе́рь я в це́нтре го́рода, иду́ по у́лице о́коло большо́й пло́щади. Куда́ тепе́рь пойти́?

— Не зна́ете доро́ги? — услы́шал Во́лков го́лос. — Вы давно́ прие́хали в Ленингра́д?

— Нет, то́лько вчера́. А вы? Вы живёте в Ленингра́де?

— Нет, я не живу́ в Ленингра́де, но ча́сто сюда́ приезжа́ю. Куда́ вам на́до идти́ сейча́с? Како́й а́дрес?

— У меня́ нет а́дреса. Я тут никого́ не зна́ю. Хожу́ сего́дня це́лый день по го́роду. Сейча́с ду́мал пойти́ в музе́й. По ка́рте ви́жу, что э́то не далеко́.

— Да, вы пра́вы. Это не далеко́, но почему́ вы всё вре́мя хо́дите пешко́м? Почему́ вы не пое́дете на тролле́йбусе[1]? Это не до́рого и тролле́йбус ча́сто хо́дит по гла́вной у́лице. Пешко́м бу́дете идти́ це́лый час, а на тролле́йбусе бу́дете е́хать то́лько не́сколько мину́т. (only a few minutes.)

— Спаси́бо! Я так и сде́лаю.

---

[1] **тролле́йбус** trolley-bus, electric bus.

— Вот, смотри́те, идёт ваш тролле́йбус. Счастли́вого пути́!

— Спаси́бо, до-свида́ния!

VII. TRANSLATION INTO RUSSIAN

1. All day yesterday it was raining. 2. I could not do anything outdoors. 3. I woke up late, washed slowly, dressed, and cleaned my room thoroughly. 4. I listened to the radio a little while and then wrote a letter to my girl friend. 5. I wrote how I had gone shopping and had bought a very beautiful new dress. 6. I was going along on Main Street and caught sight of that beautiful dress (acc.) in the window of a big store. 7. Suddenly I wanted to buy it. 8. It was very expensive but I did not think of the price and bought it. 9. In the letter I also asked my friend when she would (will) come (arrive by vehicle) to the city. 10. When she comes, we shall go to the theater, the opera, and the concert. 11. I know that she will also want to see the new university. 12. My father is a professor at the university. 13. He will be able to show her everything—the big, new library, the museum, the beautiful club. 14. She will drive off, happy and satisfied.

ADDITIONAL READING MATERIAL—
REVIEW OF THE ASPECTS

ГОСПОДА́ ФОКС В БОСТО́НЕ

Вчера́ господи́н и госпожа́ Фокс **прие́хали** в Босто́н к сы́ну. Их сын, Джон, студе́нт Га́рвардского университе́та.

Господи́н и госпожа́ Фокс живу́т в Миннеа́полисе, в шта́те Миннесо́та. В Миннеа́полисе у них свой небольшо́й магази́н и они́ начина́ют свой рабо́чий день с ра́ннего утра́ и конча́ют свою́ рабо́ту то́лько по́здно ве́чером.

Сего́дня у́тром в Босто́не господи́н и госпожа́ Фокс **проснулись** по́здно, **полежа́ли** в посте́ли, **послу́шали** му́зыку по ра́дио, **прочита́ли** газе́ту, а пото́м **оде́лись, помы́лись** и **пошли́ поза́втракать** в рестора́н гости́ницы. Когда́ они́ **поза́втракали** и **пришли́** в свою́ ко́мнату, госпожа́ Фокс с удово́льствием **уви́дела,** что их ко́мнату уже́ **вы́чистили.**

— Что мы сего́дня бу́дем де́лать? — **спроси́ла** госпожа́ Фокс му́жа. (До́ма она́ никогда́ не спра́шивает своего́ му́жа, что они будут делать: она всегда говорит мужу: — вот наше расписание на сегодня, а вот наше расписание на завтра. Господин Фокс никогда не спорил с женой и всегда всё делал так, как она хотела.)

Господин Фокс **посмотрел** на жену, **подумал** и **ответил**:

— Дай, пожалуйста, карту города. — Жена дала мужу карту. Он **открыл** карту города, **посмотрел**, **подумал** и **сказал**:

— Сейчас я **сделаю** расписание дня. — Через несколько минут он **написал** расписание и **начал** читать расписание жене:

— Ровно в час дня мы **встретим** Джона около библиотеки Вайднера в университете. Мы **поговорим**, и он **сможет** показать библиотеку и свой университет. В три часа мы **пойдём** **закусить** и **выпить** чашку кофе. Мы **спросим** Джона, свободен ли он сегодня вечером. Может быть он **захочет пойти** на концерт Бостонского симфонического оркестра. Я давно хотел **послушать** этот оркестр.

— Вот новость! — **подумала** госпожа Фокс. — В Миннеа-полисе мой муж ходит на концерт три раза в год!

— **Поужинать** мы, конечно, **поедем** в Бостон, вечером после концерта мы **сможем погулять** по городу.

— В Миннеаполисе мой муж никогда не ходит пешком! — **подумала** госпожа Фокс.

— Это всё, — господин Фокс **кончил** читать. — Ты готова? — **спросил** он жену.

— Да, да, я скоро буду готова! Я уже **приготовила** пальто и шляпу, — **сказала** она.

— Прекрасно! Мы **пойдём** пешком до метро и **поедем** на метро прямо в Кэмбридж. Мы **приедем** туда **через** полчаса, **выпьем** кофе, а потом. . .

— Я не узнаю мужа. Это совсем новый человек! Хорошо, что мы завтра уезжаем из Бостона. . . — думает госпожа Фокс и медленно идёт к двери.

— Ну! — **услышала** она голос мужа, — Ты **сказала**, что ты готова? Почему мне надо всегда ждать? — **крикнул** на жену господин Фокс. (Дома он никогда не кричал на жену!)

Госпожа Фокс ничего не **ответила** и **поспешила** за мужем из комнаты.

СЕМНАДЦАТЫЙ УРОК | SEVENTEENTH LESSON

*Peculiarities in the singular masculine and neuter declensions;
prepositional in -y; neuters in -мя — Declension of personal
pronouns — Impersonal expressions (with dative)*

I. COMMON EXPRESSIONS AND IDIOMS

Звони́ть по телефо́ну (+dat.)	To phone, call up
Иду́! Пойдём!	I am coming! Let's go!
Приглаша́ть в го́сти	To invite (on a visit, as a guest)
Приня́ть приглаше́ние	To accept the invitation
Разреши́те мне вам предста́вить...	Permit me to present to you ... (acquaint) you (with).
Я хочу́ вас познако́мить...	I (should) like to introduce you.
Очень прия́тно познако́миться.	It's a pleasure to make your acquaintance.
Да мы знако́мы!	But we know each other!
Ми́лости про́сим!	Welcome (in)!
Прости́те!	I beg your pardon; please forgive me!
«В гостя́х хорошо́, а до́ма лу́чше».	"It's pleasant enough visiting, but at home it's better." "East or West, home is best."

II. READING: ПРИНЯТЬ ПРИГЛАШЕНИЕ

Утром в кварти́ре инжене́ра Мо́лотова позвони́л телефо́н.

— Алло́!

— Попроси́те, пожа́луйста, к телефо́ну Татья́ну Мо́лотову.

— Кто говори́т?

— Это её подру́га, Ве́ра Попо́ва

— Сейча́с ... Та́ня! Телефо́н! С **тобо́й** хо́чет говори́ть Ве́ра Попо́ва.

— Иду́! ... Алло́? ... Ве́ра?! Здра́вствуй, дорога́я! Ты давно́ в Ленингра́де? ...

— Миша, ты свобóден в суббóту вéчером?

— Да, я свобóден. А что?

— Вéра **приглашáет нас в гóсти.**

— Кто у **неё** ещё бýдет?

— У **неё** бýдет большóй приём. **Бýдет** óчень **интерéсно. Пойдём!**

— В большóм óбществе **мне** всегдá **скýчно,** но éсли **тебé** бýдет **вéсело,** я с удовóльствием **принимáю её приглашéние.**

В суббóту вéчером, Мóлотов с женóй **éдут в гóсти.**

— **Тебé** не **хóлодно** без пальтó, Táня?

— Нет, сегóдня **теплó.** Днём, на **сóлнце, бы́ло** дáже **жáрко.**

Позвони́ли. Хозя́йка откры́ла **им** дверь.

— Дóбрый вéчер, Táня. Я так рáда **тебя́** ви́деть!

— Вéра, э́то мой муж, Михаи́л Сергéевич.

— **Óчень прия́тно познакóмиться. Ми́лости прóсим ...** Táня, Михаи́л Сергéевич, **разреши́те мне вам предстáвить** Ви́ктора Ивáновича Светлóва.

— **Да мы знакóмы!** Как вы поживáете, Ви́ктор Ивáнович? Что вы тепéрь дéлаете?

— **Трýдно** отвéтить ... **Врéмя от врéмени** я пишý для журнáла «Совéтский Писáтель», рабóтаю над нóвой кни́гой ...

— Михаи́л Сергéевич, Táня, **прости́те,** — услы́шали они́ гóлос хозя́йки. — Ви́ктор! **Я хочý вас познакóмить с** певи́цей Бáрсовой. Ты, Táня, иди́ со **мной,** а вы, Михаи́л Сергéевич, не сиди́те **в углý,** а поговори́те с товáрищем Си́доровым. Он гéний! Но, пожáлуйста, не спóрьте с **ним!**

Мóлотов посмотрéл на товáрища Си́дорова и подýмал:

«.. В гостя́х хорошó, а дóма лýчше».

III. VOCABULARY

аллó	hello (over the telephone)	**рот (†о)**	mouth
вещь	thing, object	**слóво**	word
éсли	if (not whether)	**телефóн**	telephone
óбщество	society, company	**телефони́ст**	telephone operator
приглашéние	invitation	**ую́тный, -'ая, -'ое**	cozy, comfortable
приём	reception, party	**хозя́йка**	hostess, proprietress

Verbs[1]

Imperfective	Perfective	English
знако́мить; знако́млю, знако́мишь, знако́мят	познако́мить (знако́мить)	to acquaint
знако́миться (знако́мить)	познако́миться (знако́мить)	to get acquainted
отвеча́ть (I)	отве́тить; отве́чу, отве́тишь, отве́тят	to answer
представля́ть (I)	предста́вить; предста́влю, предста́вишь, предста́вят	to introduce
приглаша́ть (I)	пригласи́ть; приглашу́, пригласи́шь, приглася́т	to invite
принима́ть (I)	приня́ть; приму́, при́мешь, при́мут	to receive, accept
сто́ить (II)	None	to cost

IV. GRAMMAR

A. Peculiarities in the singular masculine and neuter declensions

1. *Masculine*:

a. In accordance with Vowel Mutation Rule C, hard masculine nouns the stem of which is stressed and ends in ж, ш, щ, ч, ц take the ending -ем in the instrumental instead of -ом:

ме́сяц "month": ме́сяцем; това́рищ: това́рищем

---

[1] This system of listing both aspects of the verbs will be used in all subsequent Lessons.

Personal pronoun

b. After the prepositions в and на some masculine nouns take the ending **-y (-ю)** in the prepositional instead of **-e**:

в, на углу[1]	in, on the corner	на полу́	on the floor
в саду́	in the garden	в году́	in the year
во рту	in the mouth	на мосту́	on the bridge

2. *Neuter*:

a. In accordance with Vowel Mutation Rule A, neuter nouns ending in **-же, -че, -ше, -ще,** or in **-це** take **-a** instead of **-я** in the *genitive*: со́лнце: "sun": со́лнца; and **-y** instead of **-ю** in the *dative*: со́лнце: со́лнцу.

b. The neuter nouns **и́мя** "name" (Christian name) and **вре́мя** "time" have the following declension in the singular:

Nom.	и́мя	вре́мя
Gen.	и́мени	вре́мени
Dat.	и́мени	вре́мени
Acc.	и́мя	вре́мя
Instr.	и́менем	вре́менем
Prep.	и́мени	вре́мени [2]

B.   Declension of the personal pronouns

		Singular				
	First Person		*Second Person*	*Third Person*		
	All Genders		*All Gen.*	*Masc.*	*Neut.*	*Fem.*
Nom.	я	I	ты you	он he	оно́ it	она́ she
Gen.	меня́	of me	тебя́	его́		её
Dat.	мне	to me	тебе́	ему́		ей
Acc.	меня́	me	тебя́	его́		её
Instr.	мной (мно́ю)	by me	тобо́й (тобо́ю)	им		ею (ней)
Prep.	обо мне́	about me	о тебе́	о нём		о ней

---

[1] Note that у́гол, рот lose the o in the oblique cases: угла́, углу́, etc.
рта, рту, etc.

[2] For the plural declension and other details, see Lesson 21 .

Plural

All Genders

Nom.	мы	we	вы	you	они́	they
Gen.	нас	of us	вас		их	
Dat.	нам	to us	вам		им	
Acc.	нас	us	вас		их	
Instr.	на́ми	by us	ва́ми		и́ми	
Prep.	о нас	about us	о вас		о них	

The *third* person *personal* pronouns take prefixed н when used as the object of prepositions. They do this in contrast to the *third* person *possessive* pronoun-adjectives, which *never* take prefixed н:

Personal Pronouns

Они́ пошли́ без него́ в теа́тр.	They went without him to the theater.
Я говори́л с ним, а не с ней.	I spoke with him and not with her.
Он спо́рил с ни́ми.	He argued with them.
Мы говори́ли о них.	We spoke about them.

Possessive Pronoun-Adjectives

У его́ бра́та есть автомоби́ль.	His brother has a car.
Я говори́л с её подру́гой.	I spoke with her girl friend.
Я спо́рил с их сосе́дкой.	I argued with their neighbor.
Мы говори́ли об их рабо́те.	We spoke about their work.

C. Impersonal expressions

1.	хо́лодно	It is cold.	интере́сно	It is interesting.
	тепло́	It is warm.	ску́чно	It is boring.
	жа́рко	It is hot.	удо́бно	It is comfortable.
	тру́дно	It is difficult.	неудо́бно	It is uncomfortable.
	легко́	It is easy.	прия́тно	It is pleasant.
	хорошо́	It is good.	неприя́тно	It is unpleasant.
	пло́хо	It is bad.	бо́льно	It is painful.

2. These impersonal expressions can be used with reference to a person. The person appears in the Russian sentence
in the dative case.

		Literal Translation
мне хо́лодно	I am cold.	to me [it is] cold
тебе́ тепло́?	Are you warm? (fam.)	to you [it is] warm?
вам тепло́?	Are you warm? (pol.)	to you [it is] warm?
ему́ тру́дно	It is difficult for him.	to him [it is] difficult
ей легко́	It is easy for her.	to her [it is] easy
нам ве́село	We have a good time.	to us [it is] merry
удо́бно вам?	Are you comfortable?	to you [it is] comfortable?
им неудо́бно	They are uncomfortable.	to them [it is] uncomfortable
нам ую́тно	We are cozy, comfortable.	to us [it is] cozy, comfortable

3. To form the past and future tense, бы́ло and бу́дет are
used respectively:

Мне бы́ло тру́дно говори́ть
по-ру́сски.

It was difficult for me to speak
Russian.

Вам бу́дет легко́ говори́ть
по-ру́сски.

It will be easy for you to speak
Russian.

4. The verbs хоте́ться "to feel like, have a desire" and
каза́ться "to seem, appear":

Present Мне хо́чется чита́ть. I feel like reading.
Past Ему́ хоте́лось есть. He felt like eating (had the desire to eat).

Future Им бу́дет хоте́ться[1]
or Perf.: им захо́чется } They will feel like

Present Мне ка́жется, что я бо́лен.[2] It seems to me that I am sick.

Past Нам каза́лось, что он бо́лен. It seemed to us that he was sick.

Future Им бу́дет каза́ться
or Perf.: им пока́жется } It will seem to them.

---

[1] Rarely used.

[2] Also: каза́ться with instrumental: Он ка́жется больны́м. He appears (to be) sick.

V. QUESTIONS

1. Когда́ позвони́л телефо́н в кварти́ре инжене́ра Мо́ло-
това? 2. Кого́ попроси́ли к телефо́ну? 3. Кто звони́л по теле-
фо́ну? 4. Свобо́ден Мо́лотов в суббо́ту ве́чером? 5. Кто
пригласи́л их в го́сти? 6. Кто ещё бу́дет у Ве́ры? 7. Бу́дет ли
у неё интере́сно? 8. Ску́чно ли Мо́лотову в большо́м о́бще
стве? 9. Почему́ при́нял Мо́лотов приглаше́ние Ве́ры? 10. Куда́
е́дут Мо́лотов с жено́й в суббо́ту ве́чером? 11. Почему́ Та́не
не́ было хо́лодно без пальто́? 12. Где бы́ло днём жа́рко?
13.Кто им откры́л дверь, когда́ они́ позвони́ли? 14. Что
сказа́ла им хозя́йка? 15. Зна́ла ли Ве́ра инжене́ра Мо́лотова?
16. Познако́мила ли Та́ня Мо́лотова свою́ подру́гу с му́жем?
17. Как Ве́ра Попо́ва познако́мила их с Ви́ктором? 18. Бы́ли
ли они́ уже́ знако́мы? 19. Что де́лает сейча́с Ви́ктор Ива́нович?
20. С кем хоте́ла хозя́йка познако́мить Ви́ктора Ива́новича?
21. О чём поду́мал Мо́лотов, когда́ он посмотре́л на това́рища
Си́дорова?

VI. GRAMMAR EXERCISES

Exercise with Grammar A

Give the correct case of the nouns in parentheses:

1. У меня́ нет (вре́мя) чита́ть. 2. Я не зна́ю его́ (и́мя).
3. Я хорошо́ по́мню его́ (и́мя). 4. С ва́шим (и́мя) вы мо́жетε
тут де́лать, что хоти́те. 5. Когда́ мы у вас в гостя́х, мы не
ду́маем о (вре́мя). 6. Мы спро́сим хозя́йку о его́ (и́мя). 7. Мы
не мо́жем жить без (со́лнце). 8. Я с удово́льствием встреча́лся
со свои́м (това́рищ). 9. Ме́жду февралём и ма́ртом (ме́сяц) я
бу́ду жить в Москве́. 10. Что у вас во (рот)? 11. Он сиде́л в
(у́гол) и чита́л журна́л «Ру́сский Наро́д». 12. Я посмотре́л на
(пол); на (пол) лежа́ла моя́ но́вая кни́га. 13. Они́ у́жинают у
на́шего бра́та три ра́за в (год). 14. В (сад) сейча́с о́чень при-
я́тно; пойди́те в (сад).

Exercises with Grammar B

a. From the Reading Exercise write out all the *personal pronouns*, except those in the nominative case (singular or plural).
Give their person, case, and number, and their English meaning,
thus (14 forms in all):

с тобой 2nd sing. (fam.) Instrumental "with you (thee)"
нас 1st plur. Accusative "us"

b. Supply the Russian equivalent of the English words in parentheses ("Thou" has been used wherever the *familiar* form of the second person is to be supplied).

1. Он сидел около (me) и читал (to me) интересную историю. 2. Брат поехал в город без (me). 3. Около (thee) этот пакет? 4. Я купил скатерть для (her). 5. Певица Барсова больна; у (her) болит горло. 6. У (us) сегодня большой приём. 7. Я буду скучать без (you). 8. У (them) в доме мы встретили поэта Светлова. 9. Сегодня мы идём (to him), а завтра он придёт (to us). 10. Я (him) спрашиваю по-английски, а он (to me) отвечает по-русски. 11. Даёт он (to thee) уроки русского языка? 12. Новая скатерть (to her) большая радость. 13. Сегодня невозможно идти (to them) в гости. 14. Сказал он (to you), куда они едут? 15. Мой друг хочет (me) видеть завтра, а (thee) в понедельник. 16. Я попрошу (him) не спорить с доктором. 17. Хозяйка спросит (her), где этот магазин. 18. Они приглашают (us) к себе на дачу. 19. Покажите (to me) вечёрнюю звезду. 20. Мне всегда весело (with thee), а тебе (with me). 21. Отец любит смеяться над (him). 22. (With her) всегда приятно поговорить. 23. Перед (us) высокая гора. 24. Кто живёт в комнате над (you)? 25. Кто едет (with them) в оперу, а кто (with us) в театр. 26. Не говорите с ним (about me)! 27. (About thee) писали вчера в газете. 28. Она позвонила (us) по телефону. 29. Мы часто говорим (about him) с соседом. 30. (About them) никто не помнит. 31. (About us) все знают. 32. Мы много слышали (about you).

Exercises with Grammar C

a. Translate the words in parentheses:

1. Вчера нам было очень (cold). 2. Ей (easy) говорить по-русски. 3. Ему всегда (interesting) на уроке. 4. Мне очень (pleasant) познакомиться с вами. 5. (Is it difficult) писать и говорить по-русски? Нет, (it is easy)! 6. Вам будет (uncomfortable) здесь. 7. Летом здесь (hot), а осенью будет (warm) и очень (pleasant). 8. Было вам (painful) у доктора? 9. Счастливый человек — ему никогда не (boring)! 10. (I feel like) читать, но нет хорошей книги. 11. (It seems) сегодня будет (hot), на небе ни облака. 12. Они не ели весь день и теперь

(they felt very [much] like) пообѐдать. 13. (It is uncomfortable) здесь спать. 14. Когда̀ (cold), я обыкновѐнно пью горя̀чее молоко̀. 15. Жаль, что вам бы̀ло (boring) на концѐрте.

b. Give the following expressions in all persons:

1. Здесь мне удо̀бно. 2. Мне о̀чень бо̀льно. 3. Мне легко̀ чита̀ть и говорѝть по-ру̀сски. 4. Мне хо̀чется пойтѝ в кино̀. 5. Мне ка̀жется, что идёт дождь.

c. Change the following sentences into (1) the past tense; (2) the future tense:

1. Мне тепло̀ в но̀вом пальто̀. 2. Лѐтом нам всегда̀ жа̀рко. 3. В гостя̀х вам вѐсело. 4. Тебѐ не хо̀лодно? 5. Ему̀ ску̀чно в большо̀м о̀бществе. 6. Нам хо̀чется поѐхать в го̀род. 7. Нам о̀чень интерѐсно познако̀миться с профѐссором. 8. Ему̀ ка̀жется, что он зна̀ет э̀то сло̀во. 9. Ей хо̀чется игра̀ть в тѐннис. 10. Мне о̀чень прия̀тно познако̀миться с ним.

VII. TRANSLATION INTO RUSSIAN

A

1. Sunday morning Véra Popóva called us up. 2. She invited us to (на and accusative) a big reception. 3. My husband does not work Sunday evening. 4. We accepted the invitation with great pleasure. 5. We knew that it would (i.e. will) be pleasant, interesting, and gay. 6. In the evening we drove to her [house] in our car. 7. It was a very warm evening. 8. Even without a coat I felt warm. 9. We rang and the hostess opened the door. 10. "Hello! How are you? Come (Welcome) in!" 11. "I am so happy to see you, Véra! This is my husband, Mikhaíl Sergéevich Mólotov." 12. "It is a pleasure! And now I want to introduce you and your husband to my good friend, the singer Bársova (Ба̀рсовой). 13. Nina Alekséevna, permit me to introduce to you my friend Tatyána Petróvna Mólotova and her husband Mikhaíl Sergéevich. 14. "Oh, but we are already acquainted!" 15. "How are you, Nína?" 16. "And how are you, my dear?" 17. "We were at your last concert. It was so interesting!" 18. Mikhaíl Sergéevich looked at (на +acc.) the singer and then at his wife and thought: "It's all right to go visiting, but it's better at home!"

B

1. It is raining today, and it is very cold outside. 2. I did not feel well. I had a headache and did not go to the office. 3. All morning I played cards with my sister, but she does not play well and I don't like to play with her. 4. The bell! I go to the telephone. 5. My friend Paul is calling. 6. He feels like playing cards tonight (today evening). 7. He has not called me [for] three weeks, but I don't mind (it's all the same to me). 8. I invite him to play with my brother and me. 9. Paul has not played cards with us [for] about a month. 10. Now he is very happy and accepts the invitation with great pleasure. 11. At two o'clock sharp the telephone rings again; [it is] my brother calling (calls) to tell me that in two hours he will be at our home (at us). 12. He always eats supper with my sister and me in our beautiful new apartment. 13. After supper Paul arrives in his big black and red car. 14. I introduce him to my brother. 15. "It is a pleasure to make your acquaintance — again!" says Paul and laughs. 16. "Dear Peter! You remember that your brother Sasha and I know each other already for three years. 17. We have met often at the club "White Mountain," and I have often played with him tennis and golf!" 18. That's news, good news to me! Go ahead! Laugh, laugh! He who laughs last, laughs best!" 19. In the kitchen my sister has already prepared the tea; now she is watching the television program, while (a) we play cards until late in the evening. 20. We are comfortable and cozy in our large, warm [living] room, and have a very good time.

ADDITIONAL READING MATERIAL
Based on the vocabulary and grammar of the preceding lessons

ТЕЛЕФОН

Я так доволен, что наконец-то я дома. Когда работаешь целый день в конторе, вечером приятно посидеть дома, почитать интересную книгу, послушать радио ...

Но только я вошёл в квартиру, я услышал звонок. Иду к телефону и говорю:

— Алло! —

— Кто говорит? —

— Говорит Томас Бар. С кем вы хотите говорить? —

— Это не квартира Петрова? Попросите, пожалуйста к телефону ...

— Это не кварти́ра Петро́ва. У телефо́на господи́н Бар. —
— Ах, прости́те, прости́те за беспоко́йство ... —
Да, хорошо́ быть до́ма, ду́маю я и иду́ к удо́бному кре́слу.
Но вот опя́ть слы́шу зазвони́л телефо́н!
— Алло́!
— Мэ́ри? Почему́ у тебя́ тако́й неприя́тный го́лос? Ты
просту́жена? — слы́шу я незнако́мый го́лос по телефо́ну.
— Это не Мэ́ри говори́т. У телефо́на То́мас Бар. —
— Ва́ша фами́лия Бар! Да что вы говори́те! Я познако́ми-
лась с господи́ном Ба́ром в про́шлую суббо́ту на приёме у
до́ктора Че́хова. Я так ра́да име́ть возмо́жность поговори́ть
с ва́ми. Я так мно́го о вас слы́шала ... —
— Прости́те, говорю́ я. — Разреши́те мне вам сказа́ть,
что я не тот господи́н Бар. Я не знако́м с до́ктором Че́ховым
и в про́шлую суббо́ту я был в гостя́х у профе́ссора Джо́нса. —
— Ах, прости́те, пожа́луйста. До-свида́ния. —
Вот наконе́ц я сел в своё кре́сло, откры́л кни́гу и опя́ть
сейча́с-же услы́шал звоно́к. Ну, и жизнь! Я по́мню, как моя́
мать всегда́ говори́ла: «В гостя́х хорошо́, а до́ма лу́чше». Не
зна́ю, права́ ли была́ она́.
— Алло́! Кого́ попроси́ть к телефо́ну?

ВОСЕМНАДЦАТЫЙ УРОК | EIGHTEENTH LESSON

Plural Declension of the Masculine, Neuter, and Feminine
Nouns — Declensional Peculiarities of the Masculine
Noun: plural in -a; irregular genitive plural —
Impersonal expressions (cont.) — Cardinal
numerals 5-12; ско́лько, ма́ло,
мно́го (*genitive plural*)

I. COMMON EXPRESSIONS AND IDIOMS

Узна́ть расписа́ние поездо́в	To find out the train schedule
Ходи́ть за поку́пками	To go shopping
Каки́м по́ездом мне е́хать?	Which train am I to take?
Ехать ско́рым по́ездом	To take an express train
Опозда́ть на по́езд	To be late for the train
Когда́ отхо́дит по́езд?	When does the train leave?
Дать знать	To notify
Дать, получи́ть телегра́мму	To send, receive a telegram
Сдать в бага́ж	To check the luggage
Тому́ наза́д	Ago
Сейча́с же	Immediately

II. READING: ТЕЛЕГРАММА ИЗ МОСКВЫ

Вчера́ я **получи́л телегра́мму** от това́рищ**ей** из Москвы́: «Ждём твоего́ прие́зда».

Я с това́рищ**ами** не встреча́лся **мно́го** ме́сяцев. Мы бы́ли давно́ знако́мы. Мы вме́сте учи́лись в шко́ле. В пра́здник**и** мы всегда́ вме́сте ходи́ли в музе́**и**, теа́тр**ы**, кино́, а вечера́ми[1] мы люби́ли чита́ть журна́л**ы** и́ли слу́шать ра́дио.

По́сле шко́лы Пётр и Алексе́й получи́ли рабо́ту в Москве́, а я в Ленингра́де.

Мне ка́жется, пять и́ли **шесть** ме́сяцев **тому́ наза́д** я написа́л им, что **мне** не **нра́вится** моя́ рабо́та. Здесь на заво́д**ах** меха́ники получа́ют **ма́ло**, а рабо́тают **де́вять** часо́в в день.

---

[1] **Вечера́ми** (instr.) or **по вечера́м** (dat.) indicates the habitual or repeated nature of an action.

158

А, кроме того, я скучал без товарищей и мне хотелось жить с ними в Москве.

Я был очень доволен телеграммой[1] и сейчас же позвонил на вокзал узнать расписание поездов. Конечно, рано ещё думать, каким поездом мне ехать! До отъезда мне нужно уложить все вещи в чемоданы и отправить сундуки. На работе я должен поговорить с директором. Кроме того, мне надо дать знать хозяйке, что я уезжаю и что комната мне больше не нужна.

В пятницу утром, всё готово к отъезду. Я прощаюсь с хозяйкой, беру чемоданы и еду на вокзал.

На вокзале толпа, шум . . . не знаешь, кто уезжает, кто приезжает. Все одинаково спешат, спорят с носильщиками, боятся опоздать на поезд.

Сегодня на вокзале мало носильщиков. Но у меня только два чемодана и мне носильщики не нужны. Один чемодан я сдаю в багаж, один беру в вагон.

Между Москвой и Ленинградом хорошее сообщение, и поезда идут часто. Я поеду скорым поездом, прямо в Москву. Я покупаю билет. Теперь можно дать телеграмму товарищам!

III. VOCABULARY

багаж	baggage	отделение	department
билет	ticket	отъезд	departure
вагон	carriage	приезд	arrival
вместе	together	солдат	soldier
вокзал	station	спорт	sport
директор	director	сундук	trunk, box, chest
класс	class	телеграмма	telegram
кроме того	besides that, moreover	толпа	crowd
		чемодан	suitcase
носильщик	porter	школа	school

Verbs

Imperfective	Perfective	English
брать; беру, берёшь, берут	взять; возьму, возьмёшь, возьмут	to take
нравиться; нравлюсь, нравишься, нравятся	понравиться; (нравиться)	I. to please, to like; P. to get (begin) to like

---

[1] Instrumental case with доволен.

Imperfective	Perfective	English
отправля́ть (I)	отпра́вить; отпра́влю, отпра́вишь, отпра́вят	to send off
получа́ть (I)	получи́ть; получу́, полу́чишь, полу́чат	to receive, get
проща́ться (I) (Use this verb with **с (со)** and the *instr.*)	прости́ться; прощу́сь, прости́шься, простя́тся	to say goodbye, farewell (to)
сдава́ть (дава́ть)	сдать (дать)	to give up, check, rent
укла́дывать (I)	уложи́ть, уложу́, уло́жишь, уло́жат	to pack (one's belongings)
уходи́ть (ходи́ть)	уйти́ (идти́)	to leave, go away

IV. GRAMMAR

A. Regular plural declension of the masculine, neuter, and feminine nouns

Plural endings of the three genders being *identical* or *closely related,* the three declensions are here juxtaposed for convenient reference and memorization:

MASCULINE[1]

	Hard	Soft	Soft
Nom.	столы́	музе́и	дожди́
Gen.	столо́в	музе́ев	дожде́й
Dat.	стола́м	музе́ям	дождя́м
Acc.	столы́	музе́и	дожди́
Instr.	стола́ми	музе́ями	дождя́ми
Prep.	стола́х	музе́ях	дождя́х

---

1 Observe Vowel Mutation Rule and remember that the *accusative* plural of *animate* masculine nouns is like their *genitive*.

NEUTER

	Hard	Soft	Soft
Nom.	места́	поля́	зда́ния
Gen.	мест	поле́й	зда́ний
Dat.	места́м	поля́м	зда́ниям
Acc.	места́	поля́	зда́ния
Instr.	места́ми	поля́ми	зда́ниями
Prep.	места́х	поля́х	зда́ниях

FEMININE

	Hard	Soft	Soft	Soft
Nom.	ко́мнаты	неде́ли	две́ри	фами́лии
Gen.	ко́мнат	неде́ль	двере́й	фами́лий
Dat.	ко́мнатам	неде́лям	деря́м	фами́лиям
Acc.	ко́мнаты	неде́ли	две́ри	фами́лии
Instr.	ко́мнатами	неде́лями	деря́ми	фами́лиями
Prep.	ко́мнатах	неде́лях	деря́х	фами́лиях

B. Declensional peculiarities of the masculine noun in the plural

1. *Nominative plural*:

In the nominative plural (and accusative with inanimate nouns), several masculine nouns have the ending -a when hard and -я when soft (instead of -ы and -и, respectively), with the stress on that ending:

Nom. Sing.	Nom. and Acc. Pl.		Nom. Sing	Nom. and Acc. Pl.	
ве́чер	вечера́	evening	го́род	города́	city
глаз	глаза́	eye	дом	дома́	house
лес	леса́	forest	по́езд	поезда́	train
го́лос	голоса́	voice			

The more important *animate* nouns of this type are: доктора́/о́в; профессора́/-о́в; учителя́/-е́й. (Nominative plural ending -а́, accusative and genitive plural -о́в.)

Note that with this type of noun, in the *plural*, the *stress* is always on the *ending*: дома́, домо́в, дома́м, *etc.*

2. *Genitive plural*:

a. Several masculine nouns have for their *genitive plural* a form which is exactly like the *nominative singular*. The more important of these are: раз "once, one time"; солдат "soldier"; глаз "eye."

b. Masculine nouns the stem of which ends in -ж, -ч, -ш, -щ have the ending -ей in the genitive plural (instead of -ов):

Nom. Sing.	Gen. Pl.	
карандаш	карандашей	pencil
товарищ	товарищей	comrade

c. Masculine nouns the stem of which ends in -ц and which do not have the stress on the ending, take -ев in the genitive plural (instead of -ов): месяц; месяцев "month."

3. *Plural of* день: дни, дней, дням, дни, днями, днях.

C. Impersonal expressions with the infinitive

Можно	[It is] permissible, possible one may, one can.
Нельзя	[It is] forbidden, impossible, one may not, one cannot.
Надо or Нужно	[It is] necessary, it is needed.

When used with the *dative*, these expressions acquire a personal force:

Можно мне играть в теннис?	May I play tennis?
Нет, вам нельзя играть в теннис.	No, you may not play tennis.
Мне надо (нужно) идти домой.	I must (have to) go home.

Note that надо, нужно express need or necessity. To express *obligation* use должен, должна, должно, должны.

Я должен идти.	I must (should, ought to) go.
Она должна читать.	She must read.
Они должны работать.	They must work.

Note that **до́лжен** is *always*[1] and **на́до** is *usually* used with *verbs*. With *nouns*, that is to express the need of *something* or *someone*, use **ну́жен, нужна́, ну́жно, нужны́** (**на́до** cannot be used in this context.) :

		Literal translation
Мне ну́жен стол.	I need a table.	to me [is] necessary a table
Ему́ нужна́ кни́га.	He needs a book.	to him [is] necessary a book
Тебе́ ну́жно перо́.	You need a pen.	to you [is] necessary a pen
Студе́нту нужны́ карандаши́.	The student needs pencils.	to the student [are] necessary pencils

Note that here the predicate adjective, **ну́жен, -а́ -'о ,-ы́**, agrees with the subject of the Russian sentence (**стол, кни́га, перо́, карандаши́**).

For the *past* and *future* of this construction, use proper forms of **быть.**

Вчера́ мне **нельзя́ бы́ло** чита́ть.	Yesterday I was forbidden to read.
Когда́ вам **мо́жно бу́дет** чита́ть?	When will you be permitted to read?
Мне **на́до (ну́жно) бы́ло** идти́ домо́й.	I had to go home.
Мне **ну́жен бу́дет** э́тот стол.	I shall need this table.
Мне **нужны́** бу́дут карандаши́.	I shall need pencils.

D. Translation of "to like"

"To like" is rendered by the verb **нра́виться** and the *dative* construction:

		Literal translation
Мне нра́вится э́та кни́га.	I like this book.	to me is pleasing this book
Э́тот стол ей нра́вится.	She likes this table.	to her is pleasing this table
Профе́ссору нра́вятся э́ти журна́лы.	The professor likes these journals.	to the professor are pleasing these journals

[1] Unless it is used as "I owe": Я до́лжен вам до́ллар. I owe you a dollar.

Note that the English subject (I, she, professor) is placed in the *dative*, and the direct object (book, table, journals) becomes the *subject* of the Russian sentence, thus determining person and number of the verb: кни́га (стол) нра́вится; журна́лы нра́вятся.

Нра́виться should be used whenever the liking has been established *just prior to* or *at the moment of* speaking about it:

О, э́та карти́на мне нра́вится. Oh, I like this picture!
(Seeing the picture for the first time.)

Люби́ть should be used:

a. when the liking is of longer standing:

Да, э́ту карти́ну я люблю́! Yes, I like this picture!
(A picture which one has known and liked for some time.)

b. generally with *verbs*:

Я люблю́ чита́ть. I like to read.

E. Cardinal numerals 5-12 and expressions of quantity [1]

1. *Cardinals*:

5	пять	8	во́семь	11	оди́ннадцать
6	шесть	9	де́вять	12	двена́дцать
7	семь	10	де́сять		

These numerals are followed by the noun in the *genitive plural*: пять столо́в, шесть учителе́й, семь солда́т, во́семь раз.

2. **мно́го** "many," **ма́ло** "few," **ско́лько** "how much," "how many" take the *genitive plural*: **мно́го** солда́т "many soldiers"; **ма́ло** столо́в "few tables"; **ско́лько** учителе́й "how many teachers?"

V. QUESTIONS

1. Что вы получи́ли вчера́ от това́рищей? 2. Ско́лько ме́сяцев вы не встреча́лись с това́рищами? Давно́ ли вы знако́мы? 4. Где вы вме́сте учи́лись? 5. Где вы быва́ли в пра́здники? 6. Что вы люби́ли де́лать вечера́ми? 7. Где получи́ли рабо́ту Пётр и Алексе́й? 8. Где вы получи́ли рабо́ту? 9. Почему́ вам не нра́вилась ва́ша рабо́та? 10. Где вам хоте́лось жить? 11. Куда́ вы позвони́ли узна́ть расписа́ние поездо́в? 12. О чём ещё ра́но ду́мать? 13. Что ещё ну́жно сде-

---

[1] For a listing of numerals, see Appendix II, Table VI.

лать до отъе́зда? 14. С кем вы должны́ поговори́ть на рабо́те?
16. Гото́во ли всё к отъе́зду в пя́тницу? 17. Ско́лько носи́ль-
щиков сего́дня на вокза́ле? 18. Почему́ вам не ну́жен носи́ль-
щик? 19. Куда́ вы берёте оди́н чемода́н? 20. Куда́ вы сдаёте
чемода́н? 21. Како́е сообще́ние ме́жду Москво́й и Ленингра́дом?
22. Пое́дете ли вы ско́рым по́ездом пря́мо в Москву́? 23. Что
вы покупа́ете на вокза́ле?

VI. GRAMMAR EXERCISES

Exercises with Grammar A

Give the *plural* declension of the following nouns:

a. Masculines: **автомоби́ль, конце́рт, трамва́й, студе́нт**
b. Neuters: **собра́ние, о́блако, ружьё, объявле́ние**
c. Feminines: **маши́на, ска́терть, исто́рия, дере́вня**
d. Various genders: **гость, река́, мост, а́рия, де́ло**

Exercises with Grammar B

a. From the Reading Exercise write out all *plural* nouns (with
the prepositions), giving their case and English meaning, as follows:

от това́рищей	Genitive	"from [my] friends"
с това́рищами	Instrumental	"with [my] friends"

b. Change bold face words to the *plural*:

1. По у́лице **шёл солда́т**. 2. Осенью ча́сто **идёт дождь**.
3. Я хочу́ отпра́вить **сунду́к** ма́лой ско́ростью. 4. На **вокза́ле**
нет **носи́льщика**. 5. Я получи́л телегра́мму для **учи́теля**. 6. **То-
ва́рищ** уезжа́ет на вокза́л без **чемода́на**. 7. **Ве́чером** мы ча́сто
хо́дим в **теа́тр**. 8. Я сейча́с **е́ду** в **гара́ж** за **автомоби́лем**. 9. За
до́мом сад. 10. **Биле́т** под **журна́лом**. 11. В **теа́тре** о́чень жа́рко.
12. Сего́дня **я** говори́л с меха́ником о **его́ клу́бе**. 13. **Мне**
ску́чно ду́мать об **уро́ке**. 14. **Я проща́юсь с прия́телем**.

c. Supply the correct *plural* endings:

1. Дома́ ме́жду ба́нк— и магази́н—. 2. До́ктор—' живу́т
в це́нтре го́рода. 3. По́езд—' иду́т пря́мо в Москву́. 4. Вот
по́езд—' для солда́т—. 5. Мы е́дем по́ездом и ви́дим го́род—'
и лес—'. 6. Учител—' у́чат нас ру́сскому языку́. 7 Профессор—' и учител—' рабо́тают в университе́т—, а инжене́р—
и меха́ник— на заво́д—. 8. Мы лю́бим вечер—' в клу́бе.

9. Уро́к— ру́сского языка́ нам нра́вятся; мы о́чень лю́бим язык—'. 10. По вечер—' в рестора́н— игра́ют оркéстр—. 11. В большо́м клу́бе в угла́х дива́н— и на полу́ ковр—'. 12. В пра́здник— днём мы хо́дим в музé—, а вéчером в теа́тр—. 13. Я не зна́ю его́ това́рищ— и прия́тел—. 14. В цéнтре го́род—' магази́н—, теа́тр—, музé— и ба́нк—.

Exercise with Grammar C

Use the appropriate Russian expression in the appropriate tense in place of the English phrases in parentheses:

1. (May I) обéдать с ва́ми? 2. (We have to) быть на вокза́ле в семь часо́в вéчера. 3. Тут, на парохо́де (one cannot) хорошо́ пообéдать. 4. Я (must) позвони́ть за́втра сосéдке. 5. (You did not have to) знать э́то сло́во. 6. Брат (ought to) дать телегра́мму отцу́. 7. (He may not) опозда́ть на по́езд. 8. Э́ти чемода́ны (one can) сдать в бага́ж. 9. (He had to) идти́ в шко́лу вчера́. 10. (It is necessary) пить и есть хорошо́. 11. Здесь (it is possible) купи́ть и шля́пу и пальто́. 12. (Were you permitted) посмотрéть, что они́ дéлают? 13 (He needs) стол и ковёр. 14. (They will need) хлеб и мя́со. 15. (You will have to) показа́ть ему́, как открыва́ть э́тот сунду́к.

Exercise with Grammar D

Supply the correct form of нра́виться or люби́ть. Give reasons for your choice.

1. Вы ..... му́зыку? 2. Това́рищу не ..... моя́ ко́мната. 3. До́ктор Чéхов всегда́ пьёт чай. Он не ..... ко́фе. 4. Отéц не ..... опа́здывать на по́езд. 5. Лéтом мы ..... жить в дерéвне. 6. Бра́ту о́чень ..... мой но́вый ковёр. 7. Они́ о́чень ..... свою́ мать. 8. Моéй подру́ге ..... моя́ но́вая шля́па. 9. Вéчером по́сле слу́жбы я ..... слу́шать ра́дио. 10. Мне ..... уро́ки ру́сского языка́.

Exercise with Grammar B and E

Write out the numbers in Russian and give the correct case forms of the nouns in parentheses:

1. Ско́лько (мéсяц) вы бы́ли в Москвé? 2. (7 мéсяц) тому́ наза́д мы получи́ли письмо́ от бра́та. 3. Тут, в ваго́не (9 солда́т). 4. Сего́дня на вокза́ле ма́ло (носи́льщик). 5. У меня́

бы́ло (5 каранда́ш). 6. В шко́ле у него́ бу́дет мно́го (това́рищ). 7. Кото́рый час? (6 час). 8. Ско́лько (раз) бы́ли вы в теа́тре и́ли в кино́? 9. Я был (2 раз) в теа́тре и (8 раз) в кино́. 10. Ско́лько у тебя́ (глаз). У меня́ (2 глаз). 11. Рабо́таете вы ле́том в саду́ (2 и́ли 3 час)? 12. Нет, я рабо́таю (5 час) и то́лько по воскресе́ньям (2 и́ли 3 час).

VII. TRANSLATION INTO RUSSIAN

A

1. I do not like my work in Leningrad. 2 [I] work like a machine and receive very little [money]. 3. My friend works in Moscow. 4. He wrote me that he works only five, six hours and in the evening goes to museums, theaters, concerts, and movies. 5. I also want to live and work in Moscow. 6. Today I found out about the train schedule and know which train to take. 7. I can go tomorrow morning by express to Moscow. 8. I shall pack the things into the suitcases. 9. The trunks I shall check; the suitcases I shall take into the car. 10. There is always a crowd at our station and few porters. 11. But I shall not need porters because I shall have only two suitcases. 12. I shall take one into the car and one I shall check. 13. I shall buy a ticket at the station and then send a telegram to my friend: "Am arriving early this evening." 14. I have not seen my friend for many months and shall be very happy to see him again.

B

1. Today is Saturday and on Saturdays my sister and I always go to the new department store at the corner of Uspenskaya Street. 2. We leave home (go away out of the house) at exactly nine o'clock, have lunch at the restaurant in the store, afterwards go to a movie, and are at home again at about six or seven o'clock. 3. In the store we go from department to department, talk with the saleswomen, and ask·them: "How much are the radios and the television sets, the armchairs, and the lamps?" 4. My sister needs rugs and lamps for her new apartment; I need a new coat, and dresses, hats, and slippers. 5. "Sonya, do you like this blue dress?" I ask my sister. 6. "No, Masha, I don't like this dress; I love your old (one), remember, the black and (with) white (one)?" 7. "But how do you like this red one?" 8. "Oh yes, this dress *is* beautiful; I like this one very much! You must buy it! And it costs only eight

rubles!" 9. I ask the saleslady: "May I put on this dress? I like it and want to buy it." 10. "No," the saleslady answers, "one is not allowed (it is not permitted) to put on dresses in this store; first one must (it is necessary to) buy them; this one costs twelve rubles." 11. "But I thought the dresses cost only eight rubles! 12. Well, it does not matter, I like this dress and must have it! 13. And so I give the twelve rubles and another eleven rubles for (за + acc.) a hat and two pairs of slippers. 14. And, of course, my sister buys a very expensive rug and six lamps for her large apartment. 15. I do not even ask her how many rubles she had to give for them. 16. At the restaurant we just (only) quickly drink a cup of black coffee. 17. It is already very late and we must hurry to the movie. 18. It was nine o'clock, when we finaly were home again, exhausted (tired ones) but happy.

ДЕВЯТНАДЦАТЫЙ УРОК | NINETEENTH LESSON

Irregularities in the plural declension of masculine nouns (-анин, -янин; irregular plural) — Plural declension of adjectives, hard and soft — Numerals (ordinals 1-12, fractions) and time expressions (clock)

I. COMMON EXPRESSIONS AND IDIOMS

Поезд опоздал на три четверти часа	The train was three quarters of an hour late.
Часы спешат, отстают на ...	The watch is fast, is slow ...
Переводить стрелку	To set the watch
Часы пробили ...	The clock has struck ...
Отправить малой скоростью	To send by freight
Снимать номер в гостинице	To take a room in a hotel
Я стал в очередь.	I got into line, took my place in the queue.
Впереди, позади меня	In front of me, behind me
«Людей посмотреть, да себя показать.»	To look at the people and to show oneself; "To see and be seen."

II. READING: В МОСКВЕ

Я так рад, что я, наконец, в Москве! Мой **поезд опоздал на три четверти часа,** но на вокзале меня никто не ждал. Товарищи были на работе и не могли меня встретить.

Я поехал прямо в гостиницу и **снял номер** на **пятом** этаже. Из окна моей комнаты замечательный вид. Вот они московские бульвары, парки, дома ...

Я сейчас же пошёл осматривать город.

На углу я спросил милиционера:

— Где Красная площадь?

— Красная площадь совсем рядом, — ответил он. — Идите прямо, потом поверните в **третью** улицу направо и **второй** поворот налево будет Красная площадь.

Я поблагодарил милиционера и через десять минут, я был уже на Красной площади.

Большие часы́ на ба́шне Кремля́ пока́зывали че́тверть четвёртого. Я прове́рил вре́мя на свои́х часа́х. Они́ то спеша́т, то отстаю́т. Они́ пока́зывали полови́ну четвёртого. Я перевёл стре́лку и пошёл по пло́щади.

Около мавзоле́я Ле́нина све́жие, краси́вые цветы́. Пе́ред мавзоле́ем толпа́ люде́й. Я стал в о́чередь.

В толпе́ бы́ли и крестья́не, и рабо́чие, и тури́сты англича́не. По пло́щади шла гру́ппа ребя́т.

Впереди́ меня́ гру́ппа крестья́н. — Вы отку́да, това́рищи? — спроси́л я.

— Из Сиби́ри. Вот прие́хали «люде́й посмотре́ть, да себя́ показа́ть»!

— Да, тут вы скуча́ть не бу́дете, това́рищи! — услы́шал я молоды́е голоса́ позади́. — Мы вот уже́ восьмо́й день осма́триваем Москву́. Замеча́тельный го́род! Мы никогда́ не ду́мали, что в одно́м го́роде мо́жет быть сто́лько краси́вых па́рков, сто́лько замеча́тельных музе́ев и теа́тров.

Часы́ на ба́шне Кремля́ про́били без че́тверти четы́ре, когда́ я вошёл в мавзоле́й Ле́нина.

III. VOCABULARY

ба́шня (е)	tower	нале́во	to the left
бульва́р	boulevard	напра́во	to the right
вождь (m.)	leader	поворо́т	turn
гро́мко	loud(ly)	пра́вильно	correctly
гру́ппа	group	рабо́чий	worker
замеча́тельный,	remarkable	слу́чай	occasion
-ая, -ое		ста́нция	station
как то́лько	as soon as	сто́лько	so much, so
мавзоле́й	mausoleum	(+ gen.)	many
милиционе́р	policeman	страна́	country
моско́вский	Moscow (adj.)	тури́ст	tourist
-'ая, -'ое		эта́ж	floor

Verbs

Imperfective	Perfective	English
благодари́ть (II)	поблагодари́ть (II)	to thank
класть (Lesson 5)	положи́ть, положу́, положи́шь, поло́жат	to place, put

Imperfective	Perfective	English
осма́тривать (I)	осмотре́ть; осмотрю́, осмо́тришь, осмо́трят	to inspect, examine, sightsee
переводи́ть, перевожу́, перево́дишь, перево́дят	перевести́, переведу́, переведёшь, переведу́т	to move, transfer, translate
повора́чивать (I)	поверну́ть; поверну́, повернёшь, поверну́т	to turn
поправля́ться (I)	попра́виться, попра́влюсь, попра́вишься, попра́вятся	to get well improve
проверя́ть (I)	прове́рить; прове́рю, прове́ришь, прове́рят	to check

IV. GRAMMAR

A. Irregularities in the plural of masculine nouns

1. *Masculine nouns ending in* -анин *and* -янин *drop the syllable* ин. Thus, англича́нин "Englishman" and крестья́нин "peasant" have the following plural declension, typical of this type of nouns:

Nom.	англича́не	крестья́не
Gen.	англича́н	крестья́н
Dat.	англича́нам	крестья́нам
Acc.	англича́н	крестья́н
Instr.	англича́нами	крестья́нами
Prep.	англича́нах	крестья́нах

Note particularly the nominative case ending -e and the lack of ending in the genitive case.

2. *Irregular plurals*:

Singular		Plural	Plural Declension
господи́н господжа́	Mr., Sir Mrs., Lady	господа́ gentlemen, ladies, Mr. and Mrs.	N. господа́ G. госпо́д D. господа́м A. госпо́д I. господа́ми P. господа́х

Singular		Plural		Plural Declension
граждани́н citizen гражда́нка[1] citizeness		гра́ждане citizens		like англича́не
дитя́[2]	child	де́ти	children	N. де́ти G. дете́й D. де́тям A. дете́й I. детьми́ P. де́тях
ребёнок	child	ребя́та	lads, fellows, youngsters	like господа́, except that stress remains on я throughout
челове́к	man person	лю́ди[3]	people	like де́ти
цвето́к (†о)	flower	цветы́	flowers	reg. like столы́
цвет	color	цвета́	colors	like цветы́, ex- cept nom. and acc.: цвета́

B. Declension of the adjective in the plural

	Hard	Soft
	All Genders	
Nom.	но́вые	после́дние
Gen.	но́вых	после́дних
Dat.	но́вым	после́дним
Acc.	Like Nom. or Gen.	Like Nom. or Gen.[4]
Instr.	но́выми	после́дними
Prep.	но́вых[5]	после́дних

[1] Гражда́нка has the plural гражда́нки.

[2] The *singular* declensional forms are rare. They are: дитя́, дитя́ти, дитя́ти, дитя́, дитя́тею, дитя́ти.

[3] When actually counting, the singular or plural genitive of челове́к is used: Three, six people were in our room.

три челове́ка } бы́ло в на́шей ко́мнате. But: { many people
шесть челове́к }   { мно́го люде́й.

[4] Like nominative when modifying an *inanimate* noun; like genitive when modifying an *animate* noun.

[5] For Vowel Mutation Rules see p. 31.

Adjectives ending in -óй (молодóй) are declined exactly like нóвый, the stress, however, always falling on the ending.

C. Numerals and time expressions

1. Ordinals 1st - 12th:[1]

1st пéрвый,	-'ая, -'ое	7th седьмóй,	- áя, - óе
2nd вторóй,	- áя, - óе	8th восьмóй,	- áя, - óе
3rd трéтий,	-'ья, -'ье	9th девя́тый,	-'ая, -'ое
4th четвёртый,	-'ая, -'ое	10th деся́тый,	-'ая, -'ое
5th пя́тый,	-'ая, -'ое	11th оди́ннадцатый,	- ая, - ое
6th шестóй,	- áя, - óе	12th двена́дцатый,	- ая, - ое

Ordinals, except трéтий, are declined like adjectives in -ый or -óй, depending on the ending:

пéрвый, пéрвого, пéрвому, etc.
вторóй, вторóго, вторóму, etc.

2. Declension of трéтий:

	Singular Masc.	Singular Neut.	Singular Fem.	Plural, All Genders
Nom.	трéтий	трéтье	трéтья	трéтьи
Gen.	трéтьего	трéтьего	трéтьей	трéтьих
Dat.	трéтьему	трéтьему	трéтьей	трéтьим
Acc.	Nom. or Gen.	трéтье	трéтью	Nom. or Gen.
Instr.	трéтьим	трéтьим	трéтьей	трéтьими
Prep.	трéтьем	трéтьем	трéтьей	трéтьих

3. Fractions:[2]

чéтверть часá (genitive singular of час)	quarter of an hour
чéтверть фýнта (genitive singular of фунт)	quarter of a pound
полчасá (gen. sing.)	half an hour
полфýнта (gen. sing.)	half a pound
три чéтверти[3] часá	three quarters of an hour
три чéтверти фýнта	three quarters of a pound

---

[1] Most ordinals are formed by dropping the -ь of the cardinal and adding the endings -ый or -ой. Ordinals agree with their noun in gender, case, and number.

[2] A complete *systematic* treatment of the complicated topic of *fractions* exceeds the scope of this elementary text. Therefore a strictly *functional* approach is used.

[3] чéтверти is the genitive singular of чéтверть, which is declined like дверь.

4. *Time Expressions*:

Который час?	What time is it?
По мойм часа́м ...	By my watch. ...
час но́чи	1:00 A. M.
четы́ре часа́ утра́	4:00 A. M.
шесть часо́в ве́чера	6:00 P. M.
оди́ннадцать часо́в утра́	11:00 A. M.
оди́ннадцать часо́в ве́чера	11:00 P. M.

в двена́дцать часо́в дня   } at noon
в по́лдень

в двена́дцать часо́в но́чи   } at midnight
в по́лночь

Quarter past the hour:

12:15 че́тверть пе́рвого		2:15 че́тверть тре́тьего	
1:15 че́тверть второ́го		3:15 че́тверть четвёртого	

Half past the hour:

4:30 полови́на пя́того		6:30 полови́на седьмо́го	
5:30 полови́на шесто́го		7:30 полови́на восьмо́го	

or: в полови́не пя́того утра́   at 4:30 A. M.
в полови́не шесто́го ве́чера   at 5:30 P. M.

Quarter to the hour: 10:45 **без че́тверти**
8:45 **без че́тверти де́вять**   **оди́ннадцать**

Note that in Russian one *always* refers to the *coming* hour: whereas we say: "quarter past one," the Russian literally says: "quarter of the *second* hour" (второ́го); whereas we say: "half past two," the Russian says: "half of the *third* hour" (тре́ть-его), etc.

VOCABULARY BUILDING

Perfective Verbs

Imperf.	*Perfective with the Prefix* с	*English*
(де́лать)	сде́лать (I)	to do, complete
(есть)	съесть	to eat up, consume
	conjugated like есть	
(уме́ть)	суме́ть	to know how, contrive
	conjugated like уме́ть	
(мочь)	смочь[1]	to be able
	conjugated like мочь	

[1] In the *future* tense, only смочь is used (never мочь with быть): я смогу́, ты смо́жешь, etc. (never я бу́ду мочь, etc.).

	With the Prefix про	
(читáть)	прочитáть (I)	to read through
	прочéсть; прочтý, прочтёшь, прочтýт	to read through
	прочёл, прочлá, прочли́	read through

V. QUESTIONS

1. Рáды ли вы, что вы наконéц в Москвé? 2. На скóлько опоздáл ваш пóезд? 3. Почемý товáрищи вас не ждáли на вокзáле? 4. Кудá вы поéхали с вокзáла? 5. Какóй вид из окнá вáшей кóмнаты? 6. Кудá вы пошли́ из гости́ницы? 7. Когó вы спроси́ли, где Крáсная плóщадь? 8. Как вам нáдо бы́ло идти́ на Крáсную плóщадь? 9. Где вы бы́ли чéрез дéсять мину́т? 10. Котóрый час покáзывали больши́е часы́ на бáшне Кремля́? 11. Почемý вы провéрили врéмя на свои́х часáх? 12. Почемý вы перевели́ стрéлку на свои́х часáх? 13. Что вы уви́дели óколо мавзолéя Лéнина? 14. Что вы уви́дели пéред мавзолéем Лéнина? 15. Почемý вы стáли в óчередь? 16. Кто был в толпé? 17. Кто шёл по плóщади? 18. Кто был впереди́ вас? 19. Что вы их спроси́ли? 20. Для чегó крестья́не приéхали в Москвý? 21. О чём говори́ли молоды́е лю́ди позади́ вас? 22. Скóлько врéмени они́ ужé осмáтривают Москвý? 23. Дýмали ли они́ что в однóм гóроде мóжет быть стóлько замечáтельных музéев, теáтров и стóлько краси́вых пáрков? 24. Котóрый час проби́ли часы́ на бáшне Кремля́, когдá вы вошли́ в мавзолéй Лéнина?

VI. GRAMMAR EXERCISES

Exercises with Grammar A

a. From the Reading Exercise write out all irregular *plural* nouns (given in Grammar A.), giving their case and English meaning and the corresponding *singular* form, as follows (9 forms in all):

цветы́	Nominative	"flowers"	цветóк
людéй	Genitive	"people"	человéка

b. Translate the English words in parentheses:

1. Они́ свобóдные (people). 2. Мы купи́ли автомоби́ль для молоды́х (people). 3. Мы говори́ли весь вéчер о рýсских

(people). 4. К весёлым (Englishmen) приéхали приятели. 5. У рýсских (peasants) всегдá мнóго рабóты. 6. Эти (citizens) говорят по-рýсски. 7. Он идёт по плóщади с (youngsters). 8. Рýсские (citizens) лю́бят Россию. 9. В садý бы́ли красивые (flowers). 10. (The colors) цветóв бы́ли óчень красивы. 11. Я написáл нáшему инженéру о дóме (of Mr. and Mrs.) Петрóвых. 12. Сундуки (of the Englishmen) ещё на вокзáле. 13. Я знáю её (children) óчень хорошó. 14. Онá пошлá с (children) в кинó. 15. Они серьёзные (youngsters)! 16. Вчерá я говорил с рýсскими (citizens), с (peasants), с инженéрами, докторáми, учителями. 17. Очевидно все (children) сегóдня в шкóле.

Exercises with Grammar A and B

a. From the Reading Exercise write out all *plural* adjectives giving their case and English meaning, as follows (7 adjectives in all): **москóвские**   Nominative   "Moscow" (adj.)

b. Change all bold face words into the *plural*:

1. Вот **замечáтельный дом**. 2. Сегóдня у меня есть **хорóший билéт** в теáтр. 3. **Я живý** óколо **большóго пáрка**. 4. Мне скýчно жить в Москвé без **хорóшего товáрища**. 5. Нам не **нýжен плохóй инженéр**. 6. Я всегдá éзжу за покýпками в **дорогóй магазин**. 7. Я люблю́ **свéжий зимний день**. 8. **Я хочý** учиться в **нóвом университéте**. 9. **Мне** приятно éхать на **удóбном автомобиле**. 10. Я идý в парк с **мáленьким ребёнком**. 11. В трамвáе мы сидéли мéжду **английским туристом** и **рýсским рабóчим**. 12. **Занятóй господин** никогдá не **читáет** москóвского журнáла. 13. **Тебé** бýдет скýчно на дáче в **дождливый день**. 14. Я написáл товáрищу о **послéднем приёме** в дóме господина Петрóва (Петрóвых). 15. Мы мнóго знáем о **рýсском вождé**. 16. По плóщади **шёл мáленький ребёнок** с **молоды́м учителем**. 17. **Какóй красивый цветóк**! 18. Мне **нрáвится егó цвет**!

c. Give the full declension (singular and plural) of the following expressions:

1. Послéдний, лéтний день. 2. Рýсский человéк. 3. Мáленький ребёнок. 4. Молодóй англичáнин. 5. Красивый цветóк.

Exercises with Grammar C

a. Change the cardinal numerals to ordinals, for example:

Один милиционéр	*to*	**Пéрвый** милиционéр
Две книги	*to*	**Вторáя** книга
Три окнá	*to*	**Трéтье** окнó

1. Одно кресло. 2. Две зимы́. 3. Три пла́тья. 4. Четы́ре слу́чая. 5. Пять ра́дио. 6. Шесть заво́дов. 7. Семь биле́тов. 8. Во́семь уро́ков. 9. Де́вять ме́сяцев. 10. Де́сять солда́т.

b. Give the Russian of the ordinals in parentheses:

1. Он тут на заво́де (1st) меха́ник. 2. У меня́ нет (2nd) шля́пы. 3. Я опозда́л да́же к (3rd) по́езду! 4. Я не ви́жу (4th) биле́та. 5. Иди́те пря́мо в (5th) ваго́н. 6. Я прие́хал на вокза́л пе́ред (3rd) звонко́м. 7. Брат стал в о́чередь в (8th) раз. 8. Мы сня́ли ко́мнату на (9th) этаже́. 9. Я по́мню э́то ме́сто в (5th) уро́ке. 10. Дека́брь (12th) ме́сяц го́да.

c. Express in Russian:

(1) 2:00 A. M.; 4:00 P. M.; 7:00 P. M.; 10:00 A. M.

(2) Quarter past six (6:15); 5:15; 2:15; 8:15.

(3) Half past nine (9:30); 8:30; 7:30; 4:30.

(4) Quarter to two (1:45); 6:45; 5:45; 2:45; 12:45.

d. In the following sentences give the Russian of the expressions in parentheses. Write out all numerals in full.

1. Я бу́ду у вас (in five minutes). 2. Брат опозда́л на (two hours). 3. Её часы́ спеша́т на (ten minutes). 4. Его́ часы́ отстаю́т на (quarter of an hour). 5. Мы обе́даем (at 12:30). 6. Вы бу́дете на вокза́ле (at 2:45 P. M.)? 7. Това́рищи е́дут в го́род (in 45 minutes). 8. Ве́чером до́ктор е́дет в го́спиталь (for 2 or 3 hours). 9. Я прие́ду домо́й (in half an hour). 10. Мы бу́дем на Кра́сной пло́щади (at 3:45) 11. Бы́ло (5:00) когда́ мы вошли́ в мавзоле́й Ле́нина. 12. Милиционе́р на углу́ (checked the time) у себя́ на часа́х. 13. (''What time is it?''), спра́шивает милиционе́ра крестья́нин. 14. (''It is a quarter to four''), отвеча́ет он. 15. Она́ купи́ла (quarter of a pound) ма́сла и (half a pound) мя́са. 16. Я ждал не то́лько (half an hour), а (three quarters of an hour).

VII. TRANSLATION INTO RUSSIAN

A

1. We had often seen Moscow, the Red Square, and the tomb of Lenin (Ле́нина) in the movies. 2. But now we did not

know how to get (go) from our hotel to the square. 3. We had arrived in Moscow (Мы приéхали в Москвý) at quarter to eight this morning. 4. Our train had been a quarter of an hour late. 5. We went immediately to the hotel and took a room there. 6. We had breakfast, and at half past nine we went to see (sightsee) the city. 7. There, at the corner, was a policeman. 8. "Tell us please: where are the Kremlin and the Red Square?" 9. The policeman looked at us and asked: "Where are you from? Are you English (Englishmen)? How long have you been here (are you already here)?" 10. Then he told us: "The Kremlin and Red Square are right close by. Go straight ahead, then turn left and there will be the square." 11. We thanked the policeman and within five minutes we were on the square. 12. In front of Lenin's tomb was a big crowd. 13. When we got into line, the big clock on the tower of the Kremlin struck eleven. 14. I checked [my] watch, because it is always slow; it showed 10:45; I set it. 15. It was already 12 o'clock when we entered the mausoleum.

B

1. Yesterday we drove to the little old station of Blinsk to find out the train schedule and to buy tickets. 2. We wanted to take an express train; there was only one from (из) Blinsk to Leningrad, at 5:15 in the morning, and we decided to take it. 3. My brother wanted to buy first class tickets (tickets of first class), but that was impossible because we had only twelve rubles, and we needed three tickets. 4. We had to buy second class tickets, but it's all the same to me how I shall travel to Leningrad — first, second, or even third class (instr.). 5. Then we sent a telegram to notify our friend in Leningrad that we would (shall) arrive there on Friday at eleven o'clock in the morning. 6. Now everything is ready for our departure. 7. We have notified our landlord that we are leaving (driving away) at five o'clock on Friday morning, and that we do not need his two rooms any longer. 8. We have packed our last belongings (things) into very expensive, beautiful, and new suitcases and trunks. 9. The four suitcases we take with us into the train (train carriage), but the very large trunks we are sending by freight. 10. Last night I slept very badly. At midnight I asked my brother, "What time is it?" 11. For a long time he did not even answer, but finally he said: "Peter, what [is the matter] with you? It is still very early, by my watch only quarter past twelve! Sleep and don't talk!" 12. Finally,

at half past three we all got up, quickly dressed, drank a cup of coffee, and drove to the station. 13. I was, of course, afraid of being (to be) late for the train, but we were on time (вó время), since (because) from our house to the station it is not far at all: one drives three minutes straight ahead along (по & dat.) Blinskaya Street, turns right into the fourth street, and there is (вот) the station. 14. When we arrived at the station, the large, old clock on the station building was just striking five o'clock. 15. At exactly 5:15 our train left Blinsk and at 11:00 we arrived at Leningrad and suddenly caught sight of the huge station. 16. At the station there was a large crowd of people. 17. In front of our car there were children with flowers in their hands, and groups of [factory] workers and peasants. 18. They were meeting a group of Englishmen; everybody was talking, laughing, and hurrying. 19. At last our friend Ivanóv caught sight of us. He was very happy to see us and drove off with us in a taxi to his beautiful home. 20. Here we shall live almost two weeks, from this Friday until Tuesday of next week. 21. We shall sight-see the entire city, its famous boulevards and buildings, museums, and theaters, its remarkable bridges over the river Neva, its enormous squares and beautiful parks. 22. Yes, we shall not be bored in this city and our twelfth day will be as (тáкже) interesting as the first.

ADDITIONAL READING MATERIAL
Based on the vocabulary and grammar of the preceding lessons

М. П. АНДРЕЕВ

Семь ме́сяцев тому́ наза́д Михаи́л Петро́вич Андре́ев получи́л рабо́ту на большо́м заво́де недалеко́ от го́рода Лос-Анжелеса в Калифо́рнии.

Андре́ев никогда́ не люби́л больши́х городо́в, но Лос-Анжелес ему́ о́чень понра́вился: мно́го краси́вых домо́в, садо́в, больши́х па́рков. Есть та́кже и интере́сные музе́и и хоро́шие университе́ты. Коне́чно да́же в не́сколько дней нельзя́ осмотре́ть всего́ го́рода.

Андре́ев прекра́сный меха́ник. Он рабо́тает бы́стро и хорошо́ и на заво́де все им дово́льны. Андре́ев то́же дово́лен свое́й рабо́той. Он дово́лен и часа́ми рабо́ты и свои́ми но́выми това́рищами.

Андре́ев снял дом недалеко́ от заво́да и недалеко́ от свои́х но́вых това́рищей. Обыкнове́нно, все рабо́чие э́того заво́да живу́т там. Дома́ рабо́чих просты́е, но удо́бные: у всех домо́в есть гара́жи, потому́ что у всех рабо́чих есть свои́ автомоби́ли, — а пе́ред дома́ми — небольши́е сады́, где всегда́ мно́го краси́вых цвето́в.

Андре́ев, его́ жена́ и их де́ти америка́нские гра́ждане. Для дете́й есть хоро́шая шко́ла недалеко́ от до́ма; есть та́кже городски́е па́рки, где ребя́та мо́гут игра́ть це́лый день.

Жена́ Андре́ева ра́да была́ узна́ть, что совсе́м ря́дом есть мно́го хоро́ших магази́нов и ей не ну́жно бу́дет далеко́ е́здить за поку́пками. Кро́ме того́ ей о́чень нра́вятся их но́вые сосе́ди. Они́ ми́лые и прия́тные лю́ди, — а так ва́жно име́ть хоро́ших сосе́дей, когда́ име́ешь ма́леньких дете́й! Андре́ев же рад, что вечера́ми с сосе́дями мо́жно поигра́ть в ка́рты и́ли поговори́ть.

— Мы должны́ ка́ждый день благодари́ть Бо́га за то, что мы так хорошо́ живём! — говори́т жена́ Андре́ева му́жу и де́тям. Никогда́ нельзя́ забыва́ть, что не все так счастли́вы как мы! —

ДВАДЦАТЫЙ УРОК | TWENTIETH LESSON

Declensional peculiarities of the neuter noun in the plural:
plurals in -a; in -и; genitive infix; plural of **озеро** — *Plural*
of the possessive pronoun-adjective; pronoun adjectives
такой, какой, который, чей — *Date expressions*

I. COMMON EXPRESSIONS AND IDIOMS

В пе́рвых чи́слах...	In the first days of .
Продолжа́ть образова́ние	To continue (one's) education.
Поступи́ть в университе́т	To enroll at a university
Поступи́ть на отделе́ние...	To enroll in the department of . . .
Око́нчить медици́нский факульте́т	To graduate from Medical School
Получи́ть дипло́м	To receive (earn) a diploma
На юриди́ческом факульте́те	In the Law School (faculty of Law)
При университе́те	At the university, on the campus
Из ра́зных стран	From various countries

«Уче́ние — свет, а неуче́ние — тьма!»

"Knowledge is light; ignorance is darkness!"

II. READING: НОВЫЙ УНИВЕРСИТЕТ

Осенью, **в пе́рвых чи́слах сентября́,** в на́шем го́роде открыва́ется но́вый университе́т. Для населе́ния на́шего го́рода э́то большо́е собы́тие. С откры́тием университе́та наш го́род займёт положе́ние одного́ из культу́рных це́нтров страны́!

Вчера́ на собра́нии в мое́й шко́ле я сде́лал докла́д: «Наш университе́т». На́шим ребя́там о́чень понра́вился мой докла́д. В э́том докла́де я объясни́л мои́м това́рищам, что уче́ние о́чень ва́жное заня́тие.

Нам нужны́ учёные, инжене́ры, меха́ники и доктора́. Без их зна́ний на́ши рабо́чие не смо́гут рабо́тать на на́ших заво́дах, а крестья́не — на свои́х поля́х.

181

Пото́м я рассказа́л им о но́вом университе́те, где я и мой това́рищи бу́дем **продолжа́ть на́ше образова́ние.**

В университе́те бу́дет пять и́ли шесть зда́ний. В но́вых зда́ниях бу́дут больши́е о́кна, бу́дет мно́го во́здуха и ме́ста для студе́нтов. Занима́ться в **таки́х зда́ниях** бу́дет о́чень прия́тно! **При университе́те** бу́дет своя́ библиоте́ка.

В университе́те бу́дет не́сколько отделе́ний. **Каки́м предме́том** студе́нты захотя́т занима́ться — **на то отделе́ние они́ и посту́пят.** Захо́чешь изуча́ть эконо́мику, — **посту́пишь на эконо́мическое отделе́ние;** бу́дущие доктора́ должны́ **око́нчить медици́нский факульте́т,** а юри́сты должны́ **получи́ть дипло́м на юриди́ческом факульте́те.**

Заня́тия в университе́те бу́дут **с пя́того сентября́ до деся́того ию́ня.** Бу́дет и ле́тний семе́стр **с пя́того ию́ля до шесто́го а́вгуста.** Бу́дут, коне́чно, и пра́здники. По́сле экза́менов, в конце́ ка́ждого семе́стра, студе́нтам даю́т не́сколько дней о́тдыха.

В университе́те бу́дут преподава́ть изве́стные учёные. Профессора́ прие́дут к нам **из ра́зных стран:** из Англии, из Фра́нции . . .

Учи́тель поблагодари́л меня́ за тако́й хоро́ший докла́д и попроси́л нас всегда́ по́мнить:

«Уче́нье — свет, а неуче́нье — тьма».

III. VOCABULARY

бу́дущий, -ая, -ее	future	**откры́тие**	discovery
		положе́ние	situation
ва́жный, -'ая, -'ое	important	**предме́т**	object, subject
		семе́стр	semester, term
дипло́м	diploma	**собы́тие**	event, occurrence
докла́д	report	**студе́нт**	student
зада́ча	problem, task	**уче́ние**	learning, study
заня́тие	classes, occupation	**учёный**	savant, scientist, scholar
зна́ние	knowledge	**центр**	center
культу́рный, -'ая, -'ое	cultural	**экза́мен**	examination
		эконо́мика	economics
населе́ние	population	**юри́ст**	lawyer, jurist
не́сколько	some, several, a few		

Verbs

Imperfective	Perfective	English
занима́ть (I)	заня́ть; займу́, займёшь, займу́т	to occupy
запомина́ть (I)	запо́мнить (II)	to memorize, remember
изуча́ть (I)	изучи́ть; изучу́, изу́чишь, изу́чат	I. to study, learn; P. to master
объясня́ть (I)	объясни́ть (II)	to explain
ока́нчивать (I)	око́нчить; око́нчу, око́нчишь, око́нчат	to finish
поступа́ть (I) в/на +асс.	поступи́ть; поступлю́ посту́пишь, посту́пят	to enter, enroll, act
преподава́ть (дава́ть)	препода́ть (дать)	to teach, instruct
продолжа́ть (I)	продо́лжить; продо́лжу, продо́лжчшь, продо́лжат	to continue
расска́зывать (I)	рассказа́ть (сказа́ть)	to tell, narrate

Note: It is very important to know the *cases* which verbs of *learning* and *studying* take:

учи́ться "to study, learn" takes the *dative* case when referring to a field of study:

Я учу́сь ру́сскому языку́.   I study the Russian language.

When referring to a specific task, however, the *accusative* is used:

Я учу́ ру́сский уро́к.   I am studying the Russian lesson.

Also note:

Я учу́сь в университе́те.   I am studying at the university.

изучáть "to study, learn (thoroughly)" takes the *accusative* and is never used without a direct object:

Онú изучáют рýсский язы́к.   They are studying Russian.

занимáться "to occupy oneself with, study" takes the *instrumental*. It may be used without an object expressed:

Он занимáется. Он занимáется   He is studying. He is studying
рýсским языкóм.   the Russian language.

IV. GRAMMAR

A. Declensional peculiarities of the neuter noun in the plural[1]

1. Neuter nouns ending in -же, -че, -ше, -ще, -це change я of the endings to a:

сóлнце: сóлнца, сóлнц, сóлнцам, сóлнца, etc. "sun".

2. Neuter nouns the stem of which ends in two consecutive consonants usually insert **o** or **e** in the *genitive plural*:

Nom. Sing.	Gen. Pl.	
окнó	ок**ó**н	window
письмó	пú**с**ем	letter
числó	чú**с**ел	number

The vowel to be inserted will be indicated in the vocabularies as follows: окнó (о); письмó (е); крéсло (е).

3. Neuter plurals in -и:

ýхо: ýши, ушéй, ушáм, ýши, ушáми, ушáх "ear"

плечó: плéчи, плеч, плечáм, плéчи, плечáми, плечáх "shoulder"

я́блоко: я́блоки, я́блок, я́блокам, я́блоки, я́блоками, я́блоках "apple"

4. Plural of óзеро: озёра, озёр, озёрам, озёра, озёрами, озёрах "lake"

B. Pronoun-adjectives

1. *Declension of the possessive pronoun-adjective in the plural (for its declension in the singular see Lesson 14):*

---

[1] For a review of the regular declension of the neuter noun see Lesson 18, p. 161.

All Genders				
Nom.	мой	твой	свой	на́ши	ва́ши
Gen.	мои́х	твои́х	свои́х	на́ших	ва́ших
Dat.	мои́м	твои́м	свои́м	на́шим	ва́шим
Acc.	N. or G.	N. or G.	N. or G.	N. or G.	N. or G.
Instr.	мои́ми	твои́ми	свои́ми	на́шими	ва́шими
Prep.	мои́х	твои́х	свои́х	на́ших	ва́ших

Remember that the pronouns его́ "his, its," её "her, hers," их "their, theirs" used as possessives do not change in form.

2. *Demonstrative and interrogative pronoun-adjectives*:

a. The *demonstrative* pronoun-adjective тако́й, така́я, тако́е "such a, such a one" is declined like an adjective in -о́й : тако́й, тако́го etc.

Тако́й, -о́е is used in *emphatic* questions:

> Кто э́то тако́й?   Who is that?
> Что э́то тако́е?   What is that?

b. The interrogative pronoun-adjective како́й, кака́я, како́е is translated by "which, what kind of, what sort of":

> Каки́е часы́?   What kind of watch?

It is declined like an adjective in -о́й.

The interrogative pronoun-adjective кото́рый, кото́рая, кото́рое is translated by "what, which, which one."

> Кото́рый час?   What time? *Lit.*: Which hour?
> Кото́рое сего́дня число́?   What date is today?

It is declined like an adjective in -ый.

c. The *interrogative possessive* pronoun-adjective чей, чья, чьё, чьи "whose" is declined like тре́тий: чей, чьего́, чьему́, etc.; чья, чьей etc.

Чей э́тот журна́л? or	Это чей журна́л?	Whose magazine is it?
Чья э́та кни́га? or	Это чья кни́га?	Whose book is it?
Чьё э́то перо́? or	Это чьё перо́?	Whose pen is it?

Sometimes the possessives are used instead of forms
of **чей**: **Это твой журнáл?**   [Is] this (it) your magazine?
Это вáша кнúга?   [Is] this (it) your book?
Это их письмó?   [Is] this (it) their letter?

C. Date expressions

Котóрое сегóдня числó?	What is the date (today)?
Сегóдня вторóе апрéля.	Today is the second of April
Котóрое числó бы́ло вчерá?	What date was yesterday?
Вчерá бы́ло пéрвое[1] апрéля.	Yesterday was the first of April.
Котóрое числó бýдет зáвтра?	What date will tomorrow be?
Зáвтра бýдет трéтье апрéля.	Tomorrow will be the third of April.

"On" is expressed by means of the *genitive* of the ordinal, thus:

Котóрого числá?	On what date?
Пя́того мáя	On the fifth of May
Деся́того úюня	On the tenth of June

"Beginning with" is rendered by **с** with the *genitive*:

Мы бýдем рабóтать с трéть-его úюня.	We shall work beginning with the third of June.

"From . . . . to" is rendered by **с . . . . до**, both prepositions
being followed by the *genitive*:

С трéтьего úюня до седьмóго úюля	From the third of June to the seventh of July
С утрá до вéчера	From morning to evening

От . . . до is also used to express "from . . . to":

От вторóго до деся́того декабря́	From the second to the tenth of December

V. QUESTIONS

1. Когдá открывáют нóвый университéт? 2. Почемý
э́то такóе большóе собы́тие для населéния вáшего гóрода?
3. Где вы сдéлали вчерá доклáд? 4. О чём вы сдéлали доклáд?
5. Понрáвился ли ребя́там ваш доклáд? 6. Почемý нам нужны́

---

[1] Notice that the *neuter* form of the *ordinal* numeral must be
used, since **числó**, a neuter noun, is understood. Literally:
Сегóдня вторóе числó апрéля.   Today is the second (date) of
April.

учёные, инженéры, докторá и механики? 7. Где вы бýдете продолжáть вáше образовáние? 8. Скóлько здáний бýдет имéть университéт? 9. Почемý бýдет так приятно занимáться в вáшем университéте? 10. Скóлько бýдет отделéний в университéте? 11. Кудá постýпит студéнт изучáть эконóмику? 12. Какóй факультéт должны окóнчить бýдущие докторá? 13. Где должны получить диплóм юристы? 14. С котóрого числá бýдут занятия в университéте? 15. Бýдет ли лéтний семéстр? 16. Даю́т ли студéнтам нéсколько дней óтдыха пóсле экзáменов? 17. Какие учёные и профессорá бýдут преподавáть в университéте? 18. Откýда они приéдут? 19. Был ли учитель довóлен вáшим доклáдом? 20. Что он попросил вас запóмнить?

VI. GRAMMAR EXERCISES

Exercises with Grammar A

a. Give the *plural* declension of the following nouns:

сообщéние, воскресéнье, начáло, университéт, стенá, постéль, кусóк, рубль, движéние, плáтье.

b. Repeat the above exercise adding appropriate forms of the possessive, demonstrative, and interrogative adjectives, *e.g.*: какóе сообщéние, э́то воскресéнье, наш университéт, etc.

c. From the Reading Exercise write out all *plural* nouns, along with their adjectives, and change them into the corresponding *singular* forms, *as follows*: **в пéрвых числах; в пéрвом числé.**

d. Give the correct *plural* forms of nouns in parentheses:

1. Вéчером у нас бýдут (собрáние) в сосéднем клýбе. 2. В Нью Йóрке óчень высóкие (здáние). 3. Окóло твоéй дерéвни красивые (óзеро). 4. На нáших (мéсто) сидéли нáши знакóмые. 5. Мы слýшаем (ýхо). 6. Сóлнце сейчáс за (óблако). 7. В вáшей газéте нет (объявлéние). 8. Они пошли из (отделéние) в (отделéние). 9. Они живýт в э́тих красивых (здáние). 10. У них нóвые (пальтó). 11. Я идý на пóчту за (письмó). 12. Цветы, пéред (окнó). 13. На столé — пять (яблоко). 14. У его сестры красивые (плечó). 15. Студéнт ест э́ти (яблоко) с хлéбом и сыром.

Exercises with Grammar B

a. Translate the possessive pronoun-adjectives in parentheses:

1. (My) часы покáзывают чéтверть трéтьего. 2. Котóрый час на (yours)? 3. В (our) университéтах занимáться óчень

прия́тно! 4. Учи́тель лю́бит говори́ть о (his own) зна́ниях.
5. Мне ну́жно мно́го занима́ться к (my) экза́менам. 6. Мы хо-
рошо́ зна́ем (their) дете́й. 7. К (our) студе́нтам приезжа́ет
но́вый профе́ссор. 8. Он бу́дет жить в (our) до́ме. 9. (Their)
прия́телям не понра́вился (his) но́вый автомоби́ль. 10. Нам
о́чень понра́вился (their) докла́д. 11. Я уложи́л ве́щи в (her)
чемода́ны. 12. Я зна́ю (his) дете́й. 13. Ты расска́жешь нам о
(your) экза́менах, а мы расска́жем тебе́ о (ours).

**b. Replace the English words in parentheses by proper forms
of** тако́й, како́й, кото́рый, чей:

1. Сего́дня (such a) хоро́шая пого́да. 2. В (such a) хоро́-
шую пого́ду нельзя́ сиде́ть до́ма. 3. Занима́ться в (such a) уни-
версите́те большо́е удово́льствие. 4. Для (such a) собы́тия я
куплю́ но́вое пла́тье. 5. (What) тепе́рь час на ва́ших часа́х?
6. (Whose) э́та кни́га и (whose) э́то перо́? 7. (What sort of)
пра́здник за́втра? 8. (What kind of) предме́том вы сейча́с зани-
ма́етесь? 9. (Whose) э́тот журна́л? 10. На (what sort of) кре́сле
вы сиди́те? 11. (What kind of) по́ездом вы е́дете? 12. (Which)
письмо́ вы получи́ли от бра́та? 13. О (what sort of) кни́ге они́
говори́ли вчера́? 14. (Which) уро́к они́ сего́дня у́чат? 15. (What
sort of) места́ у нас сего́дня в теа́тре?

Exercises with Grammar A and B

a. Change the following sentences to the *plural*:

1. Како́е интере́сное о́блако! 2. Где ва́ше письмо́? 3. Я не
могу́ жить в ко́мнате без окна́. 4. Пе́ред собра́нием мы всегда́
еди́м в рестора́не. 5. Я был гото́в к большо́му собы́тию. 6. Я
принима́ю ва́ше приглаше́ние. 7. Ве́чером я бу́ду в э́том боль-
шо́м зда́нии. 8. С его́ зна́нием, коне́чно, он мо́жет преподава́ть
в университе́те. 9. Мы мно́го смея́лись над твои́м письмо́м.
10. В теа́тре он лю́бит сиде́ть на хоро́шем ме́сте. 11. Профе́ссор
рассказа́л нам о собы́тии в Сиби́ри. 12. Учи́тель спроси́л меня́
о моём заня́тии. 13. Я забы́л об его́ письме́. 14. В кото́ром
зда́нии бу́дет собра́ние? 15. В тако́м прекра́сном по́ле, ко-
не́чно, мно́го цвето́в.

b. Give the full declension (singular and plural) of the following
phrases:

1. моё у́хо. 2. его́ но́вое откры́тие. 3. тако́е большо́е
о́зеро. 4. како́е но́вое заня́тие? 5. кото́рое число́?

Exercise with Grammar C

Translate the English expressions in parentheses, writing out all numbers in full:

1. (What) числа́ вы бу́дете на да́че? 2. Мне ка́жется, что в понеде́льник бы́ло (3rd of November). 3. Я бу́ду о́чень за́нят (on the 9th of August). 4. (From the 4th of July to the 8th of October) мы бы́ли в Росси́и, в Москве́ и в Ленингра́де. 5. Я получи́л письмо́ от бра́та (from the 8th of April). 6. (On what date) вас пригласи́ли в го́сти к до́ктору Че́хову? 7. Я бу́ду рабо́тать тут в ба́нке (from the 4th of July to the 9th of December). 8. Я бу́ду до́ма (on the 6th of January). 9. (From the 5th of April) мы бу́дем жить в дере́вне. 10. Он приезжа́ет в Москву́ (on the 10th of June). 11. (On what date) ты конча́ешь заня́тия в шко́ле? 12. (On the 7th of November) я купи́л по слу́чаю прекра́сную обстано́вку.

VII. TRANSLATION INTO RUSSIAN
A

1. During the first days of October I have to give a report in my school. 2. I shall speak about New York. 3. In August and September I had been in New York and had seen (sight-seen) the city. 4. I had never seen such high buildings, such beautiful theaters, museums, and parks. 5. I shall also tell in my report about the famous universities in New York. 6. We all know, how important it is to study. 7. Without good teachers, doctors, and engineers there can be no universities,[1] no hospitals, no factories. 8. Next year I want to continue my education at a university in New York. 9. It will be interesting and pleasant to study with such famous professors, in such beautiful buildings. 10 I shall enroll in the department of economics. 11. I shall study a lot, but from the first of June to the tenth of September I shall always work in our kolhoz. 12. In three, four years I shall graduate from the department of economics and receive a diploma. 13. That will be a great event in my life.

B

1. Here is (вот) the first of June, the last day of my first semester at this university. 2. In the first days of September I had enrolled in the medical faculty. 3. That was a great day

---

[1] не мо́жет быть with the *genitive*.

in my life. On the first of September I had left (departed from)
our little city of Blinsk, and on the fifth of that month I was
a student at the famous cultural center of our country. 4. From
the second to the fifth of September I had to take (держа́ть)
many examinations. I had never seen such difficult questions.
5. I had never been at such a large university and at first I
kept asking (asked): "Whose buildings are these and whose
are those?" 6. My comrades laughed at me: "What a question!"
they said, "of course all these (э́ти) buildings belong to
(are of) the university!" 7. I had never seen such beautiful
buildings, such interesting museums, and such huge libraries.
8. And how many professors are teaching, how many students
from various countries are studying here! 9. Each professor
teaches only two or three, sometimes only one, subject; the
students are studying three or four. 10. At first my brother
had enrolled in the faculties of economics and law, but now he
is studying only economics. 11. I had promised my grandmother
to come straight to her country house as soon as our vacations
begin. 12. And so I am leaving by (with) an early train and
shall be at Grandmother's tomorrow morning, at five or six
o'clock. 13. I had never in my life worked so hard and now I
am very glad that the vacations have started; every year we
have summer vacations from the first of June to the ninth
of September, three months and a week. 14. On the tenth of
September classes will start again. 15. Tomorrow I shall be
with dear old Grandmother. She had written me ten letters
every month while I did not have time or energy to send her
even one a month. 16. How I love the country life at Grandmother's! There I am a free person and can do what I please all
day. 17. In good weather I shall often walk to the neighboring
village where my friend, the blacksmith, lives. 18. It is far to
the village; the road (way) there goes now uphill, now downhill, and across a little old bridge. 19. I love the view from the
bridge: the blue river, the beautiful fields and woods, and far,
far away the high, blue mountains. 20. In bad weather I shall
help Grandmother around the house; I shall tell her about
the noisy city life at the university, and explain my studies to
her. 21. And in the evening I shall read aloud to her; she loves
it and has often told me: "Kolya, when you read I can listen
a whole day (even: хоть) and am never bored." 22. Yes, I
do love my life at the university but I also love the summer
days at Grandmother's.

ДВАДЦАТЬ ПЕРВЫЙ УРОК | TWENTY-FIRST LESSON

Plural of брат, стул, перо́, де́рево, лист, друг, сын, муж; плечо́, де́ньги; *neuters in* -мя — *Pronoun-adjectives* э́тот, тот — *Verbs* быть, быва́ть, станови́ться, стать (*with instrumental*) — *Declension of* оди́н; *adjectives with cardinal numerals*

I. COMMON EXPRESSIONS AND IDIOMS

Всю про́шлую неде́лю	All last week
За э́тот год	In the course of this year
При э́том	Besides
Де́ло в том, что...	The reason is, the fact is, that . . .
Устро́ить пикни́к	To have (arrange) a picnic
Мне ста́ло лу́чше.	I am better, have improved.
Че́рез не́сколько лет	In a few years
Специали́ст по боле́зням	Specialist for ailments
Похо́жий, похо́ж на	Resembling, looking like
Кла́няйтесь! (with dative)	Remember me kindly to . . .
Всего́ хоро́шего!	Good-bye! farewell! *Lit.*: of everything good (жела́ть + gen. is understood.)

II. READING: ГОСТЬ ИЗ МОСКВЫ

9-го ию́ня

Дороги́е бра́тья, Михаи́л и Яков, —

Мы получи́ли ва́ше письмо́ **на про́шлой неде́ле**. Прости́те, что не сра́зу вам отве́тили, но **де́ло в том, что** к нам прие́хал **на э́той неде́ле** гость из Москвы́.

Вы, коне́чно, по́мните Шу́ру[1] Петро́ва? Он **был больши́м** прия́телем мои́х сынове́й и ча́сто **быва́л у нас в** про́шлом году́. Вы должны́ знать его́ бра́тьев. Ста́рший брат **был учи́телем** в на́шей шко́ле, а мла́дший неда́вно **стал** председа́телем на́шего колхо́за.

В э́том году́ Шу́ра жил **оди́н** в Москве́. Он поступи́л на медици́нский факульте́т моско́вского университе́та. **Че́рез не́сколько лет** он бу́дет специали́стом по боле́зням у́ха, го́рла и но́са.

---

[1] Шу́ра is the "endearing" form of Алекса́ндр.

191

За э́тот год он измени́лся. Он стано́вится о́чень похо́жим на своего́ отца́. Нельзя́ не любова́ться его́ откры́тым лицо́м, краси́выми глаза́ми, высо́ким лбом ...

Он прие́хал к нам в дере́вню «отдохну́ть», но вы зна́ете, како́й у молодёжи о́тдых! С утра́ до ве́чера в до́ме раздаю́тся молоды́е, весёлые голоса́, — шум, крик, визг ... То молодёжь **устро́ит пикни́к** под дере́вьями в на́шем саду́, то взду́мают купа́ться и пое́дут на озёра в сосе́днюю дере́вню! А то **быва́ет,** сидя́т це́лый день до́ма со свои́ми друзья́ми!

Времена́ми мы уже́ не ра́ды, что пригласи́ли его́!

При э́том всю про́шлую неде́лю я была́ просту́жена: — у меня́ был на́сморк, боле́ли голова́, спина́ и пле́чи. **В про́шлый понеде́льник** я совсе́м не могла́ подня́ться с посте́ли! Тепе́рь **мне ста́ло лу́чше.**

Для тебя́, Михаи́л, у меня́ ещё **две больши́х но́вости:** — **в бу́дущем ме́сяце** това́рищ Си́доров уезжа́ет на рабо́ту на Кавка́з, а его́ жена́, Ма́ша, займёт его́ ме́сто на сосе́днем заво́де!

Вот и все на́ши собы́тия. Ребя́та вам кла́няются.

Кла́няйтесь на́шим друзья́м!

Всего́ хоро́шего!
Ве́ра.

III.   VOCABULARY

бе́дный,	poor	**несча́стный,**	unhappy
-'ая, -'ое		-'ая, -'ое	
бога́тый,	rich	**нос**	nose
-'ая, -'ое		**откры́тый,**	open, honest
визг	squeal, shriek	-'ая, -'ое	
времена́ми	at times	**писа́тель** (m.)	writer, author
высо́кий,	high	**президе́нт**	president
-'ая, -'ое		**председа́тель** (m.)	presiding officer,
де́ньги	money		chairman
друго́й,	other	**просту́женный,**	affected by
-а́я, -о́е		-ая, -ое	a cold
крик	shouting	**светло́**	light, bright
лицо́	face	**ско́ро**	soon, quickly
лоб († о)	forehead	**спина́**	back
мла́дший,	younger,	**сра́зу**	at once
-'ая, -'ее	youngest,	**ста́рший,**	elder, eldest,
	junior	-'ая, -'ее	senior
молодёжь	young people	**темно́**	dark
неда́вно	recently		

Verbs

Imperfective	Perfective	English
взду́мывать (I)	взду́мать (I)	to get the idea
изменя́ться (I)	измени́ться (II)	to change
кла́няться (I) (+Dat.)	поклони́ться; поклоню́сь, покло́нишься, покло́нятся	to greet, give regards to
купа́ться (I)	вы́купаться (I)	to bathe (swim)
любова́ться; любу́юсь, любу́ешься, любу́ются (+instrumental or на + Acc.)	полюбова́ться (любова́ться)	to admire (while looking at)
отдыха́ть (I)	отдохну́ть; отдохну́, отдохнёшь, отдохну́т	to rest
поднима́ться (I)	подня́ться; поднабу́сь, подни́мешься, подни́мутся	to arise, get up
раздава́ться (дава́ть)	разда́ться (дать)	to resound
станови́ться; становлю́сь, стано́вишься, стано́вятся	стать; ста́ну, ста́нешь, ста́нут	to become, grow, place oneself, begin

IV. GRAMMAR

A. Noun

1. *Plural declension of* брат; стул; перо́; де́рево; лист:

Nom.	бра́тья	сту́лья
Gen.	бра́тьев	сту́льев
Dat.	бра́тьям	сту́льям
Acc.	бра́тьев	сту́лья
Instr.	бра́тьями	сту́льями
Prep.	бра́тьях	сту́льях

194 ДВАДЦАТЬ ПЕРВЫЙ УРОК

Like стул "chair" are declined перо́ "feather, pen," де́рево "tree," and лист "leaf (of a tree)." Лист in the meaning of "sheet, piece of paper" has a regular plural declension: листы́, листо́в, листа́м, листы́ etc. Note the special *plural* declension of муж "husband," друг "friend," and сын "son":

Nom.	мужья́	друзья́	сыновья́
Gen.	муже́й (!)	друзе́й (!)	сынове́й (!)
Dat.	мужья́м	друзья́м	сыновья́м
Acc.	муже́й (!)	друзе́й (!)	сынове́й (!)
Instr.	мужья́ми	друзья́ми	сыновья́ми
Prep.	мужья́х	друзья́х	сыновья́х

2. *Declension of* де́ньги *"money"*:

Nom.	де́ньги		Acc.	де́ньги
Gen.	де́нег		Instr.	деньга́ми
Dat.	деньга́м		Prep.	де́ньгах

3. *Plural declension of neuter nouns in* -мя: и́мя; вре́мя[1] (for the singular, see Lesson 17.):

Nom.	имена́	времена́
Gen.	имён	времён
Dat.	имена́м	времена́м
Acc.	имена́	времена́
Instr.	имена́ми	времена́ми
Prep.	имена́х	времена́х

B. Declension of the demonstrative pronoun-adjectives э́тот "this," тот "that"

Singular	Masc.	Neut.	Fem.	Plural All Genders
Nom.	э́тот	э́то	э́та	э́ти
Gen.	э́того	э́того	э́той	э́тих
Dat.	э́тому	э́тому	э́той	э́тим
Acc.	N. or G.	э́то	э́ту	N. or G.
Instr.	э́тим	э́тим	э́той (ою)	э́тими
Prep.	э́том	э́том	э́той	э́тих

---

[1] Other neuters in -мя are given here for reference only: зна́мя "flag, standard"; пла́мя "flame"; пле́мя "tribe"; бре́мя "burden"; се́мя "seed"; стре́мя "stirrup"; те́мя "crown (of the head)"; вы́мя "udder."

Singular	Masc.	Neut.	Fem.	Plural All Genders
Nom.	тот	то	та	те
Gen.	того	того	той	тех
Dat.	тому́	тому́	той	тем
Acc.	N. or G.	то	ту	N. or G.
Instr.	тем	тем	той (то́ю)	те́ми
Prep.	том	том	той	тех

Note that the two declensions are identical except for the substitution of e for и in the endings of the instrumental singular masculine and neuter and of the entire plural of тот. Also note the difference in stress position.

C. The verbs быть, быва́ть (I), станови́ться, стать

1. Быва́ть means "to be occasionally" or "habitually" and with y and the genitive stands for "to visit":

Он ча́сто быва́ет у нас.	He frequently visits us.

It also renders "to happen, to take place":

Это ча́сто быва́ет.	That often happens.

2. Станови́ться (imperfective), стать (perfective) mean:

a. "to place oneself, take up one's position":

Он стано́вится в о́чередь.	He takes his place in line (gets into line).

b. "to become, get, grow":

Стано́вится хо́лодно, жа́рко, темно́, светло́.	It is becoming cold, hot, dark, light, etc.
Мне ста́ло о́чень ве́село.	I became (grew) very merry.

c. Стать means "to begin" when used with an infinitive:

Он ско́ро ста́нет говори́ть по-ру́сски.	He will soon begin to speak Russian.

3. When a noun or adjective is used as a predicate of быть,[1] станови́ться, стать, it usually appears in the *instrumental* case instead of the nominative:

Он был (бу́дет) инжене́ром.[1]	He was (will be) an engineer.
Он стал (ста́нет) солда́том.	He became (will become) a soldier.

---

[1] With быть this rule applies only in the *past* and *future* (i. e. when быть is actually *expressed*) and only when a *change* is implied: Тепе́рь он учи́тель, а ско́ро бу́дет профе́ссором.

D. Numerals

1. *Full declension of* один, одна, одно *"one"*:

	Singular Masc.	Neut.	Fem.	Plural All Genders
Nom.	один	одно	одна	одни
Gen.	одного	одного	одной	одних
Dat.	одному	одному	одной	одним
Acc.	like N. or G.	одно	одну	like N. or G.
Instr.	одним	одним	одной	одними
Prep.	одном	одном	одной	одних

Один, одна, одно, одни is also used in the meaning of "alone, only":

Он один.   He is alone.   Он один это знает.   Only he
                                                   knows it.
Мы одни.   We are alone.   Мы одни это знаем.   Only we
                                                   know it.

Одни is also used in the meaning of "some": Одни книги на столе, а другие на полу. *Some* books are on the table and others are on the floor.

2. Adjectives after all cardinal numerals (exept один, одна, одно) are in the genitive plural.[1]

два больших стола   two big tables
четыре интересных книги   four interesting books

V. QUESTIONS

1. Когда вы получили письмо от братьев? 2. Кем был Шура Петров? 3. Когда он часто бывал у вас? 4. Кем был его старший брат? 5. Кем недавно стал его младший брат? 6. Где жил Шура в этом году? 7. Куда он поступил? 8. Кем он станет через несколько лет? 9. Изменился ли Шура за этот год? 10. На кого он становится похож? 11. Почему он приехал к нам в деревню? 12. Что раздаётся в доме с утра до вечера? 13. Что делает молодёжь? 14. Сидят ли они иногда дома со своими друзьями? 15. Когда вы были простужены? 16. Чем вы были больны? 17. Стало ли вам теперь лучше? 18. Для кого у вас две больших новости? 19. Когда уезжает

---

[1] This rule applies only when the numeral is in the nominative, genitive, or accusative.

товáрищ Сáдоров? 20. Кудá он уезжáет? 21. Кто занимáет егó
мéсто на завóде? 22. Кто клáняется Михайлу и Якову? 23. Ко-
мý вы клáняетесь?

VI. GRAMMAR EXERCISES

Exercise with Grammar A

Give the correct *plural* forms of the nouns in parentheses:

1. Мой (сын) вам клáняются. 2. В Москвé я жил одáн и
óчень скучáл без моáх (друг). 3. Я рад, что я понрáвился
вáшим мáлым (друг). 4. В э́том годý у моáх (брат) мнóго
рабóты. 5. Я хочý поéхать в дерéвню с твоáми (брат). 6. Почемý моя́ кнáга и мой журнáл под э́тими (стул)? 7. На э́тих
(стул) удóбно сидéть. 8. Я недáвно любовáлся э́тими пре-
крáсными (óзеро). 9. В э́тих (óзеро) приятно купáться. 10. У
нас стóлько нóвых знакóмых, что мы не пóмним их (áмя).
11. Мы вздýмали устрóить пикнáк под (дéрево) нáшего сáда.
12. В нáшем садý мáло (дéрево). 13. Нáша дáча óколо тех
высóких (дéрево). 14. Ты не знал (áмя) нáших нóвых про-
фессорóв? 15. Мы слýшаем (ýхо). 16. Моя́ подрýга вздýмала
купáть шля́пу с большáми чёрными (перó). 17. Мой стáршие
(брат) продолжáют своё образовáние в Москóвском университéте. 18. Дéти игрáли в пáрке мéжду (дéрево). 19. Мы чáсто
вспоминáем о тех прекрáсных (врéмя). 20. (Врéмя) тепéрь
стáли другáми. 21. (Врéмя) мы ужé не рáды, что егó пригла-
сáли. 22. Он пóмнит (áмя) всех своáх ученикóв.

Exercises with Grammar A and B

a. Translate the pronoun adjectives in parentheses:

1. (This) **стул бýдет** в твоéй кóмнате, а (that) **крéсло** в
моéй. 2. У (this) **студéнта** нет **перá.** 3. Около (that) **дéрева** мы
мóжем отдохнýть. 4. Он мнóго занимáлся пéред (this) **экза-
меном.** 5. В (this) **университéте** нет библиотéки, а в (that)
есть. 6. Мы всегдá éздим за покýпками в (this) **гóрод.** 7. Мы
берём (this) **журнáл** домóй. 8. В (that) **колхóзе** нóвый пред-
седáтель. 9. **Я спешý** к (this) **пóезду.**

b. In the above exercise place all words which are in parentheses
and all boldface words into the *plural*.

c. Give the full declension (sing. & plur.) of the following:

на́ша пе́рвая кни́га, э́тот большо́й го́род, како́й краси́вый го́лос, тот ста́рый англича́нин, кото́рое число́, тако́е си́нее о́зеро, то знамени́тое и́мя, дорого́й друг, оди́н бе́лый лист, на́ши де́ньги.

Exercises with Grammar C

a. Change the following sentences into the past tense:

1. Мой ста́рший брат ча́сто быва́ет в го́роде. 2. Тут ча́сто быва́ют дожди́. 3. На вокза́лах всегда́ быва́ет толпа́ люде́й. 4. В э́том го́роде быва́ет мно́го тури́стов. 5. В на́шем кли́мате иногда́ быва́ет ра́нняя весна́. 6. Вы ча́сто быва́ете в кино́? 7. Он ка́ждое воскресе́нье быва́ет у нас. 8. Это иногда́ быва́ет со мной.

b. Change the following into the *perfective* aspect past and future:

1. Осенью в дере́вне стано́вится ску́чно. 2. Мне стано́вится хо́лодно. 3. Она́ стано́вится в о́чередь за ма́слом. 4. Они́ тепе́рь ско́ро стано́вятся профессора́ми. 5. Ты стано́вишься о́чень похо́ж на своего́ отца́. 6. Он стано́вится умне́е (more clever). 7. Станови́лось темно́. 8. Станови́лось хо́лодно.

c. Supply the endings:

1. Он стал изве́стн— учён—. 2. Он был прост—' солда́т--. 3. Весно́й он ста́нет инжене́р—. 4. Он бу́дет председа́тел— на́шего клу́ба. 5. Они́ всегда́ бы́ли хоро́ш— прия́тел—. 6. Он стал специали́ст— по боле́зням у́ха, го́рла и но́са. 7. Он стал о́чень бога́т— челове́к—. 8. Зна́ете к— (кто) она́ ста́ла? Знамени́т— певи́ц—.

Exercises with Grammar D

a. Translate the words in parentheses:

1. В ко́мнате (one) стул и (one) кре́сло. 2. Здесь есть ме́сто для (one) челове́ка. 3. Мы пригласи́ли на да́чу (one) го́стя. 4. Мы сиди́м за (one) столо́м. 5. К (one) мое́й подру́ге прие́хали бра́тья из Сиби́ри. 6. Гру́ппа крестья́н е́дет в (one) ваго́не. 7. Я зна́ю то́лько (one) о́перу. 8. Мы бы́ли (alone) в ко́мнате. 9. Я вздумал купа́ться в о́зере (alone). 10. У нас (one)

головá, (one) нос, (one) лоб, (one) рот, (one) спинá и (one) лицó.

b. Translate the expressions in parentheses:

1. В нáшем гóроде (five big buildings). 2. (nine little children) игрáли в пáрке. 3. Моя́ сосéдка купи́ла (three dresses). 4. Я сейчáс получи́л (one interesting periodical). 5. В э́том мéсяце бы́ло тóлько (six rainy days). 6. В кýхне (five red chairs). 7. Вчерá я получи́л (seven important letters). 8. В моём садý (two high trees). 9. У неё (twelve new pens). 10. Он купи́л (ten big apples). 11. У моéй сосéдки (two beautiful violins). 12. Сегóдня (first summer day). 13. В прóшлом мéсяце бы́ло тóлько (three good summer days). 14. Емý трýдно написáть э́ти (two long letters).

General Review of Verbs[1]

a. Give the *past* tense and English meaning of the following verbs:

1. сказáть 2. отвéтить 3. есть 4. класть 5. мочь 6. давáть 7. идти́ 8. поправля́ться 9. прочéсть 10. одевáться.

b. Give the *imperative* forms and English meaning of the following verbs:

1. готóвить 2. éхать 3. быть 4. есть 5. писáть 6. смея́ться 7. ждать 8. брать 9. занимáться 10. пить.

c. Give the four key forms in the *imperfective* and the *perfective* aspects, as well as the English meaning of the following verbs:

1. давáть 2. входи́ть 3. одевáться 4. приглашáть 5. принимáть 6. брать 7. отвечáть 8. снимáть 9. объясня́ть 10. станов*и́*ться.

VII. TRANSLATION INTO RUSSIAN
A

1. All last week I was with my friends in the country. 2. They have a large country home in a very beautiful spot.

---

[1] This type of Review Exercise should be repeated with the verbs of every five lessons.

3. I came here to rest. 4. Last week [it] was very cold, and it rained all the time. 5. But this week there is much sun; it has turned (become) warm, even hot. 6. On Monday of this week we had a picnic under the trees in my friend's beautiful garden. 7. On Wednesday or Thursday, we shall drive for a swim (to bathe) to the lake at the neighboring village. 8. I have improved (in the course of) this week. 9. I had been very sick all last year and at times could not even get up. 10. Besides, I was all alone in the house. 11. My sons were working in a plant at Leningrad and my daughter was at the Moscow University. 12. Our doctor, an ear-nose-and-throat specialist, visited me four or five times last year. 13. He told me that I must go to the country to rest and improve [my health]. 14. The doctor was right; I needed rest and fresh air. 15. Here in the country I have grown healthy again.

B

1. Dear Paul,

I am writing to you from the country home of my brother's friend, the writer Ivanov. 2. Do you remember, I told you that we would (will) go to Paris[1] and would live almost two weeks with Mr. Ivanov? 3. And here I am! All last week, for seven wonderful days, we saw (sight-saw) the great city of Paris. I shall always remember those famous buildings and huge squares, the long streets, and remarkable bridges. 4. After we had seen the entire city, on the eighth day, last Saturday, we drove with Mr. Ivanov in his beautiful new car to his country house. 5. He owns not only one, but two, enormous country homes, one on (at) the River Seine[2], and another in the mountains. 6. And he has not only one car but three big new ones; one is always in the city, the others, the "country" cars, are always in the country. 7. Mr. Ivanov is not poor; he obviously has a great deal of (very much) money! 8. Besides us (кроме нас) there are at his country place five other good friends of Mr. Ivanov; they frequently visit him there. 9. I do not remember their names now, but I do know that one of them is a singer from (of) the Paris[3] opera, another is a very serious and very boring engineer from America; there are also two skinny, old Englishmen, and a nice, jolly lady teacher resembling my mother. 10. Mr. Ivanov has a very large family and had invited his father and mother and his brothers and sisters for this week to his country house, where they can rest and have a good time. 11. But two [of his] famous brothers,

---

1 Париж
2 на реке Сене
3 парижской

also writers, were too busy in the city, and his father and mother had colds (were affected by a cold). 12. And so only his
youngest brother Sasha and his beautiful elder sister could
come (приéхать). 13. Sasha is a student at the Paris University
in the medical faculty, and in a year or two he will become a
nose-throat-and-ear specialist. 14. The young people have, of
course, arranged picnics; they go swimming, and play golf
or tennis. 15. Do you know Paul, how many lakes there are
here? Three beautiful little lakes—and through them there
flows (течёт) a little river. 16. And the mountains are not at
all far from here; yesterday we drove there in one of Ivanov's "country" cars. 17. I have never lived such an interesting,
free life; everyone here can do what he wants; some play cards
or read or look at television programs all day long; others walk
in the fields or go swimming in the beautiful lakes or drive
to (into) the mountains. 18. But now it is turning (becoming)
rainy and cold and tomorrow Mr. Ivanov and his friends will
drive to Paris and we shall have to drive back to our little
old town of Domrémy.[1] 19. I shall always think about the
twelve wonderful Paris days. 20. Remember me kindly to our
friends in Domrémy and tell them that within three days I
shall be home again.

Good bye!
Your Peter.

ADDITIONAL READING MATERIAL

*Based on vocabulary and grammar of preceding lessons, with special
emphasis on Lessons 13, 14, 19, 20, and 21*

МОЯ ЖИЗНЬ ПО РАСПИСАНИЮ.

Говоря́т, что у меня́ скýчная жизнь. Но пусть (let them)
говоря́т, что хотя́т. Я заня́той человéк и у меня́ нет врéмени
дýмать о том, что говоря́т лю́ди.

Лéтом, зимóй, веснóй и óсенью, с понедéльника до суб-
бóты я всегда́ на слýжбе. Конéчно, лéтом, в áвгусте, в пéрвых
чи́слах áвгуста, мы с женóй всегда́ уезжа́ем из гóрода на
двé-три недéли в гóры и́ли к мóрю. На рабóту мне на́до éхать
пóездом получаса́. За э́то врéмя я прочи́тываю газéту, дýмаю
о рабóте и не замеча́ю как прохóдит врéмя. Пóезд прихóдит
на вокза́л рóвно в чéтверть девя́того и чéрез нéсколько ми-
нýт я ужé сижý за столóм своéй контóры.

---

[1] Дóмреми

В полдень я ухожу из конторы на три четверти часа на обед. По понедельникам и средам я ем в небольшом ресторане за углом от конторы, а по вторникам, четвергам и пятницам я, обыкновенно, хожу в русский ресторан, через улицу от конторы.

Как только часы показывают без четверти пять, пора[1] собираться ехать домой. Моей жене никогда не надо спрашивать: — В котором часу ты будешь сегодня дома? — К ужину я никогда не опаздываю!

Через час я уже дома. Обыкновенно, у жены ужин готов во-время, но иногда она опаздывает с ужином и тогда у меня есть время прочесть вечернюю газету. Жена говорит, что я всегда читаю или журнал, или газету, или книгу. «Мужу всё равно есть ли у нас обед. Но если нет газеты, журнала или книг, тогда он несчастный человек», часто говорит она.

Два раза в неделю, в понедельник и в среду вечером я езжу на час-два в клуб.

В январе прошлого года я стал председателем общества писателей и два раза в месяц должен устраивать собрания, а раз в год в марте месяце, я должен сам делать доклад о работе нашего общества.

В четверг вечером у меня урок русского языка. Я занимаюсь русским языком каждый день, час в день. В пятницу вечером к нам приходят соседи на два-три часа играть в карты. «Когда работаешь всю неделю, в пятницу пора подумать об отдыхе», говорит жена. В субботу утром я помогаю жене по хозяйству, езжу с ней в город за покупками, работаю по дому или в саду. Воскресенье — день отдыха. Мы завтракаем поздно, идём в церковь, обедаем, а после обеда я конечно занят газетой часа два. Вот и конец недели! Мне не надо думать, что я буду делать на будущей неделе, в будущем месяце и в будущем году, — у меня уже готово расписание на много лет!

---

[1] пора (adverb) "it is time," but is also used in poetic or archaic language as a noun in the meaning of "time": летняя пора summertime; время unit of time, duration; раз once, one time, times; number of occurrences, performances.

ДВАДЦАТЬ ВТОРОЙ УРОК

TWENTY-SECOND LESSON

Masculine nouns ending in -a or -я — The reflexive pronoun себя *and the emphatic* сам *— Translation of "let me, us, him, them"; Use of the infinitive in the imperative mood; Infinitive with the dative rendering "have to," "am to"*
[*Review of the feminine noun declension in the plural*]

I. COMMON EXPRESSIONS AND IDIOMS

Одна шестая часть	One-sixth part
Вся обитаемая суша	The entire habitable land
Условия жизни	Conditions of life
Собирать урожай	To bring in the harvest
Животный и растительный мир	Fauna and flora
Лесо-степь	Forest-steppe
Плодородная почва	Fertile soil
Плантация сахарной свёклы	Sugar beet plantation
Фруктовый сад	Orchard. *Lit.*: fruit garden
Природные богатства	Natural resources; raw material wealth
Район добычи и обработки	The region of extraction and processing
Сахарный тростник	Sugar cane

II. READING: УРОК ГЕОГРАФИИ

Давайте посмотрим на карту Советского Союза йли СССР. Эта страна занимает **одну шестую часть всей обитаемой суши.** От западных границ СССР до восточных семь тысяч миль, а от северных границ до южных почти четыре тысячи миль.

Конечно, на такой большой территории встречаются разнообразные климаты и **условия жизни.** Представьте **себе,** что в тот же **самый** день, когда на севере России идёт снег, на юге **собирают урожай!**

Животный и растительный мир северных областей очень беден. К югу начинается зона лесов, за зоной лесов зона **лесо-степи,** а затем начинается великая русская равнина.

203

Зона равнин занимает большую площадь. **Плодородная почва** этой зоны даёт прекрасные урожаи.

У южных границ великой русской равнины находятся **плантации сахарной свёклы** и **фруктовые сады**. На юге, за зоной равнин идёт зона пустынь.

За высокими горами Средней Азии и Кавказа лежит субтропическая зона. Тут очень тёплый и приятный климат. В некоторых местах этой зоны растут апельсины, лимоны, а в других растут хлопок, **сахарный тростник** и каучуконосы.

В России много больших рек. Посмотрим на карту азиатской части СССР. Тут вы увидите много длинных и широких рек. В европейской части страны также находятся большие и длинные реки: Волга, Днепр, Дон.

Природные богатства России разнообразны. Главный **район добычи** и **обработки** нефти находится на Кавказе, около города Баку. Главные районы добычи и обработки металлов находятся на юге, в районе Донбасса, а также в восточном районе Урала и Кузбасса.

Территорию СССР населяет сто восемьдесят (180) народов. Они представляют **собою** смесь разных национальностей. **Пусть поедет** турист из европейской части страны в азиатскую. Тут он **сам** увидит сколько разных народов живёт в СССР. Каждый народ имеет свой национальный язык, свою национальную историю и свою национальную культуру.

III. VOCABULARY

1. General

апельсин	orange (fruit)	некоторые	some
великий, -'ая, -'ое	great, mighty	нефть	oil (crude)
		область	region
граница	border	поездка	trip
затем	after that	почти	almost
зелёный, -'ая, -'ое	green, verdant	пустыня	desert
		равнина	plain
зона	zone	разнообразный, -'ая, -'ое	various, variegated
карта	map	смесь	mixture
каучуконос	rubber tree	территория	territory
культура	culture	тысяча	thousand
лимон	lemon	хлопок (†о)	cotton
металл	metal	широкий, -'ая, -'ое	broad, wide
миля	mile		
национальный, -'ая, -'ое	national		

Verbs

Imperfective	Perfective	English
населя́ть (I)	насели́ть (II)	to populate, settle
находи́ться (ходи́ть)	найти́сь (идти́)	to be located, found
начина́ться (I)	нача́ться; начну́сь, начнёшься, начну́тся	to begin
отделя́ть (I)	отдели́ть (II)	to separate
расти́; расту́, растёшь, расту́т рос, росла́, росли́	вы́расти (расти́)	to grow, grow up

2. *Points of the Compass*:

восто́к:	восто́чный, -'ая, -'ое	East, eastern
за́пад:	за́падный, -ая, -ое	West, western
се́вер:	се́верный, -ая, -ое	North, northern
юг:	ю́жный, -'ая, -'ое	South, southern

3. *Proper Names*:

А́зия: азиа́тский, -'ая, -'ое	Asia, Asiatic
Сре́дняя А́зия	Central Asia
Евро́па: европе́йский, -'ая, -'ое	Europe, European
Баку́ Baku; Во́лга Volga; Днепр Dnepr; Дон Don	
Донба́сс: доне́цкий у́гольный бассе́йн	Donets coalfield
Кузба́сс: кузне́цкий у́гольный бассе́йн	Kuznets coalfield

Кавка́з Caucasus; Ура́л Ural (Mountains)

Сове́тский Сою́з; СССР — Сою́з Сове́тских Социалисти́ческих Респу́блик Union of Soviet Socialist Republics (U.S.S.R.)

IV. GRAMMAR

A. Masculine nouns ending in а or я

These nouns are declined like *feminine*[1] nouns, thus:
Мужчи́на "man" is declined like же́нщина "woman":

Sing.: мужчи́на, мужчи́ны, мужчи́не, мужчи́ну, мужчи́ной, мужчи́не

---

[1] For the plural declension of the feminine noun, see Lesson 18.

Plur.: мужчи́ны, мужчи́н, мужчи́нам, мужчи́н, мужчи́нами, мужчи́нах

Like мужчи́на are declined де́душка "grandfather."[1]

Дя́дя "uncle" is declined like неде́ля (except in the genitive and accusative plural):

Sing.: дя́дя; дя́ди, дя́де, дя́дю, дя́дей, дя́де
Plur.: дя́ди, дя́дей, дя́дям, дя́дей, дя́дями, дя́дях

Adjectives modifying these nouns, as well as pronouns used for these nouns, are masculine, agreeing with the natural gender (masculine) of such nouns and not with their feminine endings:

Э́то мой ста́рый дя́дя.   This is my old uncle.
Он живёт с на́ми уже́ четы́ре   He has been living with us
  го́да.   four years already.

**B. The reflexive pronoun себя́ "self" and
the emphatic сам "self"**

1. The *reflexive pronoun* себя́ "-self" is used of all persons, singular and plural. It has *no nominative,* since it can never be the subject of a sentence:

Nom.		Acc.	себя́
Gen.	себя́	Instr.	собо́й (о́ю)
Dat.	себе́	Prep.	себе́

От себя́ не уйдёшь!   You cannot escape yourself!
Он э́то себе́ купи́л.   He bought it for himself.
Приди́ в себя́!   Come to your senses! (Come
                               into yourself!)

Я э́то беру́ с собо́й.   I am taking this with me.
Она́ мно́го говори́т о себе́. She speaks much about her-
                               self.

2. *The emphatic definite pronoun* сам *"-self"* is used chiefly for emphasis of identity with nouns or personal pronouns and agrees with these in number, gender, and case:

Ма́льчик сам э́то сде́лал.   The boy has done it himself.
Я ви́дел самого́ президе́нта. I saw the President himself.

It is very often used with the reflexive pronoun себя́:

Пода́рок самому́ себе́   A present to himself
Он сам с собо́й говори́т.   He speaks to himself.

---

[1] Taking proper account of Vowel Mutation Rule B and infix **e** and **o** respectively in genitive plural.

Full declension of the emphatic definite pronoun **сам**:

	Masc.	Neut.	Fem.	Pl. All Genders
Nom.	сам	само́	сама́	са́ми
Gen.	самого́	самого́	само́й	сами́х
Dat.	самому́	самому́	само́й	сами́м
Acc.[1]	самого́	само́	самоё	сами́х
Instr.	сами́м	сами́м	само́й (ою)	сами́ми
Prep.	само́м	само́м	само́й	сами́х

C. Verb

1. *Translation of "let me, him, her, it, us, them"*:

дай[2], да́йте[3] $\left\{ \begin{array}{l} \text{я ко́нчу} \\ \text{мне ко́нчить} \end{array} \right\}$ Let me finish

This pattern applies to all persons (except second):

or: да́й, да́йте он (она́, оно́) ко́нчит, мы ко́нчим, etc.
да́й, да́йте ему́, ей, нам, им ко́нчить.

(Note: Second type of construction uses the *dative* of the pronoun with the *infinitive* of either aspect of the verb.)

2. *Imperative including the speaker, i. e., "let us"*:

Let us: Дава́й[2] Дава́йте[3]   with the imperfective infinitive:

Дава́й есть.	Let us eat.
Дава́йте чита́ть.	Let us read.
Дава́йте говори́ть по-ру́сски.	Let us speak Russian.

or: simply the first person plural (usually of the perfective verb):

Поговори́м по-ру́сски.	Let's speak Russian.
Пойдёмте.[3]	Let us go.
Пойдёмте гуля́ть	Let us go for a walk.

---

[1] Note that this pronoun has only an animate form in the accusative masculine singular and plural, which, of course, is like the genitive. It is not used with reference to inanimate objects; with reference to these a form of **са́мый** must be used.

[2] When addressing a single person familiarly.

[3] When addressing a number of persons, or one person politely.

Often used in combination with **давай:**

давай порабо́таем, дава́йте поговори́м, etc.

Let him: Пуска́й or Пусть with the third person *singular*
(Either aspect can be used; the personal pronoun
is sometimes omitted):

Пуска́й
Пусть }ку́пит э́ту кни́гу. Let him buy this book.

Пуска́й (пусть) игра́ет.   Let him play.

Let them: Пуска́й or Пусть with the third person *plural*:

Пуска́й
Пусть }ку́пят э́ту кни́гу. Let them buy this book.

Пуска́й (пусть) игра́ют.   Let them play.

Пусть, Пуска́й usually have an *exhortative* force.

3. *Use of the infinitive in the imperative mood*:

Emphatic command: **Молча́ть!** Silence! **Рабо́тать!** *Work!*

4. *Infinitive* with the *dative* rendering "have to," "am to":

Что **нам де́лать?**   What are we to do?
Кому́ идти́?   Who is to go?
Вам идти́!   You are to go!

V. QUESTIONS

1. Каку́ю пло́щадь занима́ет СССР? 2. Ско́лько миль
отделя́ет за́падные грани́цы Сове́тского Сою́за от восто́чных
и се́верные от ю́жных? 3. Почему́ усло́вия жи́зни в СССР
таки́е разнообра́зные? 4. Каки́е зо́ны нахо́дятся в се́верных
областя́х Сове́тского Сою́за? 5. Каки́е зо́ны нахо́дятся
в ю́жных областя́х? 6. В како́й зо́не по́чва о́чень плодоро́дная?
7. Где нахо́дятся планта́ции са́харной свёклы и са́харного
тро́стника? 8. Где начина́ется зо́на пусты́нь? 9. Где нахо́дится
субтропи́ческая зо́на? 10. Како́й кли́мат в субтропи́ческой
зо́не? 11. Что тут растёт? 12. В како́й ча́сти страны́ нахо́дятся
больши́е ре́ки? 13. Как велики́ приро́дные бога́тства Сове́т-
ского Сою́за? 14. Где нахо́дится гла́вный райо́н добы́чи
не́фти? 15. Где нахо́дятся гла́вные райо́ны добы́чи и обрабо́т-
ки мета́ллов? 16. Каки́е наро́ды населя́ют СССР? 17. Име́ют
ли они́ свою́ национа́льную культу́ру? 18. Есть у ка́ждого из
э́тих наро́дов свой национа́льный язы́к и своя́ национа́льная
исто́рия?

VI. GRAMMAR EXERCISES

Exercises with Grammar A

a. Give the plural declension of the following nouns:
вещь, хозя́йка, шко́ла, телегра́мма, ми́ля, дверь, мавзоле́й, приём, сло́во, рот

b. Repeat above exercise adding forms of э́тот, тот, кото́рый, како́й, тако́й, and appropriate adjectives.

c. From the Reading Exercise write out all *feminine* nouns giving their *case, number,* and *English meaning,* thus:

на ка́рту	Acc. Sing.	"at the map"
за́падных грани́ц	Gen. Pl.	"of the western borders"

d. In the following sentences change the boldface words into the *plural*:

1. Вот **моя́ кни́га**, а тут **твоя́ газе́та**. 2. На столе́ **но́вая ска́терть**. 3. Без **ка́рты** мы не зна́ем как е́хать в **дере́вню**. 4. В э́том ста́ром до́ме нет ни окна́ ни **две́ри**. 5. У **мое́й подру́ги** бога́тый брат. 6. Ваш друг хорошо́ зна́ет **э́ту планта́цию**. 7. Около **той грани́цы** нахо́дится **равни́на**. 8. К её **сосе́дке** прие́хал гость с Кавка́за. 9. В **дере́вне** стро́ят **но́вую шко́лу**. 10. Кто пое́хал в **зо́ну пусты́ни**? 11. На **э́той террито́рии** нет **планта́ции** каучу́ка. 12. Я не встре́тился с **э́той гражда́нкой** ле́том. 13. Я не бу́ду спо́рить **о цене́** с **продавщи́цей**. 14. Мы не знако́мы с **культу́рой** э́того наро́да. 15. Я посмотрю́, нет ли **газе́ты** под **две́рью**.

e. Change the boldface words into the *singular*:

1. Рабо́та на **поля́х** вела́сь **мужчи́нами**. 2. Де́ти лю́бят **свои́х де́душек**. 3. В колхо́зах **мужчи́нам** даю́т тяжёлую рабо́ту. 4. Сего́дня мы получи́ли **пи́сьма** от **де́душек**. 5. **Эти дома́ стро́ят ва́ши дя́ди**. 6. Для **си́льных мужчи́н** э́то лёгкая рабо́та. 7. Они́ говори́ли о **свои́х бога́тых дя́дях**. 8. Вы не должны́ говори́ть с **э́тими мужчи́нами**.

Exercises with Grammar B

a. Supply the correct forms of the reflexive pronoun **себя́**:

1. У ..... в до́ме я могу́ говори́ть, что хочу́. 2. Вчера́ я пригласи́л для ..... но́вого учи́теля му́зыки. 3. За грани́цей я купи́л ..... краси́вое пальто́. 4. Моя́ сестра́ пригласи́ла к ..... госте́й. 5. Я спеши́л к ..... в конто́ру. 6. Моя́ жена́

никогда́ не ду́мала о ..... 7. Мне ка́жется, он лю́бит то́лько
..... 8. Я е́ду в дере́вню и беру́ с ..... то́лько оди́н чемода́н.
9. Он сам смея́лся над ..... 10. Она́ всегда́ дово́льна .....

b. Give the correct form of the pronouns in parentheses:

1. Я (сам) уложи́ла э́ти ве́щи в чемода́ны. 2. Для нас (сам)
э́то бы́ло большо́й но́востью. 3. У него́ (сам) нет кварти́ры.
4. Вы (сам) должны́ э́то сде́лать. 5. За́втра мой автомоби́ль
мне (сам) бу́дет ну́жен. 6. Да́йте мне (сама́) прочесть письмо́.
7. Я прочёл все рома́ны э́того писа́теля, но его́ (сам) я никогда́
не ви́дел. 8. Мой де́душка получи́л кни́гу от (сам) Толсто́го.
9. Я знако́м с его́ сестро́й, а с ним (сам) я не знако́м. 10. О нас
(сам) вы и не спра́шивайте!

Exercise with Grammar C

Translate the expressions in parentheses:

1. (Let me) ко́нчить писа́ть письмо́ мое́й подру́ге. 2. (Let
me) поговори́ть с ней. 3. (Let us) сего́дня купа́ться в э́том
о́зере. 4. (Let us drive) за́втра в дере́вню. 5. (Let) я погляжу́
на твоего́ ребёнка. 6. (Let) я приглашу́ твоего́ дя́дю к нам в
го́сти. 7. (Let me) поблагодари́ть хозя́йку. 8. (Let us go) сейча́с
домо́й. 9. (Let us rest) под э́тими дере́вьями. 10. (Let her)
игра́ет на скри́пке. 11. (Let him) сиди́т до́ма, когда́ он просту́-
жен. 12 (Let them) расска́жут тебе́ о жи́зни в дере́вне. 13. (Let
them) вы́йдут из ко́мнаты. 14. (Learn!) «Уче́нье свет, а не-
уче́нье тьма». 15. Това́рищи, (work!)! Мы должны́ ко́нчить
на́шу рабо́ту до ве́чера! 16. (Who is to know), како́й он чело-
ве́к! 17. (What am I to read) сего́дня на уро́ке? 18. (What are
we to do) тепе́рь? 19. (She is to go) в го́род за поку́пками, а
(you are to drive) на рабо́ту. 20. (The secretary is to work) в
конто́ре, а (a worker is to work) на заво́де.

VII.   TRANSLATION INTO RUSSIAN

A

1. Tonight my brother Sasha came to us and had his photographs of Russia along (with himself). 2. He had been there,
and had himself seen the Russian cities, the broad rivers, the
mighty plains and forests, the high mountains of the Caucasus,
and the Ural. 3. After supper he said: "Now let us look at my
photos of Russia and let me explain each one." 4. "Yes," said
my sister, "let Sasha tell us all about his trip to Russia. I have

seen many parts of that huge country myself, but I always love to hear Sasha tell about it. Now, good friends, listen!" 5. Sasha began (speaking): "Dear friends, do not think that I shall speak about myself. You will not be bored. 6. I shall speak only of Russia, its geography, its fauna and flora, its national culture." 7. Sasha took the first photo: "You can see [for] yourself, what a wide river this is. It is the Volga, 'Matushka Volga' herself. 8. I myself have stood here, at this spot and have crossed (driven across) this beautiful river in a small steamer." 9. "Was your sister with you?" asked Peter. "Let her tell about her trip to Russia." 10. "Yes, of course, we were together in Russia," answered my brother quickly, "but that isn't news; you all know that already. 11. It is very late already; we have very little time, and I want to show you all these photos and tell you all about my life in Russia." 12. Yes, I thought, my brother does love to talk about himself. 13. But let him talk, it is sometimes interesting and often very funny. 14. Of course, he does not know how funny his stories often are (бывают). 15. "Let us look now at this second picture!" I heard ("caught the sound" plus acc.) the voice of my brother again. 16. "Do you see this enormous lake? Let me tell you a remarkable story (историю) about it. I myself bathed in it; I almost swam across (переплыл) it . . . ." 17. Keep on talking, dear brother; you cannot escape yourself! You will always think and talk only about yourself! 18. But I am a busy man (person) and must now write my report on the Soviet Union.

B

1. Yesterday at a meeting in our club my friend John gave (made) a very interesting report on (about) the geography of Soviet Russia or the U.S.S.R. 2. He had been there last summer and had seen the country from west to east and from north to south. 3. He had taken a map along (with himself) to the meeting. 4. On it he showed us that Soviet Russia occupies one-sixth of the entire habitable land. 5. He told us that from the western to the eastern borders of this great country [it was] seven thousand miles. 6. I asked him how many miles [it was] from the northern to the southern borders of the U.S.S.R. 7. He did not remember. 8. "I do not remember," he said, "but certainly it must be almost five thousand miles." 9. And [then] he quickly said: "Let us look at the map of Soviet Russia. 10. In the North you see a blue zone. 11. Here the flora is very sparse (poor). 12. In the center of the map you see a large green

zone. 13. Here are the great forests and, to the south, the region of the forest-steppes and the mighty Russian plains. 14. Here the soil is very fertile. 15. The Russian peasants can sometimes bring in two harvests a year. 16. The red part of the map indicates (shows) the subtropical zone and the desert. 17. To the north of the zone of the desert are very high mountains. 18. In the subtropical zone there are enormous plantations of sugar cane and rubber trees and also beautiful orchards of oranges and lemons." 19. Yes, my friend's report was very interesting! 20. Tomorrow I shall go to the library and shall read some books about Soviet Russia and look at photographs of Russian cities, rivers, and mountains. 21. Perhaps I shall also be able to find pictures of the main regions of the extraction and processing of Russia's oil and metals.

ДВАДЦАТЬ ТРЕТИЙ УРОК | TWENTY-THIRD LESSON

Genitive plural infix **o** *or* **e** *in feminine nouns; declension of* **мать** *and* **дочь** — *Adjectives used as nouns* — *Comparison of adjectives and adverbs: comparative*

I. COMMON EXPRESSIONS AND IDIOMS

На Рождество́	At (for) Christmas
На Па́сху	At (for) Easter
Глава́ семьи́	Head of the family
За́мужем за (instr.)	Married (this form used only of women)
Жена́т на (prep.)	Married (this form used only of men)
Жени́ться на (prep.)	To marry (form used of. men)
Выходи́ть, вы́йти за́муж за (acc.)	To marry (form used of women)
Накрыва́ть на стол	To set the table
Во главе́ стола́	At the head of the table
За ва́ше здоро́вье!	To your health! (toast)
Сла́ва Бо́гу!	Thank God! *Lit.*: Glory to God.
Споко́йной но́чи!	Good night! *Lit.*: Of a restful night
«В тесноте́, да не в оби́де»	"Crowded close (together) but not at variance"

II. READING: В ДЕНЬ ПРА́ЗДНИКА

Чем ста́рше я становлю́сь, **тем ча́ще** ду́маю о своём де́тстве. В де́тстве, для нас не́ было **бо́лее счастли́вого** вре́мени, **чем** пра́здники. **На Рождество́** и на **Па́сху** в на́шем до́ме собира́лась вся семья́.

Главо́й на́шей **семьи́** была́ ба́бушка. Я никогда́ не встреча́ла же́нщины **умне́е** и **интере́снее** её. У неё бы́ло пять **дочере́й** и два сы́на. Я была́ её восьмо́й вну́чкой. Все до́чери бы́ли **за́мужем,** сыновья́ бы́ли **жена́ты.** Она́ **вы́глядела моло́же свои́х лет и** всегда́ была́ весела́ и полна́ эне́ргии.

213

В день пра́здника, мы всегда́ проси́ли разбуди́ть нас **пора́ньше**. Мы **поскоре́е** одева́лись и шли в гости́ную. А в **столо́вой**, ба́бушка уже́ **накрыва́ла на стол**. Она́ брала́ ска́терть **покраси́вее**, посу́ду **полу́чше**, сере́бряные **ло́жки, ви́лки, ножи́**. Раздвига́ли **пошире** стол, — и к обе́ду **за столо́м** собира́лась вся семья́!

«В тесноте́, да не в оби́де» — говори́ла ба́бушка. А уж еды́, **сла́ва Бо́гу**, бы́ло доста́точно!

Начина́ли с заку́сок и во́дки. — **За ва́ше здоро́вье**, дороги́е де́ти — говори́ла ба́бушка. По́сле заку́ски, дава́ли суп, пироги́, пото́м жарко́е, а пото́м сла́дкое.

Ба́бушка сиде́ла **во главе́ стола́**. Она́ всегда́ по́мнила, кто **из дете́й лю́бит пиро́г с мя́сом бо́льше, чем** пиро́г с капу́стой, кому́ дать кусо́к мя́са **пото́ньше**, а кому́ **пото́лще**, кому́ дать **поме́ньше** су́па, а кому́ **побо́льше** сла́дкого. Ей не на́до бы́ло спра́шивать: — Ты хо́чешь **чай с лимо́ном и́ли с молоко́м?** — Она́ зна́ла, кому́ на́до дать **жи́дкий чай**, а кому́ дать **чай покре́пче**, кто лю́бит чай **посла́ще**, а кто пьёт его́ совсе́м без са́хара!

По́сле обе́да все шли в **гости́ную**. Тут ка́ждый де́лал, что хоте́л. Кому́ прия́тно бы́ло игра́ть в ка́рты, тот игра́л в ка́рты, а кто хоте́л **игра́ть в ша́хматы**, — игра́л в ша́хматы. Же́нщинам же всегда́ бы́ло о чём поговори́ть!

В семье́ люби́ли му́зыку. У мое́й **ма́тери** был о́чень хоро́ший го́лос. Её всегда́ проси́ли петь и она́ осо́бенно хорошо́ пе́ла ру́сские пе́сни.

Когда́ закрыва́ли в пере́дней дверь за после́дним го́стем, бы́ло уже́ темно́. — **Споко́йной но́чи!** — говори́ла ба́бушка и мы уста́лые, но счастли́вые шли спать.

III. VOCABULARY

ви́лка (о)	fork	**осо́бенно**	especially
во́дка (о)	vodka	**папиро́са**	cigarette
вну́чка (е)	granddaughter	**пиро́г**	pie, cake
де́тство	childhood	**посу́да**	dishes
доста́точно	enough	**рю́мка (о)**	wine glass
еда́	food	**семья́**	family
жарко́е	roast meat	**сере́бряный,**	silver
жёлтый,	yellow	**-ая, -ое**	
-'ая, -'ое		**сига́ра**	cigar
заку́ска (о)	hors d'oeuvre	**сла́дкое**	dessert
здоро́вье	health	**у́мный,**	clever
капу́ста	cabbage	**-'ая, -'ое**	
ло́жка (е)	spoon	**ча́стый,**	frequent
нож	knife	**-'ая, -'ое**	
о́вощи (pl.)	vegetables		

Verbs

Imperfective	Perfective	English
буди́ть; бужу́, бу́дишь, бу́дят	разбуди́ть (буди́ть)	to awaken, rouse
вы́глядеть; вы́гляжу, вы́глядишь, вы́глядят	None	to appear, seem
выходи́ть за́муж (ходи́ть)	вы́йти за́муж (идти́)	to marry (fem.)
жени́ться; женю́сь, же́нишься, же́нятся (Imperf. and Perf.)		to marry (masc.)[1]
раздвига́ть (I)	раздви́нуть; раздви́ну раздви́нешь, раздви́нут	to extend, push apart, open
собира́ться (I)	собра́ться; соберу́сь, соберёшься, соберу́тся	to gather, meet
спать; сплю, спишь, спят	поспа́ть (спать)	to sleep

IV. GRAMMAR

A. Peculiarities in the feminine noun declension

1. Feminine nouns the stem of which ends in a double consonant usually insert the vowel "o" or "e" in the *genitive plural*: ло́жка, ло́жек "spoon"; ви́лка, ви́лок "fork." The vowel to be inserted will be indicated in the lesson vocabularies and in the index as follows: ло́жка (е); ви́лка (о). Feminine nouns of this type, the singular of which has been introduced in preceding lessons, are: гражда́нка (о); ку́хня (о); слу́жба (е); пе́сня (е); скри́пка (о); сосе́дка (о); обстано́вка (о); дере́вня (е) Note the -ь in the genitive plural of: ку́хонь, дереве́нь — but пе́сен, etc.

2. *Declension of* мать *"mother" and* дочь *"daughter"*:

	Singular	Plural
Nom.	мать	ма́тери
Gen.	ма́тери	матере́й
Dat.	ма́тери	матеря́м
Acc.	мать	матере́й
Instr.	ма́терью	матеря́ми
Prep.	ма́тери	матеря́х

[1] This form is also used when referring to a married couple.

Like мать is declined дочь "daughter," except in the instrumental plural, where дочь has the form дочерьми́.

B. Adjectives used as nouns

Пере́дняя "entrance hall, lobby, vestibule," столо́вая "dining room," гости́ная "living room, drawing room, parlor," учёный "scholar," рабо́чий "worker"; are adjectives used as nouns. They are declined like adjectives: пере́дняя, пере́дней, пере́днюю, пере́дней, пере́дней etc.

C. Comparison of adjectives and adverbs

In Russian, as in English, there are three degrees of comparison: the positive, the comparative, and the superlative. The comparative and the superlative degrees each have two forms: the *compound* and the *simple*.

1. *Compound comparative*:

a. To form the compound comparative of adjectives,[1] predicate adjectives, or adverbs, place the unchanging form ме́нее "less," бо́лее "more" before them, thus:

Это ме́нее (бо́лее) изве́стный го́род.	This is a less (more) famous city.
Здесь ме́нее (бо́лее) тепло́, чем там.	It is less (more) warm here than there.
Он чита́ет ме́нее (бо́лее) бы́стро, чем я.	He reads less (more) quickly than I.

b. With nouns and verbs in comparative context, ме́ньше and бо́льше are usually used, thus:

У меня́ ме́ньше (бо́льше) де́нег (Gen.!), чем у него́.
I have less (more) money than he.

Я ме́ньше (бо́льше) чита́ю, чем он.
I read less (more) than he.

With the *compound* form of the comparative the conjunction "than" is *always* translated by чем:

Это бо́лее высо́кий дом, чем наш.	This is a higher house than ours.

---

[1] When the comparative form of the adjective stands before the noun and is declined, i.e., when it is used *attributively,* this *compound* form *must* be used:

Я хочу́ жить в бо́лее краси́вом до́ме.	I want to live in a more beautiful house.

2. *Simple comparative in* -ee (-ей):

To obtain the *simple* form of the *comparative* degree, change the endings of the positive degree of the adjective (-ый, -ой, -ий) or of the adverb (-o) to -ee (or -ей):[1]

Positive	Comparative			English
но́вый	нов**е́е**	or	нов**е́й**	newer
бы́стро	быстр**е́е**	or	быстр**е́й**	more quickly

3. *Simple comparative in* -e:

Following is a list of such adjectives learned up to now.

Positive	Comparative	English
бли́зкий	бли́же	nearer
бога́тый	бога́че	richer
большо́й	бо́льше	bigger, more
высо́кий	вы́ше	higher
дешёвый	деше́вле	cheaper
дорого́й	доро́же	dearer, more expensive
жа́ркий	жа́рче	hotter
жи́дкий	жи́же	thinner, more diluted
лёгкий	ле́гче	lighter, easier
ма́ленький	ме́ньше	smaller, less
молодо́й	моло́же, мла́дше	younger
плохо́й	ху́же	worse
по́здний	поздне́е, по́зже	later
ра́нний	ра́ньше	earlier
ста́рый	ста́рше	older, elder
сла́дкий	сла́ще	sweeter
ти́хий	ти́ше	quieter
то́лстый	то́лще	thicker
то́нкий	то́ньше	thinner
у́зкий,	у́же	narrower
хоро́ший	лу́чше	better
ча́стый	ча́ще	more frequent(ly)
широ́кий	ши́ре	broader
до́лго	до́льше, до́лее	longer (of time)
ма́ло	ме́ньше, ме́нее	less
мно́го	бо́льше, бо́лее	more

[1] Position of stress: Forms in -ee of not more than three syllables carry the stress on the first e of the ending: нове́е, быстре́е. Those of more than three have the stress usually on the same syllable as in the positive degree: интере́сный, интере́снее; ме́дленный, ме́дленнее.

Simple comparative forms are indeclinable and never change:

Этот дом новее; эта скатерть новее; эти книги новее.

With the *simple* comparative, "than" can be rendered by placing the noun or pronoun into the *Genitive* and omitting чем, thus: Он старше **моего брата**; он старше **меня.**

But **чем** must be used in a comparison of *adverbs* or *verbs*: Тут холоднее, **чем** там. Он лучше пишет, **чем** говорит.

And with the pronouns **его, её, их** to avoid ambiguity:

Моя работа лучше **чем их.**   My work is better than theirs.
«Моя работа лучше **их**» would mean "My work is better than they are."

4. Placing the prefix по before a *simple comparative* lends it the meaning "somewhat more":

поскорее somewhat more quickly   **по**горячее somewhat hotter
получше somewhat better   **по**больше somewhat more

5. The *emphatic* comparative is rendered by гораздо with the *simple comparative form:*

Он **гораздо** умнее меня.   He is much cleverer than I am.

6. "The . . . the" is rendered by чем . . . , тем:

Чем больше ты говоришь, **тем** меньше я слушаю.
The more you speak, the less I listen.

"As . . . as" is rendered так же . . . . , как (и):

Он **так же** любит говорить по-русски, **как (и) я.**
He likes to speak Russian as much as I do.

In the *negative* the **же** and **и** are never used:

Он **не так** силён, **как** я.   He is not as strong as I am.

Note that **также** written in one word means "too, also, likewise":

Я **также** знаю это.   I too know this.

V. QUESTIONS

1. Почему́ вы тепе́рь ча́ще ду́маете о своём де́тстве? 2. Когда́ собира́лась вся семья́ в ва́шем до́ме? 3. Кто был главо́й ва́шей семьи́? 4. Встреча́ли ли вы же́нщину умне́е и интере́снее, чем ба́бушка? 5. Ско́лько у неё бы́ло дочере́й и сынове́й? 6. Бы́ли ли до́чери за́мужем? 7. Бы́ли ли сыновья́ жена́ты? 8. Вы́глядела ли она́ ста́рше свои́х лет? 9. Когда́ вы проси́ли вас разбуди́ть в день пра́здника? 10. Что де́лала ба́бушка в столо́вой? 11. Каку́ю она́ брала́ ска́терть? 12. Каку́ю она́ брала́ посу́ду? 13. Каки́е ви́лки, ло́жки и ножи́ брала́ она́? 14. Почему́ раздвига́ли стол поши́ре? 15. Что говори́ла ба́бушка? 16. Доста́точно ли бы́ло еды́? 17. С чего́ вы начина́ли обе́д? 18. Что говори́ла ба́бушка, когда́ все пи́ли? 19. Что дава́ли по́сле заку́ски? 20. Где сиде́ла ба́бушка? 21. Что она́ всегда́ по́мнила? 22. Куда́ все шли по́сле обе́да? 23. Что все де́лали в гости́ной? 24. Люби́ли ли в семье́ му́зыку? 25. Был ли у ма́тери хоро́ший го́лос? 26. Что она́ осо́бенно хорошо́ пе́ла? 27. Когда́ закрыва́ли дверь в пере́дней за после́дним го́стем? 28. Что говори́ла ба́бушка, когда́ вы шли спать?

VI. GRAMMAR EXERCISES

Exercise with Grammar A

Give the correct case form of the nouns in parentheses:

1. У мои́х (сосе́дки) за́втра большо́й приём. 2. В столо́вой, на столе́, нет (ло́жки) для су́па. 3. Вы зна́ете э́тих (гражда́нка). 4. Я всегда́ кладу́ ножи́ о́коло (ви́лка). 5. Моя́ мать по́мнит мно́го ру́сских (пе́сня). 6. Сего́дня в на́шем клу́бе бу́дет докла́д для (мать). 7. Я ся́ду тут, о́коло ва́шей (дочь). 8. У э́той молодо́й (мать) замеча́тельные де́ти. 9. К её (дочь) прие́хал муж. 10. У тебя́ нет дру́га лу́чше (мать). 11. Мы лю́бим на́ших (мать). 12. С (мать) нельзя́ спо́рить. 13. Она́ уже́ два ме́сяца ничего́ не зна́ет о свои́х (дочь). 14. Он ча́сто говори́т о свое́й (мать).

Exercise with Grammar B

Give the correct case form of the nouns in parentheses:

1. В их кварти́ре нет (пере́дняя). 2. Из (столо́вая) мы пошли́ в (гости́ная). 3. Я о́чень дово́лен на́шей (гости́ная). 4. Моя́ ко́мната ме́жду (столо́вая) и (гости́ная). 5. Мы купи́ли

но́вую обстано́вку для свое́й (гости́ная). 6. Где вы обе́даете, в (столо́вая)? 7. В э́тих кварти́рах для (рабо́чие) в (пере́дняя) нет о́кон. 8. В де́тстве, я по́мню, я не люби́л на́шей (гости́ная). 9. В до́ме (учёный) была́ больша́я (гости́ная). 10. В день пра́здника вся семья́ собира́лась в (столо́вая), а пото́м в (гости́ная). 11. Вы не зна́ете э́того знамени́того (учёный)? 12. У э́того (рабо́чий) больша́я семья́. 13. (Рабо́чий) иногда́ рабо́тают во́семь и́ли де́вять часо́в в день. 14. Знамени́тые (учёный) бу́дут преподава́ть в на́шем университе́те.

Exercises with Grammar C

a. From the Reading Exercise write out all *comparative* forms and give their English meaning (18 forms in all).

b. Give the compound comparative form of the adjectives in parentheses:

1. Он живёт в (краси́вый) до́ме, чем я. 2. Ты чита́ешь (интере́сная) кни́гу. 3. Она́ (у́мная) же́нщина, чем я ду́мал. 4. Мы всегда́ пьём (сла́дкий) чай. 5. В Моско́вском университе́те (изве́стный) профессора́, чем в на́шем университе́те. 6. Я не по́мню (счастли́вый) дня. 7. До́ктор Петро́в о́чень ску́чный челове́к; знал ли ты (ску́чный) челове́ка? 8. Я никогда́ не встреча́л (у́мная) и (интере́сная) же́нщины. 9. Их дом стои́т на (широ́кая) у́лице, чем наш. 10. Есть ли (лёгкая) зада́ча, чем э́та? 11. Та (бе́лая) бума́га, чем э́та. 12. Ви́дели вы (чёрная) сига́ру, чем э́ту?

c. In the above sentences, whenever the context permits, use **ме́нее** to form the comparative.

d. Supply the correct endings of the comparative:

1. Мне прия́тн— е́хать трамва́ем, чем метро́. 2. Я не встреча́л же́нщины интере́сн— мое́й ма́тери. 3. Э́тот челове́к чита́ет быст—' меня́. 4. Вам весел—' в гостя́х, чем до́ма? 5. Нет бо́лее ску́чн— заня́тия, чем игра́ть в ка́рты. 6. В гора́х во́здух свеж—', чем здесь в дере́вне. 7. Ве́чером холодн—' чем днём. 8. Кто сильн—': твой брат и́ли ты? 9. Что важн—': учи́ться и́ли рабо́тать в колхо́зе? 10. Э́то кре́сло удо́бн— ва́шего дива́на.

e. Give the *simple* comparative forms of the adjectives and adverbs in parentheses:

1. Тепе́рь я живу́ (бли́зко) к шко́ле. 2. Я курю́ (мно́го) папиро́с, чем мои́ това́рищи. 3. Моя́ мать была́ (молода́я) моего́ отца́. 4. Чем (высоко́) мы поднима́лись в го́ры, тем краси́вее был вид. 5. Сего́дня я хочу́ (ра́но) уе́хать домо́й. 6. Да́йте мне, пожа́луйста, (ма́ло) мя́са. 7. Ва́ша ска́терть (бе́лая) мое́й. 8. Э́тот рабо́чий (бога́тый) того́ учи́теля. 9. Э́та кни́га (то́н-

кая), чем э́тот журна́л. 10. Крестья́нам не (легко́) жить. 11. Чем (высоко́) идёт э́та доро́га, тем она́ (широ́кая). 12. Чем (ста́рая) она́ стано́вится, тем (мно́го) она́ похо́жа на свою́ мать. 13. Мой брат учи́лся (пло́хо) меня́. 14. В его́ саду́ дере́вья (молоды́е) и (то́нкие) чем в на́шем. 15. Он говори́т по-ру́сски (хорошо́), чем я. 16. Ва́ши чемода́ны (ма́ленькие) и в них (легко́) уложи́ть ве́щи. 17. Чем (ча́сто) я быва́ю на конце́ртах, тем (мно́го) я люблю́ ру́сскую му́зыку. 18. Её де́ти (то́лстые), чем ва́ши. 19. Вчера́ я пил чай ещё (сла́дкий), чем сего́дня. 20. Она́ была́ просту́жена три дня, но тепе́рь ей (хорошо́).

f. Translate the expressions in parentheses:

1. Иди́те (somewhat faster) домо́й. 2. Раздви́ньте стол (somewhat wider). 3. Я люблю́ чай (somewhat sweeter). 4. Пиши́-те мне (a bit more frequently). 5. Ты лу́чше (somewhat less) говори́, а (somewhat more) слу́шай! 6. (The) бо́льше он чита́л, (the) бо́льше он знал. 7. Он знал (as) мно́го (as) она́. 8. Он знал бо́льше (than I). 9. Он говори́л ме́ньше, (than) ду́мал. 10. Он умне́е и сильне́е (than you). 11. Она́ не чита́ла (as) мно́го (as) её оте́ц. 12. Он был счастли́вее (than his brother). 13. Быва́ли вы в теа́тре (as) ча́сто (as) он? 14. В го́роде ле́том жа́рче, (than) в дере́вне. 15. (The) вы́ше в го́ру, (the) ме́длен-нее шёл по́езд.

VII.   TRANSLATION INTO RUSSIAN

A

1. Our Russian friends always invited us for Easter. 2. It was a large family, larger than ours. 3. The sons and daughters were married and had children. 4. At Christmas and Easter they all gathered in the house of their grandfather. 5. I have never met a more interesting and clever man. 6. He was the head of the family. 7. At dinner and supper he always sat at the head of the table. 8. The dining room was small. 9. There was not enough room at the table for the large family and the guests. 10. But grandfather laughed and said: "Crowded together but not at variance." 11. "God be thanked, there is food enough! Eat, drink and be merry, children! Here's to your health." 12. We started with hors d'oeuvres and (with) fine Russian vodka. 13. Then they gave us soup and pies, the meat course, and the dessert. 14. After dinner we all went into the living room. 15. I always played cards with the older children. 16. The older daughter had a beautiful voice and sang Russian songs or arias from Russian operas. 17. Easter at our Russian friends was always a great event in our life. 18. The older I grow the more frequently I think of those happy days.

B

1. Two weeks ago my younger sister Vera married our good friend Semyonov. 2. Semyonov is much older than my sister. 3. He had been married and is the head of a very large family. 4. He has five daughters and three sons. 5. But his first wife died (умерла́) three years ago and all his sons and daughters are now married. 6. Semyonov is very wealthy, much richer than our father; he even has more money than our rich Uncle Vanya. 7. He lived in a larger and more beautiful house than ours. 8. But now he and Vera live in the country; their country house is much smaller but more comfortable and cozier than their city house. 9. Everything in the new house is smaller: the entrance hall is narrower, and the living room is not so long and wide; there is no dining room; one eats in the comfortable kitchen. 10. A few days ago Vera wrote us that she likes her life in the country much better than life in the city. 11. She has much more energy, gets up earlier, works more, takes more frequent walks (walks more frequently), eats less and feels much better. 12. "Country life is less noisy and much healthier," she writes. "In the summer it is not so hot and the air here is always much fresher. 13. And the sky seems (appears) bluer, the trees taller and greener; nature seems so much more beautiful here than in our city parks. 14. And life is also cheaper: meat, milk, and vegetables are all cheaper; only dresses, hats, shoes, and such things are a little more expensive. 15. The longer I live here, the better (more) I like it (here). This little old village, our little house, everything grows (becomes) more dear to me with every day. 16. Here I do not need to hurry, for everything is so much nearer: it is nearer from our house to the department store; from the store to the bank and the post office; from the post office to the movie house and the very fine restaurant. 17. We also live nearer to the church than we lived in the city. Yes, life here is much simpler, easier, cheaper, more comfortable! 18. In the evening (of evenings) I am not tired at all and can read and think and write much more than I could in the city; in the mornings—when I want to (get the desire) — I can sleep much longer and get up later, for it is not so noisy here." 19. We are all very happy that Vera is so satisfied with her new life in the country. 20. Our father often says: "Thank God, Vera lives in the country. There she will be (become) happier, healthier, wealthier. Ти́ше е́дешь, да́льше бу́дешь!' "—and our father is always right!

ДВАДЦАТЬ ЧЕТВЕРТЫЙ УРОК

TWENTY-FOURTH LESSON

Comparison of adjectives and adverbs: superlative — Pronoun-adjective **весь** *— Cardinals and ordinals 13 - 40; summary of case requirements after cardinals*

I. COMMON EXPRESSIONS AND IDIOMS

Игра́ть роль	To play a role
Торго́вый путь	Trade route
Вверх по Во́лге	Up the Volga
Ни́же по тече́нию	Lower down the stream, downstream
Вы́ше по тече́нию	Higher up the stream, upstream
Со всех концо́в ...	From all corners (parts)
Благодаря́ (+dat.)	Thanks to (because of)
Исто́чник электри́ческой эне́ргии	The source of electric power
Одна́ из са́мых краси́вых	One of the most beautiful

II. READING: ВОЛГА

Во́лга — **одна́ из са́мых краси́вых** рек в ми́ре. Она́ **длинне́е всех** рек Евро́пы. Она́, коне́чно, **са́мая изве́стная** река́ в Росси́и. В исто́рии Росси́и она́ **игра́ла важне́йшую роль**. О Во́лге **ча́ще всего́** пою́т пе́сни.

В **са́мом ра́ннем** перио́де ру́сской исто́рии Во́лга была́ **са́мым гла́вным торго́вым путём** с за́пада на восто́к. Уже́ в восьмо́м ве́ке на берега́х Во́лги, у Каспи́йского Мо́ря,[1] встреча́лись наро́ды из ра́зных стран.

Поздне́е Ни́жний Но́вгород,[2] — **вы́ше по тече́нию** Во́лги — стал гла́вным **це́нтром торго́вли**. Ка́ждый год на Во́лгу в Ни́жний Но́вгород приезжа́ли продавцы́ **со всех концо́в** Росси́и и из други́х стран.

---

[1] Каспи́йское Мо́ре "Caspian Sea."
[2] Ни́жний Но́вгород "Nizhniĭ Novgorod" (*Lit.*: the lower new city, now Го́ркий in honor of the Soviet writer Maxim Gо́rkiĭ).

Здесь мóжно бы́ло увидеть мехá с сéвера, чай и шёлк с востóка, шерсть и полотнó с зáпада, из Еврóпы, ви́на, ковры́ — с ю́га, с Кавкáза.

В Совéтской Росси́и Вóлга занимáет ещё бóлее вáжное мéсто в нарóдном хозяйстве страны́. **За послéдние четы́рнадцать лет** рекá óчень измени́лась. Рáньше Вóлга былá у́же и мéнее глубокá на сéвере и тóлько **ни́же по течéнию** онá станови́лась широ́кой рекóй. Тепéрь же, **благодаря́ замечáтельнейшей** систéме канáлов и плоти́н, Вóлга стáла **глу́бже** и **ши́ре** всех други́х рек Еврóпы.

Из Каспи́йского Мóря, **вверх по Вóлге,** плыву́т парохóды и лóдки до гóрода Москвы́! Рáньше Москвá былá портóм трёх морéй (Балти́йского, Бéлого, Каспи́йского),[1] а тепéрь, когдá окóнчили стрóить канáл Вóлга-Дон, онá стáла портóм пяти́ морéй.[2]

Вóлга не мéнее важнá, как **истóчник электри́ческой энéргии.** Этот вид энéргии **дешéвле всех** други́х. На берегáх Вóлги стоя́т огрóмные электростáнции и гидростáнции. Совéтское прави́тельство хóчет сдéлать Вóлгу «электри́ческим сéрдцем» э́того крáя.

III. VOCABULARY

бéрег	shore, bank	**ни́зкий,**	low
больни́ца	hospital	**-'ая, -'ое**	
век	century, age	**перио́д**	period
винó	wine	**плоти́на**	dam
гидростáнция	water power station	**полотнó**	linen
		порт	port, harbor
глу́бже	deeper	**прави́тельство**	government
глубóкий,	deep	**продавéц** (†е)	salesman,
-'ая, -'ое			tradesman
канáл	canal, channel	**сéрдце** (е)	heart
край	border, country, region	**систéма**	system
		торгóвля	trade
лóдка (о)	boat	**шёлк**	silk
мех	fur, pelt	**электри́ческий,**	electric
мóре	sea	**-ая, -ое**	
ни́же	lower	**электростáнция**	power station

---

[1] **Балти́йского** "of the Baltic Sea"; **Бéлого** "of the White Sea," **Каспи́йского** "of the Caspian Sea."

[2] **Чёрного, Азóвского** in addition to the above three. **Чёрного** "of the Black Sea"; **Азóвского** "of the Azov Sea."

Verbs

Imperfective	Perfective	English
догоня́ть (I)	догна́ть, догоню́, дого́нишь, дого́нят	to catch up with
плыть; плыву́ плывёшь, плыву́т	поплы́ть (плыть)	to set sail, swim, float
стоя́ть; стою́ стои́шь, стоя́т	постоя́ть (стоя́ть)	to stand
стро́ить (II)	постро́ить (II)	to build

IV. GRAMMAR

A. Comparison of adjectives and adverbs (continued)

1. *The compound superlative with* **са́мый**:

To obtain this form of the superlative degree, use the *positive* degree of the adjective together with **са́мый, -'ая, -'ое,** "the most":

Это **са́мый дорого́й** чай.	This is the most expensive tea.
Это **са́мая у́мная** же́нщина.	This is the cleverest woman.
Это **са́мое большо́е** зда́ние.	This is the biggest building.
Мы в **са́мой большо́й** ко́мнате.	We are in the biggest room.
Они́ чита́ют **са́мые интере́сные** кни́ги.	They read the most interesting books.

a. Са́мый is declined like an adjective in **-ый** and must agree in number, gender, and case with the adjective it modifies.

b. This form can be used only *attributively* or *predicatively, never adverbially*:

Attributively	Это **са́мая у́мная же́нщина.**	This is the cleverest woman.
Predicatively	Эта же́нщина **са́мая у́мная.**	This woman is the cleverest (one)

2. *The simple superlative ending in* **-ейший** *or in* **-айший**:[1]

To obtain this form, drop the endings (**-ый, -ой, -ий,** etc.)

---

[1] The superlative can also be formed with certain adjectives by prefixing the syllables **пре-** and **наи-**: **пребольшо́й** "very big"; **наилу́чший** "very best"; **наиху́дший** "the very worst." These forms need be known only for recognition.

of the adjective and add to the stem the ending **-ейший, -ейшая,
-ейшее: у́мн(ый)**: умн + ейший = **умне́йший** most clever.

If the stem of an adjective ends in a sibilant sound (**ж, ч,
ш, щ, ц**) or in a guttural (**г, к, х**), add the ending **-айший**
etc., and change the stem consonant (usual changes: **зк** to **ж; к**
to **ч**):

бли́зк(ий): **ближ** + **айший** = **ближа́йший**   nearest
вели́к(ий): **велич** + **айший** = **велича́йший**   greatest

a. This superlative form must agree in number, gender,
and case with the noun it modifies. Its declension is that of an
adjective the stem of which ends in a sibilant sound (e.g.
хоро́ший):

умне́йший студе́нт; умне́йшего студе́нта; умне́йшему сту-
де́нту etc.

умне́йшая же́нщина; умне́йшей же́нщины; умне́йшей же́н-
щине etc..

This simple or "absolute" superlative is used most frequently when no object of comparison is mentioned; it is expressive of a high degree of some quality. It is less common
than the superlative in **са́мый**.

b. The forms **вы́сший** "highest," **лу́чший** "best," **ху́дший**
"worst," **ме́ньший** "smallest," **мла́дший** "youngest," **ста́р-
ший** "eldest," "senior" have a comparative as well as a superlative meaning. In the superlative **са́мый** can be used with
most of these forms, f.e. **са́мый лу́чший; са́мый ху́дший;** etc.

3. The superlative degree may also be expressed by a
phrase consisting of a comparative (e. g. **бо́льше**) and **всего́**
(than anything) or **всех** (than anyone):

Я **бо́льше всего́** люблю́ игра́ть в те́ннис.	Best of all I like to play tennis.
Я **бо́льше всех** люблю́ игра́ть в те́ннис.	I like to play tennis more than any one else (likes to).
Я **лу́чше всего́** игра́ю в ша́хматы.	I play chess better than any other game.
Я **лу́чше всех** игра́ю в ша́хматы.	I play chess better than any-one else (plays it).

Generally, **всего́** should be used when referring to *actions*
and **всех** when referring to *persons* and *objects*. This form of
the superlative can only be used *adverbially* or *predicatively,*
never attributively: Он **лу́чше всех** игра́ет; он **умне́е всех**.

B. Declension of the pronoun-adjective весь, всё, вся "all, whole, entire"

	Masc.	Neut.	Fem.	Pl. All Genders
Nom.	весь	всё	вся	все
Gen.	всего́	всего́	всей	всех
Dat.	всему́	всему́	всей	всем
Acc.	N. or G.	всё	всю	N. or G.
Instr.	всем	всем	всей (ею)	все́ми
Prep.	всём	всём	всей	всех

C. Numerals

	Cardinals	Ordinals		
13	трина́дцать	трина́дцатый,	- ая, - ое	13th
14	четы́рнадцать	четы́рнадцатый,	- ая, - ое	14th
15	пятна́дцать	пятна́дцатый,	- ая, - ое	15th
16	шестна́дцать	шестна́дцатый,	- ая, - ое	16th
17	семна́дцать	семна́дцатый,	- ая, - ое	17th
18	восемна́дцать	восемна́дцатый,	- ая, - ое	18th
19	девятна́дцать	девятна́дцатый,	- ая, - ое	19th
20	два́дцать	двадца́тый,	-'ая, -'ое	20th
21	два́дцать оди́н	два́дцать пе́рвый,	-'ая, -'ое	21th
22	два́дцать два	два́дцать второ́й,	- а́я, - о́е	22th
23	два́дцать три	два́дцать тре́тий,	-'ья, -'ье	23rd
30	три́дцать	тридца́тый,	-'ая, -'ое	30th
40	со́рок	сороково́й,	- а́я, - о́е	40th

1. *Remarks on ordinals*:

a. Ordinals 9th to 20th, and 30th, are formed by dropping the ending -ь of the respective cardinal and adding the endings -ый, -ая, -ое, the position of stress remaining the same as on the cardinal, except with 20.

b. In compound ordinals only the last component part has the ordinal form, the others being cardinals: два́дцать пе́рвый, три́дцать второ́й, etc.[1]

---

[1] For declension of ordinals see Lesson 19.

2. *Summary of case requirements after cardinal numerals*:[1]

a. After one (1) and all its compounds (except 11) both the *noun* and the *adjective* are in the *nominative singular*:

двáдцать **одúн** хорóший ученúк
21 good students

b. After all compounds of 2, 3, 4 (except 12, 13, 14) the *noun* is in the *genitive singular* and the *adjective* in the *genitive plural*:

трúдцать **два (три, четы́ре)** хорóших ученикá
32 (33, 34) good students

c. After the numerals 5-20, 25-30, 35-40, etc., both the *noun* and the *adjective* are in the *genitive plural*:

сóрок **пять (шесть, семь** etc.) хорóших ученикóв
45 (46, 47, etc.) good students

VOCABULARY BUILDING — TABLE OF ADJECTIVES

Review and Supplement

Antonyms

большóй	: мáленький	big	: small
широ́кий	: у́зкий	broad	: narrow
высо́кий	: нúзкий	high	: low
длúнный	: коро́ткий	long	: short
то́лстый	: то́нкий	thick	: thin
тяжёлый	: лёгкий	heavy	: light
блúзкий	: далёкий	near	: far
кре́пкий	: жúдкий	strong	: weak (tea)
горя́чий горячий жáркий	: холо́дный	hot	: cold
ску́чный	: весёлый	boring	: merry
просто́й	: сло́жный	simple	: complex
похо́жий	: разлúчный	like	: different
бéдный нúщий	: богáтый	poor beggarly	: rich
шу́мный	: тúхий	noisy	: quiet

---

[1] These rules hold only when the numerals are in the nominative case or a case like the nominative, i.e., the accusative. For a final summary of rules, see Grammar C, 2 of Lesson 26.

откры́тый : закры́тый	open : closed
дорого́й : дешёвый	expensive : cheap
занято́й : свобо́дный	busy : free
больно́й : здоро́вый	sick : healthy
мёртвый : живо́й	dead : (a)live
но́вый молодо́й : ста́рый	new young : old
мла́дший : ста́рший	youngest : oldest
бу́дущий : про́шлый	future : past
пе́рвый : после́дний	first : last
ча́стый : ре́дкий	frequent : rare
ра́нний : по́здний	early : late
осе́нний : весе́нний	fall : spring
зи́мний : ле́тний	winter : summer

Colors: бе́лый white; си́ний blue; чёрный black; кра́сный red; жёлтый yellow; зелёный green

---

Synonyms

(Related but *not* identical in meaning)

хоро́ший — прекра́сный	fine — excellent
изве́стный — знамени́тый	well-known — famous
дорого́й { ми́лый / люби́мый }	dear — beloved
счастли́вый / ра́достный } дово́льный	happy — joyous — content
большо́й { вели́кий / огро́мный }	great — mighty — huge
замеча́тельный — интере́сный	remarkable — interesting

V. QUESTIONS

1. Кака́я река́ одна́ из са́мых краси́вых в ми́ре? 2. Кака́я река́ длинне́е всех рек Евро́пы? 3. Кака́я река́ са́мая изве́стная в Росси́и? 4. Каку́ю роль игра́ла Во́лга в исто́рии Росси́и? 5. Почему́ была́ важна́ Во́лга в са́мом ра́ннем перио́де ру́сской

истории? Где в восьмо́м ве́ке встреча́лись наро́ды из ра́зных
стран? 7. Поздне́е какой го́род стал гла́вным це́нтром тор-
го́вли? 8. Кто приезжа́л ка́ждый год на Во́лгу в Ни́жний
Но́вгород? 9. Что мо́жно бы́ло уви́деть в то вре́мя в Ни́жнем
Но́вгороде? 10. Како́е ме́сто занима́ет Во́лга в наро́дном хо-
зя́йстве Сове́тской Росси́и? 11. Благодаря́ чему́ Во́лга ста́ла
ши́ре всех други́х рек Евро́пы? 12. Куда́ плыву́т парохо́ды и
ло́дки из Каспи́йского Мо́ря? 13. По́ртом ско́льких море́й была́
ра́ньше Москва́? 14. По́ртом каки́х море́й ра́ньше был э́тот
го́род? 15. Когда́ Москва́ ста́ла по́ртом пяти́ море́й? 16. Каки́х
пяти́ море́й? 17. Чем ещё важна́ река́ Во́лга? 18. Како́й са́мый
дешёвый вид эне́ргии? 19. Что стои́т на берега́х Во́лги? 20. Чем
хо́чет Сове́тское прави́тельство сде́лать Во́лгу?

VI. GRAMMAR EXERCISES

Exercises with Grammar A

a. Give the comparative forms of the adjectives in parentheses
and fill in the space with the *compound superlative* form of the same
adjective:

1. В э́том универса́льном магази́не вы мо́жете купи́ть
ра́дио (дешёвый), чем в том универса́льном магази́не, но
. . . . ра́дио я купи́л в Москве́. 2. Река́ Москва́ тепе́рь
(широ́кий), чем ра́ньше, но . . . . река́ в европе́йской
Росси́и, э́то Во́лга. 3. На́ша да́ча стои́т на бо́лее ни́зком ме́сте,
чем ва́ша; дом моего́ бра́та стои́т ещё (ни́зкий), чем наш, но
. . . . ме́сто здесь о́коло о́зера. 4. На́ши бульва́ры (у́зкий)
моско́вских, но . . . . бульва́ры я ви́дел в Ни́жнем
Но́вгороде. 5. Михаи́л, коне́чно, (у́мный) своего́ бра́та, но
. . . . у них в семье́ э́то Ива́н. 6. Это ле́то (дождли́вый),
чем про́шлое, но . . . . ле́то бы́ло три го́да тому́ наза́д.
7. В ва́шем го́роде орке́стр (хоро́ший), чем в на́шем, но . . . . .
. . . . . орке́стры в Москве́. 8. Я тут ви́дел краси́вые ковры́,
(краси́вые), чем у нас в Сиби́ри, а вот . . . . ковры́ на
Кавка́зе. 9. Она́ интере́сная же́нщина, (интере́сная) свое́й
ма́тери, но, коне́чно, ... же́нщина здесь э́то певи́ца
Ба́рсова. 10. Мне (удо́бный) сиде́ть на дива́не, чем на сту́ле,
но . . . . ме́сто в гости́ной э́то то кре́сло у окна́.

b. Give the *simple superlative* form of the adjectives in parentheses:

1. В де́тстве он был (ми́лый) ребёнком. 2. Вы бу́дете
о́коло (бли́зкая) по́чты че́рез де́сять мину́т. 3. Из окна́ мое́й

ко́мнаты (прекра́сный) вид. 4. Он (у́мный) челове́к. 5. Вот (но́вая) больни́ца. 6. Это (дли́нная) исто́рия. 7. В наш университе́т пригласи́ли (изве́стный) учёных. 8. Я сижу́ в гости́ной в (удо́бное) кре́сле. 9. В исто́рии Росси́и Во́лга игра́ла (ва́жная) роль. 10. Слу́шать ра́дио для меня́ (прия́тное) заня́тие. 11. Вчера́ ве́чером шёл (си́льный) дождь. 12. На Во́лге (замеча́тельные) гидроста́нции. 13. Сего́дня я (счастли́вый) челове́к. 14. Моя́ ба́бушка была́ мои́м (бли́зкий) дру́гом.

Exercise with Grammar B

Give the correct case forms of the pronouns in parentheses:

1. Прие́зд Михаи́ла был но́востью для (вся) семьи́. 2. Откры́тие университе́та бы́ло больши́м собы́тием для (весь) го́рода. 3. Мы осмотре́ли (вся) больни́цу. 4. Я спра́шивал о цене́ э́той шля́пы у (все) продавщи́ц. 5. Мать дала́ я́блоки (все) де́тям. 6. Я вы́учил (весь) уро́к. 7. Я проща́лся со (все) учителя́ми. 8. В Москве́ я был во (все) теа́трах. 9. О (вся) э́той исто́рии (affair) я узна́л то́лько вчера́ ве́чером. 10. Я познако́мился со (вся) его́ семьёй на да́че.

Exercise with Grammar A and B

Translate the expressions in parentheses:

1. Мой брат чита́ет (better than anyone else). 2. У мое́й до́чери прекра́сный го́лос, (best of all) она́ поёт ру́сские пе́сни. 3. Во́лга (wider than any) рек Евро́пы. 4. Продолжа́ть образова́ние для тебя́ сейча́с (most important of all). 5. В семье́ я был (older than anyone else). 6. Для ка́ждой ма́тери её де́ти ей (dearer than anyone else) в ми́ре. 7. Шёлк и полотно́ мо́жно купи́ть (cheapest of all) на распрода́же. 8. Я по́мню, что э́то вино́ бы́ло (strongest of all). 9. Я зна́ю ру́сский язы́к (least [worst] of all). 10. Это о́зеро (deeper than any) други́х озёр в стране́.

Exercise with Grammar C

Write out the numerals in Russian and supply the adjective and noun endings:

1. На берегу́ реки́ (12) нов— зда́н—. 2. В моём ваго́не (18) удо́бн— мест—. 3. У нас в больни́це (14) ру́сск— док-

тор—'. 4. На заво́де (35) ру́сск— рабо́ч—. 5. К нам прие́хали (19) америка́нск— учён—. 6. В конто́ре (11) ма́леньк— паке́т—. 7. В университе́те (47) плох—' студе́нт—. 8. Вот уже́ (15th) день, как идёт дождь. 9. Исто́рия Росси́и мой (2nd) экза́мен. 10. Я живу́ на (19th) эта́ж—'.

VII. TRANSLATION INTO RUSSIAN

A

1. On the thirteenth of June a new school was opened (they opened) in our city. 2. It is one of the largest and most beautiful schools in the whole city. 3. It is also the highest; the building has eight floors (эта́ж), and on each floor are 25 large classrooms. 4. My class is the largest; in it there are 41 students—28 boys and 13 girls. 5. My older brother is first in his class; he is one of the very best students in the whole school. 6. I am only 15th, but my teacher told me that I read better than anyone else in the class. 7. I like reading (to read) best of all, better than playing tennis or even chess. 8. There are 35 teachers in the school—18 men teachers and 17 lady teachers. My teacher is the youngest of them all. 9. The school has an excellent library. I do not know how many books there are in it, but I do know that there are 34 different periodicals—14 American, 10 English, 7 French, and 3 Russian. 10. The only library bigger than ours is in the center of the city. It is the biggest library not only in our city but in the whole state. 11. That library plays a most important role in my life. 12. Four years ago my older brother showed it to me, and now we drive there once or even twice a week, more frequently than all other students in our school. 13. I very much like the geography of Russia and like best of all to read books about Russia's most famous rivers, mountains, mighty plains, and about its oldest as well as its most modern (newest) cities. 14. Yesterday I read in a most interesting book that Soviet Russia now occupies one-sixth of the entire habitable landmass. 15. It has the most varied climates, living conditions (conditions of life), and natural resources. 16. I think it is the largest country in the whole world, even larger than the United States. 17. From its western to its eastern borders it is 7,000 miles, and from its southern to its northern borders it is almost 4,000 miles. 18. Within a week I have to give a report in our school about the Volga river and about her role in the economic and cultural life of Soviet

Russia. 19. Now I only know that the Volga is the longest and broadest river in European Russia. 20. But in a whole week I can read many books about this most famous river, and shall know much more about it on the day of my report.

B

1. The Volga is the longest river in Europe. 2. It is one of the longest and most famous rivers in the world. 3. The Russian people love this river more than any other river in the world. 4. They sing very beautiful songs about it. 5. One of the most beautiful songs about the Volga is the song "Во́лга, Во́лга."[1] 6. In Soviet Russia this very beautiful river occupies a most important place. 7. It was one of the chief trade routes in the country. 8. Along the Volga, thanks to the splendid system of canals, ships can now sail directly from the Caspian Sea to Moscow and even further to the north. 9. This river is also the "electric heart" of Russia, an important source of electrical energy. 10. The Soviet government has built on the Volga huge electric power stations. 11. The Volga river has also played a very great role in Russian history. 12. As early as (already in) the eighth century this river was the most important trade route in the country. 13. On its banks, in the city (of) Nizhnii Novgorod, tradesmen gathered from all corners of Russia, from north and south, east and west. 14. Here it was possible to buy furs, rugs, silk, linen, wool, and wine. 15. Even from the countries of the West tradesmen came to this famous Russian trade center. 16. One can truly say (i.e., it is possible to say) that here on the banks of this river met the peoples from all the countries in the world (i.e., of the whole world).

ADDITIONAL READING MATERIAL
Review of the declension and comparison of adjectives, also of short forms. Some adjectives are taken from following lessons and should be looked up in the Russian-English Vocabulary at the end of the text.

МОЯ ЛУЧШАЯ ПОДРУГА, МАРИЯ ПЕТРОВНА

Сего́дня ве́чером, когда́ я укла́дывала свои́ **ста́рые** кни́ги и бума́ги в сунду́к, я заме́тила ме́жду бума́гами **ста́рую, жёлтую** фотогра́фию. Э́то была́ фотогра́фия Мари́и Петро́вны Па́вловой.

---

[1] It is from the old folk song "Сте́нька Ра́зин" and runs: Во́лга, Во́лга, мать родна́я, Во́лга ру́сская река́ . . . . .

Мно́го лет тому́ наза́д она́ была́ мое́й **са́мой бли́зкой** подру́гой. Это бы́ло, как говоря́т, «в **до́брое, ста́рое** вре́мя». Мы бы́ли тогда́ **мо́лоды, веселы́, дово́льны** са́ми собо́й и свое́й жи́знью и жда́ли, что в **бу́дущем** всё бу́дет ещё **лу́чше,** ещё **прия́тнее** . . . . .

Мари́я Петро́вна была́ о́чень **краси́ва, умна́,** держа́лась **про́сто** и **свобо́дно.** Она́ мно́го занима́лась спо́ртом. **Бо́льше** всего́ она́ люби́ла игра́ть в те́ннис. **Прия́тно** бы́ло смотре́ть на её **лёгкие, бы́стрые** движе́ния. **Живо́е, откры́тое** лицо́, **весёлые, чёрные** глаза́, **прекра́сный** цвет лица́, — всё в ней нра́вилось лю́дям.

О Мари́и Петро́вне говори́ли, что она́ одева́ется **лу́чше** всех же́нщин в го́роде. И, коне́чно, они́ бы́ли **пра́вы!** Когда́ Мари́я Петро́вна одева́ла **си́нее** пла́тье, то у неё бы́ли, коне́чно, и **си́няя** шля́па и **си́ние** ту́фли, а когда́ пла́тье бы́ло **кра́сным** и́ли **чёрным** и́ли **бе́лым,** у неё бы́ло и **кра́сное** пальто́, и **бе́лое,** и **чёрное,** и шля́пы и ту́фли тако́го же цве́та!

Мари́я Петро́вна была́ **за́мужем** за **изве́стным, моско́вским** юри́стом. Это был **умне́йший, миле́йший** и **добре́йший** челове́к!

Па́вловы жи́ли в **большо́м, ста́ром** до́ме, в **са́мом большо́м** и **са́мом краси́вом** до́ме в **лу́чшей** ча́сти го́рода. Это был **необыкнове́нный** по ви́ду (in appearance) дом с **высо́кими, у́зкими** о́кнами, **огро́мными** ко́мнатами. Обстано́вка в э́тих ко́мнатах была́ **проста́, удо́бна** и **краси́ва: ни́зкие, дли́нные** дива́ны, **глубо́кие** кре́сла, на стена́х мно́го **стари́нных** карти́н.

Мари́я Петро́вна и её муж люби́ли о́бщество и не́ бы́ло **бо́лее интере́сных, бо́лее весёлых** приёмов, чем приёмы в до́ме Па́вловых. На **больши́х** приёмах у них собира́лись **са́мые ра́зные** лю́ди; го́сти приезжа́ли к ним со всех концо́в Росси́и, из **ра́зных** стран ми́ра. Тут мо́жно бы́ло встре́титься и поговори́ть со **ста́рыми** друзья́ми, и познако́миться с **знамени́тым** учёным из Áнглии, с **ва́жным** специали́стом в о́бласти медици́ны из Фра́нции; тут мо́жно бы́ло услы́шать **са́мые после́дние полити́ческие** но́вости, поспо́рить о **серьёзных, филосо́фских** вопро́сах, посмея́ться над расска́зами **до́брого, то́лстого** до́ктора Че́хова о ∙ его́ **больны́х** и **здоро́вых** пацие́нтах. Тут та́кже **ча́ще** всего́ мо́жно бы́ло встре́тить **изве́стнейших** поэ́тов, послу́шать пе́ние **лу́чших** певцо́в и певи́ц.

— Мне всё равно́, — говори́ла Мари́я Петро́вна, — кто кого́ **умне́е,** кто **бога́че,** а кто **бедне́е.** То́лько **ску́чных** люде́й я к себе́ никогда́ не приглаша́ю. —

А каки́е **замеча́тельные** обе́ды устра́ивала она́! Како́е

подава́ли к обе́ду разнообра́зие **холо́дных** и **горя́чих** заку́сок!
И коне́чно, то́лько **са́мые лу́чшие, са́мые дороги́е** ви́на!

Да, всё э́то бы́ло в **далёком** про́шлом. Что ста́ло с Мари́ей
Петро́вной? Где она́ тепе́рь? Жива́ ли? В **после́дний** раз я
ви́дела её на **моско́вском** вокза́ле, когда́ мы уезжа́ли из Росси́и.

ДВАДЦАТЬ ПЯТЫЙ УРОК | TWENTY-FIFTH LESSON

Double imperfective verbs: indeterminate, determinate —
Reciprocal pronoun друг друга *— Expressions of*
age — Cardinals and ordinals 50-100

I. COMMON EXPRESSIONS AND IDIOMS

Поступить на военную службу	To join the army, enlist
Был принят как равный	Was received as an equal
Ездить за границу	To go (travel) abroad
За границей	Abroad
Из за границы	From abroad
По приезде	Upon arrival
Вести беседы с and instr.	To converse with, carry on conversations
Всё больше и больше	More and more
Чисто литературная деятельность прекращается.	Purely literary activity comes to an end.
Рубить дрова	To chop, prepare firewood

II. READING: ЛЕВ НИКОЛАЕВИЧ ТОЛСТОЙ

Имя Льва Николаевича Толстого известно всему миру. Русские люди его романов близки и дороги всему человечеству. Толстой знаменит и как величайший писатель и как философ.

Толстой родился в «Ясной Поляне» — старинном имении около города Тулы[1]. «Ясная Поляна» так же известна миру, как и имя самого Толстого. Сюда **приходили** все, кого занимали вопросы религии, морали и народного образования и кто искал ответа на эти вопросы у Толстого. Теперь «Ясная Поляна» — музей, куда попрежнему приезжают люди со всех концов России, из всех стран мира.

Мать Толстого умерла, когда **мальчику было только два года,** а отец — когда **ему было восемь лет.** Дети учились дома,

---

[1] **Тула,** a city due south of Moscow.

а когда́ Толсто́му бы́ло шестна́дцать лет, он поступи́л в Каза́нский[1] университе́т.

Толсто́й не ко́нчил университе́та, и поступи́л на вое́нную слу́жбу. Он пое́хал на Кавка́з и тут начала́сь его́ литерату́рная де́ятельность.

Когда́ Толсто́му бы́ло два́дцать семь лет, он прие́хал в Петербу́рг[2] и был при́нят как ра́вный таки́ми изве́стными ру́сскими писа́телями как Турге́нев[3] и Некра́сов.[4]

Толсто́й два ра́за е́здил за грани́цу. По прие́зде в Росси́ю он заня́лся хозя́йством у себя́ в име́нии. Толсто́й понима́л, как тяжело́ бы́ло в то вре́мя положе́ние крестья́н. Он ввёл но́вые ме́тоды полевы́х рабо́т, откры́л шко́лу для дете́й, вёл дли́нные бесе́ды с крестья́нами из сосе́дних дереве́нь. Когда́ Толсто́му бы́ло три́дцать четы́ре го́да, он жени́лся.

Во второ́й полови́не свое́й жи́зни Толсто́й всё бо́льше начина́ет интересова́ться вопро́сами рели́гии и мора́ли. Его́ чи́сто литерату́рная де́ятельность почти́ прекраща́ется. Толсто́й отдаёт всё бо́льше и бо́льше вре́мени и эне́ргии рабо́те вме́сте с крестья́нами. Он выходи́л на полевы́е рабо́ты, сам вози́л се́но, носи́л во́ду, руби́л дрова́...

В конце́ свое́й жи́зни он ушёл из «Ясной Поля́ны» и у́мер в до́ме нача́льника ста́нции Аста́пово седьмо́го ноября́ 1910 (ты́сяча девятьсо́т деся́того) го́да.

III. VOCABULARY

изба́	hut	почти́	almost
име́ние	estate	рели́гия	religion
ло́шадь	horse	рома́н	novel
ма́льчик	boy	се́но	hay
ме́тод	method	ста́нция	station
мир	world, peace	стари́нный,	ancient, old
мора́ль	morals, ethics	-'ая, -'ое	
мужи́к	peasant	тяжёлый,	heavy,
наро́дный,	folk, national	-'ая, -'ое	burdensome
-'ая, -'ое		фило́соф	philosopher
нача́льник	chief, head	хозя́йство	household,
образова́ние	education		economy
попре́жнему	as before, formerly	челове́чество	humanity

---

[1] Каза́нский, -'ая, -'ое "of Kazan," a city on the left bank of the upper Volga.

[2] Петербу́рг, Петрогра́д St. Petersburg, now Leningrad.

[3] Ива́н Серге́евич Турге́нев (1818 - 1883) one of the greatest Russian novelists.

[4] Никола́й Некра́сов (1821 - 1878) a well-known lyric poet.

Verbs

Imperfective	Perfective	English
вводи́ть (води́ть)	ввести́ (вести́)	to introduce
вноси́ть (носи́ть)	внести́ (нести́) внёс, внесла́, внесли́	to bring in, carry in
вывози́ть (вози́ть)	вы́везти (везти́)	to export
интересова́ться; интересу́юсь, интересу́ешься, интересу́ются	поинтересова́ться (интересова́ться)	to interest oneself in
иска́ть; ищу́, и́щешь, и́щут	поиска́ть (иска́ть)	to search for, look for
конча́ть (I)	ко́нчить (II)	to finish, end
отдава́ть (дава́ть)	отда́ть (дать)	to give away
понима́ть (I)	поня́ть, пойму́, поймёшь, пойму́т	to understand
попада́ть (I)	попа́сть; попаду́ попадёшь, попаду́т	to get to, catch
приходи́ть, (ходи́ть)	прийти́ (идти́)	to arrive
рожда́ться (I)	роди́ться; роди́шься, родя́тся	to be born
умира́ть (I)	умере́ть; умру́, умрёшь, умру́т у́мер, умерла́, у́мерли	to die died

IV.   GRAMMAR

A.   Indeterminate and determinate aspect verbs

1. Certain Russian verbs signifying locomotion have two forms of the *imperfective* aspect: *indeterminate* and *determinate*. The *determinate* aspect verb denotes unity, integrality, indivisibility of an action, whereas the *indeter-*

minate verb does not imply any such quality of the action; the *determinate* verb denotes an action carried out at one time and in one direction[1]; the *indeterminate* verb does not imply any such quality of the action. Two of these verbs we already know: the indeterminate verbs ходи́ть and е́здить with their respective determinate forms идти́ and е́хать. Other important verbs of this type are:

Indeterminate	*Determinate*	*English*
бе́гать (I)	бежа́ть; бегу́, бежи́шь, бегу́т	to run
води́ть; вожу́, во́дишь, во́дят	вести́; веду́, ведёшь, веду́т вёл, вела́, вели́	to lead lead
вози́ть; вожу́, во́зишь, во́зят	везти́; везу́, везёшь, везу́т вёз, везла́, везли́	to transport conveyed
лета́ть (I)	лете́ть; лечу́, лети́шь, летя́т	to fly
носи́ть; ношу́, но́сишь, но́сят	нести́; несу́, несёшь, несу́т нёс, несла́, несли́	to carry carried
пла́вать (I)	плыть; плыву́, плывёшь, плыву́т	to swim

2. *Use of this type of verb*

a. When expressing the *general* action indicated by the verb, use the *indeterminate* form:

Ребёнок хо́дит.	The child walks.
Ма́льчик хо́дит в шко́лу.	The boy goes to (attends) school.
Ма́льчик бе́гает.	The boy runs.

b. When expressing an action carried out *in a specific direction and at one specific time* (i. e. non-repetitive, non-habitual action), use the *determinate* form:

Сего́дня он лети́т в Ленингра́д (на самолёте)	Today he is flying to Leningrad (by plane).
Я несу́ э́ту кни́гу в библиоте́ку.	I am carrying (bringing) this book to the library.

---

[1] Ср. Ooshakov, Толко́вый Слова́рь, vol. I, p. 99, col. 1 «в оди́н приём и в одно́ направле́ние.»

c. If, however, the action, *though in one specific direction* is *repeated* or *habitual,* use the *indeterminate* form:

Мы всегда́ е́здим в Ленингра́д парохо́дом.	We always go (travel) to Leningrad by steamer.
В воскресе́нье мы всегда́ хо́дим в це́рковь.	Sundays we always go to church.

d. Note that some idiomatic expressions have only the *determinate* form:

Здесь ча́сто идёт дождь.	It frequently rains here.
Там никогда́ не идёт снег.	It never snows there.

3a. It is important to note that the perfective aspect to *both* these forms is formed by prefixing по- to the *determinate* form:

идти́ + по ⟶ пойти́ (perfective of ходи́ть and идти́)

b. When the prefix по- is added to the *indeterminate* form of "going" verbs (ходи́ть, пла́вать, води́ть, etc.) the sense of brevity, informality, lack of strain or intensity is imparted to the action:

походи́ть	to walk a little; take a stroll
попла́вать	to swim a little; take a dip

4. When these forms are compounded with any other prefix, the *same* prefix is added to both forms: the indeterminate form *remains imperfective,* whereas the determinate form becomes *perfective.* The distinction between indeterminate and determinate does not exist in these new pairs:

ходи́ть + при ⟶ приходи́ть (imperfective) to come, arrive
идти́ + при ⟶ прийти́ (perfective) to come, arrive

For further examples see Appendix pp. 352 and 353.

5. The verb носи́ть has no *determinate* form when used in the meaning of "to wear":

Зимо́й я ношу́ тёплое пальто́.	In winter I wear a warm coat.

To "wear" can also be rendered as follows:

На ней но́вая шля́па.	*Lit.*: On her is a new hat.
На нём бы́ло ста́рое пальто́.	*Lit.*: On him was an old coat.

B. The reciprocal pronoun: друг дру́га "one another"

Gen. and Acc.	друг дру́га	of one another, one another
Dat.	{ друг дру́гу { друг к дру́гу	} to one another
Instr.	друг с дру́гом	with one another
Prep.	друг о дру́ге	about one another

C. Expressions of age

In expressing age use the *dative* case:

Мне два́дцать оди́н год.	I am twenty one. *Lit.*: To me is twenty-one year.
Ско́лько **ей** лет?	How old is she? *Lit.*: How many to her of summers?
Ей два́дцать два (три, четы́ре) го́да.	She is 22 (23, 24) years old.
Ему́ бы́ло два́дцать пять (шесть, семь) лет.	He was 25 (26, 27) years old

Note that **год** is used with **оди́н** (1) and its compounds (except 11); **го́да** with 2, 3, 4 and their compounds (except 12, 13, 14); **лет** with 5-20, 25-30, etc., and with **ско́лько** "how many."

D. Numerals 50-100

	Cardinals	Ordinals		
50	пятьдеся́т	пятидеся́тый,	-′ая, -′ое	50th
60	шестьдеся́т	шестидеся́тый,	-′ая, -′ое	60th
70	се́мьдесят	семидеся́тый,	-′ая, -′ое	70th
80	во́семьдесят	восьмидеся́тый,	-′ая, -′ое	80th
90	девяно́сто	девяно́стый,	-′ая, -′ое	90th
100	сто	со́тый,	-′ая, -′ое	100th

Note the position of the ь at the end of the first component part of the *cardinal* numbers 50-80 (inclusive). Note also the -и ending on the first component part of the *ordinals* 50-80 inclusive.

V. QUESTIONS

1. Изве́стно ли и́мя Льва́ Никола́евича Толсто́го всему́ ми́ру? 2. Кому́ бли́зки и до́роги ру́сские лю́ди его́ рома́нов? 3. Где роди́лся Толсто́й? 4. Изве́стна ли «Ясная Поля́на» все-

му́ ми́ру? 5. Что тепе́рь в «Ясной Поля́не»? 6. Отку́да приез-
жа́ют лю́ди в «Ясную Поля́ну»? 7. Когда́ умерла́ мать Тол-
сто́го? 8. Когда́ у́мер его́ оте́ц? 9. Когда́ Толсто́й поступи́л
в Каза́нский университе́т? 10. Почему́ Толсто́й не ко́нчил
университе́та? 11. Где начала́сь литерату́рная де́ятельность
Толсто́го? 12. Когда́ прие́хал Толсто́й в Петербу́рг? 13. Как
он был при́нят знамени́тыми ру́сскими писа́телями? 14. Ездил
ли Толсто́й за грани́цу? 15. Чем заня́лся Толсто́й по прие́зде
в Росси́ю? 16. Что он сде́лал для крестья́н? 17. Когда́ Тол-
сто́й жени́лся? 18. Чем начина́ет интересова́ться Толсто́й во
второ́й полови́не свое́й жи́зни? 19. Чему́ отдаёт Толсто́й всё
бо́льше вре́мени и эне́ргии? 20. Каку́ю рабо́ту он де́лал?
21. Когда́ ушёл Толсто́й из «Ясной Поля́ны»? 22. Где у́мер
Толсто́й?

VI. GRAMMAR EXERCISES

Exercises with Grammar A

a. Give the correct forms of the verbs in parentheses and indicate
their type (i. e. whether they are *indeterminate* or *determinate*),
for example:

Я сего́дня (е́хать) в го́род: е́ду   *Determinate*

1. В дере́вне мы ча́сто (ходи́ть) купа́ться на о́зеро. 2. Мой
това́рищ (е́хать) на вокза́л со свои́ми чемода́нами и сунду-
ка́ми. 3. На пра́здники он всегда́ (лета́ть) в Ленингра́д. 4.
Ма́льчик (бе́гать) ка́ждый день в сосе́дний колхо́з. 5. Я сам
(нести́) э́тот тяжёлый чемода́н. 6. Носи́льщик то́же (нести́)
два чемода́на. 7. Он всегда́ сам (носи́ть) свои́ чемода́ны.
8. Мы ча́сто (пла́вать) в э́том о́зере. 9. Мужи́к (вести́) вчера́
свою́ ло́шадь в по́ле. 10. Мать (води́ть) свои́х дете́й в парк.
11. Крестья́не (вози́ть) се́но с по́ля. 12. На да́чу мы всегда́
(е́здить) на автомоби́ле.

b. Underline the verb which correctly completes the sentence,
for example:

Сего́дня у́тром он идёт/хо́дит в шко́лу в во́семь часо́в.

1. Мой сын на́чал пла́вать/плыть, когда́ ему́ бы́ло три
го́да. 2. Зимо́й ча́сто ходи́л/шёл снег. 3. За́втра мне ну́жно
е́хать/е́здить в го́род за поку́пками. 4. Лете́ть/лета́ть большо́е
удово́льствие. 5. Сего́дня у́тром на́ша дочь идёт/хо́дит
пе́рвый раз в шко́лу. 6. Когда́ мы их встре́тили они́ ходи́ли/
шли в кино́. 7. Она́ но́сит/несёт э́то кра́сное пла́тье ка́ждый
день. 8. Я ношу́/несу́ из библиоте́ки о́чень интере́сную кни́гу.
9. Он во́зит/везёт всю семью́ за-грани́цу. 10. Я бу́ду е́хать/

ездить сюда каждое лето. 11. На Рождество к нам всегда придут/приходят гости. 12. Я вожу/везу с собой только одно пальто. 13. Профессор завтра придёт/приходит в университет ровно в два часа. 14. Он всегда приедет/приезжает рано утром. 15. В будущем месяце к нам приезжает/приедет знаменитый писатель. 16. Учитель ввёл/вводил меня в комнату и показал мне русские книги.

c. From the Reading Exercise write out all "indeterminate" and "determinate" verbs as well as their derivatives, indicating the type and English meaning of the basic infinitive, for example:

приходили, derived from   **ходить**   Indeterminate "go, walk"
ввёл,   derived from   **вести**   Determinate "lead"

Exercise with Grammar B

Supply the correct forms of the reciprocal pronoun друг друга:

1. Они прекрасно понимали .... 2. Они всё готовы сделать ..... для ..... 3. Мы собирались в гости ..... к ..... 4. На вокзале мы долго искали .... 5. Мальчики очевидно понравились .... 6. Эти знаменитые философы всегда спорят ..... с ..... 7. Последние два месяца мы ничего не знаем ..... о ..... 8. «Дети, любите ....,» так учила нас мать в детстве. 9. Мы часто бывали ..... у ..... 10. Они не были знакомы, но много слышали ..... о ..... от доктора Чехова.

Exercises with Grammar C and D

a. Read and/or write in Russian the following numerals:

3, 8, 13, 21, 37, 46, 52, 60, 69, 71, 84, 93, 59, 19, 90, 100, 17, 70, 33, 53, 66, 44, 51, 14, 94, 40, 15, 50, 85, 99, 27, 11, 12, 18, 80, 10, 29, 34, 20, 98.

b. Change the above cardinal numerals into their respective ordinals.

c. Translate the expressions in parentheses:

1. На рождество (my father will be 70 years old). 2. Сколько, вы думаете, ему лет, (55 or 60 [year])? 3. Я приехал в «Ясную Поляну», когда (I was 31 years old). 4. Знаете вы (how old he is)? 5. (He was 45 years old), когда он женился. 6. Она не сказала, что (she is 25 years old). 7. Через месяц (I will be 45). 8. Моя бабушка умерла, когда (she was 92 years old). 9. Толстой поступил в университет, когда (he was 16 years old). 10. В будущем году (my daughter will be 23 years old).

VII.   TRANSLATION INTO RUSSIAN

A

1. Léo Nikoláyevich Tolstóĭ was born at "Yásnaya Polyána." 2. "Yásnaya Polyána" is a very old estate near the city
of Toóla. 3. It is now a famous museum. 4. To it (hither) come
people from all the corners of Russia to see the home of one of
[out of] the greatest Russian writers. 5. Tolstoĭ has written
many very famous books. 6. His most famous novels are "War
and Peace" («Война и Мир») and "Anna Karénina." 7. Tol-
stóĭs childhood was not a very happy one. 8. When he was
only two years old, his mother died, and when he was eight,
his father. 9. Tolstoĭ entered the University of Kazan when he
was sixteen. 10. But he soon joined the army and never finished
the university. 11. When Tolstóĭ was twenty-seven, he took a
trip (drove) to St. Pétersburg, where he was received as an
equal by Turgyényev and Nyekrásov. 12. Twice Tolstóĭ went
abroad. 13. At home on his estate, he introduced new methods
of working the fields. 14. He opened a school and himself taught
the children of his and neighboring villages. 15. He knew his
peasants well and liked to carry on long conversations with
them. 16. He went with them into the fields and himself carted
off hay, chopped and carried wood. 17. Finally he left his
estate and died in the house of the station-master of Astapovo
station.

B

Every Easter my friends and I meet (each other) in the
largest and most famous restaurant of our city, the "Zhar
Ptitsa" (Firebird). 2. Some (некоторые) of my friends do not
live in our city and have to come (arrive by vehicle) 50, 100,
or even more miles, and some even fly in (arrive by plane).
3. Last year I, too, had to fly in and almost came too late to
our meeting at the restaurant. 4. The restaurant "Zhar Ptitsa"
is not only very famous but also very old; it is 85 years old.
5. Everybody knows it and everybody tells one another about
its wonderful hors d'oeuvres, roast meats and wines. 6. I was
thirteen when my father first took me to that restaurant.
7. Now I always go there when I want to eat especially well.
8. Of course, it is very expensive to eat there. 9. On Sundays
a dinner costs 50 rubles and on holidays it may even cost 60 or
70 rubles. 10. On holidays, and at Easter, the rooms of the
restaurant are especially splendid. 11. Red, yellow, blue, and
white flowers are on the tables; silver spoons, forks, and knives,

and a whole forest of wine glasses! Even the tablecloths seem whiter than usual. 12. The ladies wear their most beautiful gowns (dresses) and everyone is especially happy and talks gayly with one another. 13. The proprietor knows us well; he meets us at the door. "Welcome (in)!" he says and leads us to our table. 14. Our table is huge, but there are 30 of us today and we do not have too much room. 15. The proprietor sees it, smiles (улыбáется), and says: " Crowded close, but congenial (not at variance)!" 16. And he is so right! Today we are (make) merry together and love one another like brothers. 17. We begin our dinner with the wonderful hors d'oeuvres and many glasses (рюмок) of vodka, and with each glass we say to one another: "To your health, dear friends!" 18. After the hors d'oeuvres one brings [us] soup, meat pies, roast meats, and finally, the dessert. 19. After the dinner we smoke splendid cigars or Russian cigarettes and tell funny stories about one another or interesting events in our lives. 20. And there is so much to tell and time flies so fast! It is two o'clock in the morning when we finally say goodbye, wish one another a "Happy journey!" and promise each other to write often.

VOCABULARY BUILDING

Verbs of *motion* with their characteristic prefixes. Remember that the distinction between *indeterminate* and *determinate* verbs is lost through prefixion. See Grammar A, 3 and 4 of the preceding lesson.

Imperfective	Perfective	English
B = movement in; into:		
входи́ть	войти́	to go, come in
въезжа́ть	въе́хать	to ride, drive in
влета́ть	влете́ть	to fly in
ВЫ = movement out of:		
выходи́ть	вы́йти	to go, come out
выезжа́ть	вы́ехать	to ride, drive out
вылета́ть	вы́лететь	to fly out

ДО = movement up to:

доходи́ть	дойти́	to go, come up to, reach
доезжа́ть	дое́хать	to ride, drive up to, reach
долета́ть	долете́ть	to fly up to, reach

ОБ; ОБО = movement around, encircling:

обходи́ть	обойти́	to go around, avoid, circle
объезжа́ть	объе́хать	to ride, drive around, avoid
облета́ть	облете́ть	to fly around, avoid

ОТ = movement away from:

отходи́ть	отойти́	to go, step away from
отъезжа́ть	отъе́хать	to drive off, ride away, leave
отлета́ть	отлете́ть	to fly away (depart by plane)

ПЕРЕ = movement over, across:

переходи́ть	перейти́	to go, come over, across
переезжа́ть	перее́хать	to drive, ride over, across
перелета́ть	перелете́ть	to fly over, across

ПРИ = movement to, toward (arrival):

приезжа́ть	прие́хать	to come, arrive (by vehicle)
прилета́ть	прилете́ть	to come, arrive (by plane)
приходи́ть	прийти́	to come, arrive

ПРО = movement through, past:

проходи́ть	пройти́	to go through, pass
проезжа́ть	прое́хать	to ride, drive through
пролета́ть	пролете́ть	to fly through

РАЗ = movement apart (scatter):

разходи́ться	разойти́сь	to separate, come apart, undone
разъезжа́ться	разъе́хаться	to drive in all direction, often
разлета́ться	разлете́ться	to fly apart, explode

У = movement away from (departure, removal):

уходи́ть	уйти́	to go, come away, leave
уезжа́ть	уе́хать	to drive, ride away, depart
улета́ть	улете́ть	to fly away (depart by plane)

Prefixing is, of course, not limited to verbs of *motion,* as can be observed in the following *additional reading unit.*

ADDITIONAL READING MATERIAL

With emphasis on verb-PREFIXES. The change in the basic meaning of the verb produced by such prefixion is indicated by means of the parenthesized literal translations. Notice the use of prepositions in addition to the prefix whenever the literal, rather than the derived meaning of an action is conveyed. Notice also that the prefix and the preposition used are often identical (дописать . . . до) but even when different in form they emphasize and supplement the meaning of the prefix (выйти . . . из).

ПИСЬМО БОРИСУ

Сегодня вечером я наконец **за**кончил (finished completely) письмо Борису. Письмо **вы**шло (came out) длинным. Я **ис**писал (wrote out, i. e. used up writing) шесть листов бумаги.

Как быстро **про**летело (flew through, away) время! Борис и я учились вместе в университете. Мы сразу-же **со**шлись (came together) характерами и стали друзьями. Когда мы **о**кончили (finished completely) университет, все наши товарищи **разъ**ехались (drove apart) **по** разным городам; я сам **пере**ехал (drove over) **из** Чикаго **в** Нью-Йорк, а Борис **у**ехал (drove away) **за** границу.

Некоторое время мы с ним **пере**писывались (wrote back and forth), а потом, сам не знаю как это **произ**ошло (went through/out: happened), переписка наша кончилась. Это конечно можно было **пред**сказать (tell before; predict): молодёжь всегда быстро **с**ходится (comes together), но также быстро и **рас**ходится (goes apart).

Прошло (went through: passed) много лет. Но вот, на прошлой неделе я **про**сматривал (looked through) журнал «Американский Инженер» и увидел там фотографию Бориса. Мне **за**хотелось (began to want: got the urge) **на**писать (completion stressed) ему и **на**помнить (call to/on [на] his memory) весёлые дни нашей молодости. Я писал это письмо почти целую неделю; несколько раз его **пере**писывал (wrote over), долго не мог **до**писать (write to/up to) **до** конца и только сегодня, наконец, я **при**писал (wrote in addition) ещё несколько слов, **под**писал (wrote under: signed) и сейчас готов был пойти на почту **от**править (direct away: send off) письмо.

Почта не очень далеко от моего дома. Когда **вы**йдешь (go out) **из** дома, надо сразу же **пере**йти (go across) **через** мост, **про**йти (go through) несколько улиц, повернуть направо, **до**йти (go up to) **до** небольшой площади, **обо**йти (go around, circle it) её, **вы́**йти (go out) **на** бульва́р, **про**йти́ (go through) **по** бульва́ру **до** но́вого городско́го го́спиталя, **зайти́** (go behind) **за** у́гол э́того зда́ния и че́рез не́сколько мину́т вы уже́ **под**ходи́ли (walk under!/up to) **к** зда́нию по́чты!

Коне́чно тепе́рь ма́ло кто лю́бит ходи́ть пешко́м. Для меня́ э́то большо́е удово́льствие, а все смею́тся надо мно́й, что я челове́к 18-ого ве́ка и не **до**ро́с (grow [up] to) ещё **до** 20-ого ве́ка! — Сме́йтесь, сме́йтесь, — отвеча́ю я им всегда́. — «Хорошо́ смеётся тот, кто смеётся после́дний!» Посмо́трим кто из нас **до**живёт (lives up to) **до** 21-ого ве́ка, вы и́ли я! —

ДВАДЦАТЬ ШЕСТОЙ УРОК

TWENTY-SIXTH LESSON

Declension and use of **óба, óбе** *"both" — Cardinals and ordinals, 100-1 million; declension of cardinals; approximation; addition, subtraction, multiplication, division; collective numerals — Prepositions: review and supplement*

I. COMMON EXPRESSIONS AND IDIOMS

На я́коре	At anchor
Вздýмали плáвать на перегонки́	Took it into their heads to swim a race
Не выдавáй!	Don't give up!
Понатýжься!	Pull yourself together; try hard!
Блéдный как полотнó	As white as a sheet (*Lit.*: pale as linen cloth)
Сорвáться с мéста	To dash off (*Lit.*: to tear oneself from the spot)
Понесли́сь, что бы́ло си́лы	Raced off at top speed
Оди́н из них оглянýлся.	One of them looked back.
Как бýдто	As if
Скóлько нас ни бы́ло	As many as there were of us, i. e. all of us
Зáмерли от стрáха.	We were stunned with fear.
Раздáлся вы́стрел.	A shot resounded, was heard.
Что сдéлалось с...	What happened to...

II. READING: АКУЛА

Adapted from Tolstói's short story "The Shark"

Наш корáбль стоя́л **на я́коре у бéрега** Африки. День был прекрáсный; **с мóря** дул свéжий вéтер, но **к вéчеру** погóда измени́лась (changed), стáло дýшно.

Пéред закáтом сóлнца капитáн вы́шел **на пáлубу**, крик-

249

нул: «Купа́ться!», и в одну́ мину́ту матро́сы попры́гали в во́ду, спусти́ли в во́ду па́рус и в па́русе устро́или купа́льню.

На корабле́ с на́ми бы́ли два ма́льчика. Ма́льчики пе́рвые попры́гали в во́ду, но им те́сно бы́ло в па́русе, и они́ взду́мали пла́вать на перегонки́ в откры́том мо́ре.

Оди́н ма́льчик снача́ла перегна́л това́рища, но пото́м стал отстава́ть. Оте́ц ма́льчика, ста́рый артиллери́ст, стоя́л на па́лубе и любова́лся на своего́ сы́на. Когда́ сын стал отстава́ть, оте́ц кри́кнул ему́: «Не выдава́й! Понату́жься!»

Вдруг с па́лубы кри́кнули: «Акула!» — и все мы уви́дели в воде́ спи́ну морско́го чудо́вища[1].

Аку́ла плыла́ пря́мо на ма́льчиков[2].

«Наза́д! Наза́д! Аку́ла!» — закрича́л артиллери́ст. Но ребя́та не слы́шали его́, плы́ли да́льше, смея́лись и крича́ли ещё веселе́е и гро́мче пре́жнего.

Артиллери́ст, бле́дный как полотно́, смотре́л на дете́й.

Матро́сы спусти́ли ло́дку, бро́сились в неё и понесли́сь, что бы́ло си́лы, к ма́льчикам; но они́ бы́ли ещё далеко́ от них, когда́ аку́ла была́ не да́льше двадцати́ шаго́в.

Ма́льчики снача́ла не слы́шали того́, что им крича́ли, и не ви́дели аку́лы; но пото́м оди́н из них огляну́лся, и мы все услы́шали пронзи́тельный визг, и ма́льчики поплы́ли в ра́зные сто́роны.

Визг э́тот как бу́дто разбуди́л артиллери́ста. Он сорва́лся с ме́ста и побежа́л к пу́шкам.

Мы все, ско́лько нас ни бы́ло на корабле́, за́мерли от стра́ха и жда́ли, что бу́дет.

Разда́лся вы́стрел и мы уви́дели, что артиллери́ст упа́л по́дле пу́шки и закры́л лицо́ рука́ми. Что сде́лалось с аку́лой и с ма́льчиками, мы не ви́дели, потому́ что на мину́ту дым застла́л нам глаза́.[3] Но когда́ дым разошёлся над водо́й, со всех сторо́н разда́лся гро́мкий, ра́достный крик. Ста́рый артиллери́ст откры́л лицо́, подня́лся и посмотре́л на́ море.

По волна́м колыха́лось жёлтое брю́хо[4] мёртвой аку́лы. В не́сколько мину́т ло́дка подплыла́[5] к ма́льчикам и привезла́ их на кора́бль.

---

[1] Морско́го чудо́вища genitive singular of морско́е чудо́вище "sea monster."

[2] Пря́мо на ма́льчиков. "Straight toward the boys."

[3] Дым застла́л нам глаза́. "The smoke obstructed our vision."

[4] "The yellow belly (of the dead shark) was floating (bobbing) (on the waves)": колыха́лось "was floating, bobbing"; брю́хо "belly."

[5] Подплыла́. "Swam up to, reached."

III. VOCABULARY

акула	shark	назад	back
артиллерист	artillery man	палуба	deck
ве́тер (†е)	wind	па́рус	sail
волна́	wave	пронзи́тельный,	piercing
гро́мкий,	loud	-ая, -ое	
-'ая, -'ое		пу́шка (е)	gun, cannon
гро́мче	louder	ра́достный,	happy, joyous
ду́шно (adv.)	stifling	-ая, -ое	
ду́шный	stifling	сторона́	side
-'ая, -'ое		су́тки (о) (pl.)	24 hours,
зака́т (со́лнца)	sunset		night and day
капита́н	captain	те́сно	confining, close,
кора́бль (m.)	ship		crowded
купа́льня (е)	swimming pool	шаг	step, pace
матро́с	sailor		

Verbs

Imperfective	Perfective	English
броса́ться (I)	бро́ситься; бро́шусь, бро́сишься, бро́сятся	to dash, rush, throw oneself
дуть; ду́ю, ду́ешь, ду́ют	поду́ть (дуть)	to blow
крича́ть; кричу́, кричи́шь, крича́т	закрича́ть (крича́ть) or кри́кнуть (I)	I. to shout P. to cry out
отстава́ть; отстаю́, отстаёшь, отстаю́т	отста́ть; отста́ну, отста́нешь, отста́нут	to fall (lag) behind
па́дать (I)	упа́сть; упаду́, упадёшь, упаду́т упа́л, упа́ла, упа́ли	to fall (down)
подходи́ть (ходи́ть)	подойти́ (идти́)	to approach, come up
прекраща́ться (I)	прекрати́ться; прекращу́сь, прекрати́шься, прекратя́тся	to stop, end

Imperfective	Perfective	English
привозить (возить)	привезти (везти)	to bring (by vehicle), import
прыгать (I)	попрыгать (I) прыгнуть (I)	to jump, dive
расходиться (ходить)	разойтись (идти)	to part, go apart, scatter
спускать	спустить; спущу, спустишь, спустят	to lower, let down
устраивать (I)	устроить (II)	to make, construct

IV. GRAMMAR

A. Full declension and use of óба, óбе "both"

	Masc. and Neut.	Fem.
Nom.	óба	óбе
Gen.	обóих	обéих
Dat.	обóим	обéим
Acc.	N. or G.	N. or G.
Instr.	обóими	обéими
Prep.	обóих	обéих

Оба is used with *masculine* and *neuter* nouns; óбе with *feminine* nouns. With the sequence of a *masculine* plus *feminine* nouns óба is used, thus: óба, брат и сестрá; журнáл и кнúга, óба здесь.

Оба and óбе are followed by the *genitive singular* of the *noun* and by the *nominative* (or genitive) *plural* of the *adjective:*

Оба нóвые (or нóвых) столá	Both new tables
Обе молодые (молодых) жéнщины	Both young women

In oblique cases (i.e. cases other than the nominative) both the noun and adjective agree in case with óба and óбе: Обóих нóвых столóв; обéих молодых жéнщин; etc.

B. Numerals

1. *Declension of cardinal numerals*:[1]

a. Declension of два, две; три; четы́ре:

Nom.	два, две	три	четы́ре
Gen.	двух	трёх	четырёх
Dat.	двум	трём	четырём
Acc.	N. or G.	N. or G.	N. or G.
Instr.	двумя́	тремя́	четырьмя́
Prep.	двух	трёх	четырёх

b. Declension of the numerals 5 - 19, 20 and 30:

Nom.	пять	во́семь
Gen.	пяти́	восьми́
Dat.	пяти́	восьми́
Acc.	пять	во́семь
Instr.	пятью́	восьмью́
Prep.	пяти́	восьми́

Like **пять** (5) are declined 6 - 19, 20 and 30. However, in the declension of numerals 11 - 19 inclusive, the stress remains on the same syllable as in the nominative, while with the other numbers (6 - 10, 20, 30) the stress moves to the endings. Note that **пять** is declined exactly like **дверь**.

c. In all compound *cardinal* numerals (21, 22, 33, 34, etc.) each of the numerals is declined:

Nom.	два́дцать три	три́дцать шесть
Gen.	двадцати́ трёх	тридцати́ шести́
Dat.	двадцати́ трём	тридцати́ шести́
Acc.	два́дцать три	три́дцать шесть
Instr.	двадцатью́ тремя́	тридцатью́ шестью́
Prep.	двадцати́ трёх	тридцати́ шести́

d. Declension of the numerals 50, 60, 70, 80:

Nom.	пятьдеся́т	
Gen.	пяти́десяти	60, 70, 80 are declined
Dat.	пяти́десяти	
Acc.	пятьдеся́т	exactly like 50
Instr.	пятью́десятью	
Prep.	пяти́десяти[2]	

---

[1] For a complete listing of cardinal and ordinal numerals see Appendix II, Table 6.

[2] Note that both component parts of the number (**пять** and **де́сять**) are declined like **пять**, with the accent shifting to the inflectional endings of the first component.

e. Declension of 40, 90, 100:

Nom.	со́рок	девяно́сто	сто
Gen.	сорока́	девяно́ста	ста
Dat.	сорока́	девяно́ста	ста
Acc.	со́рок	девяно́сто	сто
Instr.	сорока́	девяно́ста	ста
Prep.	сорока́	девяно́ста	ста

f. Declension of multiples of a hundred (200, 300, etc.): [1]

две́сти, двухсо́т, двумста́м, две́сти, двумяста́ми, двухста́х

пятьсо́т, пятисо́т, пятиста́м, пятьсо́т, пятьюста́ми, пятиста́х

g. Ты́сяча (1000) and миллио́н (1,000,000) are declined like regular nouns, ты́сяча like ко́мната,[2] and миллио́н like стол.

2. *Rule of case requirement after the cardinal numerals when declined:*[3]

When a cardinal numeral appears in any but the nominative case (or the accusative when that case is like the nominative), then the following *adjectives* and *nouns* appear in the same case as the numeral, but *always* in the *plural.*

Из оди́ннадцати интере́сных книг, я купи́л одну́.
Out of eleven interesting books, I bought one.

Я дал э́ти кни́ги мои́м двум бе́дным друзья́м.
I gave these books to my two poor friends.

3. *Addition, subtraction, multiplication, division:*[4]

$5+6=11$	Пять плюс шесть равня́ется (равно́) оди́ннадцати (dative)!
$10-8= 2$	Де́сять ми́нус во́семь равня́ется (равно́) двум.
$7 \times 3=21$	Семь помно́женное на три равня́ется двадцати́ одному́.
$10 \div 2= 5$	Де́сять разделённое на два равня́ется пяти́.

---

[1] In the declension of multiples of a hundred, the nominative and accusative are alike; in the other cases the two component parts are declined according to their respective declensions, сто being declined in the *plural.*

[2] Taking proper account of vowel-mutation rules.

[3] For a summary of these rules, see Appendix II, Table 7.

[4] *Approximation is expressed:*
a. By placing the number after the noun:
    Ему́ лет два́дцать.   He is about 20 years old.
b. By the preposition о́коло (+ Gen.):
    О́коло восьми́ часо́в.   It is about 8 o'clock.

4. *Collective numerals:*[1]

2 (*Lit.*: twosome) **двóе**   4 **чéтверо**   6 **шéстеро**
3 (*Lit.*: threesome) **трóе**   5 **пя́теро**   100 **сóтня**

Двóе, трóе follow the *plural* declension of the *soft* adjective; чéтверо, пя́теро, шéстеро, the *plural* of the *hard* adjective; сóтня, the singular and plural of feminine nouns in -я.

C.   Prepositions (review and supplement)

1. По with the *dative* expresses:

Motion "on" "along"	Он шёл **по** у́лице.	He went along the street.
Time of recurrent action	Он рабóтал **по** вечерáм.	He worked evenings.
Distribution	Он дал кáждому **по** кни́ге.	He gave each one a book.

2. Пóдле with the *genitive* expresses "near, alongside":

Артиллери́ст упáл **пóдле** пу́шки.   The gunner fell alongside the gun.

3. При with the *prepositional* expresses "in the presence of, at": Он **при** мне э́то сдéлал.   He did it in my presence.

4. Из with the *genitive* expresses origin:

Лóжка **из** серебрá, **из** дéрева   A spoon (made) of silver, of wood
Он **из** крестья́н.   He has peasant ancestry.

5. К (ко) with the *dative* renders "toward" in time expressions: К утру́ "toward morning," к вéчеру "toward evening."

6. От with the *genitive* expresses:

Place:	Мы далекó **от** Москвы́.	We are far from Moscow.
Time:	**От** ию́ня до ию́ля	From June to July.
Cause:	Он страдáл **от** головнóй бóли.	He suffered from headache.

---

[1] These collective numerals are used mainly in reference to animate nouns and nouns that have only a plural form (часы́ "clock," су́тки "24 hours"):

Двóе детéй   Two children   Трóе часóв   Three clocks
Нас бы́ло чéтверо.   There were four of us.
Их бы́ло сóтня.   There were a hundred of them.

Note that these numbers call for the *genitive plural* of the noun or pronoun.

V. QUESTIONS

1. Где стоя́л наш кора́бль? 2. Како́й был день? 3. Измени́лась ли пого́да к ве́черу? 4. Что кри́кнул капита́н, когда́ он вы́шел на па́лубу? 5. Что спусти́ли матро́сы в во́ду? 6. Что они́ устро́или в па́русе? 7. Кто был с на́ми на корабле́? 8. Почему́ ма́льчикам не понра́вилось пла́вать в купа́льне? 9. Что они́ взду́мали де́лать? 10. Кто был оте́ц одного́ из ма́льчиков? 11. Что кри́кнул ему́ оте́ц, когда́ ма́льчик стал отстава́ть? 12. Что кри́кнули с па́лубы? 13. Что мы все уви́дели в воде́? 14. Что закрича́л ма́льчикам ста́рый артиллери́ст? 15. Слы́шали ли его́ ребя́та? 16. Что они́ де́лали? 17. Что сде́лали матро́сы? 18. Кто был бли́же к ма́льчикам, аку́ла и́ли матро́сы? 19. Как далеко́ была́ аку́ла от ма́льчиков? 20. Ви́дели ли ма́льчики аку́лу? 21. Кто огляну́лся? 22. Что сде́лали ма́льчики? 23. Разбуди́л э́тот визг артиллери́ста? 24. Куда́ он побежа́л? 25. Что мы уви́дели, когда́ разда́лся вы́стрел? 26. Почему́ мы не ви́дели, что сде́лалось с аку́лой, ... с ма́льчиками? 27. Когда́ разда́лся со всех сторо́н гро́мкий, ра́достный крик? 28. Почему́ разда́лся ра́достный крик? 29. Бы́стро ли подплыла́ ло́дка к ма́льчикам? 30. Куда́ она́ их привезла́?

VI. GRAMMAR EXERCISES

Exercise with Grammar A
Supply correct forms of the pronouns óба, óбе:

1. Я зна́ю ..... языка́: англи́йский и ру́сский. 2. Гро́мкий крик разбуди́л их ..... 3. Капита́н кри́кнул им ....., «Не отстава́йте!» 4. Мать была́ дово́льна ..... дочерьми́. 5. Я бу́ду у́жинать за́втра с ..... бра́тьями. 6. В ..... кварти́рах нет хоро́шей обстано́вки. 7. ..... но́вых журна́ла у меня́. 8. Мне нра́вятся ..... жёлтые ска́терти. 9. Мы зна́ем об ..... стари́нных музе́ях в ва́шем го́роде. 10. К ..... на́шим сосе́дкам прие́хали го́сти.

Exercises with Grammar B
a. Read and/or write the following numerals:

1,356; 1,401; 2,578; 3,784; 4,963; 5,555; 6,765; 10,000; 125,000; 500,000; 1,200,345; 3,094,912; 5,750,420; 8,900,002.

b. Supply the correct case forms of the numerals in parentheses:

Мы устро́или (2) купа́льни на на́шем о́зере. 2. Ему́ ещё нет (4) лет. 3. Я бу́ду до́ма к (8) часа́м. 4. На Кра́сной пло́щади я встре́тил (2) англича́н. 5 Я уви́жу вас за́втра у́тром ме́жду (7) и (8) часа́ми. 6. Пе́ред (15) уста́лыми матро́сами стоя́л капита́н. 7. Профе́ссор занима́ется с (20) студе́нтами.

8. В э́той дере́вне о́коло (23) изб. 9. Тут на заво́де от (200) до (300) рабо́чих. 10. Из (100) крестья́н то́лько (60) име́ли свои́х лошаде́й. 11. Моя́ ко́мната в гости́нице на (19) этаже́. 12. В рестора́не, где я всегда́ обе́даю, быва́ет (200) челове́к в день. 13. В на́шем университе́те есть ме́сто для (1,000) студе́нтов. 14. В библиоте́ке бо́льше (1,000,000) ста́рых книг.

c. Supply the correct collective numerals:

1. У него́ (3) дете́й. 2. Я пригласи́л (4) това́рищей. 3. Она́ купи́ла (100) я́блок. 4. Нас бы́ло (5) в ко́мнате. 5. У меня́ (2) но́вых часо́в и все они́ отстаю́т.

d. Read and/or write the following in Russian:

1. $92 + 33 = 125$ 3. $168 - 50 = 118$ 5. $150 \div 2 = 75$
2. $144 + 1,220 = 1,364$ 4. $10,000 - 600 = 9,400$ 6. $5 \times 5 = 25$

Exercises with Grammar C

a. From the Reading Exercise write out all prepositional phrases, giving their case and English meaning (41 forms in all).

b. Supply the prepositions **из, от, по́дле, с, у** according to the meaning of the sentence, and supply endings wherever necessary:

1. Наш дире́ктор привёз прекра́сный ковёр ..... Кавка́з—. 2. Утром дул све́жий ве́тер ..... восто́к—. 3. Ребёнок закрича́л и бро́сился бежа́ть ..... милиционе́р—. 4. Вчера́ мы привезли́ све́жие цветы́ ..... дере́вн—. 5. Она́ сняла́ бе́лую ска́терть ..... стол—'. 6. На про́шлой неде́ле мы получи́ли письмо́ ..... дя́д—. 7. Я встре́чу вас за́втра ..... на́шего дру́г—. 8. Артиллери́ст упа́л ..... пу́шки. 9. Он закрича́л ..... бо́ли. 10. Мы все за́мерли .... стра́ха.

c. Translate the prepositions or phrases in parentheses:

1. Дождь начался́ то́лько (toward) ве́черу. 2. (Two hours before) его́ отъе́зда он уложи́л ве́щи и пое́хал (to) вокза́л. 3. Наш дом стоя́л (on) берегу́ реки́. 4. Он просто́й челове́к, (from among) крестья́н. 5. Капита́н ходи́л (along) па́лубе. 6. Мы быва́ем в библиоте́ке (on) понеде́льникам. 7. Мы хо́дим туда́ (for) кни́гами. 8. (In his presence) он всегда́ снима́ет шля́пу. 9. Возьми́те кни́гу (from) стола́! 10. Э́то да́же (for) нас но́вость. 11. (Besides) меня́ на корабле́ был ещё оди́н ма́льчик мои́х лет. 12. (Within) год вы хорошо́ бу́дете говори́ть по-ру́сски. 13. Я сиде́л (near) э́того окна́. 14. (Behind) на́шей шко́лой краси́вое де́рево, а (under) де́ревом стол и удо́бные сту́лья.

VII. TRANSLATION INTO RUSSIAN

A

Adapted from Tolstóǐ's short story "The Shark"

1. It was a stifling evening. 2. The sailors on our ship had lowered a sail into the water and had constructed a swimming pool. 3. We jumped into the water and swam in this pool. 4. But two boys took it into their heads to swim in the open sea. 5. For both it was confining in the sail. 6. Suddenly they shouted from the deck, "A shark! Turn back! Come back!" 7. But the boys did not hear the shouting. 8. The shark swam straight for the boys. 9. The father of one of the boys, an old artillery officer, was watching them. 10. He was stunned with fear and white as a sheet. 11. The shark was no further than fifty paces from the boys. 12. It was twenty-five paces from them when they finally saw it. 13. We heard a piercing shriek. 14. The shriek seemed to awaken the artillery officer. 15. He dashed to the cannon. 16. A shot resounded. 17. When the smoke over the water had scattered, we saw the dead shark on the waves. 18. From all sides resounded loud, happy shouts. 19. In a few minutes a boat had brought the boys to the ship.

B

1. The name of the author of the little story about the shark is known in America just as well as it is in Russia; in both countries everyone reads his famous novels, especially *Anna Karénina* and *War and Peace*. 2. Léo Nikoláevich Tolstóǐ was born in Russia at the ancient estate of Yásnaya Polyána near the famous city [of] Toóla. 3. His family was wealthy, but Tolstóǐ's life was not an easy one. 4. His father and mother both died when the boy was still very young—his mother in his second, his father in his eighth year. 5. At 16 (in his 16th year) Tolstóǐ enrolled in the Kazán University and then enlisted in the army. 6. Soon the social and economic questions began to interest him more and more. 7. He saw the difficult situation of the peasants so clearly that it could seem [that] he himself was of peasant stock (had peasant ancestry). 8. He loved his peasants, often met with them under a big tree in his garden, and there carried on long conversations with them. 9. In his presence the peasants were not afraid to tell all about their difficult life. 10. Tolstóǐ introduced new methods of tilling the soil (of field-work) and himself went with the peasants into the forests and fields. 11. He helped his peasants bring in

(collect) the [grain] harvest, to cart in the hay, and to chop the wood. 12. He opened a school not only for the children of his own peasants but also for the children from neighboring villages. 13. He taught them himself, told them such little stories as the one (that) about the shark. 14. Sometimes he asked (put: задава́л) such an easy question as: "How far is it from Yásnaya Polyána to the city [of] Toóla?" or even such a simple one as: "Is this table of gold, silver or wood?" 15. But sometimes he also asked more difficult questions: "How much is four plus seven?" or "How much is thirteen minus five?" or even "How much is fifteen multiplied by eight?" and "eighteen divided by six?" 16. The cleverest of the boys were very happy when they could answer: "Fifteen multiplied by eight equals 120" and "eighteen divided by six equals three". 17. But Tolstói did not only teach the boys in his little school. 18. From [all] the four corners (ends) of the world, from east and west, from north and south, people came to talk with Tolstói about problems of religion, ethics, and education. 19. Because Tolstói was not only one of the greatest writers, but also a great philosopher and a deeply religious (религио́зный) man.

ДВАДЦАТЬ СЕДЬМОЙ УРОК

TWENTY-SEVENTH LESSON

Suffixes -то, -нибудь; *prefix* ни — *Subjunctive*: *unreal condition; tense sequence* — *Date expressions*

I. COMMON EXPRESSIONS AND IDIOMS

Повисли над городом	Hovered (*Lit.*: hung) over the city
На самом деле	Really, as a matter of fact
Именно...	Just, the very
Всё таки	Nevertheless, yet
Всё обстоит благополучно	All is well
Стоит только выполнить	It's merely a matter of carrying out, fulfilling
Успех несомненно обеспечен	Success is unquestionably assured.
Чтобы понять	In order to understand
Тыловые части	Rear units
Бремя это непосильно.	That (is) an excessive burden, assignment.

II. READING: СТАЛИНГРАДСКОЕ[1] СРАЖЕНИЕ

Adapted from K. Símonov's *Days and Nights*

В душный августовский день, бомбардировщики воздушной эскадры Рихтгофена[2] с утра **повисли над городом.** **Никто** не знал, сколько их было **на самом деле,** но за день наблюдатели насчитали над городом две тысячи самолётов.

Город горел. Он горел ночь, весь следующий день и всю следующую ночь. В первый день пожара бои шли ещё около шестидесяти километров от города, но **именно** с этого пожара началось большое Сталинградское сражение.

На третий день, пожар в Сталиграде начал стихать, но город был так огромен, что **где-нибудь** всё равно всегда **что-то** горело.

---

[1] Now renamed Volgograd. We retain the name Stalingrad throughout the lesson as part of the novel's title.

[2] Richthofen's flying squadron. Richthofen, a flying ace (German) of the first World War.

На деся́тые су́тки, по́сле нача́ла пожа́ра не́мцы подошли́ так бли́зко, что их снаря́ды и ми́ны ста́ли всё ча́ще разрыва́ться не то́лько на окра́инах, но и в це́нтре го́рода.

На два́дцать пе́рвые су́тки канона́да начала́сь в семь утра́ и не прекраща́лась до зака́та.

Е́сли кто́-нибудь попа́л бы в штаб а́рмии в э́ти дни, **то** ему́ **бы показа́лось,** что **всё обстои́т благополу́чно. Е́сли** он **посмотре́л бы** на шта́бную ка́рту го́рода, **то** он **уви́дел бы** на ней большо́е коли́чество диви́зий и брига́д. Он **мог бы** услы́шать приказа́ния, кото́рые отдава́ли **по телефо́ну** команди́ры э́тих диви́зий и брига́д. Ему́ **могло́ бы** показа́ться, что **стои́т то́лько вы́полнить** э́ти приказа́ния и **успе́х несомне́нно обеспе́чен.**

Но **что́бы** действи́тельно **поня́ть,** что происходи́ло, ну́жно **бы́ло бы добра́ться** до са́мых диви́зий.

В после́дние дни в шта́бах а́рмии и **тыловы́х частя́х** взя́ли всех, кто не́ был там действи́тельно необходи́м.

Телефони́сты, повара́, хи́мики ста́ли пехо́той. Когда́ нача́льник шта́ба а́рмии смотре́л на шта́бную ка́рту, он коне́чно знал, что не́которые его́ диви́зии уже́ не диви́зии. Но он по-пре́жнему тре́бовал, что́бы на их пле́чи па́дала и́менно та вое́нная зада́ча, кото́рая должна́ па́дать на пле́чи диви́зии.

Все нача́льники от са́мых больши́х до са́мых ма́лых[1] зна́ли, что **бре́мя э́то непоси́льно,** и **всё-таки** они́ кла́ли э́то непоси́льное бре́мя на пле́чи свои́х подчинённых. **Друго́го вы́хода не́ было,** а воева́ть попре́жнему бы́ло необходи́мо.

III. VOCABULARY

а́вгустовский, -ая, -ое	August (adj.)	киломе́тр	kilometer
а́рмия	army	коли́чество	quantity, number
бой	battle	команди́р	commander
бомбардиро́вщик	{ gunner { bombing plane	ми́на	mine, mortar shell
брига́да	brigade	наблюда́тель (m.)	observer
вое́нный, -'ая, -'ое	military	не́мец (†е)	German
вы́ход	way out, exit	необходи́мый, -'ая, -'ое; -о	necessary, indispensable
действи́тельно	really	окра́ина	outskirts
диви́зия	division	пехо́та	infantry
канона́да	cannonading	по́вар	cook

---

[1] Ма́лых genitive plural of ма́лый: ма́ленький "small." Here "of low rank."

подчинённый, -'ая, -'ое	subordinate	следующий, -ая, -ее	following
пожа́р	conflagration, fire	снаря́д	shell
		сраже́ние	battle
попре́жнему	as before	хи́мик	chemist
приказа́ние	order, command	штаб	staff, head-quarters
самолёт	airplane	шта́бный, -'ая, -'ое (adj.)	

Verbs

Imperfective	Perfective	English
воева́ть; вою́ю, вою́ешь, вою́ют	повоева́ть (воева́ть)	to fight, wage war
выполня́ть (I)	вы́полнить; вы́полню, вы́полнишь; вы́полнят	to fulfill, carry out
горе́ть; горю́ гори́шь, горя́т	сгоре́ть (горе́ть)	I. to burn; P. burn up
добира́ться (I)	добра́ться; доберу́сь, добере́шься, доберу́тся	to reach, get to
насчи́тывать (I)	насчита́ть (I)	to count
происходи́ть (ходи́ть)	произойти́ (уйти́)	to happen, take place
разрыва́ться (I)	разорва́ться; разорву́сь, разорве́шься, разорву́тся	to burst, tear, explode
стиха́ть (I)	сти́хнуть; сти́хну, сти́хнешь, сти́хнут	to abate, quiet down, subside
тре́бовать; тре́бую, тре́буешь, тре́буют	потре́бовать (тре́бовать)	to demand

IV. GRAMMAR

A. Pronouns

1. The *indefinite* pronoun is obtained by attaching the endings -то or -нибудь to кто and что (and to their declensional forms) :[1]

---

[1] There are other methods, but their discussion would exceed a basic course such as this.

| кто́-то | someone | кто́-нибудь | anyone |
| чтó-то | something | чтó-нибудь | anything |

| когó-то | of someone | когó-нибудь | of anyone |
| чегó-то | of something | чегó-нибудь | of anything, etc. |

Of the two endings, -то conveys a greater degree of *certainty* and *definitiveness* and is therefore best rendered by *some*one, *some*thing. -нибудь, conveying *complete indefiniteness* and *generality* is usually rendered by *any*one, *any*thing. Notice however that in Russian нибудь is often used where in English we use "someone" or "something." It is used most frequently in the future and question form:

Кто́-нибудь бу́дет там.	Someone will be there.
Был кто́-нибудь там?	Was anyone (someone) there?
Да, кто́-то был, но не зна́ю кто.	Yes, someone was there, but I do not know (exactly) who.
Занима́лся он че́м-нибудь?	Was he busy with anything (something)?
Он че́м-то был за́нят.	He was busy (occupied) with something.

These suffixes can also be attached to certain pronoun-adjectives and adverbs:

какóй-то	some kind of	какóй-нибудь	any kind of
гдé-то	somewhere, some place	гдé-нибудь	anywhere, any place
куда́-то	to somewhere, some place	куда́-нибудь	to anywhere, any place
когда́-то	once upon a time, some time	когда́-нибудь	any time at all, any time

2. *Negative* pronouns are formed by prefixing ни-:

Никто́ меня не зна́ет.	Nobody knows me.
Ничто́ не помогло́.	Nothing did any good. (*Lit.*: Nothing helped.)
Я никого́ не зна́ю.	I don't know anyone.
Он никому́ ничего́ не дал.	He did not give anyone anything.
Она́ ни с кем не знако́ма.	She knows no one.
Он ни о ком не говори́т.	He speaks of no one.

Note the double negative: никто́ ..... не; ничто́ ..... не; никого́ ..... не, etc.

Ни- can also be prefixed to certain pronoun-adjectives and adverbs:

Он не читáет **никакйх газéт**	He reads no newspapers whatever
Никогдá я не пойдý к ним	I shall never go to them
Я **нигдé** нé был сегóдня	I have not been anywhere today

B.   The subjunctive[1]

1. *Formation of the subjunctive:*

The subjunctive is formed by combining the *past* tense of the verb (of either aspect) with the particle бы (or its contracted form б):

Я **читáл бы.**	I should read.
Онá **бы писáла.**	She would write, etc.

2. *Use of the subjunctive in unreal condition:*

There are in Russian, as in English, two types of conditional sentences, those expressing a *real* condition and those expressing an *unreal* or *contrary to fact* condition. Both types consist of a "conditional" or "if" clause and a "result" clause.

a. The *real* condition expresses a situation (or "condition") which is *actual* or at least possible in the present, past, or future. In this type of conditional sentence the verb will always be in the *indicative,* no matter what the tense. The conjunction "if" is generally rendered by éсли:[2]

Present   Éсли дождь идёт, то он дóма.
          If it is raining, he is at home.

Past   Егó нé было там, éсли вы егó не вúдели.
          He was not there if you did not see him.

Future   Мы бýдем óчень рáды, éсли вы придёте.
          We shall be very happy if you come.

---

[1] In Russian the subjunctive mood is identical in form with the conditional.

[2] The conjunctions раз and когдá are sometimes used. There are still other ways of introducing a conditional clause (imperative, infinitive) but their discussion would exceed the limits of a basic course such as this.

b. The *unreal* condition implies that a result would take place *if* a certain condition could or would be fulfilled, but that the condition could not be or was not fulfilled. Such a sentence may also express the wish that something would occur in the future. This type of sentence is *always* rendered by the use of the *subjunctive* in both clauses, that is, by the use of the *past* verb with **бы (б)**, which is generally introduced directly after the verb in the result clause and after "**éсли**" in the conditional clause:

Он **был бы** дóма, **éсли бы шёл** дождь.

⎧He would be at home if it were raining.
⎨He would have been at home if it had rained.[1]

Мы **бы́ли бы** óчень рáды, **éслиб** вы **пришли́.**

⎧We would be very happy if you would come.
⎨We would have been very happy if you had come.[1]

The sequence of clauses can be reversed. In this case the conjunction то may be used to introduce the result clause:

Éсли бы шёл дождь, **то** он был бы дóма.
Éслиб вы пришли́, мы бы́ли бы óчень рáды.

Note: It is very important to distinguish between the true conditional "would" and the "would" used in an indirect statement after a principal (or introductory) verb in the past tense:

(a) He *would read* if he could. (b) She said that she *would read*.

In sentence (a) we have a true conditional "would":

Он читáл бы, éсли бы мог.

In sentence (b) "would" stands for "shall" of the corresponding direct statement (She said: "I shall read."), in accordance with the rules of *tense sequence* which apply in English. In Russian, however, there is *no tense sequence* and the "would" of the English sentence is therefore rendered by the *future* tense:

Онá сказáла, что (онá) **бýдет читáть.**

C. Date expressions (review and supplement)

1. **Ты́сяча девятьсóт сó-**   1947 (*Lit.:* the 1947th year)
   рок седьмóй год

---

[1] Notice that in Russian the present and past **unreal conditions** can be differentiated only within a larger context.

2. To express "in the year" use **в** with the prepositional:

В ты́сяча девятьсо́т со́рок седьмо́м году́	In (the year) 1947
В про́шлом году́	In the past year; last year
В бу́дущем году́	In the coming year; next year

3. Day, month, and year are expressed as follows:

Два́дцать пя́**тое** ма́я ты́сяча девятьсо́т три́дцать пя́**того** го́**да** or . . . . пя́**тый** год (nom.)   —   The 25th of May, 1935

Два́дцать пя́**того** ию́ня ты́сяча девятьсо́т два́дцать девя́**того** го́**да** or . . . . девя́**тый** год (nom.)   —   On the 25th of June, 1929

4. Dates are written as follows:

20-ое февраля́ 1947 г.	February 20, 1947
5-ого ма́я 1947 г.	On the 5th of May, 1947
Во вто́рник, 7-ого ию́ня, 1947 г.	On Tuesday, June 7, 1947

Note that **гг.** stands for **го́ды** "years" and must be read in the proper case, depending on context:

1947 (-ого) и 1949 (-ого) гг. i. e. годо́**в**	Of the years 1947 and 1949
В 1947 (-ом) и 1949 (-ом) гг. i. e. года́**х**	In the years 1947 and 1949, etc.

V. QUESTIONS

1. Кто пови́с над го́родом в ду́шный а́вгустовский день? 2. Ско́лько самолётов насчита́ли наблюда́тели за день? 3. Ско́лько вре́мени горе́л го́род? 4. С чего́ начало́сь большо́е Сталингра́дское сраже́ние? 5. Когда́ на́чал стиха́ть пожа́р в Сталингра́де? 6. Почему́ пожа́р не прекраща́лся? 7. Когда́ подошли́ не́мцы совсе́м бли́зко к го́роду? 8. Где всё ча́ще ста́ли разрыва́ться их снаря́ды и ми́ны? 9. В кото́ром часу́ утра́ начала́сь канона́да на два́дцать пе́рвые су́тки?

10. Когда́ она́ прекрати́лась? 11. Е́сли бы кто-нибу́дь попа́л
бы в э́ти дни в штаб а́рмии, каки́м ему́ бы показа́лось поло-
же́ние ру́сских часте́й в Сталингра́де? 12. Что он уви́дел бы,
е́сли бы он посмотре́л на шта́бную ка́рту? 13. Что мог бы
он услы́шать? 14. Где мог бы он узна́ть, что действи́тельно
происходи́ло? 15. Кого́ взя́ли из шта́бов а́рмии и тыловы́х
часте́й? 16. Что знал нача́льник шта́ба а́рмии, когда́ он смот-
ре́л на шта́бную ка́рту. 17. Чего́ он попре́жнему тре́бовал?
18. Что зна́ли все нача́льники от са́мых больши́х до са́мых
ма́леньких?

VI. GRAMMAR EXERCISES
Exercises with Grammar A
In Exercises a and b translate the pronouns[1] in parentheses:

a. 1. Тут (someone) тре́бует команди́ра к телефо́ну. 2. Для
(someone) сего́дня привезли́ огро́мный сунду́к. 3. Я ви́жу
(someone) на берегу́ реки́. 4. Мне бо́льше не ну́жен э́тот
журна́л, я его́ отда́м (anyone). 5. На конце́рте я, коне́чно,
(anyone) встре́чу. 6. Он всегда́ (something) за́нят. 7. Э́то мне
в хозя́йстве для (anything) бу́дет ну́жно. 8. Ты бы заня́лся
(anything). 9. Он для (something) пое́хал в го́род. 10. Рас-
скажи́ мне, ба́бушка, о (anything)! 11. (Some kind of) матро́с
бро́сился в во́ду. 12. Мне ка́жется, (somewhere) пожа́р. 13. Ле́-
том мы, коне́чно, (anywhere) пое́дем. 14. Не зна́ете ли вы
(anywhere) (any kind of) кварти́ры? 15. (Ever) я доберу́сь до
мое́й диви́зии? 16. По́мню, (sometime) я был по́варом на э́том
корабле́. 17. Нача́льник шта́ба а́рмии (somewhere) ушёл.
18. Мы слы́шали, как (somewhere) упа́л снаря́д. 19. Прекра-
ти́тся ли (ever) э́та канона́да? 20. Купи́те мне фунт (any kind
of) мя́са.

b. 1. (Nobody) не знал, чей э́то но́вый дом на окра́ине
го́рода. 2. Вы, пожа́луйста, э́того (nobody) не говори́те. 3. Я
так уста́ла, что не могу́ (about nothing) сейча́с говори́ть. 4. Я
тут (with nobody) не знако́м. 5. Ка́жется, наш команди́р
(nothing) бо́льше не тре́бовал. 6. Наш по́вар не интересо-
ва́лся (nothing), кро́ме еды́. 7. Мой прия́тель, изве́стный хи́-
мик, (never) (nowhere) не быва́ет. 8. Э́той весно́й мы действи́-
тельно (nowhere) не пое́дем. 9. Наш телефони́ст (never) ещё
не был в Сталингра́де. 10. (Any sort of) приказа́ния добра́ть-
ся до не́мцев я от него́ не слы́шал.

---

[1] The pronouns are chosen in keeping with the *Russian,* not the
English text, thus underscoring the difference in usage of "some" and
"any" in the two languages.

Exercises with Grammar B

a. In the following sentences supply the conjunction **éсли**; give the English translation.

1. ..... мы бу́дем хорошо́ занима́ться, то мы ско́ро бу́-дем говори́ть по-ру́сски. 2. Ребёнок закричи́т. ..... он упа-дёт. 3. ..... бу́дет дождь, мы не пое́дем в дере́вню. 4. Я про-чту́ кни́гу, ... он её принесёт. 5. ..... э́тот ма́льчик зна́ет англи́йский язы́к, то он бу́дет чита́ть Ди́ккенса по-англи́йски. 6. ..... необходи́мо воева́ть, то мы бу́дем воева́ть. 7. ..... капита́н потре́бует спусти́ть ту ло́дку, то мы её спу́стим. 8. Успе́х обеспе́чен, ... у нача́льника доста́точно диви́зий. 9. ..... мы все бу́дем хорошо́ рабо́тать, то наш колхо́з бу́дет лу́чшим в стране́. 10. Мы пойдём в парк, ... не бу́дет так хо́лодно.

b. In the above sentences reverse the sequence of clauses, making all the other necessary changes.

c. Change the *real condition* sentences given above into *contrary to fact conditions* and then translate into English, for example:

Real condition: **Ребёнок закричи́т, éсли он упадёт.**
Contrary to fact: **Ребёнок закрича́л бы, éслиб он упа́л.**
English translation: The child would have cried if it had fallen.

d. Translate all phrases in parentheses:

1. (If you wish to rest), приезжа́й к нам в дере́вню! 2. Он сказа́л, что он (would go) на конце́рт. 3. Если бы я не был просту́жен, я (would have gone) на конце́рт. 4. (He would go) на конце́рт, éсли бы не был просту́жен. 5. Если я не бу́ду просту́жен, я (shall go) на конце́рт. 6. Если бы ма́льчики не закрича́ли, ста́рый артиллери́ст (would not have seen) аку́лы. 7. (If) наблюда́тель не огляну́лся, то он не встре́тил бы сво-его́ команди́ра. 8. Éслиб вы не боя́лись канона́ды, то вы (would have reached) до окра́ины го́рода. 9. (If) подчинённые выполня́ли приказа́ния свои́х нача́льников, не́мцев давно́ (would not have been) в го́роде. 10. (If) ты меня́ не разбуди́л, я (would not have gotten) на собра́ние. 11. Он сказа́л, что он (would not be late) на э́тот по́езд. 12. (If) я не опозда́ю на э́тот по́езд, то я (shall be) за́втра в Москве́. 13. (If) я не опозда́л на э́тот по́езд, то я (would have been) уже́ в Москве́.

14. Если бабушка не накрыла на стол в столовой, то дети (must eat) на кухне. 15. (If) бабушка не накрыла бы на стол в столовой, то дети (would have eaten) на кухне. 16. (It would have been) очень приятно познакомиться с вашим дядей, (if we had not been) так заняты.

Exercise with Grammar C

Read in Russian, translating the English phrases in parentheses:

1. Теперь 1947; через два года будет 1949; два года тому назад был 1945. 2. Париж, 28-ое февраля 1932. 3. Берлин, 5-ое июля 1944 г. 4. Москва, 15-ое декабря 1918 г. 5. Сталинградское сражение было в 1942 и 1943 гг.; оно началось (in September 1942) и кончилось (February 2, 1943). 6. Мы были в Лондоне (in 1933). 7. Он был в России (from the 5th of March, 1920 to April 10, 1935). 8. В Москве (in 1939) было (4,137,000) жителей (inhabitants), а в Ленинграде (1,191,000). 9. Александр Сергеевич Пушкин родился (in the year 1799) и умер (in the year 1837). 10. Лев Николаевич Толстой родился (August 28, 1828) и умер (November 7, 1910).

VII. TRANSLATION INTO RUSSIAN

A

Adapted from K. Simonov's *Days and Nights*

1. When the Germans were still sixty kilometers from Stalingrad, the city began to burn. 2. Airplanes were over the city day and night. 3. One day the observers counted 2,000 planes. 4. The huge city burned for a day and two nights. 5. On the third day the conflagration began to quiet down. 6. Nevertheless, somewhere there was always a fire, because the city was so huge. 7. Ten days after the start of the conflagration, German bombs and mines began to burst in the center of the city. 8. On the morning of the 21st day of the battle of Stalingrad, cannonading began at seven in the morning and did not end until eight in the evening. 9. Battles were raging (going) on the outskirts of the huge city. 10. And yet, if someone had come to army headquarters, he would have thought that all was well. 11. He would have seen on the map a great number of divisions and brigades. 12. He would have heard how the commanders were giving orders to these divisions and brigades. 13. Success would have seemed to him unquestionably assured. 14. Yet in order to understand what was really happening, he would have had to get to the divisions themselves. 15. Here he would have seen that those divisions no longer were divisions.

16. No one knew how many soldiers were in these divisions. 17. Nevertheless, it was necessary to fight as before. 18. Telephone operators, cooks, and chemists had to become infantrymen. 19. There was no other way out.

B

1. Yesterday, on the 23rd of January, 1957, I gave a report on Simonof's novel *Days and Nights*. 2. Before I began (пéред тем как + infinitive) my report, I asked the students: "Has anyone of you read this novel of Simonof?" 3. Someone did know the name of the author, but no one had read the book. 4. I had read about this novel for the first time in the August issue (number) of the magazine *New World*. 5. It seems to me that it was in the first or second week of September, 1956. 6. At once I wanted to read the book, but I could not find it anywhere, neither at home nor in our school nor in the library of our little town. 7. Finally, I wrote to my brother, and he really did have it and immediately sent it to me. 8. He had been to (in) Russia twice, in the summer months of the years 1953 and 1954. 9. He no longer remembered where or why he had bought it, in some Russian city, perhaps even in Stalingrad itself. 10. If he had not bought the book then, I would never have read it and, of course, could not have given my report. 11. When I had finished the report, someone asked me: "When was the battle of Stalingrad?" 12. Really, had I forgotten to tell them the date of this important event of the war? 13. "Dear friends," I said, "please forgive me, if I forgot to tell you these important dates. 14. If I remember correctly, the battle began on the third of September, 1942, and ended on the second of February, 1943." 15. Another student asked: "Have you ever met and spoken to (with) a Stalingrad hero or anyone from the city of Stalingrad?" 16. "No, never!" I answered, "But if I had been in Russia, I surely would have met a Stalingrad soldier or a citizen of Stalingrad and would have heard from him something about that famous battle." 17. And, of course, someone wanted to know what would have happened if the Russian divisions could not have carried out the orders and could not have carried the excessive burden. 18. "Dear friend," I answered, "nobody can tell you that, for no one knows that!"

ДВАДЦАТЬ ВОСЬМОЙ УРОК

TWENTY-EIGHTH LESSON

*Subjunctive: purpose, wish, obligation, generalization —
Adverbial participle — Conjunctions*

I. COMMON EXPRESSIONS AND IDIOMS

Во что бы то ни стáло	At all cost, by all means
Рабóтать не покладáя рук	To work constantly. *Lit.*: without laying down one's hands
Как бы тяжелó ни рабóтал ...	No matter how hard (he) worked ...
Юмористи́ческий журнáл	Humorous magazine, a periodical of wit and entertainment
Глáвным óбразом	Mainly, chiefly
Вмéсте с тем	At the same time, in addition to, along with
Имéть большóе влия́ние на + (Асс.)	To have a great influence on

II. READING: О ЧЕХОВЕ (1860-1904)

А. П. Чéхов роди́лся 17-го января́ 1860 гóда в Таганрóге, небольшóм гóроде на ю́ге Росси́и. Отéц Чéхова был из крестья́н, но он хотéл лу́чшей жи́зни для самогó себя́ и для свои́х детéй. Не **имея** ни средств, ни образовáния, он ещё мáльчиком нáчал рабóтать в контóре одногó из городски́х купцóв.

Реши́вши во что-бы то ни стáло доби́ться незави́симости, отéц Чéхова **рабóтал не покладáя рук. Для тогó, чтóбы** доби́ться своéй цéли он откры́л своё небольшóе, торгóвое дéло в Таганрóге в 1857 годý.

Однáко, как бы тяжелó ни рабóтал отéц Чéхова, он не жалéл дéнег на **то, чтóбы** сдéлать свои́х детéй образóванными людьми́. Дéти не тóлько ходи́ли в шкóлу, но тáкже занимáлись и языкáми и мýзыкой.

Окóнчив шкóлу в Таганрóге, сыновья́ Чéхова продолжáли своё образовáние в Москвé. Стáрший сын, Алексáндр, окóнчил математический факультет Московского университета, младший, Михаил, учился на юридическом факультете, а Антон поступил на медицинский факультет.

Учась в университете Чехов занимался не только медициной, но и литературой. Ещё будучи студентом Чехов начал писать рассказы для юмористических журналов. Это были маленькие совсем короткие рассказы, прекрасные по форме и очень смешные. Чехов первым ввёл такую форму короткого рассказа в русскую литературу: «Я умею коротко говорить о длинных вещах», писал сам Чехов о своём творчестве. И действительно, в нескольких словах Чехов умеет передать не только характер, но и всю жизнь своих героев.

Во второй половине своей жизни Чехов писал, главным образом, для театра. Пьесы Чехова дали русскому театру совсем новое направление. «Пусть на сцене всё будет так же сложно и вместе с тем так же просто, как в жизни», говорил Чехов.

Однако, так же как и в «маленьких» рассказах Чехова в его пьесах, несмотря на их простоту, огромное богатство идей и мыслей, глубокое философское содержание.

Чехов имел большое влияние не только на русскую, но и на мировую литературу, а его пьесы теперь можно видеть в театрах всех стран мира, на всех языках.

III. VOCABULARY

богатство	wealth, riches	средство	means
герой	hero	сцена	stage, scene
короткий, -'ая, -'ое	short, brief	творчество	creation, works, creative power
коротко (adv.)		торговый, -'ая, -'ое	trade (adj.)
купец	merchant	философский, -'ая, -'ое	philosophical
направление	direction		
независимость	independence	форма	form, shape, genre
простота	simplicity		
рассказ	story, tale, narrative	характер	character
		цель	aim, goal
сложно	complicated		
смешной, -ая, -ое	funny, comical, amusing		
содержание	contents		

Verbs

Imperfective	*Perfective*	*English*
добива́ться (I)	доби́ться; добью́сь, добьёшься, добью́тся	to strive for (successfully), gain, achieve
зараба́тывать (I)	зарабо́тать (I)	to earn
передава́ть (дава́ть)	переда́ть (дать)	to transmit, pass on

IV. GRAMMAR

A. Use of the subjunctive (continued)

1. To express *purpose*:

Он говори́т ме́дленно, **что́бы** вы **могли́** его́ поня́ть.
He speaks slowly so that you may understand him.

Я пойду́ в библиоте́ку, **что́бы взять кни́гу.**
I shall go to the library to take (out) a book.

Note: When the subject of the dependent clause is the same as that of the introductory clause, the verb is in the *infinitive*.

The conjunction **что́бы** "in order to, to, so that, that" is also used in the compound form **для того́, что́бы** (*Lit.*: for that, that . . .).

Для того́, что́бы стать изве́стным учёным, на́до мно́го рабо́тать.

To become a famous scientist, one must work much.

2. To express a *wish* (especially one that cannot or would not be fulfilled):

Еслиб то́лько не́ **было** бо́льше войны́!
If only there would be no more war! (*Lit.*: If only it would not be any more war [gen.].)

Хорошо́ **бы́ло бы** пое́сть!
It would be nice to have a little bite to eat!

Ты **бы сел** да **написа́л бы** ему́!
Why don't you sit down and write to him! (*Lit.*: [I wish that] you would sit down and write to him.)

Я не хочу́, **что́бы** вы так мно́го **рабо́тали.**
I don't want you to work so much. (*Lit.*: I do not want that you work so much.)

3. To express *obligation* (with the implication that the obligation is, at the moment at least, not being fulfilled):

Мне **сле́довало бы** бо́льше рабо́тать. } I should be working
Я **до́лжен был бы** бо́льше рабо́тать. } more.

4. To express *generalization*:

Кто **бы** меня́ ни **спроси́л**, я не скажу́ ни сло́ва.
No matter who asks me, I shall not say a word.

Что **бы** он ни **сказа́л**, всё бы́ло пра́вильно.
Whatever he said, everything was correct.

Куда́ **бы** ни **посмотре́ть**, везде́ вода́.
No matter where you look, there is water everywhere.

Во **что́бы** то ни **ста́ло!**   By all means!

In this type of construction the бы is used with a pronoun or adverb and is used together with the particle ни.

B. The adverbial participle

The adverbial participle is frequently met with in conversational and, especially, in literary Russian. It is a part of speech formed from the verb and used as an adverb to indicate in what manner (or under what circumstances) an action is performed. Thus, in the sentences "I speak *standing*" or "I write *sitting*", the adverbial participles "standing" and "sitting" indicate the manner in which the actions of "speaking" and "writing" are performed. The adverbial participle has two tense forms: *present* and *past*. The *present* is used when the action expressed by the verb and by the participle are simultaneous (as in the examples above); the *past* is used when the action expressed by the participle precedes the one expressed by the verb (e. g.: Having written the letter, he mailed it**).**

1. The *present tense* adverbial participle[1] is formed by taking the *third* person *plural present* tense form of the verb,

dropping -ют (-ут) of the first-conjugation verb and -ят (-ат) of the second-conjugation verb, and adding я (or a after sibilant sounds):

----
[1] There are many verbs that do not have a present tense adverbial participle, for instance писа́ть and most monosyllabic verbs: петь, пить, ждать, etc.

чита́(ют)	: чита́	+ я	= чита́я	reading
име́(ют)	: име́	+ я	= име́я	having
жив(у́т)	: жив	+ я́	= живя́	living
крич(а́т)	: крич	+ а́	= крича́	shouting
говор(я́т)	: говор	+ я́	= говоря́	speaking

Reflexive verbs *always* add the ending -ясь: одева́ясь.

2. The *past tense* adverbial participle is formed by taking the *past tense* of the verb, dropping the ending -л, and adding в or вши to the resulting form:

$$\text{спроси́(л):} \quad \begin{array}{l} \text{спроси́} + \text{в} \quad = \text{спроси́в} \\ \hspace{3.5em} + \text{вши} = \text{спроси́вши} \end{array} \Big\} \text{ having asked}$$

Reflexive verbs *always* add the ending -вшись: одева́вшись.

In forming the past adverbial participle, the *perfective* aspect of the verb is usually used. Verbs with irregular past tense formation usually add the ending -ши (instead of в or вши).[1]

3. The participial forms of быть "to be" are:

Present: **бу́дучи**   "being, while being"
Past: **бы́вши**   "having been"

C. Conjunctions and particles

The English translations of the following conjunctions and particles are approximate and will vary with different contexts.

Emphatic:

же	but	Он пойдёт, я **же** оста́нусь.	He will go, but I shall remain.
		Вы **же** не хоте́ли туда́ пойти́!	But (I thought) you did not want to go there.
же	then	Почему́ **же** ты остаёшься?	Why then are you staying?
же, ж——		Я ж тебе́ говори́л!	I told you so!
да́же	even	Да́же он не знал.	Even he did not know.
действи́тельно truly, really, indeed, in fact		Он **действи́тельно** глуп.	He is truly, really stupid.

---

[1] For instance, принёс: принёсши   "having brought"
принвы́к: привы́кши   "having grown accustomed"
пришёл : прише́дши   "having come"

Concessive:

хотя (even) though	Хотя он и глуп, но мил.	Though stupid, he is nice.
несмотря на in spite of, notwith- standing	Несмотря на их простоту	In spite of their simplicity

Adversative:

однако however, yet	Однако, он не хотел.	However, he did not want.
напротив on the contrary	Напротив, было очень легко.	On the contrary, it was (even) very easy.

Distributive:

и ... и both . . . and	И день и ночь	Both day and night
или ... или either . . . or	Или я или он	Either I or he
ни ... ни neither . . . nor	ни он ни я	Neither he nor I

Conclusive:

итак and so **поэтому** because **(потому)** of that, therefore	Итак он ушёл. Поэтому (потому) я не пошёл.	And so he left. Because of that (that's why) I did not go.

V. QUESTIONS

1. Когда и где родился А. П. Чехов? 2. Из какой семьи
был Чехов? 3. Имел ли отец средства и образование? 4. Чего
хотел добиться отец Чехова? 5. Как он добился своей цели?
6. На что отец Чехова не жалел денег? 7. Чем занимались дети?
8. Окончив школу, на какой факультет поступил старший сын,
Александр? 9. Где и чему учился младший сын? 10. На какой
факультет поступил сам Антон Чехов? 11. Когда началась
литературная деятельность Чехова? 12. Какие рассказы писал
Чехов будучи ещё студентом? 13. Что говорил сам Чехов о
своём творчестве? 14. Что Чехов писал во второй половине
своей жизни? 15. Что дали русскому театру его пьесы?
16. Имел ли Чехов влияние только на русский театр? 17. Чем
знамениты и «маленькие» рассказы Чехова и его пьесы?
18. Какие рассказы Чехова вы уже читали? 19. Знакомы ли
вы с пьесами Чехова? 20. Какую пьесу Чехова вы видели?

VI. GRAMMAR EXERCISES

Exercises with Grammar A

a. Combine the following sentences so as to express purpose, for example:

Он говори́т ме́дленно; мы мо́жем его́ поня́ть.
Он говори́т ме́дленно, что́бы мы могли́ его́ поня́ть.

1. На́до мно́го учи́ться; быть образо́ванным челове́ком.
2. Ну́жно люби́ть му́зыку; хорошо́ игра́ть на скри́пке. 3. Мы спусти́ли па́рус в мо́ре; матро́сы мо́гут устро́ить купа́льню. 4. Я купи́л ей но́вое пла́тье; она́ может приня́ть э́то приглаше́ние. 5. Он занима́ется ру́сским языко́м; он чита́ет ру́сские кни́ги. 6. Она́ пое́хала в го́род; она́ встре́тит его́. 7. Она́ ча́сто быва́ла за грани́цей; она́ изуча́ла языки́. 8. Мне на́до бо́льше занима́ться; я получу́ дипло́м в конце́ ию́ня. 9. Мы купи́ли э́ту краси́вую да́чу; на́ши де́ти мо́гут жить ле́том в дере́вне. 10. Я позвоню́ тебе́ за́втра; я расскажу́ тебе́ после́дние но́вости.

b. Change the following sentences so as to express a wish, as follows:

«Он рабо́тает». to «Е́сли бы он то́лько рабо́тал»!

1. Я уме́ю говори́ть по-ру́сски. 2. Он е́дет на уро́к. 3. Сестра́ написа́ла письмо́ отцу́. 4. Вы меня́ бу́дете учи́ть францу́зскому языку́. 5. Он ко́нчил свой дли́нный докла́д.

Exercise with Grammar B

Change the boldface phrases into adverbial participles, considering the tense and making all other necessary changes.

Examples:

Они́ бежа́ли **и перегоня́ли** друг дру́га.
Они́ бежа́ли **перегоня́я** друг дру́га.

Когда́ он попра́вился, он пое́хал на Кавка́з.
Попра́вившись, он пое́хал на Кавка́з.

1. **Я не по́мнил,** где живёт капита́н, и не мог ему́ написа́ть. 2. **Когда́ он жил** в Сталингра́де, он познако́мился с семьёю изве́стного учёного. 3. Я встре́тил моего́ това́рища, **когда́ я гуля́л** в Ле́тнем саду́. 4. **Когда́ нача́льник о́тдал** все необходи́мые приказа́ния, он уе́хал из шта́ба а́рмии туда́, где

шли бой. 5. **Когда́ я был** на вое́нной слу́жбе, я попа́л на Кавка́з. 6. Я слу́шал её игру́ на скри́пке **и ду́мал,** когда́ же наконе́ц она́ ко́нчит игра́ть. 7. **Он сказа́л:** «Прости́те за беспоко́йство», и закры́л дверь. 8. **Когда́ он жени́лся,** он стал интересова́ться хозя́йством. 9. **Когда́ я получи́л** ва́ше письмо́, я вам сейча́с же отве́тил. 10. **Когда́ они́ рассказа́ли** нам э́ту но́вость, они́ ушли́. 11. **Он кри́кнул:** «Това́рищи, не выдава́йте!», и упа́л. 12. **Когда́ Толсто́й устро́ил** шко́лу для дете́й, он стал сам преподава́ть в ней. 13. **Вчера́ я поступи́л** в университе́т и, написа́л об э́том отцу́. 14. **Когда́ сиди́шь** в па́рке нельзя́ не любова́ться э́тими кра́сными и жёлтыми цвета́ми. 15. **Когда́ я собира́лся** к вам в го́сти, я забы́л позвони́ть до́ктору Че́хову.

Exercise with Grammar A and C

Translate the expressions in parentheses:

1. (I should) воспи́тывать мои́х дете́й лу́чше. 2. (In order to) купи́ть мя́со, они́ до́лго стоя́ли в о́череди. 3. Я всё бу́ду есть, (no matter what they give me for dinner). 4. (One should) лу́чше знать родну́ю литерату́ру. 5. (Wherever I go), везде́ я встреча́ю прия́телей. 6. (Whomever I asked), никто́ не знал, где профе́ссор. 7. Он (emphatic part.) шути́л! 8. (Even) мой профе́ссор не знал отве́та на э́тот вопро́с. 9. Погуля́й в саду́ (and) приходи́ домо́й! 10. (Really,) он хорошо́ зна́ет свой предме́т. 11. (Even though) он всегда́ интересова́лся ру́сской литерату́рой, он не знал ру́сского языка́. 12. Ты хорошо́ танцу́ешь, (however) ху́же его́. 13. Я не то́лько не отдохну́л, (on the contrary) я ещё бо́льше уста́л. 14. Мы е́дем в го́род сего́дня (despite) дождь. 15. На собра́нии в клу́бе бы́ло о́чень мно́го наро́ду, (yet) мне бы́ло там ску́чно. 16. (Neither) мой брат (nor) мой дя́дя не попа́ли на конце́рт. 17. Он не зна́ет грамма́тики, (and because of that) ему́ тру́дно говори́ть по-францу́зски. 18. Ста́ло так тепло́, (as if) сейча́с ле́то. 19. (And so) мы за́втра уезжа́ем! 20. Мне на́до (either) отдохну́ть здесь у вас (or) пое́хать в дере́вню.

VII. TRANSLATION INTO RUSSIAN

A

1. Yesterday I read a play by (of) a Russian writer, Anton Chekhov. 2. I liked very much the simplicity of its language. 3. In spite of this simplicity there was a great wealth of ideas

in this little play. 4. Reading it, I wanted to know more about the life of this Russian genius. 5. Living right next to the library, I went there (thither) and there met my old Russian friend Ivan. 6. He gave me a little Russian book, "О Чéхове." 7. I read Russian with great difficulty; however, the contents of this book were so interesting that I read it from beginning to end with great pleasure. 8. The author tells us that Chekhov's father, himself not having had an education, worked constantly, day and night, in order to make possible (gain) a good education for his children. 9. In the year 1857, he opened a small business in the city [of] Taganrog. 10. If only the work had not been so hard! 11. If only there had been more money! 12. But in spite of the limited (small) means, Chekhov's three sons could go to the university. 13. Anton Chekov enrolled in the medical faculty of Moscow University. 14. While still (being) a student (there), Chekhov already began to write stories for the humor (humorous) magazine. 15. However, in the second part of his brief life, he wrote chiefly for the theater. 16. Whatever Chekhov wrote, everything had that Chekhovean simplicity and, at the same time, that wealth of ideas. 17. It seems to me that he once said to his friends: Let the people in your stories and plays be as simple and, at the same time, as complex as they are in life [itself]. 18. And so Chekhov's creative power gave to Russian literature a very new direction. 19. Now his short stories are read in every tongue, in every country of the East and the West. 20. His plays can be seen in the theaters of every cultural center of America and Europe.

B

1. Being a poor man, our father always wanted us to (that we) become rich and famous. 2. How many times did he say to us, to my two brothers and to me: "Dear sons, you know that I have worked very much. 3. However, no matter how much I work, I still remain a poor man. 4. In our days, in order to become rich and to achieve independence, you must study a great deal while you are still young. 5. I know that you have to work all day in the factory. 6. But, in spite of that, by all means find the time to study languages! 7. Knowing languages you can read the great works (труды́) of famous writers of all nationalities (countries)." 8. But no matter how often father would tell us this, my brother Alek would always laugh at him and say: 9. "Yes, yes, dear father, of course we all know that we should read and write and

study a great deal. 10. And, indeed, I would be glad to read much more than I can now, if only I had more time and energy [for that]. 11. It would be so nice to go to the library every day or to sit at home and read interesting books. 12. However, dear father, you know that we must work in the factory and have neither the time nor the energy to study philosophy or medicine. 13. Having been on [my] feet all day, in the evening I can think only of rest." 14. And so my brother Alek never did go to the library, never did read, and never studied. 15. However, he did find (have) the energy to go to the movies and had the time to lie on the couch and to look at television all evening. 16. He is now 53 years old and is still working in the very same factory where he worked 30 years ago. 17. My other brother, Anton, did not laugh at our father. 18. On the contrary, he finished school and [while] still working at the factory, he did study languages and soon was able to read not only English authors but French and German as well. 19. When he had earned some (a little) money, he continued his education, enrolled at a university, and [while] studying in law school, began to write his first novel. 20. This was ten years ago; now everybody reads his excellent short stories and novels; he earns a great deal of money, is rich and famous.

ДВАДЦАТЬ ДЕВЯТЫЙ УРОК
TWENTY-NINTH LESSON

Relative pronouns — Present and past active participle

I. COMMON EXPRESSIONS AND IDIOMS

Вести́ своё нача́ло от ...	To trace one's origin from ...
Занима́ть большо́е положе́ние при дворе́	To occupy (hold) an important position at the court
По поруче́нию ...	Commissioned by ... *Lit.*: on commission
Сле́дующим о́бразом	In the following manner
Раздели́ться по положе́нию на ...	To divide (distribute) according to position (location) into ...
Во мно́гом отлича́ться от ...	To differ (be different) in many respects from ...
Деловы́е бума́ги	Official (business) papers
В дальне́йшем	Subsequently; with the passage of time; in the course of time
Проце́сс объедине́ния	The process of unification
Наприме́р	For example

II. READING: О РУССКОМ ЯЗЫКЕ

Совреме́нный ру́сский алфави́т **ведёт своё нача́ло** от старославя́нской а́збуки девя́того ве́ка, **кото́рую** разрабо́тали гре́ческие учёные Константи́н и Мефо́дий.

Бра́тья Константи́н и Мефо́дий бы́ли из бога́той вое́нной семьи́. **Роди́вшись и вы́росши в** го́роде Солу́не, они́ с де́тства зна́ли славя́нский язы́к, **на кото́ром** говори́ло населе́ние э́той о́бласти.

Оба бра́та получи́ли прекра́сное образова́ние и бы́ли высоко́ культу́рными людьми́. Кро́ме гре́ческого и славя́нского они́ хорошо́ зна́ли ещё не́сколько други́х языко́в. Оба **занима́ли большо́е положе́ние при дворе́** византи́йского импера́тора.

В 863 году́ славя́нское кня́жество Мора́вия попроси́ло византи́йского импера́тора присла́ть учителе́й, **кото́рые** могли́ бы научи́ть населе́ние христиа́нской ве́ре на их родно́м языке́. **По поруче́нию** импера́тора, Константи́н и Мефо́дий за́нялись созда́нием славя́нской а́збуки и перево́дом гре́ческих книг.

Эту а́збуку они́ разрабо́тали **сле́дующим о́бразом:** взя́вши гре́ческий алфави́т для всех тех зву́ков, **кото́рые** бы́ли похо́жи на гре́ческие и **созда́в** но́вые бу́квы для зву́ков не **име́ющихся** в гре́ческом языке́.

Ученики́ Константи́на и Мефо́дия, **продолжа́вшие** их де́ло, доби́лись того́, что старославя́нский язы́к стал о́бщим литерату́рным языко́м ра́зных славя́нских племён. Эти племена́, **кото́рые** жи́ли на террито́рии центра́льной и восто́чной Евро́пы в пе́рвые века́ на́шей э́ры, со вре́менем **раздели́лись по своему́ географи́ческому положе́нию** на отде́льные гру́ппы: ю́жную, восто́чную и за́падную.

Восто́чные славя́не, уже́ с седьмо́го ве́ка **называ́вшиеся** «Ру́сью» и **жи́вшие** по гла́вным во́дным путя́м, по Днепру́, по Во́лге, с са́мого ра́ннего вре́мени находи́лись в постоя́нных торго́вых и культу́рных сноше́ниях с Византи́ей.

Культу́рное влия́ние Византи́и ещё бо́лее уси́лилось, когда́ восто́чные славя́не при́няли от гре́ков христиа́нство в 989-ом году́. Вме́сте с христиа́нством пришла́ к восто́чным славя́нам и пи́сьменность. Старославя́нский язы́к был бли́зок восточно-славя́нскому, но, коне́чно, **во мно́гом отлича́лся от** разгово́рного наро́дного языка́.

Ру́сские перево́дчики, **переводи́вшие** гре́ческие кни́ги на старославя́нский язы́к, вводи́ли ча́сто в свои́ перево́ды слова́ ру́сского наро́дного языка́, а когда́ писа́лись **деловы́е бума́ги,** то то́же слова́ разгово́рного языка́ заменя́ли слова́ старославя́нские. **В дальне́йшем** э́тот **проце́сс объедине́ния** старославя́нского литерату́рного и ру́сского наро́дного языко́в всё бо́лее уси́ливается и ведёт к созда́нию языка́, **на кото́ром** тепе́рь говори́т всё ру́сское населе́ние С.С.С.Р.

III. VOCABULARY

а́збука	alphabet	пле́мя (decl. like и́мя)	tribe
алфави́т	alphabet		
бу́ква	letter (of the alphabet)	постоя́нный, -'ая, -'ое	continuous, constant
ве́ра	faith, religion	разгово́рный, -'ая, -'ое	colloquial, conversational
влия́ние	influence		
звук	sound	свято́й, - а́я, - о́е	holy, Saint
импера́тор	emperor		
кня́жество	principality	сноше́ние	relation, dealings
нау́ка	science	совреме́нный -'ая, -'ое	contemporary
о́бщий, -'ая, -'ее	common, general	созда́ние	creation
отде́льный -'ая, -'ое	separate	торго́вец (†о)	tradesman
		царь	Tsar, emperor
перево́д	translation	центра́льный, -'ая, -'ое	central
перево́дчик	translator		
пи́сьменность	written language, literature	эпо́ха	epoch
		э́ра	era

Verbs

Imperfective	Perfective	English
заменя́ть (I)	замени́ть (II)	to substitute, replace
признава́ть; признаю́,	призна́ть	to acknowledge,
признаёшь, признаю́т,	(знать)	recognize, admit
разраба́тывать (I)	разрабо́тать (I)	to work out, develop
ус́иливаться (I)	ус́илиться (II)	to increase, grow stronger

Proper Names:

византи́йский,* -'ая, -'ое	Byzantine	славяни́н; pl. славя́не	Slav
Византи́я	Byzantium	славя́нский, -'ая, -'ое	Slavic
восточнославя́нский, -'ая, -'ое	East Slavic	старославя́нский, -'ая, -'ое	Old Slavonic
грек	Greek		
гре́ческий, -'ая, -'ое	Greek (adj.)	Солу́н	Thessalonica
Константи́н	Constantine (St. Cyril)	христиа́нский, -'ая, -'ое	Christian
Мефо́дий*	St. Methodius	христиа́нство	Christianity
Мора́вия	Moravia		

IV. GRAMMAR

A. The relative pronoun

1. The relative pronoun **кото́рый** "who, which" is used to introduce a relative clause:

The engineer *who works at our plant*
Инжене́р, **кото́рый** рабо́тает на на́шем заво́де.

(Since relative clauses are dependent clauses they must be set off by a comma in Russian.)

---

* Typical sound changes in Russian. We have seen the change from "h" to "g": Hegel to Ге́гель; hospital to го́спиталь (m.), and now we see the change from "b" to "v": byzantine to византи́йский; Benjamin to Вениами́н, and from "th" to "f": Methodius to Мефо́дий; Thomas to Фо́ма.

2. The relative pronoun *may not be omitted* in Russian. In English one can say: "The book I read is interesting."

In Russian one *must say*:

The book *which* I read is very interesting.
Кни́га, **кото́рую** я чита́ю, о́чень интере́сна.

3. The relative pronoun **кото́рый** is declined exactly like the pronoun-adjective **кото́рый**, that is, like any adjective in **-ый**.

4. The relative pronoun must agree in *gender* and *number* with its *antecedent,* that is, with the noun to which it refers. Its *case,* however, is determined by its *use* in the *clause*:

Инжене́р, кото́**рый**	(masc., nom., sing.)	рабо́тает здесь.
Инжене́р, кото́**рому**	(masc., dat., sing.)	я дал кни́гу.
Инжене́р, с кото́**рым**	(masc., instr., sing.)	мы говори́ли
Инжене́р, о кото́**ром**	(masc., prep., sing.)	мы говори́ли
Секрета́рша, кото́**рая**	(fem., nom., sing.)	написа́ла письмо́.
Же́нщина, о кото́**рой**	(fem., prep., sing.)	я ду́мал.
Окно́, кото́**рое**	(neut., nom., sing.)	он закры́л.
Инжене́ры, кото́**рые**	(masc., nom., pl.)	рабо́тали здесь.

5. Special attention must be paid to word order when the relative pronoun is in the *genitive* case. It then follows the part of speech it modifies within the clause:

Инжене́р, докла́д **кото́рого** был о́чень интере́сен
Lit.: The engineer, the report *whose* was very interesting

Note that in English this is the characteristic word order **used** with "which": "The table, the color *of which* was brown."

6. Instead of the relative pronoun **кото́рый,** the pronouns **кто, что** must be used to introduce a relative clause when the antecedent is a *pronoun*:

Тот, кто мно́го чита́ет, мно́го зна́ет.
He who reads much knows much.

Всё, что он рассказа́л, мы уже́ зна́ли.
All that he told we knew already.
Note that **кто** is used with *animate* antecedents, **что** with *inanimate.*

Rules 2 and 4 above apply equally to **кто** and **что.**

Кто and **что** when used as relative pronouns have the same declension as the *interrogative* pronouns кто and что (no plural!).

B. The participles

Participial forms are very common in Russian. In newspapers, periodicals, and other literary context *participles* are often used to replace the *relative pronoun*.

Instead of: Инженéр, **котóрый** рабóтает здесь
                The engineer *who works* here

we find: Инженéр, **рабóтающий** здесь
                The engineer *working* here

Moreover, *participles* are used as attributive adjectives:

Одевáющийся мáльчик	The dressing boy
Игрáющая дéвочка	The playing girl
Читáющий учúтель	The reading teacher

Finally, participles are used with the noun understood, **or** even as nouns, often in somewhat modified form:

читáющий	the reading one; **читáющие** the reading ones (readers)
рабóчий	the worker (*Lit.*: the working one)
сумасшéдший	the madman (*Lit.*: who has gone out of his mind)
прохóжий	the passer-by (*Lit.*: the going-through one)
нúщий	the beggar (*Lit.*: не имéющий one not having anything)
слéдующий	the following one
смеющийся	the laughing one

It is therefore important to have a good recognitional knowledge of the Russian participles. There are four types of participles in Russian: the *active* participle, *present* and *past,* and the *passive* participle, *present* and *past.*

1. The *present active participle* is characterized by the ending -**щий**:

Читáющий студéнт	The reading student	(attributive use)
Студéнт, читáющий кнúгу	The student [who is] reading a book	(in place of the relative pronoun)
Читáющий	The reading one, one who is reading	(used as a noun)

The participle, being a verbal adjective, must agree in *number, gender,* and *case* with the noun it modifies (or stands for):

читающий мальчик; читающая девочка; читающие дети

The declension of a participle is that of an adjective the stem of which ends in a sibilant, e. g. хороший, горячий, etc. (see Lesson 13):

читающий мальчик; читающего мальчика; читающему мальчику etc.

The basic method of *forming* the *active present* participle[1] is to take the third person plural, present tense of the verb[2] (читают), drop the т, and add the participle ending щий:

работающий; читающий; говорящий

2. The *past active participle* is characterized by the ending -вший, or, with irregular past tense forms, -ший:

Читавший мальчик	The boy who has read; who has been reading
Ушедший друг	The friend who has gone away

All that has been said with reference to the *active present* participle with respect to its use, agreement, and type of declension applies also to the *active past* participle. It should be noted, moreover, that the *past* participle may be rendered by the *present* tense in English:

Учёный, разработавший новый алфавит.

The scholar who had worked out (*Lit.*: having worked out) the new alphabet.

Его ученик, продолжавший его дело

His student, continuing (*Lit.*: having continued) his work.

The basic method of *forming* the *active past* participle is to take the past tense form of the verb (был), drop the л, and add the regular *active past* participle ending вший: бывший "former, past." Some important irregular active past participles:

---

[1] Irregularities and exceptions are not given systematic treatment in this basic text.

[2] Only *imperfective* verbs can have a *present active* participle, since the *perfective* verbs do not have a *present* tense.

жи́вший	one who has lived
принёсший	one who has brought
прише́дший	one who has come
проше́дший or про́шлый	one who has passed, bygone, past

Table of 20 Frequent *Active* Participles

Infinitive		*Present Part.*	*Past Part.*
быть	be	None	бы́вший
говори́ть	speak	говоря́щий	говори́вший
дава́ть	give	даю́щий	да́вший
де́лать	do	де́лающий	де́лавший
ду́мать	think	ду́мающий	ду́мавший,
е́хать,	} drive	е́дущий	е́хавший
е́здить		е́здящий	е́здивший
ждать	wait	жду́щий	жда́вший
жить	live	живу́щий	жи́вший
звони́ть	ring	звоня́щий	звони́вший
знать	know	зна́ющий	зна́вший
идти́,	} go, walk	иду́щий	ше́дший
ходи́ть		ходя́щий	ходи́вший
име́ть	have	име́ющий	име́вший
конча́ть	finish	конча́ющий	конча́вший
люби́ть	love	лю́бящий	люби́вший
начина́ть	begin	начина́ющий	начина́вший
пить	drink	пью́щий	пи́вший
смея́ться	laugh	смею́щийся	смея́вшийся
спать	sleep	спя́щий	спа́вший
стоя́ть	stand	стоя́щий	стоя́вший
умира́ть	die	умира́ющий	умира́вший

V. QUESTIONS

1. Отку́да ведёт своё нача́ло ру́сский алфави́т? 2. Кто разрабо́тал старославя́нскую а́збуку? 3. Где роди́лись и вы́росли бра́тья, Константи́н и Мефо́дий? 4. Како́е получи́ли они́ образова́ние? 5. О чём проси́ло славя́нское кня́жество византи́йского импера́тора? 6. Чем заняли́сь Константи́н и Мефо́дий по поруче́нию импера́тора? 7. Как они́ разрабо́тали славя́нскую а́збуку? 8. Чего́ доби́лись ученики́ Константи́на и Мефо́дия, продолжа́вшие их рабо́ту? 9. Где жи́ли славя́нские племена́ в нача́ле на́шей э́ры? 10. На каки́е гру́ппы

разделились славянские племена? 11. Где жили восточные славяне? 12. С какой страной находились они в постоянных торговых и культурных сношениях? 13. Когда ещё больше усилилось влияние Византии? 14. Как пришла к восточным славянам письменность? 15. Кто учил восточных славян азбуке и письму? 16. Что делали русские переводчики, переводившие греческие книги на старославянский язык? 17. Как происходило развитие национального русского языка? 18. Какие слова часто заменяли старославянские в деловых бумагах? 19. Какой процесс усиливается в следующих годах? 20. К чему ведёт наконец этот процесс?

VI. GRAMMAR EXERCISES

Exercises with Grammar A

a. Supply the correct forms of the *relative* pronoun **который:**

1. Язык, на ..... они говорили, я хорошо знал. 2. Университет, в ..... я получил свой диплом, закрыли в прошлом году. 3. Где живёт певица, ... я вчера встретил на собрании? 4. Книга, ... он прочёл, очень интересна. 5. Учёный, работа ..... нас интересовала, уехал. 6. Переводчик, ... я дал этот журнал, прочитал его в пол часа. 7. Здание, около ..... мы стояли, было самым старым в городе. 8. Быстрота, с ..... летели бомбардировщики, не позволяла наблюдателям сосчитать сколько их было. 9. Милиционер, о ..... мы только что говорили, шёл к нашему дому. 10. Дороги, по ..... нам нужно было ехать, были совсем плохие.

b. Put the above sentences in the *plural*, making *all* necessary changes.

c. Supply the correct forms of the *relative* pronouns **кто** or **что:**

1. Все, ... мы встречали на улице, шли в клуб на собрание. 2. Тот, ... я ждала, не пришёл. 3. С ..... бы я ни говорил, никто не хотел идти со мной в кино. 4. Всё, ... я его учил, он уже забыл. 5. О ..... бы он ни говорил, всё нам было интересно. 6. То, о ..... рабочие говорили, было хорошо известно директору. 7. Я мало о ..... мог его спросить. 8. Всем, ... видел эту картину, она нравилась. 9. ..... бы мы ни спросили, никто не знал ответа. 10. Мы всегда понимали всё, ... он нам объяснял.

Exercises with Grammar B

a. From the Reading Exercise write out all *participles* and *adverbial participles* (review), grouping them according to their tense and giving their English meaning.

b. Use the *active* participles, *present* and *past*, of the list on page 287 in short but complete Russian sentences.

c. Change the *relative* clauses into *participial* phrases, using *present* tense participles. Remember that the participle must agree in case, number and gender with the noun it modifies, thus:

Не говорите со студентом, который работает над уроком:

Не говорите со студентом, работающим над уроком.

1. Рабочий, **который работает** на этой фабрике, живёт в центре города. 2. Девочка, **которая гуляет** в саду, моя сестра. 3. Нам нужен инженер, **который понимает и говорит** по-английски. 4. Самолёт, **который горит**, упадёт в море. 5. Яблоко, **которое лежит** на столе, из сада моей бабушки. 6. Мы попросили учителя, **который рассказывает** нам о византийском государстве, объяснить нам когда и как начались торговые сношения Византии с славянскими племенами в центральной Европе. 7. Для человека, **который изучает** экономику, этот журнал будет очень интересен. 8. Я не знаю гостиницы, **которая имела бы** более удобные комнаты. 9. К повару, **который живёт** рядом с нами, приехал его брат. 10. Я часто вижу студента, **который занимается** в этом университете.

d. Put the above sentences in the *plural*, making all necessary changes.

e. Carry out the same changes as in (c) in the following sentences, using, however, the *past* tense participles:

1. В этом городе даже мой друг, **который знал** несколько языков, не мог получить службы. 2. Гражданина Семёнова, **который говорил** вчера речь в клубе, я хорошо знаю. 3. Я не помнил фамилии женщины, **которая сидела** за столом. 4. К туристу, **который осматривал** музей, подошёл профессор Петров. 5. Я познакомился с учёным, **который разработал** новую азбуку. 6. Капитан смотрел на лодку, **которая подплыла** к кораблю. 7. В книге этого писателя, **который написал** много известных романов, я нашёл фотографию моего отца. 8. Вы

ничего не знаете о мальчике, **который бежал** из дома?
9. Нам необходимо пригласить учёного, **который знал** положе́-
ние и **был** при дворе́ после́днего импера́тора. 10. Мой друг,
кото́рый сде́лал так мно́го для на́шего го́рода, тепе́рь живёт
в Чика́го.

f. Put the above sentences in the *plural,* making all necessary
changes.

VII. TRANSLATION INTO RUSSIAN

A

1. Having read many books on Russian history and
life in the U.S.S.R., I wanted (got the desire) to know more
about the history of the Russian language. 2. And so I bought
a little book, *About the Russian Language,* in which I found
all I wanted to know. 3 Reading this book I found out that
the written language came to the Eastern Slavs along with
Christianity. 4. The Moravian principality was the first to ask
(asked as the first) the Byzantine Emperor to send someone
who could teach the new faith to the (native) population in
their own vernacular (native tongue); this was in the year
863. 5. At that time two brothers from a wealthy and important
family, Constantine and Methodius, were holding (occupied)
a very high position at the Byzantine court. 6. They had been
born and had grown up in Thessalonica, a city in which the
[native] population spoke the Slavic language. 7. Thus (in this
manner) both brothers knew the Slavic language from their
childhood [days]. 8. At the same time, they had received an
excellent education and, being highly educated people, they
not only spoke Greek but read the most difficult texts (books)
with great ease (completely freely). 9. Commissioned by the
Byzantine Emperor these two scholars began to translate the
Greek religious books into the Old Slavonic tongue. 10. But in
order to write these translations down, they had to develop
(work out) a new alphabet. 11. They worked out the Cyrillic
alphabet (Кири́ллица). 12. The name takes its origin
from Saint Cyril (Свято́го Кири́ла), who is, of course, the
Greek scholar Constantine himself. 13. Having created (worked
out) the alphabet and having written books in the Old Slavonic
language using (by means of) the new alphabet, they went
(отпра́вились) to the Slavic tribes and living among them
taught them the new faith and the new written language. 14. Of
course, this new written language in these new books was in
many respects different from the colloquial speech of the East
Slavic people. 15. But in the course of time, the students of Con-

stantine and Methodius, translating other Greek texts or
drawing up (writing) official papers, introduced many words
of the Russian native language into the Old Slavonic language
of the books and documents. 16. Thus began the process of the
unification of the Old Slavonic and the popular tongues.
17. This process finally led to the creation of the contemporary
Russian which every educated Russian now speaks, reads,
and writes.

B

1. My friend Nikolaĭ, who is making a serious study of
Russian history, knows also a great deal about that country's
geography and literature. 2. Last week he gave us an interesting report on the Russian language; next week he will speak
about the role of the Volga river in the economic and social
history of Russia. 3. Speaking of the Old Slavonic language,
Nikolaĭ wanted us to remember two very important names,
the names of two Greek scholars, Constantine and Methodius.
4. He told us how these two scholars had created the new
alphabet from which the present Russian alphabet traces its
origin. 5. Having worked out the "Cyrillica," they could then
write down their translations of the Greek religious books in
the Old Slavonic language and teach the Slavs the Christian
religion in their own tongue. 6. Nikolaĭ's reports are never
dull and all the students, especially those interested in the
history of Russian culture, are awaiting his next one with
great impatience. 7. Of all the students, only I know what
Nikolaĭ is going to (will) speak about next Thursday. 8. Last
Sunday, walking with me in the park and, evidently, having
completely forgotten about me, Nikolaĭ was thinking out loud
about his next report. 9. "Of course," he was saying, "of course,
everybody sings those 'Volga' songs and thinks that he knows
all about that most beautiful, that longest and deepest river
in all [of] Europe! 10. But who knows what an important
role that river has played in the history of Russia? 11. Who
knows, for example, that beginning with (from) the eighth
century tradesmen living in all parts of Russia and even in
foreign (other) countries gathered on the banks of that river,
that ancient trade route of Russia? 12. Meeting once a year
at Nizhniĭ Novgorod, these merchants brought furs from the
North, tea and silk from the East, wool and linen from the
West, wines and rugs from the South, the Caucasus and the
shores of the Caspian Sea." 13. "Sasha," Nikolaĭ suddenly

asked me, "do you know, that even large steamers can now move (swim) from the Caspian Sea to Moscow, thanks to a remarkable system of canals? 14. In my report which I shall give next Thursday, I shall tell you all about these canals. 15. I shall also speak about the huge power stations that stand on the banks of the Volga and about which you surely know nothing at all. 16. Or have you, perhaps, heard about the plans (пла́ны) which the Soviet government is working out to make the Volga river the 'electrical heart' of the whole country?" 17. I had to admit to my friend that I knew nothing at all about this. 18. But, saying goodbye to him that Sunday, I did know what he would tell us in his talk next Thursday.

ТРИДЦАТЫЙ УРОК | THIRTIETH LESSON

Present and past passive participles — Passive voice

I. COMMON EXPRESSIONS AND IDIOMS

При Петре Великом	In the reign of Peter the Great
Основана Петром Великим	Founded, established, by Peter the Great
По примеру...	Following the example of ...
По плану...	According to the plan of ...
Наряду с...	Side by side, of equal importance with ...
За границей	abroad (place where)
За границу	abroad (place whereto)
Среди членов...	Among the members of ...
Государственное устройство	Organization of the state
Проведённая Петром реформа	The reform carried out by Peter the Great
Представлять собой	Represent
Чисто научная и педагогическая деятельность	Purely scientific and pedagogical activity
Технические школы	Technical schools

II. READING: ОСНОВАНИЕ АКАДЕМИИ НАУК

Академия Наук[1] в России **была основана Петром Великим**[2] в январе 1724 года. Эпоха Петра Великого известна в русской истории как эпоха больших и важных реформ в экономической, политической и культурной жизни страны.

Пётр Великий хорошо знавший Европу и понимавший, что Россия во многом отстала от своих европейских соседей,

---

[1] **Академия Наук** — Academy of Sciences.
[2] **Пётр Великий** — Peter the Great (1672-1725).

хотѐл измени́ть свою́ страну́ **по приме́ру** за́падно-европе́йских
госуда́рств.

Ру́сский исто́рик Ключе́вский[1] пи́шет, что одни́м из са́мых
си́льных впечатле́ний, **вы́несенных** Петро́м из Евро́пы бы́ло
чу́вство удивле́ния: как там мно́го у́чатся и как бы́стро и
хорошо́ рабо́тают, а рабо́тают так бы́стро и хорошо́, потому́
что так мно́го у́чатся. Поэ́тому поня́тно, что **наряду́ с** эконо-
ми́ческими и полити́ческими рефо́рмами, распростране́ние
образова́ния и подня́тие культу́рного у́ровня населе́ния ста́ло
одно́й из гла́вных зада́ч Петра́ Вели́кого.

При Петре́ Вели́ком приглаша́ются в Росси́ю иностра́н-
ные учёные и те́хники. Ру́сская молодёжь та́кже **посыла́ется
за грани́цу** учи́ться. **По́сланные** в Англию, во Фра́нцию, в
Ита́лию,[2] в Голла́ндию[3] молоды́е лю́ди изуча́ли там и матема́-
тику, и кораблестрое́ние, и филосо́фию, и архитекту́ру и
госуда́рственное устро́йство ра́зных стран.

В 1703 году́ в Санкт Петербу́рге,[4] но́вой столи́це,
постро́енной Петро́м на реке́ Неве́,[5] выхо́дит пе́рвая ру́сская
газе́та, **печа́таются** уче́бники по ра́зным предме́там, из кото́-
рых мно́гие **бы́ли разрабо́таны** сами́м Петро́м. На ру́сский
язы́к **перево́дятся** иностра́нные кни́ги, **открыва́ется** не́сколько
техни́ческих школ. **Проведённая Петро́м рефо́рма** ру́сской
а́збуки де́лает письмо́ бо́лее просты́м и поня́тным.

В 1717 году́ Пётр Вели́кий **был и́збран** чле́ном Пари́жской
Акаде́мии Нау́к. Мысль о созда́нии Акаде́мии Нау́к в Росси́и
давно́ занима́ла Петра́. По мы́сли Петра́, ру́сская Акаде́мия
Нау́к должна́ была́ **представля́ть собо́й** собра́ние лу́чших
учёных, кото́рые занима́лись бы и **чи́сто нау́чной и педагоги́-
ческой де́ятельностью.** Их ученики́ в дальне́йшем, са́ми
станови́лись бы учителя́ми **техни́ческих школ** и распростра-
ня́ли бы образова́ние в наро́де.

Акаде́мия Нау́к **была́ осно́вана по пла́ну** Петра́ Вели́кого
в 1724 году́, но начала́ свою́ де́ятельность то́лько че́рез год,
уже́ по́сле сме́рти Петра́. Пе́рвые чле́ны Акаде́мии бы́ли
иностра́нцы, **приглашённые** Петро́м из ра́зных европе́йских
стран. Одна́ко, че́рез не́сколько лет **среди́ чле́нов** Акаде́мии
бы́ло уже́ пятна́дцать ру́сских учёных. Среди́ них был вели-

---

[1] **Васи́лий Оси́пович Ключе́вский** — Vasilii Osipovich Kluchevski
(1841-1911).
[2] **Ита́лия** — Italy.
[3] **Голла́ндия** — Holland; Netherlands.
[4] **Санкт Петербу́рг** — St. Petersburg, now **Ленингра́д** — Leningrad.
[5] **Нева́** — the river Neva.

чайший русский учёный, Михаил Ломоносов,[1] которым **было сделано** много важных открытий в области химии и физики. Им же **была написана** первая русская грамматика в 1755 году. При Академии находилась и своя библиотека и музей, а в 1728 году **печатается** журнал Академии, получивший большое распространение за границей.

Академия Наук сразу же **была признана** научным миром и Европы и Америки. В 1779 году один из её членов **был избран** в члены Американского Философского Общества в Филадельфии, а первым американским учёным, ставшим членом Академии Наук в России был Вениамин Франклин.[2]

III. VOCABULARY

архитектура	architecture	политический, -ая, -ое	political
впечатление	impression		
государство	state, empire	распространение	dissemination
грамматика	grammar	смерть	death
деятельность	activity	столица	capital
иностранец (†е)	foreigner	удивление	surprise, astonishment
иностранный, -'ая, -'ое	foreign	уровень (m.) (†е)	level
историк	historian	учебник	textbook
кораблестроение	shipbuilding	физика	physics
мысль	thought	химия	chemistry
поднятие	raising		

Verbs

Imperfective	Perfective	English
избирать (I)	избрать (брать)	to select, elect
изменять (I)	изменить, изменю изменишь, изменят	to change alter
печатать (I)	напечатать (I)	to print
посылать (I)	послать; пошлю пошлёшь, пошлют	to send
распространять (I)	распространить (II)	to spread, disseminate

[1] Михаил Ломоносов — Mikhail V. Lomonosov (1711-1765).
[2] Вениамин Франклин — Benjamin Franklin (1706-1790).

IV. GRAMMAR

A. The participles (cont.)

1. The *passive* participle *present* tense is characterized by the ending -мый:

Люби́мый ма́льчик	Dear (beloved, loved) boy.	(attr. use)
Ма́льчик, люби́мый все́ми	The boy [who is] loved by all	(in place of the relative pronoun)
Люби́мый	The loved one, one who is loved	(used as a noun)

The participle (being a verbal adjective) must agree in number, gender, and case with the noun it modifies (or stands for):

> люби́мый ма́льчик; люби́мая де́вочка; люби́мые де́ти; etc.

The declension of the participle is that of an adjective in -ый (но́вый etc. see Lesson 13):

> люби́мый ма́льчик; люби́мого ма́льчика; люби́мому ма́льчику; etc.

The *present passive* participle has also *short* forms ending in: -м (masculine singular); -ма (feminine singular); -мо (neuter singular); -мы (plural all genders).

These forms are used *predicatively;* they are *indeclinable* and show only number and gender, *not* case: люби́м; люби́ма; люби́мо; люби́мы "loved, one (ones) who are loved."

(Compare with the short adjective forms, Lesson 15; see Section B of this lesson for the principal use of these short participial forms.)

The basic *method* of *forming* the *present passive* participle[1] is to take the first person plural, present tense of the verb[2] (лю́бим) and add the endings -ый, -ая, -ое etc.: люби́мый, etc.

---

[1] Irregularities and exceptions are not given systematic treatment in this basic text.

[2] Only *imperfective* verbs can have a *present passive* participle, since *perfective* verbs do not have a *present* tense.

Note that the position of the *stress* is like that in the *infinitive*: люби́ть, люби́мый.

2. The *past passive* participle is characterized by two types of endings: **-тый** and **-нный (ный)**:

Взя́тый	⎰ The taken one ⎱ The one which has been taken
Напи́санный	⎰ The written one ⎱ One which has been written

Взя́тый го́род	The taken (occupied) city
Напи́санное письмо́	The written letter
Го́род, взя́тый на́шими солда́тами	The city [which] was taken by our soldiers
Письмо́ напи́санное по англи́йски	A letter [which] was written in English

All that has been said with reference to the *present passive* participle, i.e., its use, agreement, and type of declension, applies also to the *past passive* participle.

The *past passive* participle has also *short* (indeclinable) forms which are used *predicatively*:

мыт (masc. sing.); мы́та (fem. sing.); мы́то (neut. sing.); мы́ты (plural all genders); напи́сан (masc. sing.); напи́сана (fem. sing.); напи́сано (neut. sing.); напи́саны (plural all genders).

Note that the short form of the **-нный** ending has only *one* **н.**

The basic method of forming the *past passive* participle is to take the infinitive form of the verb, drop **ть**, and add the past participial endings

-тый, -тая, -тое: мы́тый; -нный, -нная, -нное: напи́санный.

When a verb ends in **-ить**, the **и** is changed into **е** or **ё** (when stressed) before **-нный** : стро́ить, стро́енный; реши́ть, решённый.

There are many irregularities in the formation of the *past passive participle* that cannot be summarized in any simple, functional set of rules (e.g., use of -тый or -нный, consonant mutation, position of stress). These irregularities do not receive systematic treatment in this basic course. Following are some of the more important *past passive participles* of verbs given in the text:

Infinitive	Past Passive Participle	English Meaning
бро́сить	бро́шенный, -ая, -ое	thrown away, discarded
взять	взя́тый, -′ая, -′ое	taken, occupied
дать	да́нный, -′ая, -′ое	given
изучи́ть	изу́ченный, -ая, -ое	learned, mastered
купи́ть	ку́пленный, -ая, -ое	bought
пригласи́ть	приглашённый, -′ая, -′ое	invited
приня́ть	при́нятый, -ая, -ое	accepted, customary
реши́ть	решённый, -′ая, -′ое	solved, settled
собра́ть	со́бранный, -ая, -ое	gathered, collected
сократи́ть	сокращённый, -′ая, -′ое	shortened, abbreviated

3. Use of *passive participles*. In choosing between the present and the past forms, observe that:

a. The *present* participle is used when the action expressed by the *participle* and by the *verb* are *simultaneous*:

Журна́лы, чита́емые на́ми, печа́таются в Нью Иорке.

The periodicals, which we *are* reading, *are* (being) printed in New York.

b. The *past* participle is used when the action expressed by the *participle precedes* the action expressed by the *verb*:

Кни́ги, прочи́танные на́ми, тепе́рь никто́ не чита́ет.

The books, which we *have* read, nobody *reads now*.

B. The passive voice

The *passive voice* in Russian is expressed:

1. By using the short forms of the passive participles, present or past, together with the proper tense of the verb быть. (In the present tense the auxiliary verb быть is, of course, not expressed.):

Present:

Этот ма́льчик **все́ми** люби́м. This boy [is] loved by all.
Эта кни́га **на́ми** напи́сана. This book [is] written by us.

Past:

Этот ма́льчик **был все́ми** This boy was loved by all.
люби́м.
Эта кни́га **была́ на́ми** напи́сана. This book was written by us.

Future:

Этот ма́льчик **бу́дет все́ми** This boy will be loved by all.
люби́м.
Эта кни́га **бу́дет на́ми** This book will be written by us.
напи́сана.

Note that the *agent* "by all," "by us" is rendered by the *instrumental* case *without* a *preposition*.[1]

2. In general, this construction is avoided in Russian and the passive is expressed more frequently

a. By means of the reflexive verb:

Present:
Тепе́рь дома́ стро́я**тся** бы́стро. Now houses are built quickly.

Past:
Дома́ стро́или**сь** ме́дленно. Houses were built slowly.

Future:
Ско́ро дома́ бу́дут стро́и**ться** Soon houses will be built in
в оди́н день! one day!

This construction is generally used when customary action or a general state of affairs without mention of a specific agent is being expressed.

---

[1] Which of the two passive participles to use, the *present* or the *past*, cannot be determined by any simple set of rules. Some verbs, to be sure, form both. The majority, however, lacks one or the other of the two. Thus, писа́ть, for instance, is used only in the *past* participial form (passive), while люби́ть has only the *present* passive participial form. For this (and other) reasons it is advisable for the beginner to concentrate on acquiring a *recognitional* knowledge of the *passive voice* and to rely on the *active voice* for active use.

b. The English passive is also frequently rendered in Russian by means of the *third person plural* of the *active* voice, subject not expressed.

Present: Высо́кие дома́ (Dir. Obj.!) тепе́рь стро́ят бы́стро.
Past: Высо́кие дома́ стро́или ме́дленно.
Future: Высо́кие дома́ бу́дут стро́ить в оди́н день.

3. The English passive impersonal expressions such as: "it is being said; it is known, etc." are best rendered in Russian by using the third person plural of the active voice:

Говоря́т, что не бу́дет бо́льше войны́.

It is said there'll be no more war.

В Росси́и ма́ло игра́ют в те́ннис.

One does not play much tennis in Russia.

VOCABULARY BUILDING — TYPICAL RUSSIAN WORD-FAMILIES[1]

начина́ть to begin	**нача́ло** beginning	**снача́ла** at, from the beginning	**нача́льник** chief (first one, leader)
конча́ть to end	**коне́ц** the end	**коне́чно** of course	
продава́ть to sell	**продаве́ц** seller (msc.)	**продавщи́ца** sales lady	**распрода́жа** bargain-sale
жить to live	**жизнь** life	**жи́тель** (m.) inhabitant, dweller	**живо́й** alive, living one
боле́ть to ache, be ill, sick	**боле́знь** illness, sickness	**больно́й** the sick, ill one	**больни́ца** hospital
писа́ть to write	**письмо́** letter	**писа́тель** (m.) writer	**перепи́ска** correspondence
петь to sing	**певе́ц** singer (masc.)	**пе́сня** song	**пе́ние** the singing
е́здить to drive	**по́езд** train	**отъе́зд** departure	**прие́зд** arrival

---

[1] The student should try to add to these groups and to form new word-families.

жени́ться	жена́	же́нщина	жени́х
to marry	wife	woman	bridegroom
рабо́тать	рабо́та	рабо́чий	(Notice the English
to work	work	worker	"robot.")
жа́рить	жарко́е	жар	пожа́р
to fry, roast	the roast	fever	conflagration, fire
учи́ть	учи́тель (m.)	уче́бник	уче́ние
to teach	teacher	school text	study, learning
наро́д	наро́дный	родно́й	ро́дина
people, nation	national, popular	native, kindred	native country
объясня́ть	я́сно	я́сный	объясне́ние
explain	clear (Adv.)	clear	explanation
мал	ма́ленький	ма́льчик	малю́тка (m.)
small, young (short, popular form)	small, little	boy	baby, tiny one

V. QUESTIONS

1. Кем и когда́ была́ осно́вана Акаде́мия Нау́к в Росси́и?
2. Каки́е ва́жные рефо́рмы бы́ли проведены́ Петро́м Вели́ким?
3. Как стара́лся Пётр Вели́кий измени́ть Росси́ю? 4. Како́е
впечатле́ние бы́ло одни́м из са́мых си́льных впечатле́ний, вы-
несенных Петро́м из пое́здки за грани́цу? 5. Кака́я зада́ча
ста́ла одно́й из гла́вных зада́ч Петра́? 6. Кого́ приглаша́л Пётр
в Росси́ю? 7. Кого́ посыла́л Пётр Вели́кий за грани́цу? 8. Чему́
учи́лась ру́сская молодёжь за грани́цей? 9. Когда́ выхо́дит
пе́рвая ру́сская газе́та? 10. Каки́е кни́ги печа́таются и перево́-
дятся? 11. Каки́е шко́лы открыва́ются? 12. Когда́ был и́збран
Пётр Вели́кий чле́ном Пари́жской Акаде́мии Нау́к? 13. Како́й,
по мы́сли Петра́, должна́ была́ быть ру́сская Акаде́мия Нау́к?
14. Когда́ Акаде́мия Нау́к начала́ свою́ де́ятельность? 15. Кто
бы́ли пе́рвые чле́ны Акаде́мии Нау́к? 16. Како́й велича́йший
ру́сский учёный был чле́ном Акаде́мии в пе́рвый пери́од её
де́ятельности? 17. Чем он изве́стен в ру́сской и мирово́й
нау́ке? 18. Была́ ли Акаде́мия Нау́к при́знана нау́чным ми́ром
Евро́пы и Аме́рики? 19. Когда́ и́збрали одного́ из её чле́нов
чле́ном америка́нского Филосо́фского О́бщества? 20. Како́й
америка́нский учёный был и́збран чле́ном ру́сской Акаде́мии
Нау́к?

VI. GRAMMAR EXERCISES

Exercises with Grammar A

a. From the Reading Exercise write out *passive participles* and *adverbial participles* (review), grouping them according to *tense* and giving their English meaning.

b. Form regular *present passive participles* from the following verbs and translate them:

1. любить; 2. узнавать; 3. занимать; 4. принимать; 5. запоминать; 6. открывать; 7. получать; 8. снимать; 9. осматривать; 10. изучать.

c. Form the regular *past passive participles* from the following verbs, using the ending given in parentheses, then translate them, for example: **мыть (-тый), мы́тый, -ʹая, -ʹое,** "washed."

1. посла́ть (-нный); 2. избра́ть (-нный); 3. закры́ть (-ʹтый); 4. оде́ть (-ʹтый); 5. откры́ть (-ʹтый); 6. постро́и*ть (-нный); 7. изуча́*ть (-нный); 8. раздви́нуть (-тый); 9. сде́лать (-нный); 10. устро́и*ть (-нный).

d. Use the *past passive participles* formed by you in the above exercise as *adjectives* in simple but complete Russian sentences, thus: **По́сланные деловы́е бума́ги лежа́ли на столе́.**

e. Give the *infinitive* and *English meaning* of the following *past passive participles*, as follows: **соверше́нный: соверши́ть,** "complete, perfect."

1. расска́занный; 2. напеча́танный; 3. взя́тый; 4. чи́танный; 5. да́нный; 6. ку́пленный; 7. пока́занный; 8. разрабо́танный; 9. переведённый; 10. напи́санный.

f. Decline in the *singular* and *plural*:

1. многоуважа́емый; 2. бу́дущая неде́ля; 3. проше́дший ме́сяц; 4. люби́мое ме́сто; 5. напи́санное письмо́; 6. переведённая кни́га; 7. приглашённый гость; 8. прочи́танный докла́д; 9. раздви́нутый стол; 10. мы́тая па́луба.

g. Use the *past passive participles* given in the table on page 298 as adjectives in simple, complete Russian sentences.

---

* These vowels change to "e." Notice also that where the stress is not indicated over the dash it is to be placed preceding it, thus: избра́ть, и́збранный.

Exercises with Grammar B

a. Change the *long* participial forms in parentheses to the corresponding short forms and *translate* the sentences:

1. Учебник будет (разработанный) по примеру иностранных учебников. 2. Приказание (отданное) командиром по телефону. 3. Студент был (посланный) за границу учиться. 4. Это государство (признанное) Соединёнными Штатами Америки[1] наряду с другими государствами. 5. Прекрасная купальня была (устроенная) на берегу реки. 6. Универсальный магазин (закрытый) по праздникам. 7. Эта женщина была (избранная) членом Академии Наук. 8. Доклад о жизни крестьян в России девятнадцатого века будет (прочитанный) известным учёным.

b. Form *passive* sentences by giving the proper form of the parenthesized *passive participles* and by placing the parenthesized nouns and pronouns into the *instrumental* case, then give a *literal* translation of the resulting sentences, thus:

Книгу (написанный; он), все читают.
Кни́гу, напи́сан**ную**[2] **им**, все читают.

The book, *written by him*, everyone is reading.

1. Журнал (купленный; мы), всем нравится. 2. Дом (построенный; мой отец), был на окраине города. 3. Между комнатой (снимаемый; он) и моей, находится кухня. 4. Фабрика, (осмотренный; туристы) была огромна. 5. Я очень интересовался предметом (преподаваемый; учитель). 6. Ребёнку (присланный; бабушка) из деревни, трудно жить в столице. 7. Профессор, глубоко (уважаемый; мы), вдруг умер. 8. Книга, (взятый; студент) из библиотеки, была очень интересна. 9. Об этом учебнике (разработанный; они) мы много слышали. 10. Со школой, (построенный; мой брат), у меня очень много работы. 11. Государственное устройство России, (изменённый; Пётр), было результатом большой работы. 12. Около стола, (раздвинутый; дедушка) в столовой, собралась семья.

---

[1] United States of America; abbreviated in Russian: **С.Ш.А.**
[2] Note the agreement of **написанную** with **книгу** in gender, case and number.

c. From the Reading Exercise write out all reflexive verbs used to express the passive, together with their subjects, and give their English meaning, thus:

приглашáются . . . учёные и тéхники
scholars and technicians are invited

d. Change the following sentences into *passive* sentences expressed by means of reflexive verbs and translate them, thus:

Это слóво (acc.) **пúшут** так to: Это слóво (nom.) **пúшется** так.

This word is written (*lit.*: writes itself) thus.

Note that the verb agrees in number and person with the new subject, **слóво.**

1. На берегáх Вóлги **стрóят** огрóмные гидро-стáнции. 2. Егó **считáли** óчень ýмным человéком. 3. В нáшем клýбе **начинáют** собрáния рóвно в вóсемь часóв вéчера. 4. Во врéмя болéзни **принимáют** рáзные лекáрства. 5. Сюдá **присылáют** пúсьма со всех концóв Росcúи. 6. Образовáние **распространя́- ют** среди населéния. 7. Инострáнные кнúги **печáтали** при Петрé Велúком. 8. Архитектýру тóже **бýдут изменя́ть** под влия́нием культýрных рефóрм. 9. Как извéстно, **трéбовали** подня́тие культýрного ýровня в рабóте клýба. 10. В 19-ом вéке **прекра- щáют** педагогúческую дéятельность Акадéмии Наýк.

e. Use the *past passive participles* given in the table on page 298 in *passive* Russian sentences.

VII. TRANSLATION INTO RUSSIAN

1. Peter the Great, one of the most learned and energetic Russian Tsars, died before the Russian Academy of Sciences, founded by him in 1724, had begun its activity. 2. If only he had lived a few more years, how great would have been his influence on his creation, the Academy! 3. With what interest would he have read the first Russian grammar written by one of the greatest Russian scholars, Mikhail Lomonosov! 4. With what pleasure would he have heard about that scholar's many discoveries in the field of chemistry and physics! 5. Under his influence the Russian Academy of Sciences might have grown even faster. 6. He would have invited more foreign scholars, more journals would have been printed, more foreign books would have been translated into Russian. 7. Peter had frequently gone to Europe and had studied abroad. 8. He knew

that his country had fallen behind its European neighbors in many respects (in much). 9. Much had to be done, in order to change Russia, following the example of European countries. 10. According to Peter's plan, Russian youths (sing.) were sent abroad, to England, to France, to Italy, and to Holland, there to study economics, philosophy, architecture, and even shipbuilding. 11. The spread of education to (into) all the parts of his enormous empire was one of the main problems of Peter the Great. 12. The economic, political, and cultural reforms carried out by the Russian Tsar were recognized by the great scholars of Europe in all the fields of learning. 13. In the year 1717 Peter the Great was elected (chosen) a member of the Paris Academy of Sciences, members of which had been invited by Peter to occupy important positions (sing.) at his court. 14. The beautiful city of St. Petersburg was built by Peter on [the banks of] the river Neva. 15. In his new capital of Russia were built many beautiful theaters, museums, and libraries. 16. Here were opened many technical schools. 17. Here, in the year 1703, was printed the first Russian newspaper. 18. Scholars in the new schools, libraries, and museums wrote important scholarly books. 19. Textbooks in all the fields of learning were also written and some of them were even worked out by Peter himself. 20. Peter wanted his scholars to occupy themselves not only with pure research activity but also with pedagogical problems. 21. Their students should, in the course of time, themselves become teachers in technical schools and universities. 22. Yes, Peter the Great knew very well that "Knowledge is light and ignorance is darkness" and did all he could to spread education in his country.

VIII. CONCLUDING EXERCISE

Write a brief composition on the "Accomplishments of Peter the Great," or on a topic of your own choosing, drawing freely upon your knowledge of Russian grammar and vocabulary gained in this course.

POETRY

It is in the poetry of a nation that the quality of its language, its color, its rhythm, its idiomatic and colloquial turn, are most vividly felt. Here, in its poetry, the student of language will recognize most quickly the uniqueness of a national idiom, and will develop most readily that indefinable "feel" for its finest and subtlest nuances.

This is nowhere more true than in the poetry of Russia, which ranges from the most refined, esoteric lyrical statement to the most direct, vivid and vigorous, pithy and earthy utterance in folk song and proverb.

There is in Russian, especially in folk poetry, a very characteristic feature which the student will notice at once and which will perhaps puzzle him somewhat. This feature is the frequent and effective use of forms of endearment, disparagement, and contempt, and of diminutive forms and forms of magnification. All of these forms are denoted by a variety of suffixes; the most important of them are listed below, to ease the student's way to his first sampling of Russian poetry.

A. Suffixes imparting to the noun a diminutive meaning and/or expressing endearment:

-ик	: (дом) до́мик	"little (dear) house"
-ок (ёк)	: (сын) сыно́к	"dear little son"
-ец	: (брат) бра́тец	"dear little brother"
-ка	: (рука́) ру́чка	"dear little hand"
-йца	: (сестра́) сестри́ца	"dear little sister"

B. Suffixes expressing tenderness, endearment:

-ушка	: де́душка	"grandfather"
	ба́бушка	"grandmother"
-юшка	: ба́тюшка	"daddy, little father"
	дя́дюшка	"dear (little) uncle"
-енька	: па́пенька	"dear father"
	ма́менька	"dear mother"

C. Suffixes expressing contempt:

-йшка	: мальчи́шка	"urchin, brat"
-йшко	: доми́шко	"miserable little house, a shack"
-ёнка	: избёнка	"miserable little hut"

D. Suffixes expressive of magnitude, hugeness:

-ище   : парни́ще ‘‘big fellow’’; доми́ще ‘‘huge house’’

Adjectives can also be given a diminutive and/or endearing meaning by attaching the ending -енький in place of -ый:

ми́лый	‘‘dear’’	ми́ленький	‘‘dear, little (one)’’
хоро́ший	‘‘good’’	хоро́шенький	‘‘pretty’’

Notice the frequent occurence of these suffixes, especially in the first two poems that follow. The ‘‘visible’’ vocabulary is provided to eliminate the boredom of mechanical thumbing of dictionaries but not the satisfaction that is sure to come with the realisation that the knowledge of Russian gained in this course proves quite ample to deal with the poems here offered. (The new words or phrases are asterisked and translated, *unless they are easily derivable from known words*.)

I. КАЗАЧЬЯ КОЛЫБЕЛЬНАЯ ПЕСНЯ
(COSSACK CRADLE SONG)

Text	Vocabulary
Спи, младе́нец* мой прекра́сный,	infant, child
Ба́юшки-баю́.	
Ти́хо све́тит ме́сяц* я́сный	moon
В колыбе́ль* твою́.	cradle
Ста́ну ска́зывать я ска́зки,*	fairytale
Пе́сенку спою́.	
Ты ж дремли́*, закры́вши гла́зки,	to dream, sleep
Ба́юшки-баю́.	peacefully

II. А. Фет: ЗИМА

Text	Vocabulary
Чу́дная* карти́на,*	beautiful (wondrous) picture
Как ты мне родна́!	
Бе́лая равни́на,	
По́лная луна́.*	synonym for ме́сяц
Свет небе́с* высо́ких	plural of не́бо
И блестя́щий* снег,*	glistening snow
И сане́й* далёких,	sled (gen. pl.)
Одино́кий бег!*	run, course

III. А. Блок: ВЕРБОЧКИ[1]

Text	Vocabulary
Мáльчики, да дéвочки	
Свéчечки*, да вéрбочки*	little candles and willow branches
Понеслú домóй.	(diminutive/endearing forms!)
Огонёчки* тéплятся*	endearing demunitive of огóнь (m.)
Прохóжие крéстятся*	cross themselves
И пáхнет веснóй	and there is a smell of spring
	(spring is in the air)
Ветерóк удáленький,*	brave, boisterous (diminutive/
	endearing form!)
Дóждик*, дóждик мáленький,	(diminutive/endearing!)
Не задýй* огня*.	blow out the fire
В Воскресéнье Вéрбное	
Зáвтра встáну пéрвая	
Для святóго дня.*	for the holy day

IV. А. Пушкин: ЗИМНЕЕ УТРО

Text	Vocabulary
Морóз* и сóлнце; день чудéсный*	frost; wondrous
Ещё ты дрéмлешь,* друг	doze, dream
прелéстный.	
Порá, красáвица, проснúсь:*	wake up
Вечóр,* ты пóмнишь, вьюга*	last evening; snow storm
злúлась,*	was raging
На мýтном* нéбе мгла* носúлась;*	cloudy; haze was hovering
Лунá, как блéдное пятнó*,	spot
Сквозь* тýчи* мрáчные* желтéла,*	was yellow through the
	darkling clouds
А ты печáльная* сидéла.	sad one
А нынче*... поглядú в окнó:	now
Под голубыми* небесáми	synonym for синúй
Великолéпными* коврáми	magnificent
Блестя́ на сóлнце, снег лежúт;	
Прозрáчный* лес одúн чернéет	transparent
И ель* сквозь úней* зеленéет,	fir tree; hoar frost
И рéчка подо* льдóм* блестúт.	подо—под; ice

---

[1] The Sunday before Easter Sunday is called Вéрбное Воскресéние. It is the equivalent of our Palm Sunday. The poem describes how, on the eve of that festive day, boys and girls are carrying home the blessed candles and willow branches, blessed at an evening service.

V.   М. Лермонтов: ГОРНЫЕ ВЕРШИНЫ

Text	Vocabulary
Го́рные верши́ны* спят во тьме́ ночно́й;	mountain top, peak
Ти́хие доли́ны*	valleys
По́лны све́жей мгло́й;	
Не пыли́т* доро́га,	send up dust
Не дрожа́т* листы́*...	leaves do not tremble
Подожди́ немно́го,	
Отдохнёшь и ты́.	

VI.   А. Майков: ХРИСТОС ВОСКРЕС!

Text	Vocabulary
Повсю́ду* бла́говест* гуди́т*	Everywhere the ringing of bells resounds (lit.: drones)
Из всех церкве́й наро́д вали́т,*	throng
Заря́* гляди́т уже́ с небе́с...	the dawn, sunrise
Христо́с* Воскре́с!* Христо́с Воскре́с!	Christ has risen!
Вот просыпа́ется земля́,	
И одева́ются поля́...	
Весна́ идёт, полна́ чуде́с*	wonders (gen.)
Христо́с Воскре́с! Христо́с Воскре́с!	

VII.   М. Лермонтов: МОЛИТВА

Text	Vocabulary
В мину́ту жи́зни тру́дную,	
Тесни́тся ль* в се́рдце грусть,*	crowds; sadness (if, whenever sadness crowds in the heart)
Одну́ моли́тву* чу́дную*	prayer: wonderful
Твержу́* я наизу́сть.*	repeat by heart
С души́* как бре́мя ска́тится,*	soul; rolls, falls off (disappears)
Сомне́нье* далеко́ —	doubt ("is" understood)
И ве́рится* и пла́чется,*	and one believes; and one weeps (tears of joy and relief)
И так легко́, легко́.	

VIII. М. Лермонтов: ПАРУС

Text	Vocabulary
Белеет* парус* одинокий*	shines white; sail; lonely
В тумане* моря голубом.	mist (fog)
Что ищет он в стране далёкой?	
Что кинул* он в краю родном?	left (behind)
Играют волны, ветер свищет*...	whistles
И мачта* гнётся* и скрипит*...	the mast bends and creaks
Увы!* Он счастия не ищет	Alas!
И не от счастия бежит!	
Под ним струя* светлей лазури,*	flash (*lit.*: stream); azure
Над ним луч* солнца золотой,	ray
А он, мятежный,* просит бури,	rebellious, mutinous
Как будто в бурях есть покой!*	rest, peace

IX. А. Майков: ТИХО МОРЕ ГОЛУБОЕ!

Text	Vocabulary
Тихо море голубое!	
Если б вихрь* не налетал,*	whirlwind; swoop down, rush in
Не шумело б, не кидало* б	would not throw
В берега за валом вал!*	wave, surge
Тихо б грудь* моя дышала,*	breast; would breathe
Если б вдруг, в душе моей	
Образ* твой не проносился*	picture, image; rush through
Вихря буйного* быстрей!	tempestuous, raging

X. М. Кольцов: НАРОДНАЯ ПЕСНЯ

Text	Vocabulary
Дуют ветры	
Ветры буйные,*	storms (*lit.*: wild winds)
Ходят тучи,*	clouds
Тучи тёмные	
Не видать в них	
Света* белого,*	the wide world (*lit.*: white world)
Не видать в них	
Солнца красного.*	for: красивого (archaic)

Во сыро́й* мгле,*	damp mist, haze
За тума́нами,	
То́лько но́чка*	night (*lit.*: little night)
Лишь* черне́ется*...	only darkles
В э́ту по́ру*	time
Непого́жую*	foul, bad weather (adj.)
Одному́ жить	
Се́рдцу хо́лодно...	

XI. А. Пушкин: ЭПИГРАММЫ

Text	Vocabulary
Друзья́, прости́те! завеща́ю*	bequeath
Вам всё, чем рад и чем бога́т:	
Оби́ды,* пе́сни — всё проща́ю,*	insults, affronts; forgive
А мне пуска́й долги́* простя́т.	debts

**

Всегда́ так бу́дет и быва́ло,	
Тако́в* издре́вле* бе́лый* свет.*	such from yore (is) the wide (white) world
Учёных мно́го, у́мных ма́ло,	
Знако́мых тьма,* а дру́га нет.	great number, mass of (*lit.*: darkness)

**

Полумило́рд, полукупе́ц,*	half-merchant
Полумудре́ц,* полуневе́жда,*	half-wise man, half-boor
Полуподле́ц,* но есть наде́жда,*	half-rascal; hope
Что бу́дет по́лным наконе́ц.	

**

Пусто́е «вы» серде́чным* «ты»	heartfelt, cordial
Она́, обмо́лвясь,* замени́ла,*	by slip of tongue she had replaced
И все счастли́вые мечты́*	dreams, reveries, wishful thoughts
В душе́ влюблённой* возбуди́ла.*	infatuated; she aroused, awakened
Пред ней заду́мчиво* стою́;	thoughtfully
И говорю́ ей, как «вы» ми́лы	
И мы́слю:* как «тебя́» люблю́!	think

XII.   А. Блок: ДЕВУШКА ПЕЛА...

Text	Vocabulary
Де́вушка пе́ла в церко́вном хо́ре*	choir
О всех уста́лых в чужо́м* краю́,	foreign, strange
О всех корабля́х, уше́дших в мо́ре,	
О всех забы́вших ра́дость свою́.	
Так пел её го́лос, летя́щий в ку́пол,*	flying up to (into) the cupola
И луч* сия́л* на бе́лом плече́,	the ray was bright (shone)
И ка́ждый из мра́ка* смотре́л и слу́шал,	out of the darkness
Как бе́лое пла́тье* пе́ло в луче́.	stands in poetic context for: де́вушка
И всем каза́лось, что ра́дость бу́дет,	
Что в ти́хой за́води* все корабли́,	sheltered cove (lit.: backwater)
Что на чужби́не* уста́лые лю́ди	in the foreign land
Све́тлую жизнь себе́ обрели́·*	have gained (obtained) for themselves [1]

TEXT OF RUSSIAN SONGS

(Recorded by the Don Cossack Choir on Record No. CHS 1230)

I. ПОЛЮШКО—ПОЛЕ

Text	Vocabulary
По́люшко-по́ле,	
По́люшко широ́ко по́ле	
Едут по по́лю геро́и,	
Эх-да Кра́сной Армии геро́и.	
Де́вушки пла́чут,*	they cry
Де́вушкам сего́дня гру́стно.*	sad
Ми́лый надо́лго уе́хал,	
Эх-да ми́лый в а́рмию уе́хал.	

---

[1] The last verse is omitted.

Дéвушки, гля́ньте,*	look, take a look
Гля́ньте на доро́гу на́шу,	
Вьётся* да́льняя* доро́га.	stretches (*lit.*: curls); distant
Эх-да развесёлая* доро́га.	a most merry, happy
Едем мы, éдем,	
Едем, а круго́м* колхо́зы.	round about, around
На́ши, дéвушки, колхо́зы,	
Эх-да молоды́е на́ши села́.*	villages

II. МЕТЕЛИЦА

Text	*Vocabulary*
Вдоль* по у́лице метéлица* метёт,*	along; the snow
За метéлицей мой ми́ленький идёт.	storm is sweeping
Ты посто́й,* посто́й краса́вица моя́,	stop a while, tarry
Дай мне наглядéться,* ра́дость на тебя́.	to have one's fill of looking
На твою́ ли* на прия́тну¹ красоту́,	not expressive of a question here
На твоё ли* да на бéлое лицо́.	but implies "as well as..."
Ты посто́й, посто́й, краса́вица моя́,	
Дай мне наглядéться, ра́дость, на тебя́	refrain—припéв
Красота́ твоя́ с ума́ меня́ свела́,*	has driven me insane (*lit.*: has led me off my mind.)
Погуби́ла* до́бра² мо́лодца* меня́.	has undone, destroyed; right fine young fellow
Ты посто́й, посто́й, краса́вица моя́,	
Дай мне наглядéться, ра́дость на тебя́.	

---

¹ Short ending in keeping with folk-tone.

² An archaic form of the adjective particularly common in folk-speech.

III. КТО ЕГО ЗНАЕТ

Text	*Vocabulary*
На закáте* хóдит пáрень*	at sunset; fellow, lad
Вóзле* дóма моегó.	in front of
Поморгáет* мне глазáми	winks
И не скáжет ничегó.	
И кто егó знáет, зачéм он моргáет,	
Зачéм он моргáет, зачéм он моргáет...	refrain—припéв
Как придý я на гулянье*	festive dance
Он танцýет и поёт.	
А простúмся у калúтки,*	gate
Отвернётся* и вздохнёт.*	turns away; sighs
И кто егó знáет, чегó* он вздыхáет,	why
Чегó он вздыхáет, чегó он вздыхáет...	
Я спросúла, что* не вéсел	why
И не рáдуется.*	is not happy
Потерял* я, отвечáет,	I have lost
Сéрдце бéдное своё.	
И кто егó знáет, зачéм он теряет,	
Зачéм он теряет, зачéм он теряет...	
А вчерá прислáл по пóчте	
Два загáдочных* письмá.	mysterious
В кáждой стрóчке	
Тóлько тóчки.*	dots, periods
Догадáйся,* мол,* самá.	guess; emphatic particle
И кто егó знáет, на что намекáет,*	hints
На что намекáет, на что намекáет.	
Я разгáдывать не стáла,	
Не надéйся* и не жди!	don't hope
Тóлько сéрдце почемý-то	
Слáдко тáяло* в грудú.*	melted in breast
И кто егó знáет, чегó онó тáет,	
Чегó онó тáет, чегó онó тáет.	

IV. Цыганская песня: МОЙ КОСТЁР

Text	Vocabulary
Мой костёр* в тумáне свéтит,	campfire
Искры* гáснут* на летý;*	the sparks are extinguished,
Нóчью нас никтó не встрéтит,	die away in flight
Мы прости́мся на мостý.	
Ночь пройдёт и спозарáнок*	very early
В степь далёко, ми́лый мой,	
Я уйдý с толпóй цыгáнок*	gipsies
За киби́ткой* кочевóй.*	covered nomadic cart
	(a nomad's cart)
На прощáнье шаль* с каймóю*	shawl with a hem
Ты узлóм* на мне стяни́:*	into a knot; tie (pull
Как концы́ её, с тобóю	together)
Мы сходи́лись* в э́ти дни.	we met (came together)
Кто-то мне судьбý предскáжет?	
Кто-то зáвтра, сóкол* мой,	falcon
На груди́ моéй развя́жет*	will untie
Узел, стя́нутый тобóй?	
Вспóмни же,* когдá другáя,	do remember
Дрýга ми́лого любя́,	
Бýдет пéсни петь игрáя	
На колéнях* у тебя́!	on (your) knees (your lap)
Мой костёр в тумáне свéтит,	
Искры гáснут на летý,	
Нóчью нас никтó не встрéтит,	
Мы прости́мся на мостý.	

V. И. Козлов: ВЕЧЕРНИЙ ЗВОН

Text	Vocabulary
Вечéрний звон,* вечéрний звон!	(*lit.*: peal, ringing of
	evening bells)
Как мнóго дум* навóдит* он	thoughts it calls up
О ю́ных* днях* в краю́ роднóм,	of youthful days
Где я люби́л, где óтчий дом,*	parental (father's) house
И как я с ним на век простя́сь,	
Там слýшал звон в послéдний раз.	

| Уже́ не зреть* мне све́тлых дней | to see, behold (archaic) |
| Весны́ обма́нчивой* мое́й | illusive, deceptive |

Уже́ не зреть* мне све́тлых дней — to see, behold (archaic)
Весны́ обма́нчивой* мое́й — illusive, deceptive
И ско́льких нет тепе́рь в живы́х
Тогда́ весёлых, молоды́х
И кре́пок их моги́льный* сон:* — sleep of death, sepulchral sleep
Не слы́шен им вече́рний звон.

Лежа́ть и мне в земле́ сыро́й!
Напе́в* уны́лый* надо мно́й — a sad tune, melody, refrain
В доли́не* ве́тер разнесёт;* — valley (vale); will scatter
Друго́й певе́ц по ней пройдёт —
И уж не я, а бу́дет он
В разду́мьи* петь вече́рний звон. — in thought, pensively

PROVERBS — ПОСЛОВИЦЫ

Text	*Vocabulary*
Без посло́вицы не проживёшь.[1]	Without the proverb, you won't make your way through life.[1]

1. *Learning*

Век* живи́, век учи́сь!	century, age
Повторе́нье* — мать уче́нья.	repetition
Учи́сь смо́лоду,* не умрёшь с го́лоду.*	from early youth; from hunger

Уче́нье свет, а неуче́нье тьма!

2. *Work*

| Рабо́та не медве́дь,* в лес не убежи́т.* | the bear; won't run away |

Де́ло ма́стера бои́тся.

| Ко́нчил де́ло, гуля́й сме́ло!* | boldly |
| Коне́ц де́лу вене́ц. | All's well that ends well. |

---

[1] Notice that some of the more difficult and idiomatic proverbs are rendered in full. The majority of items, however, the student should have little difficulty in handling aided by the "visible" vocabulary

Ти́ше* е́дешь, да́льше бу́дешь.   more quietly, calmer,
                                                                              slower

Куй желе́зо пока́ горячо́!   Strike while the iron
                                                                              is hot!

Терпе́ние и труд всё перетру́т.   Patience and work
                                                                              will overcome
                                                                              everything.

3. Love and Friendship

Наси́льно мил не бу́дешь.   One cannot endear
                                                                              oneself by force.

Ста́рый друг лу́чше но́вых двух.
Не име́й сто рубле́й, а име́й сто друзе́й!
Де́вичье «нет» не отка́з.   A maiden's "no"
                                                                              is not a refusal.

С глаз доло́й, из се́рдца вон.   Out of sight, out of
                                                                              the heart (mind).

4. Way of the World

Жизнь прожи́ть, не по́ле перейти́.*   to cross
Нет ху́да без добра́.   In every evil there
                                                                              is [some] good.

Пра́вда светле́й со́лнца.
Без Бо́га ни до поро́га.*   threshold
Утро ве́чера мудрене́е.*   wiser
Нет ды́ма без огня́.*   fire
Не всё то зо́лото, что блести́т.*   glistens
Лу́чше по́здно, чем никогда́.

За три ве́щи не руча́йся:*   don't vouch for
за часы́, за ло́шадь, да за жену́!

Ру́сский челове́к лю́бит:*   «говори́ть» is
                                                                              understood

«аво́сь», «небо́сь», да «ка́к-нибу́дь.»*   "perhaps," "proba-
                                                                              bly," "somehow"

ЗАГАДКИ — RIDDLES

Text	*Vocabulary*
1	**1**
Та́ет снежо́к, Ожил лужо́к,* День прибыва́ет.* Когда́ это быва́ет?	the meadow has come alive is growing longer
2	**2**
Со́лнце печёт,* Ли́па цветёт,* Рожь поспева́ет.* Когда́ э́то быва́ет?	burns hot, bakes the linden stands in bloom the corn is ripening
3	**3**
Пусты́* поля́ Мо́кнет* земля́, Дождь полива́ет.* Когда́ э́то быва́ет?	empty is wet, soaked pours
4	**4**
Снег на поля́х, Лёд* на река́х, Вью́га* гуля́ет.* Когда́ э́то быва́ет?	ice the snow storm is blowing
5	**5**
Шуми́т* он в по́ле и в саду́ А в дом не попадёт* И никуда́ я не иду́ Покуда* он идёт	it makes noise will not get in as long as (colloquial)
6	**6**
Под* Но́вый Год пришёл он в дом Таки́м румя́ным* толстяко́м.* Но с ка́ждым днём теря́л* он вес* И наконе́ц совсе́м исчёз!*	on the eve of (New Year) rosy-cheeked fat one he lost weight disappeared

7

Кто на* бегу́,* пары́* клубя́*

on the run; blowing off
steam

Пуска́я дым трубо́й*
Несёт вперёд
И сам себя́
Да и меня́ с тобо́й?

through the smokestack

8

8

Всегда́ шага́ем* мы вдвоём,*
Похо́жие как бра́тья.
Мы за обе́дом под столо́м,
А но́чью под крова́тью.*

walk (march) in pairs

synonym for посте́ль

9

9

Мы хо́дим но́чью,
Хо́дим днём,
Но никуда́
Мы не уйдём.

Мы бьём* испра́вно*
Ка́ждый час
Но вы, друзья́,
Не бе́йте нас!

we strike punctually

РАЗГА́ДКА

SOLUTION

1. весно́й
2. ле́том
3. о́сенью
4. зимо́й
5. дождь
6. календа́рь
7. парово́з
8. боти́нки, ту́фли, сапоги́
9. часы́

in the spring
in the summer
in the fall
in the winter
rain
calendar
locomotive
shoes, slippers, boots
watch, clock

to give

ПРИЛОЖЕНИЕ II

APPENDIX II

I. DECLENSION OF NOUNS

Masculine and Neuter Genders

Singular

of

giving *to*

	Masculine			Neuter		
	Hard	Soft	Soft	Hard	Soft	Soft
Nom.	стол	музéй	дождь	мéсто	пóле	здáние
Gen.	столá	музéя	дождя́	мéста	пóля	здáния
Dat.	столý	музéю	дождю́	мéсту	пóлю	здáнию
Acc.	стол[1]	музéй[1]	дождь[1]	мéсто	пóле	здáние
Instr.	столóм[2]	музéем[3]	дождём[3]	мéстом	пóлем[3]	здáнием[3]
Prep.	столé	музéе	дождé	мéсте	пóле	здáнии

Plural

Nom.	столы́[4]	музéи	дожди́	местá	поля́	здáния
Gen.	столóв[5]	музéев	дождéй	мест	полéй	здáний
Dat.	столáм	музéям	дождя́м	местáм	поля́м	здáниям
Acc.	столы́[4]	музéи	дожди́	местá	поля́	здáния
Instr.	столáми	музéями	дождя́ми	местáми	поля́ми	здáниями
Prep.	столáх	музéях	дождя́х	местáх	поля́х	здáниях

[1] *Animate masculines* have identical *accusative* and *genitive* endings.

[2] *Unaccented* instrumental ending -ом of *masculines* becomes -ем when preceded by ж, ч, ш, щ, ц: товáрищем.

[3] When *stressed*, the masculine and neuter instrumental ending -ем changes to -ём: дождём, ружьём. The same change from е to ё takes place in the *neuter nominative* and *accusative singular*: ружьё.

[4] *Masculine* plural nominative and accusative (inanimate) ending -ы changes to -и when preceded by г, к, х, ж, ч, ш, щ (not ц) : товáрищи.

[5] The *masculine genitive plural* ends in -ей after ж, ч, ш, щ: товáрищей; and in -ев after ц: мéсяцев.

For further peculiarities in the declension of *masculines*, see Lessons 18, 19, 21; for further peculiarities in the declension of *neuters*, see Lessons 20, 21.

320

DECLENSION OF NOUNS (continued)

Feminine Gender

Singular

	Hard	Soft	Soft	Soft
Nom.	ко́мната	неде́ля	дверь	фами́лия
Gen.	ко́мнаты[1]	неде́ли	две́ри	фами́лии
Dat.	ко́мнате	неде́ле	две́ри	фами́лии
Acc.	ко́мнату	неде́лю	дверь	фами́лию
Instr.	ко́мнатой[2] (ою)[2]	неде́лей (ею)	две́рью	фами́лией (ею)
Prep.	ко́мнате	неде́ле	две́ри	фами́лии

Plural

	Hard	Soft	Soft	Soft
Nom.	ко́мнаты[1]	неде́ли	две́ри	фами́лии
Gen.	ко́мнат	неде́ль	двере́й	фами́лий
Dat.	ко́мнатам	неде́лям	деря́м	фами́лиям
Acc.	ко́мнаты[1,3]	неде́ли[3]	две́ри[3]	фами́лии[3]
Instr.	ко́мнатами	неде́лями	деря́ми	фами́лиями
Prep.	ко́мнатах	неде́лях	деря́х	фами́лиях

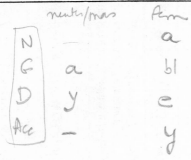

[1] *Genitive singular* and *nominative* and *accusative plural* ending -ы changes to -и after г, к, х, ж, ч, ш, щ (not ц): кни́ги.

[2] *Unstressed* instrumental singular ending -ой (-ою) changes to -ей (-ею) after ж, ч, ш, щ, ц: продавщи́цей.

[3] *Animate* feminine nouns have identical *accusative* and *genitive* endings in the *plural*.

Note that, in the *plural, feminine* noun endings differ from those of the *masculine* only in the *genitive* (and in the accusative of animate feminines).

For further peculiarities in the declension of feminine nouns, see Lesson 23.

II. NOUN ENDINGS

The Three Regular Declensional Patterns Arranged for Easy Comparison

Singular

Cases	Masculine and Neuter	Feminine
Nom.	Consonant : стоЛ **Hard** -О : окнО **Hard** -Ь : гость -Й : чаЙ } **Soft** -Е : мóрЕ } **Soft** -иЙ : гéниЙ -Ё : ружьЁ -иЕ : здáниЕ	-А : кóмнатА **Hard** -Я : недéлЯ -ия : фамúлиЯ } **Soft** -ь : дверь
Gen.	*Hard:* **-А** *Soft:* **-Я**	*Hard:* **-Ы** *Soft:* **-И**
Dat.	*Hard:* **-У** *Soft:* **-Ю**	-А and -Я > *-Е -иЯ and -ь > -И
Acc.	Masc. *Inanimate* like Nominative *Animate* like Genitive Neuter always like Nominative	-А > -у -Я and -иЯ > -ю -ь remains *unchanged*
Instr.	*Hard:* **-ОМ** *Soft:* **-ЕМ**	-А > -ОЙ (-ОЮ) -Я and -иЯ > ЕЙ (-ЕЮ) -ь > -ью
Prep.	*Always* **-Е** except masc. -иЙ > -иИ neut. -иЕ > -иИ	-А and -Я > -Е -иЯ and -ь > -И

* The sign > stands for "changes to."

Plural — All Genders

Cases	Masculine and Neuter	Feminine
Nom.	Masculine and Feminine *Hard:* **-Ы** Masculine and Feminine *Soft:* **-И**	Neuter *Hard:* **-А** Neuter *Soft:* **-Я**
Gen.	*Masculine* Hard Cons. adds **-ОВ** **-Й** and **иЙ** > **-ЕВ** **-Ь** > **ЕЙ** *Neuter* *Hard:* no ending **-Е** and **-Ё** > **-ЕЙ** **-иЕ** > **-иЙ**	*Feminine* *Hard:* no ending **-Я** > **-Ь;** **-иЯ** > **-иЙ** **-Ь** > **-ЕЙ**
Dat.	*All Genders Hard:* **-АМ** *All Genders Soft:* **-ЯМ**	
Acc.	Inanimate — Masculine and Feminine like *Nominative* Animate — Masculine and Feminine like *Genitive* Neuter always like *Nominative*	
Instr.	*All Genders Hard:* **-АМИ** *All Genders Soft:* **-ЯМИ**	
Prep.	*All Genders Hard:* **-АХ** *All Genders Soft:* **-ЯХ**	

III. PLURAL ENDINGS OF RUSSIAN NOUNS

Plural Endings	*Types of Nouns*
-Ы	*Masc.* ending in *Hard Consonants*: стол, заво́д, etc. *Fem.* ending in the *Hard Vowel* **«А»**: жена́, рабо́та, etc.
-И	*Masc.* ending in **«Й»**: ге́ний, музе́й, etc. *Fem.* ending in **«Я»**: дере́вня, ку́хня, etc. *Masc. & Fem.* ending in **«Ь»**: день. ночь, etc. *Masc. & Fem.* the stem of which ends in **«Г, К, Х»** and in **«Ж, Ш, Щ»**: кни́га, нож, това́рищ, etc. *Neuters*: плечо́, я́блоко.
-А	Most *Neuters* ending in **«О»**: окно́, ме́сто, etc. Certain *Masc.* with stress on the plural ending: глаза́, города́, доктора́, дома́, поезда́. *Neuters* ending in **«ЖЕ, ШЕ, ЩЕ, ЧЕ, ЦЕ»**: со́лнце, се́рдце, etc.
-Я	*Neuters* ending in **«Е»** *or* **«Ё»**: по́ле, ружьё, etc. *Masc.* ending in **«Ь»** and having the stress on the plural ending: учителя́, *etc.*
-АНЕ **-ЯНЕ**	*Masc.* ending in **«АНИН»** and **«ЯНИН»**: англича́нин, граждани́н, крестья́нин, христиа́нин.
-ЬЯ	*Masculines*: брат, лист, муж, стул. *Neuters*: де́рево, перо́.
-ЕНА	*Neuters ending in* **«МЯ»**: бре́мя, вре́мя, вы́мя, зна́мя, и́мя, пла́мя, пле́мя, се́мя, стре́мя, те́мя.

	Singular	*Plural*	*Singular*	*Plural*
Irregular Formations	господи́н	господа́	мать	ма́тери
	дитя́	де́ти	ребёнок	ребя́та
	дочь	до́чери	сын	сыновья́
	друг	друзья́	у́хо	у́ши
	челове́к	лю́ди	цвето́к	цветы́

IV. DECLENSION OF ADJECTIVES

Hard: -'ый (-'ий); -ой

	Masculine	*Neuter*	*Feminine*	*Plural* *All Genders*
Nom.	но́вый	но́вое	но́вая	но́вые
Gen.	но́вого	но́вого	но́вой	но́вых
Dat.	но́вому	но́вому	но́вой	но́вым
Acc.	но́вый(ого)	но́вое	но́вую	но́вые(ых)
Instr.	но́вым	но́вым	но́вой (ою)	но́выми
Prep.	но́вом	но́вом	но́вой	но́вых

Soft: -'ий

	Masculine	*Neuter*	*Feminine*	*Plural* *All Genders*
Nom.	си́ний	си́нее	си́няя	си́ние
Gen.	си́него	си́него	си́ней	си́них
Dat.	си́нему	си́нему	си́ней	си́ним
Acc.	си́ний(его)	си́нее	си́нюю	си́ние(их)
Instr.	си́ним	си́ним	си́ней (ею)	си́ними
Prep.	си́нем	си́нем	си́ней	си́них

1. Adjectives in **-о́й (молодо́й)** are declined exactly like **но́вый,** the stress being on the ending throughout the declension.

2. After **г, к, х, ж, ч, ш, щ** the vowel **ы** of all endings in the *hard* declension changes to **и.**

3. After **ж, ч, ш, щ, ц** the *unstressed* **о** of all endings in the *hard* declension changes to **е.**

4. When an adjective modifies an *animate masculine* noun in the *singular* or *animate masculine* and *feminine* nouns in the *plural* its *accusative* ending is like its *genitive.*

V. DECLENSION OF THE POSSESSIVE PRONOUN-ADJECTIVES

	Masculine	Neuter	Feminine	Plural All Genders
Nom.	мой	моё	моя	мои
Gen.	моего	моего	моей	мойх
Dat.	моему	моему	моей	мойм
Acc.	мой(его)	моё	мою	мои(йх)
Instr.	мойм	мойм	моей(ею)	мойми
Prep.	моём	моём	моей	мойх

Like **мой** are declined **твой** "your, yours" and the reflexive possessive pronoun-adjective **свой** "my own, your own, his own, etc."

	Masculine	Neuter	Feminine	Plural All Genders
Nom.	наш	наше	наша	наши
Gen.	нашего	нашего	нашей	наших
Dat.	нашему	нашему	нашей	нашим
Acc.	наш(его)	наше	нашу	наши(их)
Instr.	нашим	нашим	нашей (ею)	нашими
Prep.	нашем	нашем	нашей	наших

Like **наш** is declined **ваш** "your, yours" (plural and polite).

The third person possessive pronoun-adjectives **его** "his, its," **её** "her, hers," **их** "their, theirs," are not declined.

For the declension of other pronoun-adjectives see:

VI. NUMBERS[1]

	Cardinals	Ordinals	
1	оди́н, одна́, одно́	пе́рвый, -'ая, -'ое	first
2	два, две	второ́й, -а́я, -о́е	second
3	три	тре́тий, -'ья, -'ье	third
4	четы́ре	четвёртый, -'ая, -'ое	fourth
5	пять	пя́тый, -'ая, -'ое	fifth
6	шесть	шесто́й, -а́я, -о́е	sixth
7	семь	седьмо́й, -а́я, -о́е	seventh
8	во́семь	восьмо́й, -а́я, -о́е	eighth
9	де́вять	девя́тый, -'ая, -'ое	ninth
10	де́сять	деся́тый, -'ая, -'ое	tenth
11	оди́ннадцать .	оди́ннадцатый, -ая, -ое	11th
12	двена́дцать ...	двена́дцатый, -ая, -ое	12th
13	трина́дцать ...	трина́дцатый, -ая, -ое	13th
14	четы́рнадцать	четы́рнадцатый, -ая, -ое	14th
15	пятна́дцать ...	пятна́дцатый, -ая, -ое	15th
16	шестна́дцать .	шестна́дцатый, -ая, -ое	16th
17	семна́дцать ...	семна́дцатый, -ая, -ое	17th
18	восемна́дцать .	восемна́дцатый, -ая, -ое	18th
19	девятна́дцать .	девятна́дцатый, -ая, -ое	19th
20	два́дцать	двадца́тый, -'ая, -'ое	20th
21	два́дцать оди́н	два́дцать пе́рвый, -'ая, -'ое	21st
22	два́дцать два .	два́дцать второ́й, -а́я, -о́е	22nd
30	три́дцать	тридца́тый, -'ая, -'ое	30th
40	со́рок	сороково́й, -а́я, -о́е	40th
50	пятьдеся́т	пятидеся́тый, -'ая, -'ое	50th
60	шестьдеся́т ...	шестидеся́тый, -'ая, -'ое	60th
70	се́мьдесят	семидеся́тый, -'ая, -'ое	70th
80	во́семьдесят ..	восьмидеся́тый, -'ая, -'ое	80th
90	девяно́сто	девяно́стый, -'ая, -'ое	90th
100	сто	со́тый, -'ая, -'ое	100th
200	две́сти	двухсо́тый, -'ая, -'ое	200th
300	три́ста	трехсо́тый, -'ая, -'ое	300th
400	четы́реста	четырёхсо́тый, -'ая, -'ое	400th
500	пятьсо́т	пятисо́тый, -'ая, -'ое	500th
600	шестьсо́т	шестисо́тый, -'ая, -'ое	600th
700	семьсо́т	семисо́тый, -'ая, -'ое	700th
800	восемьсо́т	восьмисо́тый, -'ая, -'ое	800th
900	девятьсо́т	девятисо́тый, -'ая, -'ое	900th
1,000	ты́сяча	ты́сячный, -ая, -ое	1000th
2,000	две ты́сячи ...	двухты́сячный, -ая, -ое	2,000th
10,000	де́сять ты́сяч .	десятиты́сячный, -ая, -ое	10,000th
1,000,000	оди́н миллио́н	миллио́нный, -'ая, -'ое	millionth

[1] For the declension of numerals, see: **оди́н**, Lesson 21; all other cardinals, Lesson 26; ordinals, Lesson 19.

VII. A SUMMARY OF RULES OF CASE REQUIREMENTS
AFTER CARDINAL NUMERALS

The Noun *with Cardinal Numerals*

RULE I:

When following **оди́н** and all its compounds (except 11), the noun agrees with the numeral in gender and case, and is always in the *Singular*.

Examples:

оди́н стол, **одного́** стола́, **одному́** столу́, etc. **два́дцать оди́н** стол, **двадцати́ одного́** стола́, **двадцати́ одному́** столу́, etc.

одно́ окно́, **одного́** окна́, **одному́** окну́; **два́дцать одно́** окно́, etc.

одна́ ко́мната, одно́й ко́мнаты, etc.; **два́дцать одна́** ко́мната, etc.

RULE II:

When following other cardinal numerals there is agreement in the *oblique* cases, i.e., in the Genitive Dative, Instrumental, Prepositional, and the *Accusative* when that case differs from the *Nominative*.

Examples:

двух столо́в, **с тремя́** друзья́ми, **о сорока́** зда́ниях, etc.

When following these cardinal numerals in the *Nominative* and the *Accusative* (when the accusative is like the nominative) there is *no* agreement, the following sub-rules apply:

SUB-RULE I:

When following 2, 3, 4, and all their compounds the noun is in the *Genitive Singular*.

Examples:

два стола́, **три** кни́ги, **два́дцать четы́ре** окна́, etc.

SUB-RULE II:

When following 5, 6, 7, 8, 9, and all their compounds as well as 10 and 11 the noun is in the *Genitive Plural*. Also when following 100 and its multiples.

Examples:

пять столо́в, **два́дцать шесть** книг, **де́сять** око́н, **оди́ннадцать** сту́льев, **сто** солда́т, **две́сти** до́лларов, etc.

A SUMMARY OF RULES OF CASE REQUIREMENTS
AFTER CARDINAL NUMERALS
(Continued)

The Adjective *with Cardinal Numerals*

RULE I :   When following one and its compounds (except
                  11), the adjective agrees with the numerals in
                  gender and case and is always in the *Singular*:
                  двáдцать одногó большóго столá, etc.

RULE II :   When following other numbers there is agreement
                  in the *oblique* cases: с двумя стáрыми друзья-
                  ми, ста стáрых книг, etc.

RULE III :   When following other numbers in the *Nominative*
                  and *Accusative* (when it is like nominative) the
                  adjective is always in the *Genitive Plural*, though
                  after 2, 3, 4* it can also be in the *Nominative
                  Plural*: две стáрых/стáрые кнúги, четы́ре
                  хорóших/хорóшие дрýга, пять извéстных
                  учёных, etc.

---

* and their compounds except 12, 13, 14.

VIII. PREPOSITIONS

Preposition		Case
без	without	**Genitive**
впереди	in front of	
для	for	
до	up to, until	
из	out of	
кроме	besides, except	
около	near, around, about	
от	from, away from	
подле	alongside of	
позади	behind	
после	after	
с (со)	from, off	
у	near, at, at the house of (possession)	
к (ко)	to, toward	**Dative.**
по	on, along, according to	
в (во)	in, into (motion)	**Accusative**
за	behind (motion)	
на	on, onto (motion)	
о (об, обо)	against	
под	under (motion)	
через	through, across, within (time)	
за	for, behind (location)	**Instrumental**
между	between	
над	above	
перед	in front of	
под	under (location)	
с (со)	with, by means of	
в (во)	in (location)	**Prepositional**
на	on (location)	
о (об, обо)	about, concerning	
при	in the presence of	

IX. PREPOSITIONS USED WITH MORE THAN ONE CASE

Prepositions	Cases	Meaning and sample sentences
в, на о, об обо	Accusative	**Motion toward, against:** Я éду в гóрод **на** концéрт. Вóлны бíли **о** бéрег. **Time:** Я прочёл э́то **в** час. Я éду в гóрод **на** недéлю.
	Prepositional	**Location:** Я **в** гóроде **на** концéрте. **Time:** Он éдет **в** мáрте, **на** э́той недéле. **"About," "concerning":** Мы читáем **о** поэ́те Пýшкине.
за под	Accusative	**Motion "behind," "under":** Он кладёт газéту **за** лáмпу, **под** кнíгу. **Time:** Я прочёл кнíгу **за** час.
	Instrumental	**Location "behind," "under":** Газéта **за** лáмпой, **под** кнíгой. **"ЗА" in the meaning of "for," "after":** Я идý **за** газéтой.
с со	Genitive	**"С" in the meaning of "from (off)":** Я взял кнíгу **со** столá. Он идёт **с** урóка.
	Instrumental	**"С" in the meaning of "with," "in the company of":** Онí говоря́т **с** учи́телем. Идёшь ты **с** ним на концéрт?

X. USE OF PREPOSITIONS WITH THEIR CASES IN *TIME* EXPRESSIONS

English	Prepositions Russian	Cases	Typical Expressions
after	**чéрез**	Accusative	**Чéрез** час мы бýдем дóма. After an hour we shall be home.
at (clock time)	**в**	Accusative	**В** час, **в** два часá, **в** пять At one, two, five o'clock
for (optional)	***	Accusative	Я читáл час. I read (for) an hour.
for (compulsory)	**на**	Accusative	Он приéхал **на** недéлю. He came for a week, i. e., to spend a week.
from — to	**от — до** **с — до**	Genitive	Я бýду у вас **от** чáса **до** шестú. I shall be with you from 1 to 6. Я бýду дóма **с** утрá **до** вéчера. I shall be at home from morning till evening.
	из — в **с — на**	Gen.—Acc.	Он жил там **из** гóда **в** год. He lived there from year to year; year in year out. Он меняет плáны **с** недéли **на** недéлю. He changes his plans from week to week.
in		Instrumental	Утр**ом**, дн**ём**, вéчер**ом**, нóчью Зим**óй**, весн**óй**, лéт**ом**, óсенью In the morning.., in winter...
	в	Prepositional	**В** мáе мéсяце: In the month of May

| English | Prepositions | | Typical Expressions |
	Russian	Cases	
in, during, within	в	Accusative	**В** однý минýту я узнáл её. In a (one) minute I recognized her.
	за	Accusative	**За** э́ту недéлю я прочёл всю кни́гу. During this week I read the whole book.
on (specific)	в	Accusative	**В** срéду у меня́ собрáние. On Wednesday I have a meeting.
		Genitive	Вторóго мáя у нас собрáние. On the second of May we have a meeting.
on (habitual, repetitive)	по	Dative	**По** средáм всегдá собрáния. On Wednesdays we always have meetings.
per (times a...)	раз ... в	Accusative	Урóк два рáза **в** недéлю. (There is) a lesson twice a week.
No Prepositions	в	Accusative	**В** э́ту срéду: this Wednesday
	на	Prepositional	**В** прóшлом годý: last year
		Prepositional	**На** э́той недéле: this week
	***	Instrumental	Э́той весной, прóшлой зимóй, бýдущим лéтом This spring, last winter, next summer

333

XI. PREPOSITIONAL PREFIXES

Prefixes	Meaning	Prepositions with which chiefly used	Case by which followed	Sample sentences (Notice perfective aspect of verbs.)
в, во	Motion into a place	в	Accusative	Я войду́ в ко́мнату.
вз, вс, взо	Motion upward (N. B.: з changes to c before voiceless consonants)	на	Accusative	Мы взойдём на го́ру. Он взбежа́л на 2-о́й.эта́ж.
вы	Motion out of a place	из	Genitive	Я вы́шел из ко́мнаты.
до	Completion; action carried to a fixed limit	до	Genitive	Я дошёл до клу́ба. Он дописа́л письмо́ до конца́.
за	Starting; turning in; going behind	к за	Dative or Accusative	Она́ запе́ла. Зайди́те к нам за́втра. Я зае́хал за го́ру.
из ис	"out" in a figurative sense: thoroughly, completely	***	***	Я изучи́л ка́рту Евро́пы. Он исписа́л весь лист.
на	On; upon; and figuratively: satiation	на	Accusative	Авто́бус нае́хал на де́рево. Он нашёл меня́ бы́стро. Он нае́лся и напи́лся.
над	Over; above; also figuratively	***	***	Он надписа́л э́ту кни́гу.
о, обо	Motion around and about; also figuratively	***	***	Я обошёл парк. Он описа́л наш го́род.
от, ото	From, away (with reference to place and person)	от	Genitive	Мы отошли́ от кино́. Он отошёл от бра́та.

334

Prefixes	Meaning	Prepositions with which chiefly used	Case by which followed	Sample sentences (Notice perfective aspect of verbs.)
пе́ре	Repetition or Motion across	че́рез	Accusative	Он переплы́л (че́рез) о́зеро. Я переде́лал гара́ж.
по	Completion or performance in a casual or leisurely manner	***	***	Я попроси́л ещё воды́. Он лю́бит посиде́ть и поговори́ть.
под	Motion up and under, also figuratively: stealth, subterfuge	под к	Accusative Dative	Он подлёз под стол. Он подошёл к ней. Он подговори́л меня́. Он подкра́лся ко мне.
при	Arrival, attachment	***	***	Я приписа́л не́сколько слов. По́езд прие́хал.
про	motion & action through, thoroughly	че́рез* +	Accusative Instrumental	Я прошёл че́рез парк. Я прошёл па́рком.
пред	"fore," before	***	***	Предска́зывают дождь. Я э́то предви́дел.
раз рас	"dis," "un"; dispersion, division	***	***	Они́ разъе́хались. Она́ раздала́ свои́ ве́щи.
с со, с	Motion away from a place; completion; with reflexive verbs: union, coming together.	с со	Genitive Instrumental	Я собра́л кни́ги со стола́. Кто э́то сде́лал? Они́ сошли́сь хара́ктерами.
у	motion away from a place; disappearance.	из	Genitive	Он уе́хал из го́рода. Самолёт улете́л.

* Optional.

XII. THE VERB

First Conjugation

Imperfective	*Perfective*

I. Infinitive:

читáть   прочитáть   to have read
to read, be reading

II. Indicative:

Present Tense

I read, am reading

я читáю
ты читáешь
он, онá, онó читáет   None

мы читáем
вы читáете
они́ читáют

Past Tense

I read, was reading   I have, had read

я читáл, ла, ло   я прочитáл, ла, ло
ты читáл, ла, ло   ты прочитáл, ла, ло
он читáл   он прочитáл
онá читáла   онá прочитáла
онó читáло   онó прочитáло

мы, вы они́ читáли   мы, вы, они́ прочитáли

Future Tense

I shall read, be reading   I shall have read

я бýду читáть   я прочитáю
ты бýдешь читáть   ты прочитáешь
он, онá, онó бýдет читáть   он, онá, онó прочитáет

мы бýдем читáть   мы прочитáем
вы бýдете читáть   вы прочитáете
они́ бýдут читáть   они́ прочитáют

Imperfective	*Perfective*

III. Subjunctive (conditional):

Conjugated exactly like the *past* tense of the *indicative* mood with the addition of particles **бы** or **б**:

я читáл, ла, ло бы (б) etc.   я прочитáл, ла, ло бы (б) etc.

I should read, be reading,   I should have read
should have been reading

IV. Imperative:

читáй! читáйте!	read!	прочитáй! прочитáйте!	read! read (it) through, completely

V. Adverbial participles:

Present Tense

читáя	reading, while reading	None

Past Tense

читáвши читáв	while (I, etc.) was reading	прочитáвши прочитáв	having read

VI. Participles:

a. *Active*:

Present Tense

читáющий one whō is reading	None

Past Tense

читáвший one who was reading	**прочитáвший** one who has, had read

Imperfective	*Perfective*

b. *Passive*:

Present Tense

Long form: чита́емый
Short form: чита́ем

None

which is being read

Past Tense

Long form: чи́танный   прочи́танный   which has, had
Short form: чи́тан   прочи́тан   been read

which was read

(Other *past passive participle* endings are: long **-тый**, short **-т**.)

VII. Passive:

The *passive* is constructed by means of the *short passive participle* forms, *present* or *past* (see directly above); also by means of the *reflexive* form.

Second Conjugation

Imperfective	*Perfective*

I. Infinitive:

курить   выкурить   to have smoked
to smoke, be smoking

II. Indicative:

Present Tense

I smoke, am smoking   None

я курю́
ты ку́ришь
он, она́, оно́ ку́рит

мы ку́рим
вы ку́рите
они́ ку́рят

Past Tense

I smoked, was smoking   I have, had smoked

я кури́л, ла, ло   я вы́курил, ла, ло
ты кури́л, ла, ло   ты вы́курил, ла, ло
он кури́л   он вы́курил
она́ кури́ла   она́ вы́курила
оно́ кури́ло   оно́ вы́курило

мы, вы, они́ кури́ли   мы, вы, они́ вы́курили

Future Tense

I shall smoke, be smoking   I shall have smoked

я бу́ду кури́ть   я вы́курю
ты бу́дешь кури́ть   ты вы́куришь
он, она́, оно́ бу́дет кури́ть   он, она́, оно́ вы́курит
мы бу́дем кури́ть   мы вы́курим
вы бу́дете кури́ть   вы вы́курите
они́ бу́дут кури́ть   они́ вы́курят

III. Subjunctive (conditional):

Conjugated exactly like the *past* tense of the *indicative* mood
with the addition of particles бы (б):

я кури́л, ла, ло бы (б) etc.   я вы́курил, ла, ло бы (б) etc.

I should smoke, be smoking,   I should have smoked
should have been smoking

Imperfective	*Perfective*

IV. Imperative:

кури́! кури́те!	smoke!	вы́кури! вы́курите!	smoke! finish smoking!

V. Adverbial participles:

Present Tense

куря́	smoking, while smoking	None

Past Tense

кури́вши кури́в	while (I, etc.) was smoking	вы́куривши вы́курив	having smoked

VI. Participles:

a. *Active*:

Present Tense

куря́щий	one who is smoking	None

Past Tense

кури́вший	one who was smoking	вы́куривший	one who has, had smoked

b. *Passive*:

Present Tense

Long form: кури́мый
Short form: кури́м   None

which is being smoked

Past Tense

Long form: ку́ренный Short form: ку́рен	вы́куренный вы́курен	which has, had been smoked

which was smoked

(Other *past passive participle* endings are long **-тый,** short **-т.**)

VII. Passive:

The *passive* is constructed by means of the *short passive participle* forms, *present* or *past* (see directly above); also by means of the *reflexive* form.

XIII. VERBS FROM THE TEXT ARRANGED ACCORDING TO THEIR TYPICAL CONJUGATIONAL PATTERNS

(Regular first and second conjugation verbs are not included.)

I. CONSONANT PERMUTATION

1. Д > Ж: (In the first person singular *only*)

будить: бужу́, бу́дишь, бу́дят — to awaken, rouse

ви́деть: ви́жу, ви́дишь, ви́дят — to see

води́ть: вожу́, во́дишь, во́дят — to lead, guide

заводи́ть: завожу́, заво́дишь, заво́дят — to wind

вы́глядеть: вы́гляжу, вы́глядишь, вы́глядят — to appear, look

е́здить: е́зжу, е́здишь, е́здят — to drive

роди́ться: рожу́сь, роди́шься, родя́тся — to be born

сиде́ть: сижу́, сиди́шь, сидя́т — to sit

ходи́ть: хожу́, хо́дишь, хо́дят — to go, walk

2. З > Ж: (Throughout)

каза́ться: кажу́сь, ка́жешься, ка́жутся — to appear, seem

показа́ть: покажу́, пока́жешь, пока́жут — to show

сказа́ть: скажу́, ска́жешь, ска́жут — to say, tell

рассказа́ть: расскажу́, расска́жешь, расска́жут — to tell, narrate

(In the first person sing. *only*)

вози́ть: вожу́, во́зишь, во́зят — to transport, cart

3. Ж > Г: (In the first person singular and the third plural)

бежа́ть: бегу́, бежи́шь, бегу́т — to run

VERBS ARRANGED ACCORDING TO THEIR
CONJUGATIONAL PATTERN (*continued*)

4. **С > Д**: (Throughout)

класть: кладу́, кладёшь, кладу́т	to put, place
попа́сть: попаду́, попадёшь, попаду́т	to get to, catch
упа́сть: упаду́, упадёшь, упаду́т	to fall
сесть: ся́ду, ся́дешь, ся́дут (Note the change from **e** to **я**)	to sit down

5. **С > Ш**: (In the first person singular *only*)

бро́сить: бро́шу, бро́сишь, бро́сят	to throw
носи́ть: ношу́, но́сишь, но́сят	to carry, bear
проси́ть: прошу́, про́сишь, про́сят	to ask, beg (a favor)
спроси́ть: спрошу́, спро́сишь, спро́сят	to ask (a question)
пригласи́ть: приглашу́, пригласи́шь, приглася́т	to invite

(Troughout)

писа́ть: пишу́, пи́шешь, пи́шут,	to write
посла́ть: пошлю́, пошлёшь, пошлю́т	to send (away)
присла́ть: пришлю́, пришлёшь, пришлю́т	to send (to receiver)

6. **СК, СТ, Т > Щ**: (Throughout)

иска́ть: ищу́, и́щешь, и́щут	to search, look for

(In the first person singular *only*)

прости́ться: прощу́сь, прости́шься, простя́тся	to say good bye
спусти́ть: спущу́, спу́стишь, спу́стят	to lower, let down
прекрати́ть: прекращу́, прекрати́шь, прекратя́т	to stop, end, cease

VERBS ARRANGED ACCORDING TO THEIR
CONJUGATIONAL PATTERN (*continued*)

7. **Т > Ч**: (In the first person singular *only*)

встре́тить: встре́чу,   to meet
встре́тишь, встре́тят
лете́ть: лечу́, лети́шь, летя́т   to fly
отве́тить: отве́чу, отве́тишь, to answer
отве́тят

(Throughout the singular)
хоте́ть: хочу́, хо́чешь, хо́чет
but not in the plural:
хоти́м, хоти́те, хотя́т   to want, wish

8. **ЧЬ > Г**: (For 1st pers. sing. & 3rd pl.) **> Ж** (for all other persons) :

мочь: могу́, мо́жешь, мо́-   to be able
жет, мо́жем, мо́жете, мо́-
гут
лечь: ля́гу, ля́жешь, ля́жет, to lie down
ля́жем, ля́жете, ля́гут
(Note the change from **e**
to **я**)

9. **АВА, ЕВА, ОВА > У/Ю**:

воева́ть: вою́ю, вою́ешь,   to wage war
вою́ют
интересова́ться: интересу́- to be interested
юсь, интересу́ешься,
интересу́ются
любова́ться: любу́юсь,   to admire
любу́ешься, любу́ются
тре́бовать: тре́бую,   to demand
тре́буешь, тре́буют
чу́вствовать: чу́встую,   to feel
чу́вствуешь, чу́вствуют

II. CONSONANT INFIXES

1. After **б, в, ф, м, п** certain verbs insert **Л** in the first person sing.:

люби́ть: люблю́, лю́бишь,   to love
лю́бят
гото́вить: гото́влю,   to prepare
гото́вишь, гото́вят

VERBS ARRANGED ACCORDING TO THEIR
CONJUGATIONAL PATTERN (*continued*)

нра́виться: нра́влюсь, нра́вишься, нра́вятся	to like, please
отпра́вить: отпра́влю, отпра́вишь, отпра́вят	to send off, away
попра́вить: попра́влю, попра́вишь, попра́вят	to repair
ста́вить: ста́влю, ста́вишь, ста́вят	to place, put
предста́вить: предста́влю, предста́вишь, предста́вят	to introduce, represent
станови́ться: становлю́сь, стано́вишься, стано́вятся	to become, grow to be
знако́мить: знако́млю, знако́мишь, знако́мят	to introduce, make acquainted
купи́ть: куплю́, ку́пишь, ку́пят	to buy
поступи́ть: поступлю́, посту́пишь, посту́пят	to enter, enroll, enlist
спать: сплю, спишь, спят	to sleep

2. Infix - **В** - :

жить: живу́, живёшь, живу́т	to live
плыть: плыву́, плывёшь, плыву́т	to swim

3. Infix - **Н** - :

встать: вста́ну, вста́нешь, вста́нут	to get up, rise
стать: ста́ну, ста́нешь, ста́нут	to become, grow to be
нача́ть: начну́, начнёшь, начну́т	to begin
(Note the loss of the "a")	
оде́ть: оде́ну, оде́нешь, оде́нут	to dress
отста́ть: отста́ну, отста́нешь, отста́нут	to fall behind, lag

III. VOWEL INFIXES

1. Infix - **Ь** - :

пить: пью, пьёшь, пьют	to drink
бить: бью, бьёшь, бьют	to strike, hit

VERBS ARRANGED ACCORDING TO THEIR
CONJUGATIONAL PATTERN (*continued*)

2. Infix - **O** - :

догна́ть: догоню́, дого́-   to catch up with
нишь, дого́нят
закры́ть: закро́ю, закро́-   to close
ешь, закро́ют
мыть: мо́ю, мо́ешь, мо́ют   to wash
петь: пою́, поёшь, пою́т   to sing

3. Infix - **E** - :

брать: беру́, берёшь, беру́т   to take
добра́ться: доберу́сь,   to reach
доберёшься, доберу́тся

IV. VERBS IN -ТИ

идти́: иду́, идёшь, иду́т   to go
везти́: везу́, везёшь, везу́т   to carry (by vehicle),
    transport
вести́: веду́, ведёшь, веду́т   to lead
(Note the change from **c**
  to **д**)
нести́: несу́, несёшь, несу́т   to carry, bear
расти́: расту́, растёшь,   to grow
расту́т

V. VERBS OF VARYING CONJUGATIONAL PATTERNS

быть: бу́ду, бу́дешь, бу́дут   to be
взять: возьму́, возьмёшь,   to take
возьму́т
дава́ть: даю́, даёшь, даю́т   to give
дать: дам, дашь, даст,   to give
дади́м, дади́те, даду́т
есть: ем, ешь, ест, еди́м,   to eat
еди́те, едя́т
е́хать: е́ду, е́дешь, е́дут   to drive
заня́ть: займу́, займёшь,   to borrow
займу́т
поня́ть: пойму́, поймёшь,   to understand
пойму́т
проче́сть: прочту́,   to read through, to the end
прочтёшь, прочту́т
умере́ть: умру́, умрёшь,   to die
умру́т

XIV. LIST OF VERBS FROM THE TEXT WITH VARYING PAST TENSE CONJUGATIONS

I. PERMUTATION OF Ч > Г

1. мочь: мог, могла́, могло́,   to be able to
   могли́
2. лечь: лёг, легла́, легло́,   to lie down
   легли́

II. LOSS OF С

1. есть: **ел, е́ла, е́ло, е́ли**   to eat
2. класть: **клал, кла́ла, кла́ло,**   to place, put
   кла́ли
3. упа́сть: **упа́л, упа́ла, упа́ло,**   to fall
   упа́ли

III. STEM CONSONANT (without Л) IN THE *MASCULINE*

1. умере́ть: **у́мер, умерла́,**   to die
   умерло́, у́мерли

IV. VERBS IN -ТИ

1. идти́ (итти́): **шёл, шла,**   to go (on foot)
   шло, шли
   вы́йти: **вы́шел, вы́шла,**   to go out
   вы́шло, вы́шли
   подойти́: **подошёл,**   to go, come up to
   подошла́, подошло́,
   подошли́
   прийти́: **пришёл, пришла́,**   to arrive (on foot)
   пришло́, пришли́
   произойти́: **произошёл,**   to happen
   произошла́, произошло́,
   произошли́
   разойти́сь: **разошёлся,**   to part
   разошла́сь, разошло́сь,
   разошли́сь
   уйти: **ушёл, ушла́, ушло́,**   to go away
   ушли́

VERBS WITH VARYING PAST TENSE CONJUGATIONS
(*continued*)

2. везти́: вёз, везла́, везло́,   to cart, transport
  везли́
  вы́везти: вы́вез,   to export, cart out
  вы́везло, вы́везли
  привезти́: привёз,   to bring (by vehicle)
  привезла́, привезло́,
  привезли́

3. вести́: вёл, вела́, вело́, вели́   to lead
  ввести́: ввёл, ввела́, ввело́,   to lead in, introduce
  ввели́
  перевести́: перевёл, переве-   to lead over, across,
  ла́, перевело́, перевели́   translate
4. нести́: нёс, несла́, несло́,   to carry, bear
  несли́
  внести́: внёс, внесла́, внесло́,   to carry in, introduce
  внесли́
5. расти́: рос, росла́, росло́,   to grow, develop
  росли́
  вы́расти: вы́рос, вы́росла,   to grow up, mature
  вы́росло, вы́росли

XV. LIST OF VERBS FROM THE TEXT ARRANGED ACCORDING TO THEIR PERFECTIVE ASPECT FORMATION

(This list does not include all possible perfective forms.)

I. By Way of Prefixes

1. ВЫ

купа́ться: **вы́**купаться (21)*	to bathe, swim
мы́ться: **вы́**мыться (16)	to wash
расти́: **вы́**расти (22)	to grow, grow up
чи́стить: **вы́**чистить (16)	to clean, to make neat, tidy

2. ЗА

крича́ть: **за**крича́ть (26)	to shout; P. to start shouting, cry out
спеши́ть: **за**спеши́ть (16)	to hurry; P. to begin hurrying
хоте́ть: **за**хоте́ть (16)	to want to; P. to get the desire

3. НА

писа́ть: **на**писа́ть (16)	to write
печа́тать: **на**печа́тать (30)	to print

4. ПО

(Perfectives of this type used in the text are too numerous to receive complete listing here)

дуть: **по**ду́ть (26)	to blow
иска́ть: **по**иска́ть (25)	to search, look for
любова́ться: **по**любова́ться (21)	to admire
нра́виться: **по**нра́виться (18)	to like; P. to come to like
плы́ть: **по**плы́ть (24)	to swim
пры́гать: **по**пры́гать (26)	to jump
стро́ить: **по**стро́ить (24)	to build
тре́бовать: **по**тре́бовать (27)	to demand
купи́ть: **по**купа́ть (16)	to buy — has ПО in the *imperfective* and drops it in the *perfective*

5. ПРИ

гото́вить: **при**гото́вить (16)	to prepare

6. РАЗ

буди́ть: **раз**буди́ть (23)	to awaken, rouse

---

* Numbers in parentheses refer to lessons in which the verbs are to be found with their key forms.

VERBS ARRANGED ACCORDING TO THEIR PERFECTIVE
ASPECT FORMATION (continued)

7. С

горе́ть: **с**горе́ть (27)	to burn
де́лать: **с**де́лать (16)	to do
мочь: **с**мочь (16)	to be able to
петь: **с**петь (13)	to sing

8. У

ви́деть: **у**ви́деть (16)	to see; P. catch sight of
па́дать: **упа́сть** (26)	to fall
слы́шать: **у**слы́шать (17)	to hear; P. to catch the sound of

II. By Dropping the Vowels И or Ы

добира́ться: добра́ться (27)	to reach, get to
избира́ть: избра́ть (30)	to select, choose
убира́ть: убра́ть (16)	to pick up, tidy up
посыла́ть: посла́ть (30)	to send

III. By Dropping the Syllables

1. ВА

добива́ться: доби́ться (28)	to strive for, gain, achieve
закрыва́ть: закры́ть (19)	to close
отдава́ть: отда́ть (25)	to give away
отстава́ть: отста́ть (26)	to fall behind
передава́ть: переда́ть (28)	to transmit, pass on
преподава́ть: препода́ть (20)	to teach, instruct
раздава́ться: разда́ться (21)	to resound
сдава́ть: сдать (18)	to give up
уси́ливаться: уси́литься (29)	to increase, grow stronger

2. ЫВ

насчи́тывать: насчита́ть (27)	to count
разраба́тывать: разрабо́тать (29)	to work out, develop
расска́зывать: рассказа́ть (20)	to tell, narrate

3. ИН

начина́ть: нача́ть (16)	to begin

VERBS ARRANGED ACCORDING TO THEIR PERFECTIVE ASPECT FORMATION (*continued*)

IV. By Change of Ending

1. **АТЬ > ИТЬ**: (N.B. This involves a change from 1st to 2nd conjugation)

броса́ть: бро́сить (26)	to throw
изуча́ть: изучи́ть (20)	to study; P. to master
получа́ть: получи́ть (18)	to receive
поступа́ть: поступи́ть (20)	to enter, enroll, act
продолжа́ть: продо́лжить (20)	to continue
разреша́ть: разреши́ть (17)	to permit, solve

2. **ЯТЬ > ИТЬ**: (Change from 1st to 2nd conjugation)

выполня́ть: вы́полнить (27)	to fulfill, carry out
заменя́ть: замени́ть (29)	to replace, substitute
изменя́ть: измени́ть (21)	to change
населя́ть: насели́ть (22)	to populate, settle
объясня́ть: объясни́ть (20)	to explain
отделя́ть: отдели́ть (22)	to separate
проверя́ть: прове́рить (19)	to check
распространя́ть: распространи́ть (30)	to spread, disseminate

V. By Change of Stem and Ending

1. **ЧАТЬ > ТИТЬ**:

встреча́ть: встре́тить (16)	to meet
отвеча́ть: отве́тить (17)	to answer

2. **ЩАТЬ > ТИТЬ**:

прекраща́ться: прекрати́ться (26)	to stop, end
проща́ться: прости́ться (18)	to say goodbye

3. **ЛЯТЬ > ИТЬ**:

отправля́ть: отпра́вить (18)	to send off
поправля́ть: попра́вить (19)	to correct
представля́ть: предста́вить (17)	to introduce

4. **ШАТЬ > СИТЬ**:

приглаша́ть: пригласи́ть (17)	to invite

5. **ИМАТЬ > ЯТЬ**:

занима́ть: заня́ть (20)	to occupy
поднима́ться: подня́ться (21)	to rise, get up
понима́ть: поня́ть (25)	to understand
принима́ть: приня́ть (17)	to accept
снима́ть: сня́ть (19)	to take off, rent

6. АТЬ > НИТЬ/НУТЬ:

запомина́ть: запо́мнить (20)	to remember
крича́ть: кри́кнуть (26)	to shout; P. to cry out
отдыха́ть: отдохну́ть (21)	to rest
повора́чивать: поверну́ть (19)	to turn
стиха́ть: сти́хнуть (27)	to subside, quiet down
раздвига́ть: раздви́нуть (23)	to extend, draw out

VI. By Radical Change in Stem or Use of Different Verb

1. Verbs Belonging to the Indeterminate—Determinate Group.

води́ть: вести́ (25)	to lead
вводи́ть: ввести́ (25)	to lead in
переводи́ть: перевести́ (19)	to lead across, translate
вози́ть: везти́ (25)	to carry (by vehicle), transport
вывози́ть: вы́везти (25)	to export
привози́ть: привезти́ (26)	to bring (by vehicle), import
носи́ть: нести́ (25)	to carry, bear
вноси́ть: внести́ (25)	to carry in
-езжа́ть: е́хать (8)	to drive
приезжа́ть: прие́хать (16)	to arrive (driving)
уезжа́ть: уе́хать (16)	to depart (driving)
ходи́ть: (о)*йти (идти́) (8)	to walk, go
находи́ться: найти́сь (22)	to be located
подходи́ть: подойти́ (26)	to approach, come up
приходи́ть: прийти́ (25)	to arrive (on foot)
разходи́ться: разойти́сь (26)	to go apart, part
уходи́ть: уйти́ (25)	to go away

2. Special Formations

класть: положи́ть (19)	to place, put
укла́дывать: уложи́ть (18)	to pack (one's belongings)
спуска́ть: спусти́ть (26)	to lower, let down
станови́ться: стать (21)	to become
брать: взять (18)	to take
говори́ть: сказа́ть (16)	to speak; P. tell

---

* The "o" is inserted after consonants.

XVI.   ASPECT-TENSE TABLE

Imperfective Aspect	Perfective Aspect

Present Tense

я	пишу́		
ты	пи́шешь		
он	пи́шет	I write, am writing, am in the habit of writing, etc.	*N O N E*
мы	пи́шем		
вы	пи́шете		
они́	пи́шут		

Past Tense

я, ты, он	писа́л	I was writing, I have been writing, I had been writing, etc.	я, ты, он	написа́л	I wrote, I have written, I had written, you wrote, you have written, etc.
я, ты, она́	писа́ла		я, ты, она́	написа́ла	
мы, вы, они́	писа́ли		мы, вы, они́	написа́ли	

Future Tense

я	бу́ду	писа́ть	I shall write, I shall be writing, you will write, you will be writing, etc.	я	напишу́
ты	бу́дешь	писа́ть		ты	напи́шешь
он	бу́дет	писа́ть		он	напи́шет
мы	бу́дем	писа́ть		мы	напи́шем
вы	бу́дете	писа́ть		вы	напи́шете
они́	бу́дут	писа́ть		они́	напи́шут

The *perfective* verb can never have a future constructed with the verb быть "to be."

XVII. TABLE OF DOUBLE INFINITIVE VERBS AND THEIR COMPOUNDS

Imperfective		Perfective	English
Indeterminate	Determinate		
ходить	итти/идти	пойти (идти)	to walk, go (on foot)
ездить	ехать	поехать (ехать)	to ride, go (in vehicle)
носить; ношу́, но́сишь, но́сят	нести́; несу́, несёшь, несу́т; нёс, несла́, несли́	понести́ (нести́)	to carry
возить; вожу́, во́зишь, во́зят	везти́; везу́, везёшь, везу́т; вёз, везла́, везли́	повезти́ (везти́)	to convey (in vehicle)
водить, вожу́, во́дишь, во́дят	вести́, веду́, ведёшь, веду́т; вёл, вела́, вели́	повести́ (вести́)	to lead
бегать (I)	бежа́ть; бегу́, бежи́шь, бегу́т	побежа́ть (бежа́ть)	to run
лазить; ла́жу, ла́зишь, ла́зят	лезть; ле́зу, ле́зешь, ле́зут; лез, ле́зла, ле́зли	поле́зть (лезть)	to climb
летать (I)	лете́ть; лечу́, лети́шь, летя́т	полете́ть (лете́ть)	to fly
плавать (I)	плыть; плыву́, плывёшь, плыву́т	поплы́ть (плыть)	to float, swim

353

XVII. TABLE OF DOUBLE INFINITIVE VERBS AND THEIR COMPOUNDS (Cont'd.)

Imperfective	Perfective	English
приходи́ть (ходи́ть)	прийти́ /притти́/ (идти́)	to come, arrive (on foot)
приезжа́ть (I)	прие́хать (е́хать); приезжа́й/-те	to arrive (by vehicle)
приноси́ть (носи́ть)	принести́ (нести́)	to bring
привози́ть (вози́ть)	привезти́ (везти́)	to bring (by vehicle)
приводи́ть (води́ть)	привести́ (вести́)	to bring, lead to
уходи́ть (ходи́ть)	уйти́ (итти́)	to go away (on foot)
уезжа́ть (I)	уе́хать (е́хать) уезжа́й/-те	to go away (by vehicle)
уноси́ть (носи́ть)	унести́ (нести́)	to carry away
увози́ть (вози́ть)	увезти́ (везти́)	to carry away (by vehicle)
уводи́ть (води́ть)	увести́ (вести́)	to carry, lead away
улета́ть (лета́ть)	улете́ть (лете́ть)	to fly away
въезжа́ть (I)	въе́хать (е́хать)	to ride into
ввози́ть (вози́ть)	ввезти́ (везти́)	to convey in (by vehicle)
вбега́ть (I)	вбежа́ть (бежа́ть)	to run in
влета́ть (I)	влете́ть (лете́ть)	to fly in
вплыва́ть (I)	вплыть (плыть)	to float in
влеза́ть (I), etc.	влезть (лезть)	to climb in, etc.

Remember that the verb followed by a verb in parenthesis is to be conjugated like the verb in parenthesis; e.g., пойти́ (идти́): пойду́, пойдёшь, etc., like: иду́, идёшь, etc.

354

XVIII. FORMATION OF PARTICIPLES: ACTIVE AND PASSIVE

Imperfective Infinitive	Active Participle		Passive Participle	
	Present	Past	Present	Past
1. читáть	читáющий, -ая, -ее, -ие	читáвший, -ая, -ее, -ие	читáемый, -ая, -ое, -ые	чи́танный, -ая, -ое, -ые
2. ви́деть	ви́дящий, -ая, -ее, -ие	ви́девший, -ая, -ее, -ие	ви́димый, -ая, -ое, -ые	ви́денный, -ая, -ое, -ые
3. говори́ть	говоря́щий, -ая, -ее, -и	говори́вший, -ая, -ее, -ие	говори́мый, -ая, -ое, -ые	говорённый, -ая, -ое, -ые
4. одевáть	одевáющий, -ая, -ее, -ие	одевáвший, -ая, -ее, -ие	одевáемый, -ая, -ое, -ые	None
5. одевáться	одевáющийся, -аяся, -ееся, -иеся	одевáвшийся, -аяся, -ееся, -иеся	None	None
Perfective Infinitive				
1. прочитáть	None	прочитáвший, -ая, -ее, -ие	None	прочи́танный, -ая, -ое, -ые
2. уви́деть	None	уви́девший, -ая, -ее, -ие	None	уви́денный, -ая, -ое, -ые
3. сказáть	None	сказáвший, -ая, -ее, -ие	сказýемый	скáзанный, -ая, -ое, -ые
4. одéть	None	одéвший, -ая, -ее, -ие	None	одéтый, -ая, -ое, -ые
5. одéться	None	одéвшийся, -аяся, -ееся	None	None

XIX. PRINCIPAL FORMS OF ADDRESS

In greeting or otherwise addressing a person, the Russian generally uses the person's first name along with his patronymic (his father's name), with the ending -ович or -евич if the person addressed is a man, or the ending -овна or -евна[1] if the person addressed is a woman:

Алекса́ндр Ива́нович[2]	Alexander Ivanovich (Alexander, son of Ivan)
Алексе́й Алексе́евич[2]	Alexei Alexeevich (Alexis, son of Alexis)
Алекса́ндра Ива́новна[2]	Alexandra Ivanovna (Alexandra, daughter of Ivan)
Ни́на Алексе́евна[2]	Nina Alexeevna (Nina, daughter of Alexis)

The terms граждани́н (grazhdanín) "citizen," гражда́нка (grazhdánka) "citizeness," and това́рищ (tavárishch) "comrade," "party member" (referring to both man and woman) are also used, usually along with the family name:

Граждани́н Семёнов	Citizen Semyonof
Гражда́нка Семёнова	Citizeness Semyonova

These terms are commonly used in Soviet Russia when addressing Soviet citizens. The terms господи́н (gəspadín) "Sir," "Mr." and госпожа́ (gəspazhá) "Mrs." "Lady," are used when referring to non-Soviets or foreigners.

---

[1] -ович, -овна are used after consonants or hard vowels; -евич, -евна are used after soft vowels.

[2] Ива́нович is usually pronounced Ива́ныч (Ivánich)
Алексе́евич is usually pronounced Алексе́ич (Alyeksyéich)
Ива́новна is usually pronounced Ива́нна (Ivánna)
Алексе́евна is usually pronounced Алексе́вна (Alyeksyévna)

VOCABULARIES

Arabic numerals following certain items in the vocabularies refer to the pages where the grammatical forms (declensions, conjugations, etc.) and explanations of these items can be found.

Verbs followed by (I) belong to the *first regular* conjugation; by (II) to the *second regular* conjugation; irregular verbs are followed by the keyforms or by the page where keyforms or full conjugation are given.

Aspects are given in the *Russian-English* vocabulary in pairs except when they follow alphabetically in consecutive lines; *Perfectives* are marked **P.**; "**по-**" indicates a *Perfective* formed by prefixing "**по**" to the *Imperfective* verb: **ку́шать** (I): **по-** stands for **ку́шать** (I): **поку́шать P** (I); *Perfectives* in "**по**" are not followed by the *Imperfective*: **поку́шать P** (I) stands for **поку́шать P** (I): **ку́шать** (I).

In the *English-Russian* vocabulary the *Imperfective* verb is always given first, immediately followed by the *Perfective*: **писа́ть, написа́ть.** If only one verb is given, it must be understood that only the one in common usage is given in the text.

Nouns followed by: (m.) are masculine; **(†o)** or **(†e)** drop these vowels in oblique cases (see Lesson 15); **(o)** or **(e)** insert these vowels in the genitive plural (see Lesson 23); (pl.) have only *plural* declensional forms; (dim.) are diminutive forms.

The use of parentheses around **(-ся)** serves to remind the student that the verb may be used without the reflexive suffix (see Lesson 15).

Adverbs derivable from adjectives by replacing the adjectival ending with the adverbial ending **o** (without any further change!) are *not* separately listed.

Other abbreviations used:

acc.	= accusative	gen.	= genitive
adj.	= adjective	instr.	= instrumental
adv.	= adverb	m.	= masculine
conj.	= conjunction	n.	= neuter
dat.	= dative	pl.	= plural
dim.	= diminutive	pol.	= polite
f.	= feminine	prep.	= prepositional (locative)
fam.	= familiar	pron.	= pronoun

(ë > ь): final **ë** changes to **ь** in oblique cases of the noun (see Lesson 15).

[Numerals are not given in the General Vocabularies. See Appendix II, page 327.]

Russian-English Vocabulary

A

а 22, and, but, while
áвгуст, August
августо́вский, August (adj.)
автомоби́ль (m.), car, auto
áвтор, author
áдрес, address
áзбука, alphabet
азиáтский, Asiatic
Áзия, Asia
аку́ла, shark
алло́, hello
алфави́т, alphabet
Амéрика, America
америкáнец (†е), American
америкáнка (о), American (f.)
америкáнский, American (adj.)
англи́йский, English (adj.)
англичáнин 171, Englishman
англичáнка (о), Englishwoman
Áнглия, England
апельси́н, orange
апрéль (m.), April
áрия, aria
áрмия, army
артиллери́ст, artilleryman
архитекту́ра, architecture

Б

бáба, woman
бáбушка, grandmother
багáж, baggage
банк, bank
бáшня (е), tower
бéгать (I) 239, to run
бéдный, бéден, беднá, бедны́, poor
бежáть 239, to run
без (gen.) 53, without
бéлый, white
бéрег, shore
бесéда, conversation
беспоко́йство, worry
библиотéка, library
билéт, ticket
бить, to beat
благодари́ть (II): по-, to thank
благодаря́, thanks to
благополу́чно, all right, successfully
блéдный, pale
бли́же, nearer
бли́зкий, near

Бог, God
богáтство, wealth, riches
богáтства, приро́дные, natural
  resources, raw materials
богáтый, rich
богáче, richer
бой, battle
бóлее 216, more
болéзнь, sickness, illness
бóлен 124, sick, ill
болéть (I): заболéть P (I), to be ill,
  ache: to fall ill, sick
больни́ца, hospital
бóльно, painful (ly), it is painful
больнóй, ill, sick
бóльше 216, more, bigger
большóй, big, large
бомбарди́ровщик, bombing plane,
  gunner
боя́ться (II), to be afraid of
брат 139, brother
брать: взять P 159, to take
брéмя 194, burden
бригáда, brigade
бри́ться 138: по-, to shave
бросáть(ся) (I), to rush, dash
бро́сить(ся) P 251, to rush, dash
буди́ть: разбуди́ть P 215, to awaken,
  rouse
бу́дущий, future, coming, next
бу́ква, letter (of the alphabet)
бульвáр, boulevard
бумáга, paper
буты́лка, bottle
б, бы, see 264 f.
бывáть 195, to happen, visit, be
был, былá, бы́ло 90, was
бы́стро, quickly
быть 21, 116, 195, to be
бьёшь, you beat
бьют, they beat
бюрокрáт, bureaucrat

В

в (во) 39, 45, 266 (prep. or acc.), in,
  into
вагóн, car (railroad)
вáжно, important
вáжный, important
вал, bulwark
вам, to you
вáми, with you, by you

вас, of you, you *(acc.)*
ваш, ва́ша, ва́ше, ва́ши 116, 185, your, yours
вверх, up, upward
ввести́ *P* 238, 239, to introduce, lead in
вводи́ть 238, 239, to introduce, lead in
вдруг, suddenly
вёз 239, conveyed, transported
везде́, everywhere
везти́ 239, to convey, transport, cart
век, century, age
вёл 239, lead, conducted
вели́кий, great, mighty
ве́ра, faith, belief, religion
весели́ть(ся) (II): по-, to be merry, to make merry
ве́село, gaily, merrily, joyfully
весёлый, gay, merry, joyful
весе́нний, spring *(adj.)*
весна́, spring
весно́й, in the spring
вести́ 239, to conduct, lead
весь *(m.)*, вся *(f.)*, всё *(n.)*, все *(pl.)* 226, 227, all, everyone, everybody, everything, entire, whole
ве́тер (†е), wind
ветчина́, ham
ве́чер 161, evening
вече́рний, evening *(adj.)*
ве́чером, in the evening
вещь, thing, object
взду́мать (I), to get the idea
взять *P*: брать 159, to take
вид, view, appearance, form
ви́деть: уви́деть *P*, 132, to see: catch sight of
византи́йский, Byzantine
Византи́я, Byzantium
визг, scream, shriek
ви́лка (о), fork
вино́, wine
вить, to wind, twist
влия́ние, influence
вме́сте, together
внести́ *P* 238, 239, to bring in, carry in
вноси́ть 238, 239, to bring in, carry in
внук, grandson
вну́чка (е), granddaughter
вода́, water
води́ть 239, to lead, conduct
во́дка (о), vodka

воева́ть: по- 262, to fight, wage war
вое́нный, military
вождь *(m.)*, leader
во́здух, air
вози́ть 239, to convey, transport, cart
возмо́жность, possibility
война́, war
войти́ (like идти́): входи́ть (like ходи́ть), to enter
вокза́л, station
волна́, wave
вопро́с, question
вор, thief
воскресе́нье, Sunday
восто́к, east
восточнославя́нский, East Slavic
восто́чный, eastern
вот, here is (emphatic)
впереди́ *(gen.)*, in front, ahead
впечатле́ние, impression
впро́чем, by the way, incidentally, however, after all
времена́ми, at times
вре́мя 150, 194, time
все *(pl.)* 227, all, everybody
всё *(n.)* 227, all, everything
всегда́, always
всё таки, nevertheless, yet
вслух, aloud
встава́ть 122, to get up, rise
встать (вста́ну, вста́нешь, вста́нут) *P*, to get up, rise
встре́тить(ся) *P* 139, to meet
встреча́ть(ся) (I) 126, to meet
всю́ду, everywhere
вся *(f.)* 227, whole, entire, all
вто́рник, Tuesday
вчера́, yesterday
въезжа́ть (I), to drive in, ride in
въе́хать (like е́хать) *P*, to drive in, ride in
вы 151, you
вы́везти *P* 238, 239, to export
вывози́ть 238, 239, to export
вы́глядеть 215, to appear, seem
выезжа́ть (I), to drive out, ride out
вы́ехать (like е́хать) *P*, to drive out, ride out
вы́йти (like идти́): выходи́ть (like ходи́ть), to go out, come out
вы́купаться *P*: купа́ться (I), to bathe thoroughly: to bathe

вы́лечить 132, to cure
вы́мыться P: мы́ться 132, to wash (thoroughly): wash (oneself)
вы́пить P, 132, to drink off, drain
вы́полнить P 262, to carry out, fulfill
выполня́ть (I), to carry out, fulfill
вы́расти P: расти́ 205, to grow
высо́кий, high
высоко́, high
вы́стрел, shot
вы́учить P: учи́ть 95, 183, to teach, learn thoroughly: teach, learn
вы́ход, exit
выходи́ть (like ходи́ть): вы́йти P (like идти́), to go out, come out
вы́чистить P: чи́стить 132, to clean, cleanse thoroughly: clean, cleanse
вы́ше, higher
выть, to howl
вью́га, snowstorm
вьюн, bindweed

Г

газе́та, newspaper
гара́ж, garage
где 21, 40, where
ге́ний, genius
геро́й, hero
гидроста́нция, water power station
глава́, head, chief
гла́вный, chief, main
глаз 161, 162, eye
глу́бже, deeper
глубо́кий, deep
говори́ть (II): сказа́ть P 132, to speak, say, tell
год, 150, 241, 266, year
голова́, head
го́лод, hunger
го́лоден, hungry
голо́дный, hungry (adj.)
го́лос 161, voice
гольф, golf
гора́, mountain
гора́здо, comparatively, see 218
горе́ть: сгоре́ть P 262, to burn: burn up
го́рло, throat
го́род 161, city, town
городско́й, urban
горя́чий, hot
горячо́, hot (ly)
го́спиталь (m.), hospital
господа́ 171, ladies and gentlemen
господи́н 171, Mr., Sir

госпожа́ 171, lady, Mrs.
гости́ная 216, drawing-room, living room, parlor
гости́ница, hotel
гость (m.), guest
госуда́рственный, governmental, state (adj.)
госуда́рство, government, state
гото́в 124, ready, prepared
гото́вить 105: пригото́вить P 138, to prepare
гото́вый, ready, prepared
гра́ждане 172, citizens
граждани́н 172, citizen (m.)
гражда́нка 172 (о), citizen (woman)
грамма́тика, grammar
грани́ца, border
грек, Greek
гре́ческий, Grecian, Greek (adj.)
гроб, coffin
гро́мкий, loud
гро́мче, louder
гру́ппа, group
грязь, mud
гуля́ть: по- (I), walk, take a walk

Д

да, yes
дава́ть 62: дать P 139, to give
давно́, long ago
да́же 275, even
дай, да́йте 207, let me, us, etc.
далеко́, far, far away
дальне́йшем, в, in the future, in the course of time, subsequently
дать P 139: дава́ть 62, to give
да́ча, country house
дверь, door
движе́ние, movement
дво́е 255, two (twosome)
двор, court (yard)
де́вочка (е), girl
дед, grandfather
де́душка (е) 206, grandfather
действи́тельно, really, in fact
дека́брь (m.), December
де́лать (I): сде́лать P (I), to do, make: finish, complete
де́латься (I): сде́латься P (I), to happen
де́ло, business, matter, action
делово́й, business, businesslike
день (†е) (m.) 162, day
де́ньги 194, money
дереве́нский, rural, country (adj.)

дере́вня (e), village
де́рево 193, wood (substance)
держа́ть 81: по-, to hold, keep hold of
де́ти 172, children
де́тство, childhood
деше́вле, cheaper
дешёвый, cheap
де́ятельность, activity
дива́н, divan, sofa
диви́зия, division
дипло́м, diploma
дире́ктор, director
дитя́ 172, child
дли́нный, long
для (gen.) 82, 83, for
днём, in the daytime
до (gen.), until, before, up to
добива́ться (I), to strive for, gain,
  achieve
добира́ться (I) 262, to reach, get to
доби́ться P 273, to strive for (successfully), gain, achieve
добра́ться P 262, to reach, get to
до́брый, good, kind
дово́лен 124, pleased, satisfied
дово́льный, pleased, satisfied
догна́ть P 225, to catch up with
догоня́ть (I) 225, to catch up with
дождли́вый, rainy
дождь (m.), rain
докла́д, report
до́ктор 161, doctor
до́лго, long, for a long time
до́лее, longer (of time)
до́лжен 162, must, have to
до́ллар, dollar
до́льше, longer
дом 161, house
до́ма, at home
домо́й, homeward, home
доро́га, road, way
до́рого, expensively, dearly
дорого́й, expensive, dear
доро́же, more expensive, dearer
до свида́ния, goodbye
доста́точно, enough sufficiently
дочь 215, daughter
дрова́, firewood
дро́жки (e), droshki (carriage)
друг 194, friend
друг дру́га 241, one another
друго́й, other (one)
ду́мать (I): по-, to think
дуть (I): по-, to blow
ду́шный, stifling
дым, smoke

дьяк, clerk
дю́жина, dozen
дя́дя 206, uncle

Е

Евро́па, Europe
европе́йский, European
его́ 116, his, its
еда́, food
её 116, her, hers
е́здить 69, 141, to drive, go, travel
ёлка (o), Christmas tree
е́сли, if
есть 41, there is
есть (I) 40: по-; съесть P, to eat:
  have a bite; eat up, devour
е́хать (I) 47: по-, to ride, drive
ешь! eat!
ещё, still, yet, more

Ж

жаль, it's a pity, too bad
жар, fever
жа́ркий, hot
жа́рко, hot, it is hot
жарко́е, roast meat
жа́рче, hotter
жарь, fry
ждать (I) 81, 82: подожда́ть P, to
  wait (for)
же 275, but, then
жела́ть (I): по-, to wish, want,
  desire
желе́зный, iron (adj.)
жёлтый yellow
жена́, wife
жена́т (на) (m.) 215, married
жени́ться (на) 215, to get married
же́нщина, woman
жесть, tin
живо́й, live (ly), alive
живо́тный мир, fauna
жи́дкий, liquid, fluid, thin
жи́же, thinner, more diluted
жизнь, life
жи́тель (m.), inhabitant, dweller
жить (I) 46: по-, to live
журна́л, periodical

З

за (acc. or instr.) 89, 97, behind, after
заболе́ть P (I): боле́ть (I), to fall ill,
  sick: to be ill, sick

забыва́ть (I), to forget
забы́ть (забу́ду, забу́дешь, забу́-
    дут) P, to forget
заво́д, plant, factory
за́втра, tomorrow
за́втрак, breakfast
за́втракать (I): по-, to have break-
    fast, lunch
зада́ча, problem
зака́т (со́лнца), sunset
закрича́ть P 139, 140: крича́ть (II),
    to cry out, begin crying: to shout,
    cry
закрыва́ть (I), to close
закры́ть P 139, to close
заку́ска (о), hors d'oeuvre
заку́сочная, snack bar
замени́ть P (II), to substitute,
    replace
заменя́ть (I), to substitute, replace
замеча́тельный, remarkable
за́мужем (за) 215, married
занима́ть (ся) (I): заня́ть (ся) P 139,
    to occupy, study, to be busy
за́нят 124, busy
заня́тие, occupation, pursuit
занято́й, busy
заня́ть(ся) P 139: занима́ть(ся) (I),
    to occupy, study, to be busy
за́пад, west
за́падный, western
запомина́ть (I), to remember, memo-
    rize
запо́мнить P (II), to remember,
    memorize
зараба́тывать (I), to earn
зарабо́тать P (I), to earn
зара́нее, beforehand, in advance
заспеши́ть P (II): спеши́ть (II), to
    hurry, rush
зате́м, after that
зато́, on the other hand, but then
захоте́ть P 139: хоте́ть 76, 82, to get
    the desire: want, wish
звезда́, star
звони́ть 95: по-, to ring, call (by
    phone)
звоно́к (†о), bell, (telephone) ring
звук, sound
зда́ние, building
здесь, here
здоро́в 124, healthy, well
здоро́вый, healthy, well
здоро́вье, health

здра́вствуйте, how are you, how do
    you do, hello
зелёный, green, verdant
зима́, winter
зи́мний, winter (adj.)
зимо́й, in winter
знако́мить 149: по-, to acquaint
знако́мый, acquaintance, familiar
    (adj.)
знамени́тый, famous
зна́мя 194, flag, standard
зна́ние, knowledge
знать (I): узна́ть P, to know, find out
значе́ние, meaning, importance
зо́лото, gold
зо́на, zone

И

и 22, and
игра́ть (I): по-, to play
иде́я, idea
идти́ 46, 90: пойти́ P, to go on foot
из 82, 83, 255 (gen.), from, out of
изба́, hut
избира́ть (I), to select, elect
избра́ть P (like брать), to select,
    elect
изве́стный, famous
изво́зчик, cabman
измени́ть (ся) P 295, to alter, change
изменя́ть (ся) (I), to alter, change
изуча́ть (I), to learn, study
изучи́ть P 183, to master
и... и 276, both... and
и́ли, or
и́ли... и́ли 276, either... or
им, to them, by him
име́ние, estate
и́менно, just
име́ть (I) 117, to have
и́ми, with them, by them
импера́тор, emperor
и́мя 150, 194, name
инжене́р, engineer
иногда́, sometimes
иностра́нец (†е), foreigner
иностра́нный, foreign
интере́сный; интере́сно, interesting;
    it is interesting
интересова́ть (ся) 238: по-, to in-
    terest (oneself) in, have interest
    for
иска́ть: по- 238, to search, look for

исто́рик, historian
исто́рия, story, history, affair
исто́чник, source
их, their, theirs 116; them
ию́ль *(m.)*, July
ию́нь *(m.)*, June

К

к (ко) *(dat.)* 61, 255, to
ка́ждый, every, each
каза́ться: по- 152, to seem, appear
как, how
как бу́дто, as if
како́й, which, what kind, sort of
кана́л, canal
кани́кулы, vacations
канона́да, cannonade
капита́н, captain
капу́ста, cabbage
каранда́ш 162, pencil
ка́рта, map; ка́рты, playing cards
каучуконо́с, rubber tree
ка́ша, porridge
ка́шель (†е) *(m.)*, cough
кварти́ра, apartment
киломе́тр, kilometer
кино́ 34, movie
кла́няться (I): поклони́ться P 193, to bow, give regards to
класс, class
класть 46: положи́ть P 170, to put, place
кли́мат, climate
клуб, club
кни́га, book
кня́жество, principality
ковёр (†ё), rug, carpet
когда́ 40 when
ко́жа, leather, skin
кой (*see* како́й)
коли́чество, quantity, number
колхо́з, collective farm
команди́р, commander
ко́мната, room
коне́ц (†е), end
коне́чно, of course
конто́ра, office
конце́рт, concert
конча́ть (I), to end, finish
ко́нчить P (II), to end, finish
кора́бль *(m.)*, ship
кораблестрое́ние, shipbuilding
коро́бка (о), box

коро́ткий 124, short
кото́рый, which (one); (relative pronoun, see 284 f)
ко́фе, coffee
край, country, region
краса́вица, beautiful woman
краси́вый, beautiful
кра́сный, red
красота́, beauty
кре́пкий, strong firm
кре́пче, stronger, firmer
кре́сло, armchair
крестья́нин 171, farmer, peasant
крик, shout, cry
кри́кнуть P (I) 139, 140, to cry out
крича́ть 251, to shout, call
кро́ме, besides, except (for) *(gen.)*
кро́ме того́, besides (that)
круг, circle
круго́м, round, round about
крюк, hook
кто 124, who (relative pronoun, see 284 f)
куда́, whereto, where
кузне́ц, blacksmith
культу́ра, culture
культу́рный, cultured, cultural
купа́льня (е), bathing place, bath house
купа́ться (I): вы́купаться P (I), to bathe; bathe thoroughly
купе́ц (†е), merchant
купи́ть P 132: покупа́ть (I), to buy, purchase
кусо́к (†о), piece
ку́хня (о), kitchen
ку́шать 40: по-, to eat: have a bite

Л

ла́вка (о), shop, bench
ла́мпа, lamp
лёг, lay down
лёгкий, light, easy
легко́, easy, easily, lightly, it is easy
ле́гче, lighter, easier
лёд (ё > ь), ice
лежа́ть 67: по-, to lie, recline
лека́рство, medicine
лес 161, forest, woods
ле́со-степь, forest and grassland
лета́ть 239, to fly
лете́ть 239, to fly
ле́тний, summer *(adj.)*

ле́то, summer
ле́том, in the summer
лечи́ть(ся) (I) 122: по-, to treat, be
　treated
лечь (ля́гу, ля́жешь, ля́гут) *P*: ло-
　жи́ться (II), to lie down
лимо́н, lemon
лист 193, leaf (of a tree), sheet,
　piece (of paper)
литерату́ра, literature
литерату́рный, literary
лицо́, face
лоб (†о), forehead
ло́вко, adroitly
ло́дка (о), boat
ложи́ться (I), (II): лечь (see лечь)
　P, to lie down
ло́жка (е), spoon
лось, elk
ло́шадь, horse
лу́чше, better
льёшь, you pour
люби́мый, beloved, favorite
люби́ть (I) 88, 163: по-, to love
любова́ться (I) 193: по-, to admire
лю́ди 172, people
ляг! lie down!

М

мавзоле́й, mausoleum
магази́н, store
май, May
ма́ленький, little, small
ма́ло *(gen.)* 53, 164, little
ма́льчик, boy
ма́ма, mother
март, March
ма́сло, butter
матро́с, sailor
мать 215, mother
маши́на, machine, engine
мёд, honey
медици́нский, medical *(adj.)*
ме́дленно, slowly
медь, copper
ме́жду *(instr.)* 68, between, among
ме́нее 216, less
ме́ньше 216, less, smaller
меня́, of me, me *(acc.)*
мёртвый, dead
ме́сто, place, room, space
ме́сяц 150, 162, month
мета́лл, metal
ме́тод, method
метро́ 34, subway

мех, fur, pelt
меха́ник, mechanic
милиционе́р, policeman
ми́ло, nice
ми́лости про́сим, welcome (in)
ми́лый, dear, nice
ми́ля, mile
ми́мо *(gen.)*, past
ми́на, mine, mortar shell
ми́нус, minus
мину́та, minute
мир, world, peace
ми́шка, teddy bear
мла́дше, younger
мла́дший, younger, youngest, junior
мне, to me
мно́го *(gen.)* 53, 164, much
многоуважа́емый, much respected
мной, мно́ю, with me, by me
мог 90, could, was able
мо́дный, fashionable
моё 27, 116, 185, my, mine
мо́жет быть, perhaps
мо́жно 162, possible, permitted
мой 27, 116, 185, my, mine
молодёжь, youth, young people
молодо́й, young
мо́лодость, youth
моло́же, younger
молоко́, milk
мора́ль morals, ethics
мо́ре, sea
моро́з, frost
Москва́, Moscow
моско́вский, Moscow *(adj.)*
мост 150, bridge
мочь (I) 55, 90: смочь *P* 132, to be
　able, know how
мо́шка, midge
моя́ 116, my, mine
муж 194, husband
мужи́к, peasant
мужчи́на 205, man
музе́й, museum
му́зыка, music
му́ка, torment, suffering
мука́, flour, meal
му́шка, midge
мы 151, we
мы́ло, soap
мысль, thought
мыть(ся) (I) 122: вы́мыть(ся) *P* 132,
　to wash (oneself): wash thoroughly
мы́шка, mouse
мя́гкий, soft
мя́со, meat
мяч, ball

Н

на *(acc.* or *prep.)* 39, 45, 46, on
наблюда́тель *(m.)*, observer
над *(instr.)* 68, above, over
на́до 162, it is necessary, needed
наза́д, back, backward (s)
найти́сь *P*: находи́ться 205, to be located, found
наконе́ц, finally
накрыва́ть (I), to cover, set (the table)
накры́ть (накро́ю, накро́ешь, накро́ют) 213, to cover, set (the table)
нале́во, to the left
нам, to us
на́ми, with us, by us
написа́ть *P*: писа́ть, 52, to write
направле́ние, direction
напра́во, to the right
напра́сно, in vain
наприме́р, for example
напро́тив, opposite *(with gen.)*, on the contrary *(adv.)* 276
наро́д, people, nation
наро́дный, popular, national
наряду́ с, side by side, equally important
нас, of us, us *(acc.)*
населе́ние, population
насели́ть *P* (II), to populate, settle
населя́ть (I), to populate, settle
на́сморк (head), cold
(на) счита́ть *P* (I), to count
(на) счи́тывать (I), to count
нау́чный, scientific
находи́ться: найти́сь *P* 205, to be located, found
национа́льный, national
нача́ло, beginning (noun)
нача́льник (шта́ба), (staff) commander
нача́ть (ся) *P* 139, 205, to begin
начина́ть (ся) (I), to begin
наш 185, our, ours
не 21, 22, not
не́бо, sky
невозмо́жно, impossible
неда́вно, recently
неде́ля, week
незави́симость, independence
не́которые, some
нельзя́ 162, forbidden
не́мец (†е), German

неме́цкий, German *(adj.)*
не́мка (о), German woman
необходи́мо, necessarily
необходи́мый, necessary, unavoidable
непоси́льно, beyond one's strength
непра́вильный, incorrect
неприя́тно, unpleasant, it is unpleasant
не́сколько, some
несмотря́ на 276, in spite of
несомне́нно, undoubtedly, certainly
нести́: носи́ть 239, 240, to carry, wear
несча́стный, unhappy
нет 22, 52, no, there is no
нетерпе́ние, impatience
неудо́бно, uncomfortable, it is uncomfortable
нефть, oil
ни, as prefix + neg. particle, see 263
нибу́дь, as suffix see 262, 263
ни́же, lower
ни́зкий, low
никогда́, never
никто́ 35, 263, nobody
никуда́, nowhere
ни...ни 276, neither...nor
ничего́ 35, nothing; it does not matter; alright; quite well
ни́щий, beggar
но, but
но́вость, news
но́вый, new
нога́, foot, leg
нож 162, knife
но́мер, number, room (in a hotel)
нос, nose
носи́льщик, porter
носи́ть 239, 240: нести́ *P*, to carry, wear
ночь, night
но́чью, at night
ноя́брь *(m.)*, November
нра́виться: по-, 163, to please, like: get to like
ну! well!
ну́жно 162, it is necessary, needed
ню́хать (I): по-, to smell, sniff

О

о, об, о́бо *(prep.)*, about, concerning
о́ба 252, both *(m.)*
о́бе 252, both *(f.)*
обе́д, dinner

обéдать (I): по-, to dine, have dinner
обеспéчен, guaranteed
обещáть (I): по-, to promise
обúда, insult
обитáемый, inhabitable
óблако, cloud
óбласть, region, province
óбраз, image, figure, manner
образовáние, education
образóванный, educated
обрáтно, back
обстанóвка (o), furniture, situation
óбувь, footwear
óбщество, society
óбщий, general, common
обыкновéнно, usually
объединéние, unification
объявлéние, announcement
объяснéние, explanation
объяснúть P 183, to explain
объяснять (I), to explain
óвощи, vegetables
оглядываться (I), to look around, back
оглянýться P (I), to look around, back
огрóмный, huge, big
одевáть (ся) 131, to dress, put on
одéть (ся) P 131, to dress, put on
одúн, one
одинáковый, same, identical
однáжды, once (upon a time)
однáко 276, however, yet
ожидáние, expectation, waiting
óзеро 184, lake
окáнчивать (I): окóнчить P (II), to finish
окнó (o), window
óколо (gen.) 82, 83, beside, about, next to
окóнчить P (II): окáнчивать (I), to finish
окрáина, outskirts
октябрь (m.), October
он, онá, онó 27, 150, he, she, it
онú 151, they
опáздывать (I): опоздáть P (I), to be late
óпера, opera
описáние, description
опоздáть P (I): опáздывать (I), to be late
опять, again

оркéстр, orchestra
осéнний, autumnal
óсень, fall, autumn
óсенью, in the fall
осмáтривать (I), to inspect, examine, sightsee
осмотрéть P 171, to inspect, examine, sightsee
осóбенно, especially
от (gen.) 82, 83, 255, from
отвéт, answer
отвéтить P 149, to answer
отвечáть (I) 61, to answer
отдавáть 238, to give away
отдáть P 238, to give away
отделéние, department
отделúть P (II), to separate
отдéльный, separate
отделять (I), to separate
отдохнýть P 193, to rest
óтдых, rest, relaxation
отдыхáть (I), to rest
отец (†e), father
открывáть (I): открыть P 138, to open
открытие, discovery
открытый, open
открыть P 138: открывáть (I), to open
откýда, from where, whence
отличáться (I), to differ, stand out
отличúться P (II), to differ, stand out
отпрáвить P 160, to send off
отправлять (I), to send off
отставáть 251, to fall behind, lag
отстáнь! leave (one) alone! fall behind!
отстáть P 251, to fall (lag) behind
óтчество, patronymic
отъéзд, departure
очевúдно, evidently
óчень, very
óчередь, queue, (one's) turn

П

пáдать (I): упáсть P 251, to fall (down)
пакéт, package
пáлец (†e), finger
пáлуба, deck
пальтó 34, coat
папирóса, cigarette

па́ра, pair
парк, park
парохо́д, steamship
па́рус, sail
Па́сха, Easter; па́сха, Easter cake
(of curds, eggs, etc.)
пацие́нт, patient
певе́ц (†е), singer
певи́ца, singer (f.)
педагоги́ческий, pedagogical
пей! drink!
пе́рвый, first
перевести́ P 171, to move, transfer,
translate
перево́д, translation
переводи́ть 171, to move, transfer,
translate
перево́дчик, translator
пе́ред (instr.) 68, before, in front of
передава́ть 273, to transmit, pass on
переда́ть P 273, to transmit, pass on
пере́дняя 216, entrance hall, anteroom, vestibule, lobby
переса́дка (о), change (of trains)
пери́од, period
перо́ 193, pen, feather
пе́сня (е), song
петь 105: спеть P, to sing
пехо́та, infantry
печа́тать (I): напеча́тать P (I), to
print
пешко́м, on foot
пикни́к, picnic
пиро́г, cake, pie
писа́тель (m.), writer, author
писа́ть 52: написа́ть P 131, to write
пи́сьменность, literature, written
language
письмо́ (е), letter
пить (I) 60: по-; вы́пить P 131, to
drink: drink a little; completely
пла́вать 239: по-, to swim, float
пла́мя 194, flame
план, plan
планта́ция, plantation
пла́тье, dress
пле́мя 194, tribe
плечо́ 184, shoulder
плодоро́дный, fertile
плоти́на, dam
пло́хо, badly, it is bad
плохо́й, bad
пло́щадь, square
плыть 225, 239, to swim, float

плюс, plus
по (dat.) 255, along, on, according to
по-америка́нски, American, in
American
по-англи́йски, English, in English
поблагодари́ть P (II), to thank
побри́ться P 138, to shave
по́вар, cook
поверну́ть P 171: повора́чивать (I)
to turn
повесели́ться P (II), to be merry
повоева́ть P 262, to battle, wage war
повора́чивать (I): поверну́ть P 171,
to turn
поворо́т, turn
поговори́ть P (II), to speak, chat
пого́да, weather
погуля́ть P (I), to walk, stroll
под (acc. or instr.) 89, 97, under
подержа́ть P (like держа́ть), to hold
по́дле (gen.) 255, near, alongside
поднима́ться 193, to arise, get up
подня́тие, raising, lifting
подня́ться P 193, to arise, get up
подожда́ть (conjugated like ждать)
81, 82, to wait (a little)
подойти́ P: подходи́ть 251, to approach, come up to
подру́га, girl friend
поду́мать P (I), to think
поду́ть P (I), to blow
подходи́ть: подойти́ P 251, to approach, come up to
подчинённый, subordinate
по́езд 161, train
пое́здка (е), trip
пожа́луйста, please, if you please
пожа́р, conflagration, fire
пожела́ть P (I), to wish, desire
пожива́ть (I), to get along, live
поза́втракать P (I), to breakfast,
lunch
позади́ (gen.), behind
позво́лить P (II), to permit, allow
позволя́ть P (I), to permit, allow
позвони́ть P (II), to ring, call (by
phone)
по́здний, по́здно, late
познако́мить (ся) P 149, to acquaint,
present, get acquainted
пойти́ P (like идти́), to go (on foot)
пока́, while, as long as
показа́ть P 138, to show
пока́зывать (I), to show

поклони́ться *P* 193: кла́няться (I), to bow, greet, give regards to
покупа́ть (I): купи́ть *P* 132, to buy, purchase
поку́пка (o), purchase
поку́шать (I), to have a bite, eat a little
пол 150, floor
по́ле, field
полежа́ть *P* (II), to lie, recline
полечи́ться *P* (II), to treat, be treated
полити́ческий, political
поли́ция, police
полново́дный, deep
по́лный, full, complete, stout
полови́на, half
положе́ние, situation, position, office
положи́ть *P* 170: класть 46, to put, place
по́лон 124, full
полотно́, linen
получа́ть (I), to receive, get
получи́ть *P* 160, to receive, get
полфу́нта, half a pound
полчаса́, half an hour
полюби́ть *P* (like люби́ть), to get to like, love
полюбова́ться *P* 193, to admire
по́мнить (II), to remember
помно́женное на, multiplied by
помога́ть 88, to help
помо́чь *P* (like мочь), to help
понату́жься! pull yourself together! try hard!
понеде́льник, Monday
понима́ть (I): поня́ть *P* 238, to understand
понра́виться *P* 159, 163, to please, like
поня́ть *P* 238: понима́ть (I), to understand
попада́ть 238, to get to, catch
попа́сть *P*, to get to, catch
попла́вать (I), to swim
поплы́ть *P* 225, to swim, set sail
попра́вить (ся) *P* 171, to get well, improve
поправля́ть (ся) (I), to get well, improve
попре́жнему, as before, formerly
попроси́ть *P* 149, to ask a favor, beg

попры́гать (I), to jump
пора́, time, it is time
порабо́тать *P* (I), to work (a little)
порт, port, harbor
по-ру́сски, Russian, in Russian
поруче́ние, commission
посиде́ть *P* 138, to sit
посла́ть *P* 295: посыла́ть (I), to send
по́сле *(gen.)* 53, after, afterward
после́дний, last
посмотре́ть *P* 160, to look, glance
поспа́ть *P* 88, to sleep
поста́вить (like ста́вить) *P*, to place, put
постара́ться *P* (I), to strive, try
посте́ль, bed
постоя́нный, continuous, constant
постро́ить *P* (II), to build
поступа́ть (I), to act, enter, enroll, enlist
поступи́ть *P* 183, to act, enter, enroll, enlist
посу́да, dishes
посыла́ть (I): посла́ть *P* 295, to send
потоло́к (†o), ceiling
пото́м, afterward, then
потому́ что, because
потре́бовать *P*, to demand
по-францу́зски, French, in French
похо́жий на, resembling, like
по́чва, ground, soil
почему́, why
почита́ть (I), to read (a little)
по́чта, post office, mail
почти́, almost
почу́вствовать *P*, to feel
поэ́т, poet
поэ́тому 276, therefore, because of that
прав 124, right, correct
пра́вда, truth; to be sure *(conj.)*
пра́вильный, пра́вильно, right, correct
прави́тельство, government
пра́вый, right (direction, side)
пра́здник, holiday, feast
предме́т, subject, object
председа́тель *(m.)*, president
предста́вить *P* 149, to introduce
представля́ть (I), to introduce
пре́жний, former
президе́нт, president
прекра́сный, beautiful, splendid, fine

прекрати́ться *P* 252, to stop, end
прекраща́ться (I), to stop, end
преподава́ть (I), to teach, instruct
препода́ть *P* 183, to teach, instruct
при *(prep.)* 255, in, in the presence of, at
привезти́ *P* 251, to bring, convey
привози́ть 251, to bring convey
пригласи́ть *P* 149, to invite
приглаша́ть (I), to invite
приглаше́ние, invitation
пригото́вить *P* 138: гото́вить 138, to prepare
прие́зд, arrival
приезжа́ть (I): прие́хать (like е́хать) *P*, to arrive (by vehicle)
прие́м, reception
прие́хать *P* 139: приезжа́ть (I), to arrive (by vehicle)
признава́ть 283, to acknowledge, admit
призна́ть (like знать), to acknowledge, admit
прийти́ *P* (like идти́): приходи́ть (like ходи́ть), to arrive (on foot)
приказа́ние, order, command
приме́р, example
принима́ть (I), to receive, accept
приня́ть *P* 149, to receive, accept
приро́да, nature
приро́дное бога́тство, raw materials, natural resources
присла́ть *P* (пришлю́, пришлёшь, пришлю́т), to send
присыла́ть (I), to send
притти́ *P* (like идти́), to arrive, come
приходи́ть (like ходи́ть), to arrive, come
причи́на, cause, reason
прия́тель *(m.)*, friend, comrade
прия́тный; прия́тно, pleasant; it is pleasant
пробива́ть (I), to strike (the hour)
проби́ть (like бить) *P*, to strike (the hour)
про́бка (о), stopper, cork
прове́рить *P* 171, to check
проверя́ть (I), to check
програ́мма, program
продаве́ц (†е), salesman, merchant
продавщи́ца, saleslady
продолжа́ть (I), to continue
продо́лжить *P* 183, to continue
проезжа́ть (I), to drive, ride through
прое́хать (like е́хать), to drive, ride through

произво́дство, production
произойти́ *P* 262, to happen, take place
происходи́ть 262, to happen, take place
пройти́ *P* (like идти́): проходи́ть (like ходи́ть), to go through, pass
пронзи́тельный, piercing
проси́ть (I): по- 132, to ask a favor, beg
просну́ться *P* (I): просыпа́ться (I), to awaken
прости́! прости́те! excuse me, please!
прости́ть (прощу́, прости́шь, простя́т) *P*: проща́ть (I), to forgive
прости́ться *P* 160: проща́ться (I), to say goodbye
про́сто, simple, simply
просто́й, simple
простота́, simplicity
просту́женный, afflicted with cold
просыпа́ться (I): просну́ться *P* (I), to awaken
профе́ссор 161, professor
проходи́ть (like ходи́ть): пройти́ *P* (like идти́), to go, through, pass
прохо́жий, passer-by
проце́сс, process
прочесть *P*; прочита́ть *P* 131, 175, to read (through)
про́шлый, past, last
проща́й! goodbye!
проща́ть (I): прости́ть (see прости́ть) *P*, to forgive
проща́ться (I): прости́ться *P* 160, to say goodbye
пры́гать (I), to leap, jump, dive
пры́гнуть *P* 252, to leap, jump, dive
пря́мо, straight, straightaway
пуска́й, пусть 208, let
пусты́ня, desert
путь *(m.)*, path, route, voyage
пу́шка (е), cannon, gun
пы́тка, torture
пье́са, drama, play
пьян, drunk *(adv.)*
пя́теро 255, five, fivesome
пя́тка, heel
пя́тница, Friday

Р

рабо́та, work
рабо́тать (I): по-, to work
рабо́чий 216, worker, working *(adj.)*

ра́бство, slavery
равни́на, plain
равно́, same, equal to
ра́вный, equal
равня́ется, is equal to
рад, happy
ра́дио 34, radio
ра́достный, happy, merry
ра́дость, joy, happiness
раз 162, one, once, time
разбуди́ть *P*: буди́ть (I) to awaken, rouse
разгово́р, conversation, talk
разгово́рный, conversational, colloquial
раздава́ться (I) 193, to resound
разда́ться *P* 193, to resound
раздвига́ть (I), to push apart, extend, open
раздви́нуть *P* 215, to push apart, extend, open
разделённое на, divided by
раздели́ть *P* (II), to divide
разделя́ть (I), to divide
разли́чный, different
разнообра́зный, various, varied, different
ра́зный, different, various
разойти́сь *P*: расходи́ться (I) 252, to part, go apart, scatter
разорва́ться *P* 262: разрыва́ться (I), to burst, explode
разраба́тывать (I), to work out, develop
разрабо́тать *P* (I), to work out, develop
разреша́ть (I), to permit, solve
разреши́ть *P* 139, to permit, solve
разрыва́ться (I): разорва́ться *P* 262, to burst, explode
райо́н добы́чи, region of extraction
райо́н обрабо́тки, region of processing
ра́ма, frame
ра́нний, ра́но, early
ра́ньше, earlier, formerly
расписа́ние, timetable, schedule
распрода́жа, sale
распростране́ние, dissemination
распространи́ть *P* (II), to spread, disseminate
распространя́ть (I), to spread, disseminate
расска́з, story, tale, narrative
рассказа́ть *P* 183, to tell, narrate
расска́зывать (I), to tell, narrate
расти́ (I): вы́расти *P* 205, to grow: grow up

расти́тельный мир, flora
расходи́ться (I): разойти́сь *P* 252, to part, go apart, scatter
реа́льность, reality
ребёнок (†о) 172, child
ребя́та 172, lads, fellows, youngsters
рёв, roar
ре́дкий; ре́дко, rare; rarely
ре́зкий, sharp
результа́т, result
река́, river
рели́гия, religion
рестора́н, restaurant
рефо́рма, reform
речь, speech
реши́тельный, firm, resolute
рис, rice
ров, ditch
ро́вно, even, exactly
ро́дина, native country
роди́ться *P* 238: рожда́ться (I), to be born
родно́й, native
Рождество́, Christmas
роль, role
рома́н, novel
Росси́я, Russia
рот (†о) 150, mouth
роя́ль (*m.*), piano
руби́ть (рублю́, ру́бишь, ру́бят) (I): по-, to chop
рубль (*m.*), ruble
рука́, hand
ру́сский, a Russian, Russian (*adj.*)
рысь, lynx
рю́мка (о), wine glass
ря́дом, alongside, next to
ря́са, cassock, frock

С

с (со), (*instr.*) 68, with (*gen.*) 97, from off
сад 150, garden
сади́ться (I) 125: сесть (ся́ду, ся́дешь, ся́дут) *P*, to sit down
са́ло, fat, grease
сам, сама́, само́, са́ми 206, oneself (myself, yourself, etc.)
самова́р, samovar
самолёт, airplane
са́мый 225, the most
са́ндвич, sandwich
сапо́г, boot
са́хар, sugar
са́харный, sugar (*adj.*)
све́жий, fresh
свёкла, beet

светло́, light, bright
све́тлый, light (adj.)
свида́ние, meeting
свобо́дный, free
свой, своё, своя́, свои́ 185, one's own
свято́й, holy, saint
сгоре́ть P: горе́ть 262, to burn up: burn
сдава́ть 160, to give up, check, rent
сдава́ться (for conjugation see дава́ть), to be for rent, to surrender
сдать P 160, to give up, check, rent
сда́ться (like дать) P, to surrender, be for rent
сде́лать P 132, (I): де́лать (I), to finish, complete
сде́латься P (I): де́латься (I), to happen, to become
себе́, себя́, собо́й 206, oneself (myself, yourself, etc.)
се́вер, north
се́верный, northern
сего́дня, today
сейча́с, now, just a minute
сейча́с же, immediately
секрета́рша (f.), secretary
секрета́рь (m.), secretary
семе́стр, semester
се́мя 194, seed
семья́, family
се́но, hay
сентя́брь (m.), September
сер, grey
се́рдце (e), heart
серебро́, silver
сере́бряный, silver (adj.)
серьёзный, serious
сестра́ (pl. сёстры), sister
сесть (ся́ду, ся́дешь, ся́дут) P: сади́ться 125, to sit down
сига́ра, cigar
сиде́ть (I) 138: по-, to sit
си́ла, strenght
си́льный, strong
си́ний, blue
систе́ма, system
сказа́ть P 132: говори́ть (II), to tell, speak, say
ска́терть, tablecloth
ско́лько (gen.) 53, 164, how much, how many
ско́ро, soon, quickly
ско́рость, speed

ско́рый, quick
скри́пка (о), violin
скуча́ть (I): по-, to be bored
ску́чный, boring, dull, tedious
сла́ва, fame
славяни́н, Slav
славя́нский, Slavic
сла́дкий, sweet
сла́дкое, dessert, sweets
сла́ще, sweeter
сле́дующий, following, coming
сли́шком, too, excessively
сло́во, word
сло́жный, complicated
слу́жба (e), work, job
слу́чай, occasion
слу́шать (I): по-, to listen to
слы́шать (II): услы́шать P (II), to hear: to catch the sound of
смерть, death
смесь, mixture
смешно́й, funny, comical
смея́ться 125 (I): по- (I), to laugh
смотре́ть 139: по-, to look: take a look
смочь P 132, 174: мочь 55, 90, to be able, to know how
снаря́д, shell
снача́ла, at first
снег, snow
снима́ть (I), to take off, rent
сноше́ние, dealings, relation
снять P 139, to take off, rent
собира́ть (ся) (I), to gather, collect, meet, prepare for
собра́ние, meeting, gathering, collection
собра́ть (ся) P 215, to gather, collect, meet, prepare for
собы́тие, event
соверше́нно, completely, entirely, quite
сове́тский, Soviet (adj.)
совреме́нный, contemporary
совсе́м, completely, entirely, quite
содержа́ние, content
созда́ние, creation
солда́т 162, soldier
со́лнце 150, 184, sun
соль, salt
сообще́ние, communication, message
сосе́д, pl.: сосе́ди, сосе́дей, etc., neighbor

сосе́дка (о), neighbor *(f.)*
сосе́дний, neighboring
сосчита́ть *P* (I), to count
со́тня, a hundred
спаси́бо, thank you
спать (I) 88: по-, to sleep
сперва́, at first
спеть *P*: петь 105, to sing
специали́ст, specialist
спеши́ть (I), (II): заспеши́ть *P* (II), to hurry, to rush: begin to hurry, rush
спина́, back
споко́йный, calm, quiet *(adj.)*
споко́йствие, calm, quiet
спо́рить (I), (II): по-, to argue, dispute
спорт, sport
спортсме́н, sportsman
спра́шивать (I), to ask
спроси́ть *P* 139, to ask
спуска́ть (I), to let down, lower
спусти́ть *P* 252, to let down, lower
сраже́ние, battle
сра́зу, at once
среда́, Wednesday
среди́ *(gen.)*, amidst, in the midst of
сре́дство, means
ста́вить (ста́влю, ста́вишь, ста́вят) (I): по-, to place, put
ставь! place! put!
стака́н, glass
станови́ться (I): стать *P* 193, 195, to become, place oneself
ста́нция, station
стара́ться (I): по-, to strive, try
старе́е, older
стари́нный, ancient, old
ста́рше, older, elder
ста́рший, elder, eldest, senior
ста́рый, old
стать *P*: станови́ться 193, 195, to become, place oneself
стена́, wall
стиха́ть (I), to abate, quiet down, subside
сти́хнуть *P* 262, to abate, quiet down, subside
сто́ить (II), to cost
стол, table
столи́ца, capital
столо́вая 216, dining room
сто́лько *(gen.)*, so much, so many
сторона́, side
стоя́ть (I) 225: по-, to stand
страна́, country
страни́ца, page

стра́нный, peculiar, strange
страх, fear
стре́лка (о), pointer, hour, minute hand (of a clock, watch)
стро́гий, strict
стро́ить (I), (II): по- 225, to build
строка́, line
студе́нт (m.) student
студе́нтка *(f.)*, student
стул 193, chair
суббо́та, Saturday
суда́, vessels
судьба́, fate
судья́, judge
сумасше́дший, madman, crazy one
суме́ть *P* 174: уме́ть (I), to be able, know how
сунду́к, trunk
суп, soup
су́тки (о) *(pl.)*, day and night, 24 hours
сушь, landmass, dry land
сце́на, stage, scene
счастли́вый, lucky, happy
сча́стье, happiness
сын 194, son
сыпь, rash
сыр, cheese
съесть *P* 174: есть 40, to eat (up), devour: eat
сэр, Sir
сюда́, here, hither
сядь! sit down!

Т

так, so, thus
та́кже, also, likewise, too
так (же) ... как 218, as ... as
тако́й, such a one
такси́, taxi
там, there
твой, твоё, твоя́ 116, 185, your, yours,
тво́рчество, creative power, creations
теа́тр, theatre
тебе́, to you
тебя́, of you, you *(acc.)*
телеви́дение, television
телеви́зор, television set
телегра́мма, telegram
телефо́н, telephone
телефони́ст, telephone operator
темно́, dark
тёмный, dark
температу́ра, fever, temperature
те́ннис, tennis
тепе́рь, now

тепло́, warm, it is warm
тёплый, warm
террито́рия, territory
те́сно, close, confined
теснота́, closeness
тётя, aunt
тече́ние, current, stream
ти́хий, ти́ше, quiet, quieter
то ... то, now ... now
тобо́й, тобо́ю, with you, by you
това́рищ 162, comrade
тогда́, then
то́же, also, too
толпа́, crowd
то́лстый, thick
то́лще, thicker
то́лько, only
тому́ наза́д, ago
тон, tone
то́нкий, thin
то́ньше, thinner
торго́вля, trade
торго́вец (†е), tradesman
торго́вый, trade (adj.)
тот, та, то 27, 195, that
трамва́й, streetcar
тре́бовать 262: по-, to demand
тро́е 255, threesome
тростни́к, cane
тру́бка (о), pipe
труд, labor, toil
тру́дный; тру́дно, difficult; it is difficult
тря́пка (о), rag
туда́, there, thither
тури́ст, tourist
тут, here
ту́фля (е), slipper
ты 150, you (thou)
тылово́й, (of the) rear
тьма, darkness
тюк, bale
тяжело́, heavily
тяжёлый, heavy, burdensome

У

у (gen.) 53, at, near
убира́ть (I), to clean, tidy, remove
убра́ть Р 139, to clean, tidy, remove
уве́ренный, firm, confident
уви́деть Р: ви́деть 132, to catch sight of: see
у́гол (†о) 150, corner

удивле́ние, astonishment, surprise
удо́бный 124, comfortable, convenient
удово́льствие, pleasure
уезжа́ть (I), to depart, leave
уе́хать Р (like е́хать), to depart, leave
уже́, already
у́же, narrower
у́жин, supper
у́жинать (I): по- (I), to have (eat) supper
у́зкий, narrow
узнава́ть, (узнаю́, узнаёшь, узнаю́т), to find out, recognize
узна́ть Р (I): знать (I), to find out: know
уйти́ Р: уходи́ть 238, to leave, go away
укла́дывать (I): уложи́ть Р 160, to pack (ones things)
у́лица, street
уложи́ть Р: укла́дывать (I) 160, to pack (one's things)
умён 124, clever
у́мер, умерла́, he, she died
умере́ть Р 238: умира́ть (I), to die
уме́ть (I) 55: суме́ть Р 174 (like уме́ть), to be able, know how
умира́ть (I): умере́ть Р 238, to die
у́мный 124, clever
универса́льный, general, universal
университе́т, university
упа́сть Р 251: па́дать (I), to fall
у́ровень (m.), level, niveau
урожа́й, harvest
уро́к, lesson
уси́ливаться (I), to increase, grow stronger, more intense
уси́литься Р (II), to increase, grow stronger, more intense
усло́вие, condition, agreement
услы́шать Р 149: слы́шать (I), to catch the sound of: hear
успе́х, success
уста́лый, tired
устра́ивать (I), to construct, make, arrange
устро́ить Р 252, to construct, make, arrange
устро́йство, organization
у́тро, morning
у́тром, in the morning
у́хо 184, ear

уходи́ть: уйти́ *P* 238, to leave
уче́бник, textbook
уче́ние, studying, teaching
учени́к, student
учени́ца, girl student
учёный 216, scholar, learned (*adj.*)
учи́тель (*m.*) 161, teacher
учи́тельница, lady teacher
учи́ть(ся) 95, 183: вы́учиться, to teach, learn: to teach, learn thoroughly
ую́тный, cozy, comfortable

Ф

фа́брика, factory
факульте́т, faculty
фами́лия, family name
февра́ль (*m.*), February
фи́зика, physics
фило́соф, philosopher
филосо́фский, philosophical
фо́рма, form, genre
фотогра́фия, photograph
Фра́нция, France
францу́женка (о), French woman
францу́з, Frenchman
францу́зский, French (*adj.*)
фронт, front
фрукто́вый сад, orchard
фунт, pound
футболи́ст, soccer player

хара́ктер, character
хи́мик chemist
хи́мия, chemistry
хлеб, bread
хло́пок, (†о), cotton
ходи́ть 69, 141, to walk, go, attend
хозя́ин, proprietor, master, landlord
хозя́йка, hostess, landlady
хозя́йство, housekeeping, household, economy
хо́лодно, cold
холо́дный, cold
хоро́ший, good
хорошо́, good, well, it is well, good
хоте́ть 76, 82: захоте́ть 139, to wish, want: get the desire
хоте́ться 152, to feel like, have a desire
хоть 276, though

хотя́ (бы) 276, (even) though
христиа́нский, Christian
христиа́нство, Christianity
Христо́с, Christ
худо́й, thin, skinny
ху́же, worse

Ц

царь (*m.*), Tsar, emperor
цвет 172, color
цвето́к (†о) 172, flower
це́лый, whole, entire
цель, aim, goal
цена́, price
центр, center
центра́льный, central
це́рковь (†о), church

Ч

чай, tea
ча́йник, teapot
час, hour
ча́стый, frequent
часть, part
часы́ (*pl.*), watch, clock
ча́шка (е), cup
ча́ще, more frequent(ly)
чей, чьё, чья 185, whose
челове́к 172, human being, **man**, person
челове́чество, humanity
чем 218, than
чем ... тем ... 218, the ... the ...
чемода́н, suitcase
че́рез (*acc.*) 89, over, across, through
чёрный, black
честь. honor
четве́рг, Thursday
че́тверо 255, foursome
че́тверть, quarter
число́ (е), number, date
чи́стый, clean, pure
чи́стить (I) 132: вы́чистить *P*, to clean: clean thoroughly
чита́ть (I): по-, to read
член, member
что 27, 35, 124, what, that
что́бы, in order to
чу́вство feeling
чу́вствовать (ся) 122: по-, to feel (oneself)

Ш

шаг, step, pace
ша́пка (о), cap
шар, ball, globe
шёл, шла, шло, went
шёлк, silk
шерсть, wool
ше́стеро 255, six
ши́ре, broader, wider
широ́кий, broad, wide; широко́ *(adj.)*
шко́ла, school
шля́па, hat
штаб, headquarters
шта́бный, staff *(adj.)*
штат, state
шум, noise
шу́мный, noisy
шью, I sew

Х

ще́пка (о), sliver
щётка (о), brush
щи, cabbage soup

Э

экза́мен, examination
эконо́мика, economics
электри́ческий, electric (al)
электроста́нция, electrical station
эне́ргия, energy
эпо́ха, epoch
э́ра, era
эта́ж 162, floor, story
э́тот, э́та, э́то 27, 194, this

Ю

юг, south
ю́жный, southern
ю́мор, humor
юмористи́ческий, humorous
юриди́ческий, juridical
юри́ст, jurist, lawyer

Я

я 150, I
я́блоко 184, apple
язы́к, tongue, language
я́корь *(m.)*, anchor
янва́рь *(m.)*, January
я́сный, clear

English-Russian Vocabulary

A

abate, стихáть (I), стúхнуть 262
able, to be, мочь, 55, смочь 132; умéть (I), сумéть 174; able, was, мог 90
about, о, об, óбо (prep.); óколо (gen.) 82, 83
above, над (instr.) 68
accept, принимáть, принять 149
according to, по (dat.) 255
accurate, аккурáтный
ache, болéть (I)
achieve, добивáться, добúться 273
acknowledge, признавáть 295, признать (I)
acquaint (someone), знакóмить, познакóмить 149
acquaintance, знакóмый
acquainted, знакóмый
acquainted, to get, знакóмиться, познакóмиться 149
across, чéрез (acc.) 89
act, поступáть, поступúть 183
action, дéло
activity, дéятельность
address, áдрес
adjoining, сосéдний
admire, любовáться, полюбовáться 193
admit, признавáть 295, признáть (I)
adroit, лóвкий, лóвко
advance, in, зарáнее
affair, дéло, истóрия
afflicted with a cold, простýженный
afraid of, to be, боáться (II) (gen.)
after, пóсле (gen.) 53; потóм, пóсле; за (acc. † instr.) 89, 97
after all, впрóчем 276
after that, затéм
afterward, потóм, пóсле
again, опять
age, век
ago, томý назáд
agreement, услóвие
ahead, впередú (gen.)
aim, цель
air, вóздух
airplane, самолёт

alive, живóй
all, весь, вся, всё 226, 227
allow, позволять (I), позвóлить (II)
all right, лáдно, благополýчно
almost, почтú
along, по (dat.) 225; along with, с, со (instr.) 68
alongside, рядом, пóдле 255
aloud, вслух
alphabet, áзбука, алфавúт
already, ужé
alright, хорошó, ничегó
also, тáкже, тóже 218
alter, изменять(ся) (I), изменúть(ся) 295
although, хотя
always, всегдá
America, Амéрика
American (person), америкáнец (m.), америкáнка (f.)
American, америкáнский; in American, по-америкáнски
amidst, средú (gen.)
among, мéжду (instr.) 68; средú (gen.)
amusing, смешнóй, смешнó
anchor, якорь (m.)
ancient, старúнный
and, а 22, и, да
animatedly, оживлённо
another, one, друг дрýга 241
announcement, объявлéние
answer, отвéт
answer, отвечáть 61, отвéтить 149
anteroom, передняя 216
any (one), какóй-либо, какóй-нибудь 262, 263
anything, чтó-нибудь 262, 263
apartment, квартúра
appeal, призýв
appear, вýглядеть 215; казáться 152, показáться
appearance, вид
apple, яблоко 184
approach, подходúть, подойтú 251
approximately, óколо ((gen.) 82, 83
architecture, архитектýра
argue, спóрить, поспóрить (II), 132
aria, ария

arise, поднима́ться, подня́ться 193
armchair, кре́сло
army, а́рмия
around, круго́м
arrange, устра́ивать, устро́ить 252
arrival, прие́зд
arrive, приходи́ть, притти́ 238; при-
  езжа́ть, прие́хать 138.
artilleryman, артиллери́ст
as . . . as, так . . . как . . . 218
as before, попре́жнему
Asia, А́зия
Asiatic, азиа́тский
as if, как бу́дто
ask (a favor), проси́ть, попроси́ть
  132
ask (a question), спра́шивать, спро-
  си́ть 139
as long as, пока́
astonishment, удивле́ние
as though, как бу́дто
at, у (gen.) 53; при (prep.) 255
at first, снача́ла, сперва́
at home, до́ма
at night, но́чью
at once, сра́зу
attend, ходи́ть 69, 141
at times, времена́ми
at the side of, по́дле (gen.) 255
August, а́вгуст
August, (adj.) а́вгустовский
aunt, тётя
author, писа́тель (m.); а́втор
auto, автомоби́ль (m.)
autumn, о́сень
autumnal, осе́нний
awaken, буди́ть, разбуди́ть (to wake
  someone) 215; просыпа́ться (I),
  просну́ться (I) (to awake)

B

back, спина́
back, наза́д; обра́тно
bad (ly), плохо́й, пло́хо
baggage, бага́ж
bale, тюк
ball, шар
bank, банк
bathe, купа́ться, покупа́ться (I);
  вы́купаться (I)
bathhouse (pool), купа́льня (е)

battle, сраже́ние; бой; воева́ть, по-
  воева́ть 262
be, быть 21, 116; быва́ть 195
beautiful, краси́вый, прекра́сный
beauty, красота́
beauty (woman), краса́вица
because, потому́ что
because of that, поэ́тому 276
become, станови́ться 193, стать 195
bed, посте́ль
beet, свёкла
before, пе́ред (instr.) 68; до (gen.)
before, as, попре́жнему
beforehand, зара́нее
beg, проси́ть, попроси́ть 132
beggar, ни́щий
begin, начина́ть, нача́ть 139; начи-
  на́ться, нача́ться 205
begin to hurry, заспеши́ть (II) P
beginning, нача́ло
behind, за (prep. or acc.) 89, 97; по-
  зади́ (gen.)
belief, ве́ра
bell, звоно́к (†о)
beloved, дорого́й, люби́мый
bench ла́вка (о)
besides (s), о́коло (gen.) 82, 83
besides (that), кро́ме (того́)
better, лу́чше
between, ме́жду (instr.) 68
beyond one's strength, непоси́льно
big, большо́й; огро́мный, огро́мен
bigger, бо́льше 216
black, чёрный
blacksmith, кузне́ц
blow, дуть, поду́ть (I)
blue, си́ний
boat, ло́дка (о)
bombardier, бомбарди́ро́вщик
bombing plane (bomber), бомбарди-
  ро́вщик
book, кни́га
boot, сапо́г
border, грани́ца
bored, to be, скуча́ть (I), поскуча́ть
  (I)
boring, ску́чный, ску́чно
born, to be, рожда́ться,, роди́ться 238
both, о́ба (m. † n.), о́бе (f.) 252
both and, и . . . . . и 276
boulevard, бульва́р
bow, кла́няться, поклони́ться 193
box, коро́бка (о)

boy, мáльчик
bread, хлеб
breakfast, зáвтрак
breakfast, зáвтракать, позáвтракать (I)
bridge, мост 150
brief, корóткий 124
brigade, бригáда
bright (ly), свéтлый, светлó
bring (by vehicle), привозúть, привезтú 251
bring in, вносúть, внестú 238, 239, вводúть, ввестú 238, 239
broad (ly), ширóкий, широкó
broader, шúре
brother, брат 193
brow, лоб (†о)
brush, щётка (о)
build, стрóить, пострóить (II)
building, здáние
bulwark, вал
burden, брéмя 194
burdensome, тяжёлый, тяжелó
burn, горéть, сгорéть 262
burst, разрывáться, разорвáться 262
business, дéло
business (like), деловóй
busy, занятóй, зáнят 124
busy oneself with, занимáться, заняться 139
but, а 22; но; же 275
butter, мáсло
but then, затó
buy, покупáть, купúть 132
by the way (conj.), впрóчем 276, мéжду прóчим
Byzantine, византúйский
Byzantium, Византúя

C

cabbage, капýста
cabbage soup, щи
cabman, извóзчик
cake, пирóг
call (by phone), звонúть, позвонúть (II) 95
call out, кричáть, покричáть (II): крúкнуть 251
calm, спокóйный; спокóйствие
canal, канáл
cane, тростнúк
cannon, пýшка (е)

cannonade, канонáда
cap, шáпка (о)
capital, столúца
captain, капитáн
car, автомобúль (m.)
car (railroad), вагóн
cards, playing, кáрты
carpet, ковёр (†ё)
carry, носúть, нестú 239, 240
carry in, вносúть, внестú 238, 239
carry out, выполнять, вúполнить 262
cart, возúть, везтú 239
catch (get to), попадáть, попáсть 238
catch sight of, увúдеть 132
catch the sound of, услúшать 132
catch up, догоня́ть, догнáть 225
cause, причúна
ceiling, потолóк (†о)
center, центр
central, центрáльный
century, век
certainly, несомнéнно
chair, стул 193
change, изменять(ся) (I), изменúть (ся) 295
change (of trains), пересáдка (о)
channel, канáл
character, харáктер
chat, have a, поговорúть 134
cheap (ly), дешёвый, дёшево
cheaper, дешéвле
check, сдавáть, сдать (в багáж) 160; проверять, провéрить 171
cheese, сыр
chemist, хúмик
chemistry, хúмия
chief (person), главá
chief, глáвный
child, ребёнок (†о) 172; дитя́ 172
childhood, дéтство
children, дéти 172
chop, рубúть (рублю́, рýбишь, рýбят)
Christ, Христóс
Christian, христиáнский
Christianity, христиáнство
Christmas, Рождествó
Christmas tree, ёлка (о)
church, цéрковь (†о)
cigar, сигáра
cigarette, папирóса
circle, круг
citizen (m.), гражданúн 172
citizen (f.), граждáнка (о) 172

citizens, гра́ждане 172
city, го́род 161; городско́й (adj.)
class (room), класс
clean, чи́стить, вы́чистить 132; чи́стый (adj.)
cleanse, чи́стить, вы́чистить 132
clear, я́сный
clever (ly), у́мный, умно́ 124
climate, кли́мат
clock, часы́ (pl.)
close, те́сно
close, закрыва́ть, закры́ть 139
closeness, теснота́
cloud, о́блако
club, клуб
coat, пальто́ 34
coffee, ко́фе
coffin, гроб
cold (ly), холо́дный, хо́лодно
cold (head), на́сморк
collect, собира́ть(ся) (I), собра́ть(ся) 215
collection, собра́ние
collective farm, колхо́з
colloquial, разгово́рный
color, цвет 172
come with its characteristic prefixes (входи́ть, выходи́ть etc.). See 245, 246
comfortable, удо́бный, удо́бен; ую́тный, ую́тно
comical, смешно́й
coming, бу́дущий, сле́дующий
command, приказа́ние
commander, команди́р; **(staff)**, нача́льник
commission, поруче́ние
common, о́бщий
communication, сообще́ние
complete (full), по́лный
complete, сде́лать 132, 174
completely, соверше́нно, совсе́м
complicated, сло́жно
comrade, това́рищ 162; прия́тель (m.)
concerning, о, об, о́бо (prep.)
concert, конце́рт
condition, усло́вие
conduct, води́ть, вести́ 239
conducted, вёл, вела, вело́, вели́
confident, уве́ренный
confined, те́сно

conflagration, пожа́р
constant, постоя́нный
consume, съесть 174
construct, стро́ить, постро́ить (II); устро́ить 252
contemporary, совреме́нный
content, дово́лен, дово́льный; содержа́ние
continue, продолжа́ть, продо́лжить 183
continuous, постоя́нный
contrary, on the, напро́тив 276
contrive, суме́ть 174
convenient, удо́бный, удо́бен, удо́бно 124
conversation, бесе́да, разгово́р
conversational, разгово́рный
converse with, говори́ть, поговори́ть (II)
convey (by vehicle), вози́ть, везти́ 239; привози́ть, привезти́ 251
cook, по́вар
copper, медь
cork, про́бка (о)
corner, у́гол (†о) 150
correct, пра́вильный, прав 124
cost, сто́ить (II)
cotton, хло́пок
cough, ка́шель (†е) (m.)
could, мог, 90
count, насчи́тывать, насчита́ть (I); счита́ть (I)
count (together), сосчи́тывать, сосчита́ть (I)
country, край, страна́; дереве́нский
country house, да́ча
court (yard), двор
cover, накрыва́ть (I), накры́ть 213
cozy, ую́тный
crazy (one), сумасше́дший
creation(s), созда́ние, тво́рчество
creative power, тво́рчество
crowd, толпа́
cry, крик; крича́ть, покрича́ть; кри́кнуть 139, 140, 251
cry out, закрича́ть 251
cultural, культу́рный
culture, культу́ра
cultured, культу́рный
cup, ча́шка
cure, вы́лечить 132
current, тече́ние

D

dam, плотина
dark (ly), тёмный, темно
darkness, тьма
dash, бросаться, броситься 251
date, число (e)
daughter, дочь 215
day, день (†e) (m.) 123, 162
day and night, сутки (o) (pl.)
daytime, in the, днём
dead, мёртвый
dealings, отношение, сношение
dear (one), дорогой, милый
dearer, дороже, милее
death, смерть
December, декабрь (m.)
deck, палуба
deep (ly), глубокий, глубоко, полно-
  водный
deeper, глубже
demand, требовать, потребовать 262
depart, уезжать (I), уехать (like
  ехать)
department, отделение
departure, отъезд
description, описание
desert, пустыня
desire, желать, пожелать (I)
desire, to get the, захотеть 139
desire, to have, хотеться 152
dessert, сладкое
develop, разрабатывать (I), разра-
  ботать (I)
devour, скушать (I), съесть (like
  есть)
die, умирать, умереть 238
differ, отличаться (I), отличиться (II)
different, разный, различный
difficult, трудный, трудно
diluted, more, жиже
dine, обедать, пообедать (I)
dining room, столовая 216
dinner, обед
dinner, to have, обедать, пообедать
  (I)
diploma, диплом
direction, направление
director, директор
discovery, открытие
disease, болезнь
dishes, посуда

dispute, спорить, поспорить (II)
disseminate, распространять (I),
  распространить (II)
dissemination, распространение
distant, далеко
district, область
divan, диван
dive, прыгать, прыгнуть 252
divide, разделять (I), разделить (II)
divided by, разделённое на
division, дивизия
do, делать, сделать (I), 132, 174
doctor, доктор 161
dollar, доллар
door, дверь
dozen, дюжина
drama, пьеса
drawing-room, гостиная 216
dress, платье
dress (oneself), get dressed, одевать-
  ся (I), одеться 131
drink, пить 60, попить; drink! пей!
drink, drain, выпить 132
drive, ехать 47, поехать; ездить 69,
  141
drive with its characteristic prefixes
  (въехать, выехать, etc.). See 245,
  246
droshki (carriage), дрожки (e)
dull, скучный

E

each, каждый
ear, ухо 184
earlier, раньше
early, ранний, рано
earn, зарабатывать, заработать (I)
easier, легче
east, восток
Easter, Пасха
Easter cake, пасха
eastern, восточный
East Slavic, восточнославянский
easy, лёгкий, легко
eat, есть 40, съесть 174; кушать 40,
  скушать (I)
eat! ешь!
economics, экономика
economy, хозяйство
educated, образованный
education, образование

either ... or, и́ли ... и́ли 276
elder, ста́рший
eldest, ста́рший
elect, избира́ть (I), избра́ть (like бра́ть)
electrical, электри́ческий
electrical station, электроста́нция
emperor, царь (m.), импера́тор
empire, госуда́рство
end, коне́ц (†)
end, конча́ть(ся) (I), ко́нчить(ся) (II); прекраща́ть(ся), прекрати́ть (ся) 252
energy, эне́ргия
engine, маши́на
engineer, инжене́р
England, Англия
English, англи́йский; по-англи́йски
Englishman, англича́нин 171
Englishwoman, англича́нка (o)
enlist, поступа́ть (в а́рмию), поступи́ть 183
enough, доста́точно
enroll, поступа́ть (на университе́т), поступи́ть 183
enter, входи́ть, войти́ (like ходи́ть, идти́); поступа́ть, поступи́ть 183
entire, це́лый, весь, вся, всё 226, 227
entirely, совсе́м, соверше́нно
entrance hall, пере́дняя 216
epoch, эпо́ха
equal, ра́вный
equal in importance, наряду́ с, со
equal, is равня́ется
equal to, равно́
era, э́ра
erect, стро́ить, постро́ить (II)
especially, осо́бенно
estate, име́ние
ethics, мора́ль
Europe, Евро́па
European, европе́йский
even, ро́вно (exactly); да́же 275, хоть
evening, ве́чер 161; вече́рний (adj.)
evening, in the, ве́чером
event, собы́тие
even though, хотя́ бы
everybody, все 226, 227
every (one), ка́ждый, все 226, 227
everything, всё 226, 227
everywhere, везде́, всю́ду
evidently, очеви́дно

exactly, ро́вно, аккура́тно
examination, экза́мен
examine, осма́тривать (I), осмотре́ть 171
example, приме́р; for example наприме́р
excellent, прекра́сный
except for, кро́ме
excessive, сли́шком
excuse me, please! прости́! прости́те!
exit, вы́ход
expectation, ожида́ние
expensive (ly), дорого́й, до́рого
expensive, more, доро́же
explain, объясня́ть, объясни́ть 183
explanation, объясне́ние
explode, разрыва́ться, разорва́ться 262
export, вывози́ть, вы́везти 238, 239
extend, раздвига́ть, раздви́нуть 215
eye, глаз 161, 162

F

face, лицо́
factory, заво́д, фа́брика
faculty, факульте́т
faith, ве́ра, рели́гия
fall (autumn), о́сень; осе́нний (adj.)
fall, in the, о́сенью
fall, па́дать, упа́сть 251
fall behind, отстава́ть, отста́ть 251
fall ill, sick, заболе́ть (I)
fame, сла́ва
familiar, знако́мый
family, семья́
family name, фами́лия
famous, знамени́тый; изве́стный
far, far away, далеко́ (от † gen.)
farmer, крестья́нин 171
fashionable, мо́дный
fate, судьба́
father, оте́ц (†e)
fauna, живо́тный мир
favor, ask a, проси́ть, попроси́ть 194
favorite, люби́мый
fear, страх
fear, боя́ться, побоя́ться (II)
feast, пра́здник
feather, перо́ 193
February, февра́ль (m.)
feel (oneself), чу́вствовать(ся), почу́вствовать(ся) 122

feeling, чу́вство
feel like, хоте́ться 152
fellows, ребя́та 172
fertile, плодоро́дный
fever, жар; температу́ра
few, ма́ло 164
few, a, не́сколько
field, по́ле
fight, воева́ть, повоева́ть 262
figure, о́браз
finally, наконе́ц
find out, узнава́ть, узна́ть (I), 139
fine, прекра́сный
finger, па́лец (†е)
finish, конча́ть (I), ко́нчить (II);
    ока́нчивать, око́нчить 183; сде́лать
    132, 174
fire, ого́нь; пожа́р
firewood, дрова́
firm (ly), кре́пкий, кре́пко; реши́-
    тельный; уве́ренный
firmer, кре́пче
first, пе́рвый
first, at, снача́ла; сперва́
fivesome (five), пя́теро 255
flag, зна́мя 194
flame, пла́мя 194
float, плыть 225; пла́вать 239
floor, пол 150; эта́ж
flora, расти́тельный мир
flour, мука́
flower, цвето́к (†о) 172
fluid, жи́дкий
fly, лета́ть, лете́ть 239
following, сле́дующий
food, еда́
foot, нога́
foot, on, пешко́м
footwear, о́бувь
for, для (gen.) 82, 83; за (acc.) 97;
    (in time expressions, 108, 109)
forbidden, it is, нельзя́ 162
forehead, лоб (†о)
foreign, иностра́нный
foreigner, иностра́нец
forest, лес 161
for example, наприме́р
forget, забыва́ть (I), забы́ть (забу́-
    ду, забу́дешь, забу́дут)
forgive, проща́ть (I), прости́ть (про-
    щу́, прости́шь, простя́т)
fork, ви́лка (о)
form, фо́рма, вид

former, пре́жний; formerly, as, по
    пре́жнему
formerly, ра́ньше
found, to be, находи́ться, найти́сь
    205
foursome (four), че́тверо 255
France, Фра́нция
free, свобо́дный
French, францу́зский
French, in, по-францу́зски
Frenchman, францу́з
French woman, францу́женка (о)
frequent, ча́стый
frequent (ly), more, ча́ще
fresh, све́жий
Friday, пя́тница
friend, друг 194; прия́тель (m.)
friend (girl), подру́га
from, из (gen.) 82, 83; от (gen.) 82,
    83, 255; с, со (gen.) 97
front, фронт
front, in (of), впереди́ (gen.); пе́рел
    (instr.) 68
frost, моро́з
fulfill, выполня́ть, вы́полнить 262
full, по́лный, по́лон 124
funny, смешно́й
fur, мех
furniture, обстано́вка (о)
future (one), бу́дущий
future, in the, в дальне́йшем

G

gaily, ве́село
gain, добива́ться, доби́ться 273
garage, гара́ж
garden, сад 150
gate, воро́та (pl.)
gather, собира́ть(ся), собра́ть(ся)
    215
gathering, собра́ние
gay, весёлый
gay, be, весели́ться, повесели́ться (II)
general, универса́льный, о́бщий
genius, ге́ний
German (masc.), не́мец (†е)
German (fem.), не́мка (о)
German (adj.) неме́цкий
German, in, по-неме́цки
Germany, Герма́ния
get, получа́ть, получи́ть 160

get along, поживáть (I), пожúть P
  (like жить)
get the desire, захотéть (like хотéть)
get the idea, вздýмать (I)
get to, добирáться, добрáться 262;
  попадáть, попáсть 238
get to like, love, полюбúть (like лю-
  бúть)
get to like, понрáвиться 159, 163
get up, вставáть 122, встать (встáну,
  встáнешь, встáнут); поднимáться,
  поднáться 193
get well, поправляться (I), поправ-
  иться 171
girl, дéвочка (e)
girl friend, подрýга
give, давáть 62, дать 138
give away, отдавáть, отдáть 238
give regards (to), кля́няться, поклонúться 193
give up, сдавáть, сдать 160
glad, рад
glance at, посмотрéть (на) 160
glass, стакáн
globe, шар
goal, цель
go apart, расходúться, разойтúсь 252
go by a vehicle, éздить, éхать 69,
  141
go (on foot), идтú 46, 90; пойтú; хо-
  дúть 69, 141; походúть
go up, поднимáться, подня́ться 193
go with its characteristic prefixes
  (входúть, выходúть etc.). See 245,
  246
God, Бог
gold, зóлото
golf, гольф
good, дóбрый; хорóший, хорошó
goodbye, до свидáния, прощáй, про-
  щáйте
government, правúтельство
governmental, госудáрственный
grammar, граммáтика
granddaughter, внýчка (e)
grandfather, дéдушка (e) 206
grandmother, бáбушка (e)
grandson, внук
grave, могúла, гроб
great, большóй; велúкий
greater, бóльше
Grecian, грéческий
Greek, грек; грéческий (adj.)
green, зелёный

greet, кля́няться, поклонúться 193
ground, пóчва
group, грýппа
grow (become), становúться, стать
  193, 175; растú, вы́расти 205
grow stronger, усúливаться (I), уси-
  лúться (II)
gruel, кáша
guaranteed, обеспéчен
guest, гость (m.)
gun, пýшка (e)
gunner, бомбардирóвщик

H

half, половúна
half an hour, полчасá
half a pound, полфýнта
ham, ветчинá
hand, рукá
hand, minute, hour, стрéлка (o)
hand, on the other, затó
happen, бывáть (I), быть 195; про-
  исходúть, произойтú 262; дéлаться
  (I), сдéлаться (I)
happiness, счáстье, рáдость
happy, рáдостный, рад; счастлúвый
  (lucky)
harbor, порт
hard, трýдный, трýдно
harvest, урожáй
hat, шля́па
have, имéть 117; у меня́, etc. 54
have a bite (to eat), покýшать P (I)
have a desire, хотéться 152
have an interest (in), интересовáть-
  ся, поинтересовáться 162
have a walk, погуля́ть
have dinner, обéдать, пообéдать (I)
have to (need, necessity), нýжно,
  нáдо 162
have to (obligation), дóлжен 162
hay, сéно
he, он 27, 150
head, головá
head (chief person), главá
head cold, нáсморк
headquarters, штаб
head, take into one's, вздýмывать,
  вздýмать (I)
heal, лечúть(ся) 122; вы́лечить(ся)
  (II)
health, здорóвье
healthy, здорóвый, здорóв 124

hear, слы́шать, услы́шать 142
heart, се́рдце (e)
heavy, heavily, тяжёлый, тяжело́
hello! алло́! здра́вствуйте!
help, помога́ть 88 (I), помо́чь (like мочь)
her(s), её; her own, свой 116
here, здесь; тут; вот (here is)
here (hither), сюда́
hero, геро́й
high (ly), высо́кий, высоко́
higher, вы́ше
his, его́ 116; his own, свой 116, 185
historian, исто́рик
history, исто́рия
hither, сюда́
hold, держа́ть, подержа́ть 81
holiday, пра́здник
holy, свято́й
home (ward), домо́й
home, at, до́ма
honest, откры́тый
honey, мёд
honor, честь
hook, крюк
hors d'oeuvre, заку́ска
horse, ло́шадь
hospital, больни́ца; го́спиталь (m.)
host, хозя́ин
hostess, хозя́йка
hot (ly), горя́чий, горячо́; жа́ркий, жа́рко; hotter, жа́рче
hotel, гости́ница
hour, час
hour hand (of clock, watch), стре́лка
house, дом 161
household, housekeeping, хозя́йство
how, как
how are you! здра́вствуйте!
how do you do! здра́вствуйте!
however, впро́чем, одна́ко 276; но
how many, much, ско́лько 53, 164
huge, огро́мный, огро́мен
human being, челове́к 172
humanity, челове́чество
humor, ю́мор
humorous, юмористи́ческий
hundred (unit), со́тня
hunger, го́лод
hungry, го́лоден, голо́дный
hurry, спеши́ть, заспеши́ть (II)
hurt, боле́ть (II)

husband, муж 194
hut, изба́

I

I, я 150
ice, лёд (†e)
idea, иде́я
idea, get the, взду́мать, взду́мывать (I)
identical, одина́ковый
if, е́сли
if, as, как бу́дто
ill, больно́й, бо́лен 124
ill, to be, боле́ть (I)
illness, боле́знь
image, о́браз
immediately, сейча́с же
impatience, нетерпе́ние
import, привози́ть, привезти́ 251
importance, значе́ние
important, ва́жный
impossible, невозмо́жный, нельзя́ 162
impression, впечатле́ние
improve, поправля́ть(ся), попра́вить(ся) 171
in, в (во) (prep. or acc.) 39, 45, 46, 266, при (prep.) 255
incidentally, впро́чем 276
incorrect, непра́вильный
increase, уси́ливаться (I), уси́литься (II)
independence, незави́симость
in fact, действи́тельно
infantry, пехо́та
influence, влия́ние
in front of, пе́ред (instr.) 68
inhabitable, обита́емый
inhabitant, жи́тель (m.)
in order to, чтобы
inspect, осма́тривать (I), осмотре́ть 171
in spite of, несмотря́ на 276
instruct, преподава́ть, препода́ть 183
insult, оби́да
interest oneself in, to have ... in, интересова́ться, поинтересова́ться 238
interesting, интере́сный, интере́сно
in the midst of, среди́
in the presence of, при (prep.) 255
into, в (во) (acc.) 39

introduce (acquaint), представлять, представить 149
introduce (bring in), вводить, ввести, вносить, внести 238, 239
invitation, приглашение
invite, приглашать, пригласить 149
iron, железный
it, оно 27, 150
its, его 116; its own, свой 116

J

January, январь (m.)
job, служба (e)
jolly, весёлый, весело
joy, радость; удовольствие
joyful, весёлый
joyfully, весело
July, июль (m.)
jump, прыгать попрыгать (I); прыгнуть 252
June, июнь (m.)
junior, младший
juridical, юридический
jurist, юрист
just, именно
just a minute, сейчас

K

keep, держать 81, подержать
kilometer, километр
kind, добрый
kitchen, кухня (о)
knife, нож 162
know, знать (I)
know, begin to, come to, узнавать (узнаю, узнаёшь, узнают), узнать (like знать)
know how, уметь 55, суметь (I)
knowledge, знание

L

labor, работа; труд
ladies and gentlemen, господа 171
lads, ребята 172
lady, госпожа 171
lag behind, отставать, отстать 251
lake, озеро 184
lamp, лампа
land, (dry), сушь
landlady, хозяйка
landlord, хозяин
landmass, сушь

language, язык
large, большой
last, последний, прошлый
late, поздний
late, to be, опаздывать, опоздать (I)
laugh, смеяться, посмеяться 125
laughter, хохот; смех
lawyer, юрист
lead, водить, вести 239
leader, вождь (m.)
leaf (of tree), лист 193
leap, прыгать, прыгнуть 252
learn, учиться, учить 95, 183; выучить; изучать, изучить 183
learned, учёный
learning, учение
leather, кожа
leave, уходить, уйти (on foot) 238; уезжать (I), уехать (like ехать) (by vehicle)
leave, to take, прощаться, проститься 160
left, to the, налево
leg, нога
lemon, лимон
less, менее, меньше 216
lesson, урок
let, дай 207; пусть, пускай 208
let down, спускать, спустить 252
letter письмо; буква (letter of the alphabet)
level, уровень (m.)
library, библиотека
lie, лежать, полежать 67
lie down, ложиться (II), лечь (лягу, ляжешь, лягут)
lie down! ляг!
life, жизнь
lifting, поднятие
light, свет; светлый, светло
light (easy), лёгкий, легко
lighter, легче
like, похожий на
like, нравиться, понравиться 159, 163
likewise, тоже, также 218
line, строка
linen, полотно
liquid, жидкий
liquid, more, жиже
listen (to), слушать (I), послушать (I)
literary, литературный
literature, литература, письменность

little, маленький; малый, мало 53, 164
live, жить 46
live (ly), живой, живо; оживлённый
living room, гостиная 216
lobby, передняя 216
located, to be, находиться, найтись 205
long, длинный; долгий, долго
long ago, давно
longer, долее, дольше
look, смотреть, посмотреть 139
look around, back, оглядываться (I), оглянуться (I)
look at with pleasure, любоваться, полюбоваться 193
look for, искать, поискать 238
look like, выглядеть 215
loud, громкий, громко
louder, громче
love, любить 88, 163
low, низкий
lower, ниже
lower, спускать, спустить 252
lucky, счастливый
lunch, завтракать, позавтракать (I)

M

machine, машина
madman, сумасшедший
mail, почта
main, главный
make, делать 132, сделать, 132, 174 устраивать, устроить 252
make an effort! понатужься!
man, человек 172; мужчина 205
manner, образ
many, so, столько (gen.)
map, карта
March, март
married, женат (m.); замужем (f.) 215
married, to get, жениться (на) (m.); выходить, выйти замуж (за) (f.) 215
master, изучать (I), изучить 183
master, хозяин
matter, дело
matter, it does not, ничего
mausoleum, мавзолей
May, май
meal (flour), мука
meaning, значение

means, средство
meat, мясо
mechanic, механик
medical, медицинский
medicine, лекарство; медицинский (adj.)
meet, собираться, собраться 215; встречать, встретить 138
meet (with), встречаться (с + instr.) 126, встретиться 138
meeting, собрание, свидание
member, член
memorize, запоминать, запомнить 183
merchant, купец (†e), продавец (†e)
merry, merrily, весёлый, весело; радостный
merry, to make, to be, веселиться, повеселиться (II)
message, сообщение
metal, металл
method, метод
mighty, великий
mile, миля
military, военный
milk, молоко
mine, мой, моя, моё 27, 116, 185
mine (explosive), мина
minus, минус
minute, минута
minute hand (of clock, watch) стрелка
mixture, смесь
Monday, понедельник
money, деньги 194
month, месяц 150, 162
morals, мораль
more, больше, более 216; ещё
morning, утро
morning, in the, утром
mortar shell, mine, мина
Moscow, Москва; московский (adj.)
most, the, самый 225
mother, мама; мать 215
mountain, гора
mouth, рот (†o) 150
move, переводить, перевести 171
move apart, раздвигать, раздвинуть 215
movement, движение
movie, кино 34
Mr., господин 171
Mrs., госпожа 171

much, мно́го 53, 164
much respected, многоуважа́емый
much, so, сто́лько (gen.)
mud, грязь
multiplied by, помно́женное на
museum, музе́й
music, му́зыка
must, до́лжен 162
my, мой, моя́, моё 27, 116, 185

N

name (Christian, first), и́мя 150, 194
name (last, family), фами́лия
narrate, расска́зывать, рассказа́ть 183
narrative, расска́з
narrow, у́зкий
narrower, у́же
nation, наро́д
national, наро́дный, национа́льный
native, родно́й
native country, ро́дина
natural resources, приро́дные бога́тства
nature, приро́да
near, о́коло (gen.) 82, 83; по́дле (gen.) 255; у (gen.) 53
near, бли́зкий
nearer, бли́же
necessary, необходи́мый, ну́жный
necessary, it is, ну́жно; на́до 162; необходи́мо
needed, ну́жно
neighbor (m.), сосе́д
neighbor (f.), сосе́дка (о)
neighboring, сосе́дний
neither . . . nor, ни . . . ни 276
never, никогда́
nevertheless, всё-таки
new, но́вый
news, но́вость
newspaper, газе́та
next, бу́дущий, сле́дующий
next to, ря́дом, о́коло (gen.)
nice, ми́лый
night, ночь
night, at, но́чью
niveau, у́ровень
no, нет 21, 22
nobody, никто́ 35
noise, шум
noisy, шу́мный
north, се́вер

northern, се́верный
nose, нос
not, не 21, 22
nothing, ничего́ 35
novel, рома́н
November, ноя́брь (m.)
now, сейча́с; тепе́рь
now . . . now, то . . . то
nowhere, никуда́ (direction), нигде́ (position)
number, коли́чество (quantity), число́ (е) (date); но́мер

O

object, предме́т, вещь
observer, наблюда́тель (m.)
occasion, слу́чай
occupation, заня́тие
occupied, занято́й
occupy, занима́ть, заня́ть 183
October, октя́брь (m.)
of course, коне́чно
off, с, со (gen.) 97
office, конто́ра, положе́ние
oil, нефть
old, ста́рый; стари́нный (ancient)
older, ста́рше, ста́рший, старе́е
on, по (dat.), на (prep. and acc.) 39, 45, 46
once, раз 162; одна́жды (once upon a time)
one, раз (in counting) 162; оди́н, одна́, одно́
one another, друг дру́га 241
oneself, сам, сама́, само́, са́ми 206; себе́, себя́, собо́й 206
one's own, свой, своя́, своё 116, 185
one time раз 162
on foot, пешко́м
only, то́лько
on the contrary, напро́тив 276
on the other hand, зато́
open, откры́тый
open, открыва́ть, откры́ть 138; раздвига́ть, раздви́нуть 215
opera, о́пера
opposite, напро́тив
or, и́ли
orange, апельси́н
orchard, фрукто́вый сад
orchestra, орке́стр
order, приказа́ние
organization, устро́йство

other, другой
our (s), наш, наша, наше 116, 185
out of, из (gen.) 82, 83
outskirts, окраина
over, через (acc.) (across) 89; над (instr.) 68
overcoat, пальто 34
ox, вол

P

pace, шаг
pack, укладывать (I), уложить 160
package, пакет
page, страница
painfully, it is painful, больно
pair, пара
pale, бледный
paper, бумага
park, парк
parlor, гостиная 216
part, часть
part, расходиться, разойтись 252
passer-by, прохожий
pass on, передавать, передать 273
past, прошлый
past, мимо (gen.)
path, путь (m.)
patient, пациент
patronymic, отчество
peace, мир
peasant, крестьянин 171; мужик
peculiar, странный
pedagogical, педагогический
pelt, мех
pen, перо 193
pencil, карандаш 162
people, народ; люди 172
perhaps, может быть
period, период
periodical, журнал
permissible, можно 162
permissible, not, нельзя 162
permit, позволять (I); позволить (II); разрешать (I), разрешить 139
permitted, it is, можно 162
person, человек 172
philosopher, философ
philosophical, философский
phone, звонить, позвонить (II)
photograph, фотография
physics, физика
piano, рояль (m.)
picnic, пикник
pie, пирог

piece, кусок (†о); (of paper) лист 193
piercing, пронзительный
pipe, трубка (о)
pity, it is a, жаль
place, место
place (lay), класть 46, положить 171
place (stand upright), ставить (ставлю, ставишь, ставят), поставить
place! ставь!
place oneself, становиться, стать 193, 195
place, take, происходить, произойти 262
plain, равнина
plain (ly), простой, просто
plan, план
plant (factory), завод
plantation, плантация
play, играть (I), поиграть (I); пьеса
playing cards, карты
pleasant, приятный, приятно
please, пожалуйста
please, нравиться, понравиться 159, 163
please, if you, хоть
pleased, довольный, доволен 124
pleasure, удовольствие
plus, плюс
poet, поэт
pointer, стрелка (о)
police, полиция
policeman, милиционер
political, политический
poor (one), бедный
popular, народный
populate, населять (I), населить (II)
population, население
porridge, каша
port, порт
porter, носильщик
position, положение
possibility, возможность
possible, it is, можно 162
post office, почта
pound, фунт
power station, гидростанция
powers (creative), творчество
prepare, готовить 105; приготовить 138; собираться (I), собраться 215
prepared, готовый, готов 124
presence, in the (of), при (prep.) 255
present, знакомить, познакомить 149

president, председа́тель (m.), прези-
дент
prettily, ми́ло
price, цена́
principality, кня́жество
print, печа́тать (I), напеча́тать (I)
problem, зада́ча
process, проце́сс
production, произво́дство
professor, профе́ссор 161
program, програ́мма
promise, обеща́ть (I), пообеща́ть (I)
proprietor, хозя́ин
proprietress, хозя́йка
province, о́бласть
pull yourself together! понату́жься!
pupil, учени́к, учени́ца (f.)
purchase, покупа́ть, купи́ть 132
purchase, поку́пка (o)
pure, чи́стый
pursuit (occupation, job), заня́тие
push apart, раздвига́ть, раздви́нуть
215
put (lay), класть 46, положи́ть 170
put (stand upright), ста́вить, (ста́в-
лю, ста́вишь, ста́вят), поста́вить
put! ставь!
put on, одева́ться 125, оде́ться 131

Q

quantity, коли́чество
quarrel, спо́рить, поспо́рить 132
quarter, че́тверть
question, вопро́с
queue, о́чередь
quick (ly), бы́стрый, ско́рый, бы́стро,
ско́ро (soon)
quiet, споко́йствие; споко́йный,
ти́хий
quiet down, стиха́ть, сти́хнуть 262
quieter, ти́ше
quite, совсе́м, соверше́нно
quite well, ничего́

R

radio, ра́дио 34
rag, тря́пка (o)
rain, дождь (m.)
rainy, дождли́вый
raising, подня́тие
rarely, ре́дко
raw materials, приро́дные бога́тства
reach, добира́ться, добра́ться 262

read, чита́ть, почита́ть; (through)
прочита́ть, прочесть 174
ready, гото́вый, гото́в 124
reality, реа́льность
really, действи́тельно
rear (of the), тылово́й
reason (cause), причи́на
receive, получа́ть, получи́ть 160;
принима́ть, приня́ть 149
recently, неда́вно
reception, прие́м
reception room, прие́мная, гости́ная
216
recline, лежа́ть 67, полежа́ть (II)
recognize, узнава́ть, узна́ть 139
recover, поправля́ться (I), попра́-
виться 171
red, кра́сный
reform, рефо́рма
regards, give to, кла́няться (I), по-
клони́ться 193
region, край; о́бласть
region of extraction, райо́н добы́чи
region of processing, райо́н обра-
бо́тки
relate, расска́зывать, рассказа́ть 183
relation (attitude), отноше́ние, сно-
ше́ние
relaxation, о́тдых
religion, рели́гия, ве́ра
relish, заку́ска (o)
remarkable, замеча́тельный
remember, по́мнить (II); запомина́ть
(I), запо́мнить (II)
remove, убира́ть (I), убра́ть 139
rent, сдава́ть, сдать 160; снима́ть
(I); снять 139
rent, to be for, сдава́ться, сда́ться
160
replace, заменя́ть (I), замени́ть (II)
report, докла́д
resembling, похо́жий (на)
resolute (ly), реши́тельный, реши́-
тельно
resound, раздава́ться, разда́ться 193
respected, much, многоуважа́емый
rest, о́тдых
rest, отдыха́ть, отдохну́ть 193
restaurant, рестора́н
result, результа́т
rich, бога́тый
richer, бога́че
riches, бога́тство
ride, е́хать, пое́хать 47

ride away, уезжа́ть (I), уе́хать (like
  е́хать)
ride in, въезжа́ть, въе́хать
ride out, выезжа́ть, вы́ехать
ride through, проезжа́ть, прое́хать
ride up to, подъезжа́ть, подъе́хать
rifle, ружьё
right (direction), пра́вый, прав 124
right, to the, напра́во
ring, звони́ть 95, позвони́ть 131
rise, встава́ть 122, встать (вста́ну,
  вста́нешь, вста́нут); поднима́ться,
  подня́ться 193
river, река́
road, доро́га
roast meat, жарко́е
role, роль
room, ко́мната, ме́сто
room in a hotel, но́мер
round (about), круго́м
rouse, буди́ть, разбуди́ть 215
route, путь (m.)
rubber tree, каучуконо́с
ruble, рубль (m.)
rug, ковёр (†е)
run, бе́гать, бежа́ть 239
rural, дереве́нский
rush, броса́ться, бро́ситься 251; спе-
  ши́ть (II), заспеши́ть (II)
Russia, Росси́я
Russian, ру́сский
Russian (in), по-ру́сски

sail, па́рус   **S**
sail, плыть 225, 239
sail, set, поплы́ть 225
sailor, матро́с
saint, свято́й
sale, распрода́жа
saleslady, продавщи́ца
salesman, продаве́ц (†е)
salt, соль
same, одина́ковый, ра́вный
samovar, самова́р
sandwich, са́ндвич
satisfied, дово́льный, дово́лен 124
Saturday, суббо́та
say, сказа́ть 138, говори́ть (II)
say goodbye, проща́ться (I), про-
  сти́ться 160
scatter, расходи́ться, разойти́сь 252
scene, сце́на
schedule, расписа́ние
scholar, учёный 216

school, шко́ла
science, наука
scientific, нау́чный
scream, визг
sea, мо́ре
search for, иска́ть, поиска́ть 238
secretary (m.) секрета́рь
secretary (f.), секрета́рша
see, ви́деть, уви́деть 131
seed, се́мя 194
seem, вы́глядеть 215; каза́ться, по-
  каза́ться 152
seldom, ре́дко
select, избира́ть (I), избра́ть (like
  брать)
semester, семе́стр
send, присыла́ть, присла́ть; посыла́ть,
  посла́ть 296
send off, отправля́ть, отпра́вить 160
senior, ста́рший
separate, отделя́ть (I), отдели́ть (II);
  отде́льный (adj.)
September, сентя́брь (m.)
serious, серьёзный
set sail, плыть, поплы́ть 225
set the table, накрыва́ть (I), накры́ть
  (накро́ю, накро́ешь, накро́ют)
settle, населя́ть (I), насели́ть (II)
several, не́сколько
shark, аку́ла
sharp, ре́зкий
shave, бри́ться, побри́ться 138
she, она́ 27, 150
sheet (of paper), лист 193
shell, снаря́д
ship, кора́бль (m.)
shipbuilding, кораблестрое́ние
shop, ла́вка (о)
shore, бе́рег
short, коро́ткий 124
shot, вы́стрел
shoulder, плечо́ 184
shout, крича́ть, кри́кнуть, закрича́ть
  139, 140, 251
shouting, крик
show, пока́зывать, показа́ть 138
shriek, визг
sick, больно́й, бо́лен 124
sick, to be, боле́ть (I)
sickness, боле́знь
side, сторона́
side by side, наряду́ с, со
side dish, заку́ска (о)

sight, catch (of), уви́деть 138
sight see, осма́тривать (I), осмотре́ть 171
silk, шёлк
silver, серебро́; сере́бряный
simple, просто́й, про́сто
simplicity, простота́
sing, петь, спеть 105
singer, певе́ц (†e)
singer (f.), певи́ца
Sir, господи́н 171
sister, сестра́ (ё)
sit, сиде́ть, посиде́ть 138
sit down, сади́ться, сесть 125; сядь!
situation, положе́ние; обстано́вка (o)
six, ше́стеро 255
skin, ко́жа
skinny, худо́й
sky, не́бо
Slav, славяни́н
slavery, ра́бство
Slavic, славя́нский
sleep, спать, поспа́ть 88
slipper, ту́фля (e)
sliver, ще́пка (o)
slowly, ме́дленно
small, ма́ленький
smaller, ме́ньше 216
smell, ню́хать, поню́хать (I)
smoke, дым
snack, заку́ска (o)
snack bar, заку́сочная
snapshot, фотогра́фия
sniff ню́хать, поню́хать (I)
snow, снег
so, так
soap, мы́ло
soccer player, футболи́ст
society, о́бщество
sofa, дива́н
soft, мя́гкий
soil, по́чва
soldier, солда́т 162
solve, разреша́ть, разреши́ть 149
so many, much, сто́лько (gen.)
some, не́сколько, не́которые
sometimes, иногда́
something, что́-то 263
son, сын 194
song, пе́сня (e)
soon, ско́ро
sound, звук
soup, суп
source, исто́чник
south, юг
southern, ю́жный

Soviet, сове́тский
space, ме́сто
speak, говори́ть, поговори́ть 132
specialist, специали́ст
speech, речь
speed, ско́рость
splendid, прекра́сный
spoon, ло́жка (e)
sport, спорт
sportsman, спортсме́н
spread, распространя́ть (I), распространи́ть (II)
spring, весна́, весе́нний (adj.)
spring, in the, весно́й
square, пло́щадь
staff, штаб; шта́бный (adj.)
staff commander, нача́льник шта́ба
stage, сце́на
stand, стоя́ть, постоя́ть 225
standard, зна́мя 194
stand out, отлича́ться (I), отличи́ться (II)
star, звезда́
state, госуда́рство, госуда́рственный (adj.); штат
station (railroad), вокза́л, ста́нция
station (waterpower), гидроста́нция
steamship (steamer), парохо́д
step, шаг
step away, see go away
stifling, ду́шный
still, ещё
stop, прекраща́ть (ся), прекрати́ть (ся) 252; конча́ть (ся) (I), ко́нчить (ся) (II)
stopper, про́бка (o)
store, магази́н
story, исто́рия, расска́з; (floor) эта́ж
stout, по́лный, по́лон
straight, пря́мо
straightaway, пря́мо
strange, стра́нный
stream, тече́ние
street, у́лица
streetcar, трамва́й
strength, си́ла
strength, beyond (one's), непоси́льно
strict, стро́гий
strike (the hour), пробива́ть (I), проби́ть (like бить)
strive, стара́ться, постара́ться (I)
strive for, добива́ться (I), доби́ться 273
strong, кре́пкий; си́льный

stronger, кре́пче
student, студе́нт, учени́к
student, girl, студе́нтка (о); учени́ца
study, занима́ться (I), заня́ться 183; изуча́ть, изучи́ть 183; уче́ние
subject, предме́т
subordinate, подчинённый
subsequently, в дальне́йшем
subside, стиха́ть (I), сти́хнуть 262
substitute, заменя́ть (I), замени́ть (II)
subway, метро́ 34
success, успе́х
successfully, благополу́чно
such (a one), тако́й
suddenly, вдруг
suffering, му́ка
sufficient, доста́точно
sugar, са́хар, са́харный (adj.)
suitcase, чемода́н
summer, ле́то; ле́тний (adj.)
summer home, да́ча
summer, in the, ле́том
sun, со́лнце 150, 184
Sunday, воскресе́нье
sunset, зака́т (со́лнца)
sup, have supper, у́жинать, поу́жинать (I)
supper, у́жин
sure, to be, пра́вда 276
surprise, удивле́ние
surrender, сдава́ться, сда́ться (like дава́ть, дать)
sweet, сла́дкий
sweeter, сла́ще
sweets, сла́дкое
swim, плыть, поплы́ть 225; пла́вать (I) 239
system, систе́ма

T

table, стол
tablecloth, ска́терть
take, брать, взять 159
take a look, посмотре́ть 160
take leave, проща́ться, прости́ться 160
take off, снима́ть (I), снять 139
take place, происходи́ть, произойти́ 262
tale, расска́з
talk, бесе́да, разгово́р
taxi, такси́

tea, чай
teach, учи́ть 95, 183, вы́учить; преподава́ть, препода́ть 183
teacher, учи́тель (m.) 161
teacher, lady, учи́тельница
teaching, уче́ние
tea pot, ча́йник
tear, разрыва́ть (ся), разорва́ть (ся) 262
tedious, ску́чный
telegram, телегра́мма
telephone, телефо́н
telephone operator, телефони́ст
television, телеви́дение
television set, телеви́зор
tell, сказа́ть 132; расска́зывать, рассказа́ть 183; говори́ть (II)
temperature, температу́ра, жар (fever)
tennis, те́ннис
term, семе́стр
territory, террито́рия
textbook, уче́бник
than, чем 218
thank, благодари́ть, поблагодари́ть (II)
thanks to, благодаря́
thank you, спаси́бо
that, что (conj.) 35, 124; (rel. pron.) 284; тот, та, то 27, 195
the . . . the, чем . . . тем 218
theater, теа́тр
their (s), их 116
then, пото́м, тогда́, же 275
there, там
therefore, поэ́тому 276
there is, есть 41
there is no, нет 52
there (to), туда́
they, они́ 151
thick, то́лстый
thicker, то́лще
thief, вор
thin, то́нкий; худо́й; жи́дкий (mainly of fluids)
thing, вещь
think, ду́мать, поду́мать (I)
thinner, то́ньше; жи́же (mainly of fluids)
this (one), э́тот, э́та, э́то 27, 194
thither, туда́
thou, ты
though, хоть; хотя́ бы (if only) 276
thought, мысль
threesome, тро́е 255

throat, го́рло
through, че́рез (acc.) 89
Thursday, четве́рг
thus, так
ticket, биле́т
tidy (up), убира́ть (I), убра́ть 139
till, до (gen.)
time, вре́мя 150, 194; пора́; раз (one time)
time, for a long, до́лго
time, in the course of, в дальне́йшем
time, it is, пора́
times, at, времена́ми
time table, расписа́ние
tin, жесть
tired, уста́лый
to, к, ко (dat.) 61, 255
today, сего́дня
together, вме́сте
toil, труд
tomorrow, за́втра
tone, тон
tongue, язы́к
too, сли́шком; (also) то́же; (likewise) та́кже 218
too bad, жаль
torment, му́ка
tourist, тури́ст
toward, к, ко 61, 255
tower, ба́шня (e)
town, го́род 161
trade, торго́вля, торго́вый (adj.)
tradesman, продаве́ц (†е), торго́вец (†е)
traffic, движе́ние
train, по́езд 161
transfer, переводи́ть, перевести́ 171
translate, переводи́ть, перевести́ 171
translation, перево́д
translator, перево́дчик
transmit, передава́ть, переда́ть 273
transport, вози́ть, везти́ 239
travel, е́здить 69, 141, е́хать 47
treat, лечи́ть 122, полечи́ть; вы́лечить (II)
treated, to be, лечи́ться 122, полечи́ться
tree, де́рево 193
tribe, пле́мя 194
trip, пое́здка
trunk, сунду́к
truth, пра́вда
try, стара́ться, постара́ться (I)
try hard! понату́жься!
Tsar, царь (m.)

Tuesday, вто́рник
tundra, ле́со–степь
turn, поворо́т; о́чередь (one's)
turn, повора́чивать, поверну́ть 171
twosome, дво́е 255

U

unavoidable, необходи́мый
uncle, дя́дя 206
uncomfortable, неудо́бный, неудо́бно
under, под (instr.) 89, 97
understand, понима́ть, поня́ть 238
undoubtedly, несомне́нно
unhappy, несча́стный
unification, объедине́ние
universal, универса́льный
university, университе́т
unpleasant, неприя́тный, неприя́тно
until, до (gen.)
up (ward), вверх
up to, до (gen.)
urban, городско́й
usually, обыкнове́нно

V

vacations, кани́кулы
vain, in, напра́сно
varied, разнообра́зный
various, ра́зный, разнообра́зный
vegetables, о́вощи
verdant, зелёный
very, о́чень
vestibule, пере́дняя 216
view, осма́тривать (I), осмотре́ть 171
view, вид
village, дере́вня (e); дереве́нский
violin, скри́пка (о)
visit, быва́ть, быть 195
vivid, живо́й
vodka, во́дка (о)
voice, го́лос 161
voyage, путь (m.)

W

wage war, воева́ть, повоева́ть 262
wait (for), ждать 81, 82, подожда́ть (conjugated like ждать)
waiting, ожида́ние
wake, буди́ть, разбуди́ть 215
wake, просыпа́ться, просну́ться (I)
walk, ходи́ть 69, 141, походи́ть
walk (take a), гуля́ть, погуля́ть (I)

walk with its characteristic prefixes (входи́ть, выходи́ть etc.), see 245, 246
wall, стена́
want, хоте́ть 76, 82; захоте́ть 139; жела́ть (I), пожела́ть (I)
war, война́
warm (ly), тёплый, тепло́
wash, мы́ться 122, вы́мыться 132
watch, часы́ (pl.)
water, вода́
waterpower station, гидроста́нция
wave, волна́
way, доро́га
we, мы 151
wealthy, бога́тый
wear, носи́ть, поноси́ть 239, 240
weather, пого́да
Wednesday, среда́
week, неде́ля
welcome! ми́лости про́сим!
well, здоро́вый, здоро́в 124
well, хорошо́
well! ну!
well, to get, поправля́ться (I), попра́виться 171
went, шёл, шла, шло, шли
west, за́пад
western, за́падный
what, что 35, 124
what kind, sort of, како́й
when, когда́ 40
whence, отку́да
where, где 21, 40
where from, отку́да
where (to), куда́
which, како́й; кото́рый 284
while, пока́
white, бе́лый
who, кто 124; кото́рый 284
whole, це́лый; весь, вся, всё 226, 227
whose, чей, чья, чьё 185
why, почему́
wide, широ́кий
wider, ши́ре
wife, жена́
wind, ве́тер (†e)
window, окно́ (o)
wine, вино́
wineglass, рю́мка (o)
winter, зима́; зи́мний (adj.)

winter, in the, зимо́й
wish, жела́ть, пожела́ть (I); хоте́ть 76, 82
with, с, со (instr.) 68
within, че́рез (acc.)
without, без (gen.) 53
woman, же́нщина, ба́ба (country woman)
woman, beautiful, краса́вица
wood (material), де́рево 193
woods (forest), лес 161
wool, шерсть
word, сло́во
work, рабо́та; слу́жба; труд
work, рабо́тать, порабо́тать (I)
worker, рабо́чий 216
work out, разраба́тывать (I), разрабо́тать (I)
world, свет; мир
worry, беспоко́йство
worse, ху́же
write, писа́ть 52, написа́ть 131
writer, писа́тель (m.); а́втор
written language, пи́сьменность

Y

yard, двор
year, год 150, 241, 266
yell, крик
yellow, жёлтый
yes, да
yesterday, вчера́
yet, ещё (still); одна́ко (however) 276; всё-таки (nevertheless)
you, ты 150 (fam. sing.); вы (Вы) pol. and fam. pl.) 151
young, молодо́й
younger, мла́дше; моло́же
younger, youngest, мла́дший
young people, молодёжь
youngsters, ребя́та 172
your (s), твой, твоя́, твоё (fam. sing.); ваш, ва́ша, ва́ше, (pol. and fam. pl.) 116, 185
youth, мо́лодость; молодёжь (young people)

Z

zone, зо́на

INDEX

75; in expressions of age, 241; in impersonal expressions, 152, 162 f.; with infinitive ("have to"), 208

declension, of adjectives, *see* adjectives; of NOUNS: *regular masc. sing.,* 70, plural, 160; *regular neuter sing.,* 70, plural, 161; *regular fem. sing.,* 98, plural, 161; *declensional peculiarities*: *masculines* in -ок, -ец, 123, in -ж, -ш, -щ, -ч, -ц, 149 f., 162; masc. sing. in -а, -я, 205 f., plurals, in -а,-я, 161; plurals,193 f.; *neuters* in -же, -че, -ше, -ще, 150, 184, in -мя, 150, plurals, 184, 194, indeclinable, 34; *feminines,* singular and plural, 215; plurals of *all genders,* 171 f.; *see also Appendix II; see also general vocabulary* for "irregular" declension of specific nouns (arabic numerals following noun in *general vocabulary* refer to page where its declension is found); of pronouns, *see* pronouns

demonstrative pronouns, *see* pronouns
determinate-indeterminate verbs, *see* double infinitive verbs
distributive conjunctions, 276
division, 254
double infinitive verbs, 141, 238 f.
"drive, go," 69; past of "go," 90; double imperfective, 141

E

"eat," 40; past, 90; perfective, 174
emphatic command, 208
emphatic, comparative, 218; conjunctions, 275; questions, 185

F

"feel like, have a desire to," 152
"for" in time expressions, 108
formation of the perfective, 140
fractions, 173
future tense, 116 f., 134

G

gender, of nouns, 25; of adjectives, *see* adjectives; of pronouns, *see* pronouns

generalization or concession, subjunctive, 274
genitive case, 30; after prepositions, *see* prepositions; denoting possession, 54; in comparison, 218; in negative expressions, 52; in partitive expressions, 53, 164; with numerals, 83, 164, 196, 228; with "want," 82; with "wait for," 82
"give," 62; perfective, 138
"go, drive," 69; past of "go," 90; double imperfective of "go, drive," 142

H

handwriting, 6 f.
"have," present, 54; past, 90 f.; future, 117; negative, 54, 91
"have a desire, feel like, wish, want," 152

I

imperative, 107 f., 134, 208; emphatic command, 208; irregular forms, 107 f.
imperfective-perfective verbs, *see* aspects
impersonal expressions, adjectives and adverbs, 151 f.; necessity and obligation, 162 f.; liking, 163 f.; seeming, 152
indeclinable nouns, 34
indefinite pronouns, *see* pronouns
indeterminate-determinate verbs, *see* double infinitive verbs
instantaneous action (perfective),140
instrumental case, 30; after prepositions, *see* prepositions; as instrument or agent, 67 f.; as predicate, 195; in the passive voice, 299
interrogative adverbs ("when, where"), 40
interrogative particle "ли," 21
interrogative pronoun, *see* pronouns

L

"let me, us, him, them," 207 f.
"learn, study, teach," 96, 183
"like, love," 163 f.

ADDITIONAL FEATURES

NORWAY

SWEDEN

DEN.

FINLAND

POLAND

Baltic Sea

Lake Ladoga

White Sea

Leningrad
former St. Petersburg,
Petrograd

Arkhangel'sk

Dvina

S O V I E T

Dnepr

Smolensk

Moscow

Dnestr

Kiev

Tula

Bug

Kursk

Gor'ki
former Nizhni Novgorod

Ob'

Kharkov

Voronezh

Kazan'

Dnepropetrovsk

Don

Volga

Rostov

Kuibyshev

Sverdlovsk

Saratov

Taganrog

Krasnodar

Volgograd
(former
Stalingrad)

Chkalov

Black Sea

Ural

Petropavlovsk

Omsk

Astrakhan

Novosibirsk

Georgia

K A Z A K H   S. S. R.

Ob'

Grozny

Caspian Sea

Tbilisi

Yerevan

Caucasus Mts.

Baku

Aral Sea

TURKEY

I R A N

UZBEK S.S.R.

TURKMEN S.S.R.

Tashkent

KIRGIZ S.S.R.

TADZHIK S.S.R.

A R C T